KB251704

법은 그렇게 바뀌었다

為幸福而生
Copyright ⓒ2024 by Zongkun Liu
Korean Translation Copyright ⓒ2025 by DULNYOUK Publishing Co.
This translation is published by arrangement with Gusa Publishing
through SilkRoad Agency, Seoul, Korea.
All rights reserved.

이 책의 한국어판 저작권은 실크로드에이전시를 통해 Gusa Publishing과
독점계약한 도서출판 들녘에 있습니다. 저작권법에 의해 한국 내에서 보호를
받는 저작물이므로 무단전재와 복제를 금합니다.

법은 그렇게 바뀌었다

ⓒ 류쭝쿤 2025

초판 1쇄 2025년 12월 26일

지은이 류쭝쿤
옮긴이 강초아

출판책임 박성규
편집주간 선우미정
기획이사 이지윤
편집 이수연·이동하·김혜민
디자인진행 조예진
경영지원 나수정
제작관리 구법모
물류관리 엄철용

펴낸이 이정원
펴낸곳 도서출판 들녘
등록일자 1987년 12월 12일
등록번호 10-156
주소 경기도 파주시 회동길 198
전화 031-955-7374 (대표)
031-955-7389 (편집)
팩스 031-955-7393
이메일 dulnyouk@dulnyouk.co.kr

ISBN 979-11-5925-803-9 (03300)

값은 뒤표지에 있습니다. 파본은 구입하신 곳에서 바꿔드립니다.

법은 그렇게 바뀌었다

劉宗坤
류쭝쿤
옮김
강초아

추천사

법정의 고지전: 자유와 평등을 향한 길고 긴 여정

정재민 변호사(전 판사, 『사람을 얼마나 믿어도 되는가』 저자)

저는 변호사입니다. 법정에서 억울한 사람들을 변호합니다. 많은 사건을 맡지 않고 소수의 사건만 깊이 있게 맡습니다. 그럼에도 제가 변호해서 받는 판결들이 곧바로 사회 전체를 바꾼 적은 없습니다. 그런 사건은 평생을 변호사로 일해도 만나지 못할 수도 있습니다. 변호사로서 내가 담당한 사건이 내 의뢰인의 억울함을 풀어주는 것을 넘어서 우리 사회를 긍정적으로 변화시킬 수 있다면 그보다 더 기쁘고 보람찬 일은 없을 것입니다.

그런데 이 책은 미국 사회를 뒤흔든 판결들을 모아놓았습니다. 미국은 군사력과 기술력, 경제력의 측면에서 초강대국이지만 저 같은 법률가의 입장에서도 큰 관심의 대상입니다. 신대륙이고, 18세기에 독립한 나라로, 일단의 유럽인들이 수천 년 역사와 어느 정도 절연하고 새로운 이상향으로 건설한 나라입니다. '자유'와 '평등'을 기본 이념으로 한 최초의 근대 헌법을 토대로 만들어진 나라입니다. 그런데도 1860년대까지 노예제도가 있었고, 수많은 인종과 국적을 가진 사람들이 공존하면서 차별 문제가 가장 극단적으로 불거져온 나라이기도 합니다. 이런 나라에서 '평등'과 '인권'과 '자유'가 어디까지 가능할 수 있을까는 법조인으로서 관심을 끌지 않을 수 없는 주제입니다.

특히 미국은 판례법이 법을 형성하는 데 큰 영향을 미치는 불문법 국가입니다. 그만큼 재판 하나 하나가 중요합니다. 노예제 폐지를 두고 남북전쟁이 일어나기도 했지만, 다른 이슈를 두고는 총을 드는 대신 법정에서 논리를 들고 전투가 벌어졌습니다. 이 책에 나오는 재판들은 미국 법정에서 이루어진 가장 격렬한 전투를 다루고 있습니다.

여기 나오는 유명한 판결들은 그냥 한 사건에서 변호사가 변론을 잘해서 나온 성과가 아닙니다. 흑백 차별, 여성 차별과 같은 오랜 구조적 갈등이 개별 사건으로 투영된 것입니다. 승소 판결이 나오기 전까지 수많은 패소 판결이 이어졌습니다. 많은 해병대원이 총알받이로 목숨을 바친 후에야 상대 진지의 고지를 탈환하는 전투처럼 마지막 승리를 다룬 판결들입니다. 그래서 기념비적이라고 합니다. 더욱 놀라운 점은 이 책을 미국인이 아니라 중국인이 썼다는 사실입니다. 중국은 미국의 인권과 자유와 평등을 어떻게 볼까요. 높이 평가하고 부러워할 것인지, 아니면 겉만 번지르르하고 실속이 없는 위선적인 장식품으로 볼 것인지, 그 점 역시 이 책을 대하는 아주 흥미로운 관전 포인트 중 하나입니다. 저자는 미국을 막연히 동경하지도 않고, 그렇다고 무조건 비판하지도 않습니다. 그 시각 뒤에 그림자처럼 어른거리는 중국 사회를 보는 시선도 자꾸만 궁금하게 만드는 그런 책입니다.

법은 사회를 선도하기도 하고, 때로는 뒤따라가기도 합니다. 150년의 평등권 소송사를 통해 그 복잡한 상호작용을 정교하게 풀어낸 이 책은 법대생에게는 살아 있는 헌법 교재로, 변호사에게는 전략적 사고의 나침반으로, 시민에게는 법이 어떻게 우리 삶을 규정하는지 보여주는 창으로 기능할 것입니다. 법정에서 이기는 것과 역사에서 이기는 것은 다릅니다. 이 책은 그 차이를, 그 간극을 메우려 한 사람들의 이야기를 따뜻한 시선으로 담고 있습니다.

일러두기

- 한글 전용을 원칙으로 하되 필요한 경우 원어나 한자를 병기하였다.
- 외래어 표기는 국립국어원의 표기를 따르되 관행에 따라 일부 예외를 두었다.
- 외국어 음차 시 가독성을 고려하여 한글로 표기했다. 인명의 미들네임이나 약어, 고유의 지칭 등은 알파벳으로 표기했다(예: 뉴딜, 프랭클린 D. 루스벨트, KKK단)
- 중국어 원서는 헌법 조항 앞에 '제'를 붙여 표기(제14조, 제1조)하였으나 한국어판에서는 '수정헌법 4조'와 같이 '제'를 생략하였다.
- 단행본과 신문·잡지 등의 정기간행물은 겹낫표로, 소제목이나 예술작품의 제목, 상호, 법률·규정 등은 홑낫표로 표기하였다.
- 원서의 주석은 출처 및 인용 근거를 밝힌 것이므로 한국어판에서는 가독성을 고려하여 미주로 처리하였다.
- 미주에서 해외 문헌의 경우 책, 간행물, 학술지는 별도의 기호 없이 이탤릭체로, 논문 및 기사는 " "로 표기하였다.
- 본문의 각주는 대만 편집자의 주석이다.

서문

이 책은 미국 법질서 안에서 행복을 추구하는 보통 사람의 이야기를 담고 있다. 어쩌면 미국 법원의 판례에 근거하여 쓰인 보통 사람의 생활사라고도 할 수 있다. 약 150여 년에 걸쳐 판결문에 나타난 무수한 삶의 조각들이 시대의 변화를 비춘다. 어떤 사람은 진보라고 하고, 어떤 사람은 쇠퇴라고 한다. 보통 사람의 행복과 불행, 구차함과 저항, 안일함과 몸부림은 역사적으로 유명한 '큰 인물'과 '큰 담론'의 진보 혹은 쇠퇴 속에서 일상적 논리에 따라 확장되고 전개된다.

행복을 추구할 평등한 권리는 미국이 건국 당시 「독립선언문」을 통해 약속한 바이다. 나이폴(Naipaul)은 이를 '관념의 아름다움'이라고 부르며 현대문명의 핵심 가치라고 여긴다. 일상사적 의미에서 미국 역사는 대체로 이 건국 시의 약속을 우여곡절 끝에 실현하는 과정이라고 할 수 있다. 행복 추구에 필수적인 기본권을 백인 유산계급 남성에서 다른 사회 계층으로, 즉 여성, 유색인종 등의 전통적 약자에게로 넓혀가는 과정이 사법적 발전으로 나타나는 것이다. 이러한 기본 권리에는 투표권, 혼인권, 낙태권, 교육권, 모국어 사용권 등이 포함된다. 행복 추구의 개념은 반드시 신체적인 의미가 있어야 하고 시행할 수 있는 법률에서 구체화되어야 현실적인 의미가 있다. 그러므로 행복 추구의 권리는 법원 판결을 통해 비로소 생명력을 갖는다.

법원의 판결문과 재판기록은 우리가 미국 역사를 인식하는 데 있어 믿을 만한 전문적인 기록물이다. 각각의 사건은 해당 인물이 살아간 시대의 생생한 이야기이며, 사회의 일면을 보여주는 프리즘처럼 당시의 법, 정치, 세태, 관습, 사회갈등, 암묵적 규칙, 시대적 사조, 생활상 등을 고루 반영한다. 판결문에 담긴 사실들은 대부분 양측 변호사의 직업적 선별과 배심원단의 상식적 여과를 거쳤기에 일반적으로 학자가 쓴 역사보다 믿음직하고 이론가의 개인적 취향이나 종교, 정치적 편견이 적으며, 일반인의 생활 현실에도 근접한 좋은 자료가 된다. 또한 소송 사건은 그 자체로 흥미진진한 이야기이며 슬퍼하고 분노하는 이들의 이야기다. 세월에 마모되어 얌전해진 어른을 위한 동화는 법원에 가지 않는다.

미국 연방대법원의 몇 가지 중요한 판례 외에도 이 책은 최근 몇 년 동안 일선 지방법원을 떠들썩하게 만든 여러 재판을 선택해 실었다. 미국의 지방법원은 기묘한 세계이다. 판사들은 다양한 배경과 경험이 있어서 사건을 심리하고 판결할 때 직업 규범과 이익 고려 외에도 때로는 자신의 감성과 양심에 따라서, 때로는 자신의 양심을 왜곡하며 법의 논리에 완전히 따르지 않는다. 따라서 사건을 이해할 때 대법원의 판결문만 보는 것으로는 충분하지 않다. 사건의 경위, 갈등과 분쟁의 시작, 변호사의 배경, 사건이 일선 법원에서 대법원까지 한 걸음씩 나아가는 방법, 법관의 개인적 경력 등 여러 요인이 재판의 승패에 어떻게 영향을 미치는지 이해해야 한다.

나는 추상적인 법 이론을 논증하기보다는 사건의 구체적 흐름, 당사자의 운명, 변호사와 법관의 상호작용 등에 초점을 맞춰 중요한 역사적 사건, 정치인의 역할, 국회에서의 입법 과정, 학자의 논설을 넘나들며 역사상 더디게 전개되어온, 그리고 뒤늦게 도착한 정의를 제시하고자 했다. 관련 사법절차의 세부 사항을 이해하는 것이 전문적인 시각에서 판결문을 읽는 데는 도움이 되겠지만 독자들이 이러한 사건을 이해하는 데 필요한 조건은 아니다. 변호사가 문서를 작성하고 소송을 할 때는 기술적인 세부 사항이 매우 중요하지만, 독자들에게는 사례를 읽으며 역사를 인식하고 이해력과 통찰력을 얻는 것이 더 중요하다. 변호사는 사건을 처리할 때 사실의 세부 사항에 초점을 맞춰야 하는데, 그러다 보니 숲은 보지 못하고 나무만 볼 때가 많다. 악마와 신은 모두 '디테일' 속에 있다. 그러므로 수준 높은 법관들은 사건을 심리할 때 사실관계를 정리하는 것 외에 나뭇가지와 잎을 나무에, 나무를 숲속에 넣어 판결한다.

나는 글을 쓰고 고치는 과정에서 많은 스승과 벗들로부터 따뜻한 격려와 도움을 받았다. 2022~2023년 봄 졸작의 중국어 간체자 판이 출간되었을 때, 나는 동아시아에서 자전거를 타고 있었는데, 대만섬을 일주하는 여정 중에 감사하게도 중앙연구원 인문사회과학연구센터에서 세미나를 열 수 있었다. 첸융샹(錢永祥), 천이중(陳宜中), 저우바오쑹(周保松), 천위중(陳禹仲) 등 학계 선배와 스승들의 진솔한 통찰은 큰 도움이 되었다. 특히 그동안 미처 주목하지 못했던 부분을 볼 수 있는 새로운 시각을 열어주었다. 라이딩이 끝난 후 나는 원고를 수정하고 간체자판의 출판되지 않은 장을 보완했다. 출판인 푸차옌허(富察延賀) 선생의 격려와 추젠즈(邱建智) 선생의 노고로 이 책의 중국어 번체자판이 나왔다. 이에 더불어 감사의 말씀을 전한다.

1장 뉴올리언스 이야기

오늘날의 문명사회를 살펴보면 서로 다른 근원에서 출발한 두 종족이 있다. 두 종족은 피부색, 신체적 특징, 지능 모두 차이가 난다. 그들이 남부의 여러 주에서 보여주는 관계는 '악(惡)'이 아니라 '선(善)'이다. 그것도 일종의 '적극적인 선' 이다.

—존 C. 캘훈(John C. Calhoun)

대법원의 권력은 '선'을 행하고자 존재한다. 그러나 이 권력이 '악'을 행할 가능성을 소홀하게 여기고 지나쳐서는 안 된다. (…) 법관은 판결을 통해 우리 체제에 대한 국민의 신뢰와 애정을 공고히 할 수 있지만, 한편으로는 다른 정부 부처보다 훨씬 쉽게 우리의 정치 체제를 파괴할 수도 있다.

—존 할란(John Harlan)

미국 역사와 사회를 이해하려면 두 가지 단서를 파악해야 한다. 첫 번째는 자랑스럽고 빛나는 단서다. 「독립선언문」에서 확립된 건국 이념과 미국 헌법을 바탕으로 형성된 헌정(憲政) 제도다. 두 번째는 미국의 어두운 일면으로 노예제에서 가장 강하게 드러난다. 자주 인종문제로 나타나지만 본질적으로는 인종이 아니라 계급 문제다. 인종, 재산, 출신 국가 등과 같이 국민의 사회적 지위를 여러 계급으로 나누는 것 말이다. 노예제는 미국의 원죄이며, 노예제를 폐지한 이후 지금까지도 그 폐단이 남아 있다. 미국 역사에서 이 두 가지는 서로 다른 시대에 서로 다른 방식으로 끊임없이 출현했다.

1857년

월터 존슨(Walter Johnson)은 20여 년 전에 뉴욕에서 루이지애나주 뉴올리언스로 건너와 사라진 남부의 역사를 조사했다. 당시 그는 뉴욕대학 역사학과 조교수였다. 미국의 남북전쟁 전후 반세기 동안 뉴올리언스는 남부에서 가장 번화한 도시이자 물동량이 가장 많은 항구였다. '남부의 뉴욕'이라 불렸던 그 도시는 노래와 춤, 맛있는 음식을 비롯해 각종 즐길 거리로 가득했다. 뉴올리언스는 남부 부자들이 향락을 즐길 때 첫손에 꼽는 선택지였다. 유명한 소설 『바람과 함께 사라지다』에서도 뉴올리언스는 주인공 스칼렛과 레트가 신혼여행을 즐겼던 곳이었다. 아름답고 기이한 이 도시에서 스칼렛은 "종신형을 받은 죄수가 갑자기 석방된 것처럼 미친 듯이 쾌락에 빠져들었다."[1]

남북전쟁 동안 수많은 남부 도시가 전화에 휘말렸고 관공서의 서류도 대량으로 유실되었다. 뉴올리언스는 북부 연합군에서 가장 먼저 점령된 남부 대도시였다. 1862년 4월, 연합군의 군함이 멕시코만에서 미시시피강 하구로 진입하여 강 양쪽에 포탄을 쏟아부었다. 뉴올리언스는 삼면이 강으로 둘러싸인 지형이라 방어가 취약했다. 연합군 대장은 도시를 거의 훼손하지 않고 뉴올리언스를 함락시켰다. 남북전쟁은 그 후로 3년간 더 이어졌고, 전쟁 기간 내내 뉴올리언스는 남부 지역에서 평화롭지만 고립된 섬과 같았다. 도시의 건축물과 거리가 모두 전쟁의 피해를 보지 않았다. 법원에 보관된 재판기록 역시 무사했다.

1980년대 뉴올리언스의 오래된 건물 지하실에서 완전하게 보존된 남북전쟁 이전의 법원 문서가 대량으로 발견되었다. 판결문, 기소장, 답변장, 증인 진술서, 법정 증거의 수사 기록, 변호사의 변론 기록 등 종류도 다양했다. 수천 건에 달하는 루이지애나주 최고법원의 재판기록 중에서 약 200여 종이 노예시장의 '거래'와 관련된 것이었다. 월터 존슨은 바로 이 법원 문서 속에 숨겨진 수 세기 전의 역사를 발굴하려고 뉴올리언스에 왔다. 그의 뉴올리언스행이 어떤 성과를 거뒀는지는 그의 학술 생애에서 처음으로 출판된 책 『각각의 영혼: 남북전쟁 이전 노예시장의 내막 *Soul by Soul: Life Inside the Antebellum Slave Market*』에서 알 수 있다.[2] 이 책이 출판된 지 몇 년 후에 월터 존슨은 하버드대학 교수직을 얻었고, 지금은 미국에서 남부 지방과 노예제 역사를 연구하는 이들 중 손꼽히는 학자가 되었다. 다른 역사학자들과 달리 월터 존슨은 법원 문서에서 평범한 사람들의 '일상 생활사'를 찾아내는 데 매진했다.[3] 앨릭시너 모리슨(Alexina Morrison)은 법원 문서에 갇혀 있다가 월터 존슨의 손에 구출되어 새로운 생명을 얻은 인물이다.

1857년 새해가 막 지났을 무렵, 아칸소주 출신인 존 핼리버튼(John Halliburton)이 십 대 소녀를 데리고 뉴올리언스에 왔다. 미시시피강을 타고 남하하는 증기선에서 두 사람은 부녀 사이로 보였다. 뉴올리언스에서 가장 번화한 곳은 '프랑스인 지구'인데, 그곳의 세인트루이스 호텔은 미국 전역의 사업가, 정치인, 사교계 유명 인사 등이 몰려드는 장소였다. 로마 양식의 아치형 천장에 코린토스 양식의 기둥으로 장식한 호텔 로비는 커피, 담배, 술, 골동품 등을 거래하는 곳이자 미국에서 가장 활발한 노예시장이었다. 그곳에서 팔리는 노예는 피부색의 짙은 정도에 따라 여섯 종류로 나뉘었다. 니그로(negro, 순혈 흑인), 물라토(mulatto, 1/2 흑인), 그리프(griffe, 흑인과 흑백 혼혈인 사이에서 출생한 사람), 쿼드룬(quadroon, 1/4 흑인), 옥토룬(octoroon, 1/8 흑인), 퀸트룬(quintroon, 1/16 흑인).[4]

뉴올리언스에 도착한 후 존 핼리버튼은 소녀를 단장시켜 세인트루이스 노예시장에 데려갔다. 소녀의 매매계약서에 피부색은 '황색'으로 적혔고, 이름은 제인 모리슨(Jane Morrison), 나이는 15세로 되어 있었다. 그러나 소녀는 겉보기로는 황색 피부가 아니었고 아메리카 원주민이나 아시아인, 혹은 그들과 백인 또는 흑인 사이에서 태어난 혼혈처럼 보이지도 않았다. '제인 모리슨'의 피부색은 희고 눈동자는 파랬다. 말투와 행동거지도 다른 백인 소녀와 다를 비 없었다. 당시 소녀를 구매한 사람은 피부색이 옅은 노예를 아주 신중하게 다뤘다. 그때는 피부색이 옅을수록 머리가 좋다는 통념이 있었다. 그래서 피부색이 옅은 노예는 글자를 읽을 수 있고 관리하기 어려우며 도망치면 잡기 어렵다고들 생각했다. 제인을 산 사람은 제임스 화이트(James White)라는 이였다. 그는 원래 흑인 노예를 가둬두거나 판매하는 거래소 슬레이브 펜(slave pen)을 운영하던 노예 상인으로, 제인을 사기 얼마 전에 슬레이브 펜을 팔고 대신 뉴올리언스 서쪽 교외 지역인 제퍼슨 교구에 농장을 샀다. 제인은 그가 농장을 운영하면서 처음으로 산 노예였다. 그는 제인의 금발 머리를 짧게 자르고 검은색으로 염색했다. 제인이 흑백 혼혈인처럼 보이도록 한 것이다. 그러나 제인은 얼마 후에 도망쳤다.[5]

노예제 시대의 남부 지방에서 백인이 농장과 노예를 소유하면 상류사회에 진입했다는 의미였다. 그러나 제임스 화이트가 노예 상인에서 농장주로 변신했을 때는 노예의 노동력으로 꾸리는 농장의 경제력이 점점 무너지던 시기였다.

1857년은 미국 역사에서 특별한 때였다. 3월 4일 제임스 뷰캐넌(James Buchanan)이 대통령에 취임했다. 2년 후 연방대법원이 '드레드 스콧 대 샌드퍼드(Dred Scott v. Sandford) 사건'(이하 '스콧 사건'으로 약칭함)에 관한 판결을 내렸다.[6] 수석 판사 로저 타니(Roger Taney)는 직접 쓴 판결문에서 노예는 노예 주인의 합법적 재산이며 수정헌법 5조에 의거해 노예 주인의 재산권을 인정한다고 선언했다. 또한 모든 흑인은 노예 신분이든 자유인 신분이든 미국 시민이 아니며, 연방법원에서 기소할 권리가 없다고도 했다. 그 이전에 북부 자유주의 법률과 법원 판례에 따르면 노예가 자유주의 영토 안에 들어와서 거주하며 자유인 신분을 획득하면 곧바로 노예 신분에서 벗어나 죽을 때까지 자유인으로 살 수 있었고 법률로 보호받는 시민권을 누렸다. 스콧 사건의 판결은 북부 자유주의 관련 법률과 법원 판례를 일거에 뒤집어버리는 결과였다. 이 판결문대로라면 한 번 노예는 영원히 노예이고 절대로 시민이 될 수 없고, 북부의 여러 자유주는 남부에서 도망쳐서 그곳에 정

착한 흑인 노예를 보호하지 못한다.[7]

스콧 사건은 남부 노예가 자유주로 도망칠 길을 끊어버렸다. 또한 자유주에 살고 있던 흑인의 지위를 시민 이하의 '준(準) 노예'로 끌어내렸다. 그때까지 자유주에서 헌법의 보호를 받던 흑인 시민은 이제 다른 미국 시민들처럼 자유롭게 미국 전역을 여행할 수도 없고 무기를 휴대하는 것도 불가했다. 자유주의 흑인 시민은 물론 그 외의 다른 유색인종까지 노예가 아닌데도 자유민으로서의 온전한 시민권을 누릴 수 없게 되었다. 다시 말해 그들은 법률의 틈새에서 살아가는 인간이 된 것이다.

연방대법원의 의도는 스콧 사건의 판결로 노예제 폐지를 주장하는 쪽과 노예제 유지를 주장하는 쪽의 분쟁을 봉합하고 북부와 남부의 충돌을 중재하려는 것이었지만 정반대의 결과를 낳았다. 북부의 여러 자유주는 관료부터 일반 시민까지 전부 대법원 판결에 분노했다. 반면 남부의 노예주의자는 사법적 승리에 축배를 들었다. 결국 미국은 존 C. 캘훈(John C. Calhoun)이 예언하고 저주한 것처럼 '내진'을 향해 내달렸다.[8] 캔자스주에서 노예제를 지지하는 쪽과 반대하는 쪽이 유혈 충돌을 일으켰고, 그 사건은 대규모 내전의 예행연습이 되어버렸다. 스콧 사건의 판결이 나온 지 만 4년이 되기 전에 뷰캐넌 대통령은 대선에서 일리노이주 출신의 변호사 에이브러햄 링컨(Abraham Lincoln)에게 패배했다. 뷰캐넌 대통령의 임기 마지막 3개월 동안 남부의 여러 주가 연방 탈퇴를 선언했다. 1861년 3월 4일 링컨이 대통령에 취임했을 때 미국은 이미 남북으로 분단된 국가였다.

제임스 화이트는 제인이 도망치자 곧바로 경찰에 신고하고 현상금을 내걸었다. 하지만 제인이 어디로 갔는지 단서를 찾지 못했다. 부활절이 지나고 무더위가 시작된 여름이었기 때문에 만약 제인이 루이지애나주를 벗어나 북쪽으로 도망친다면, 찾을 가능성이 희박했다. 제인이 자신을 고아라고 말한다면 그 애는 불쌍한 백인 여자애처럼 보일 것이다. 생김새, 피부색, 머리카락, 말투와 행동 등 어느 것도 흑인처럼 보이지 않기 때문에 누구도 제인을 도망친 노예라고 의심하지 않을 터였다. 사람들이 제인을 흑인으로 여기지 않으면 대법원의 스콧 사건 판례도 적용되지 않는다.

1857년 10월, 제임스 화이트는 루이지애나 제3구 법원의 소환장을 받았다. 소환장에 적힌 원고 이름은 앨릭시너 모리슨이었다. 도망친 제인은 루이지애나주를 벗어나기는커녕 뉴올리언스 일대조차 떠나지 않았다. 화이트의 농장에서 탈출한 소녀는 길에서 경찰을 만나자 자신이 백인이며 유괴당해서 노예로 팔렸다고 말했다. 노예 시대 경찰의 임무 중에는 달아난 흑인 노예를 잡는 것이 포함된다. 그러나 눈앞의 소녀는 하얀 피부와 파란 눈동자, 외모도 말투도 흑인처럼 보이지 않았다. 그러면서도 자신의 신상을 분명하게 설명하지 못했다. 경찰은 규정에 따라 소녀를 교구 감옥으로 보냈다. 소녀를 인계받은 사람은 간수 윌리엄 데니슨(William Dennison)이었다. 제인은 자기 진짜 이름이 앨릭시너 모리슨이라고 말하며 아칸소주에서 뉴올리언스로 납치됐다고 했다.[9] 노예 상인이 자유민을 납치해 노예로 팔아넘긴 사건은 당시 남부에서 낯선 일이 아니었다. 1853년 뉴욕에 사는 흑인 자유민 솔로몬 노섭(Solomon Northup)은 자신이 어떻게 납치되었고 또 어떻게 뉴올리언스 노예시장에서 팔려서 12년간 노예로 생활했는지를 담은 자서전 『노예 12년*12 Years a Slave*』을 출간했다.[a] 루이지애나주 최고법원의 공문서에도 이와 비슷한 사례가 더 있다.[10]

당시 간수 윌리엄 데니슨의 집에는 노예가 없었다. 그는 앨릭

a 노섭의 자서전은 2013년 영화 「노예 12년」으로 만들어졌고, 골든글로브 최우수영화상과 아카데미 최우수영화상 등을 받았다(편집자 주).

시너 모리슨의 처지를 동정하며 소녀를 자기 집에서 가족과 함께 생활하도록 배려했다. 친구와 이웃이 모이는 자리에도 데려갔다. 그러나 언젠가는 제임스 화이트가 앨릭시너 모리슨을 찾아낼 터였다. 윌리엄 데니슨은 변호사를 선임해 화이트를 고소했다. 앨릭시너 모리슨은 법정에서 자신은 백인이고 노예가 아님을 주장하면서 제임스 화이트에게 1만 달러를 배상하라고 요구했다. 동시에 앨릭시너 모리슨은 변호사의 조언에 따라 자신을 감옥에 수용해달라고 법원에 요청했는데, 이는 제임스 화이트가 도망친 노예로서 자신을 붙잡아가지 못하도록 하기 위해서였다. 이 사건은 두 군데 지역법원에서 세 차례 재판을 거쳤으며 루이지애나주 최고법원에 두 번이나 상소하는 등 총 5년간 소송이 이어졌다.[11]

'필요악'과 '적극적인 선'

루이지애나 법원은 노예 매매 사건에 익숙했다. 남북전쟁 이전 뉴올리언스는 남부에서 가장 큰 노예시장이 있는 곳이었으니 말이다. 세인트루이스 호텔의 호화로운 노예 경매장 외에도 거리를 따라 개설된 여러 '슬레이브 펜'에서 흑인 노예들이 남녀로 나뉘어 두 줄로 늘어선 채 판매되는 것이 이 도시의 일상적인 풍경이었다. 노예를 사려는 사람에게 돈을 빌려주는 은행가, 노예 매매 계약서를 작성하는 변호사, 노예 매매와 관련한 서류를 공증하는 공증인, 노예의 신체를 검사하는 의사, 거래소에 몰려든 사람들을 먹이기 위해 요리하는 요리사…. 노예 매매는 완전한 산업적 가치 사슬을 형성하고 있었다. 앨릭시너 모리슨은 당시 뉴올리언스 노예 매매 산입으로 흘러 들어간 10만여 명의 노예 중 한 사람이었다.[12]

미국에는 노예제의 역사에 대한 정계, 학계, 일반 대중 각각의 서술 방식과 평가 모델이 존재한다. 첫째, 노예제를 **용납할 수 없**

는 악이자 문명사회의 치욕, 미국 역사의 오점으로 간주한다. 둘째, 노예제를 **필요악**으로 규정하고 당시 상황에서는 부득이했던 제도라고 여긴다. 셋째는 노예제를 **적극적인 선**(善)으로 본다. 노예제란 인간의 본성에 부합하는 '올바른 제도'이며 '신의 안배'라고 여기는 시각이다.

남북전쟁이 발발하기 전에 북부 자유주의 노예제 폐지 운동가들은 노예 농장주의 잔학함, 노예제도의 죄악을 널리 알리는 수만 건의 진술서를 공개했다. 노예가 구술한 내용을 운동가들이 전문적으로 가공한 것으로, 이 진술 내용이 첫 번째 서술 방식에 편입되었다. 그러나 이런 노예의 구술 내용은 공식적인 검증 수단이 없는 데다 기록자가 얼마나 가공했는지를 알아낼 방법도 없기에 역사학계에서는 노예 진술서를 두고 진실성을 확보하기 어렵다고 보기도 한다.

그런 의미에서 법원 문서는 노예의 진술서보다 좀 더 신뢰할 만한 자료를 제공한다. 원고와 피고가 재판에서 이기기 위해 자신의 주장을 뒷받침해줄 증인을 데려와도 법정에서는 양측 변호사에게 교차신문을 받기 때문에 재판기록을 보면 증언의 신빙성을 판단할 수 있다. 다시 말해 법정이 아닌 곳에서 기록된 노예의 일방적인 진술보다 좀 더 완전한 사실을 헤아릴 근거가 된다.

노예제를 '필요악'으로 여기는 것은 미국 학계와 정계에서 유구한 역사를 지닌 뿌리 깊은 견해다. 이런 입장은 노예제를 죄악이라고 인정하면서도 당시 사회를 유지하기 위해서는 정치적 혹은 도덕적으로 치를 수밖에 없었던 대가라고 본다. 면화 재배는 그 시절 미국 남부 지역의 경제를 지탱하던 수단이었다. 고도로 조직화한 대규모 노예 노동이 없었다면 면화 산업은 위축되고 경제가 붕괴했을 것이다. 그리고 이런 입장을 따르는 이들은 당시에는 미국이라는 국가 안에 두 가지 제도, 즉 노예제와 반노예제가 공존해야만 연방이 유지될 수 있었다고 주장한다. 이 두 번째 관점에 따르면, 경제 발전과 연방 유지 같은 '더 높은 선(善)'을 이루려면 노예제라는 필요악이 반드시 존재해야 했다. 이런 견해와 역사적 평가를 지지하는 이들은 여전히 많다. 예를 들어 2020년 7월에 상원의원 톰 코튼(Tom Cotton)은 언론 인터뷰에서 미국은 노예제라는 필요악 위에 세워진 나라이며 노예제가 역사 발전의 흐름 속에서 제 역할을 충분히 발휘한 뒤 수명이 다해 사라진 것이라고 발언했다.[13]

노예제를 '적극적인 선'으로 여기는 견해는 남북전쟁이 일어나기 전에 남부에서 노예제를 변호하려고 사용한 관점이다. 북부에서 일어난 노예제 폐지 운동을 향한 공격적인 대응 방식이기도 했다. 이런 견해를 가진 이들은 흑인 노예가 지능이 낮고 천성적으로 게으르며 자기 관리 능력이 없어서 문명사회에 통합될 수 없는 존재라고 주장한다. 따라서 문명인인 주인이 나서서 그들을 가르치고 노동하도록 이끌어야 하며, 그들이 살아가는 데 필요한 것을 제공해야 한다는 것이다. 따라서 노예제는 흑인이 교육받고, 병을 치료하며, 늙어서 부양받을 수 있게 해준 인간적이고 선량한 제도였다고 여긴다. 보수주의 이론가 러셀 커크(Russell Kirk)가 추앙하는 당시 남부의 정치인 존 캘훈이 바로 '적극적인 선'이라는 견해를 옹호한 사람이다.[14]

사우스캐롤라이나 출신인 존 캘훈은 남북전쟁 이전에 부통령, 국무장관, 상원의원을 지냈다. 그는 서구 문명에서 가장 찬란한 시대인 고대 그리스와 로마에도 노예제가 있었다는 점을 들며 남부의 노예제를 옹호했다. 그는 노예제가 문명사회에 없어서는 안 될 위계적인 안배라고 여겼고, 북부의 노예제 폐지 운동을 비판하면서 남부 농장에서 일하는 흑인 노예의 생활 수준이 북부 공장의 '임금 노예'보다 훨씬 낫다고 항변했다. "오늘날의 문명사회를 살펴보면 서로 다른 근원에서 출발한 두 종족이 있다. 두 종족은 피부색, 신체적 특징, 지능 모두 차이가 난다. 그들이 남부의 여러 주에서 보여주는 관계는 '악'이 아니라 '선'이다. 그것도 일종의 '적극적인 선'이다."[15]

'필요악'과 '적극적인 선'의 서술 방식에는 공통된 이론적 교집합이 있는데, 바로 가부장제다. 노예 주인은 가장이고 노예는 자녀다. 주인과 노예는 함께 자비와 가족애로 충만한 대가족을 이룬다. 이처럼 따뜻한 가부장제에 빗댄 역사적 서술 방식이 미국 남부 지방의 정계와 민간사회에 널리 존재했고, 1960년대 인권운동 이후에 역사학계에서도 유행했다. 영화 「바람과 함께 사라지다」를 본 사람이라면 이런 온정적인 색채를 띤 가부장제가 낯설지 않을 것이다. 주인과 노예는 각자의 운명에 만족하고 각자의 위치에서 힘을 합쳐 조화롭게 대가족을 이룬다. 몇몇 역사가들은 이런 온정적인 가부장제가 노예 주인의 신앙인 기독교에 기반한다고 말한다. 그러나 뉴올리언스에서 발견된 대량의 법원 문서, 거래 문서를 보면 주인이 노예에게 잘 대해준 데는 종교적 요인과 개인의 품성 외에도 자신의 이익을 고려했음을 알 수 있다. 노예는 귀한 재산이었기 때문이다. 많은 노예 주인이 대출을 받아 노예를 구매했다. 그러므로 노예가 도망치거나 사망하면 투자한 금액을 전부 날리는 꼴이었다. 뉴올리언스의 노예시장에는 이런 말이 유행했다. "살아 있는 노예야말로 가장 좋은 노예다."[16]

말을 듣지 않는 노예를 다루는 방식은 두 가지다. 하나는 체벌이고, 다른 하나는 팔아버리는 것이다. 하지만 주인이 노예를 체벌할 때는 거래 가격이라는 요소를 고려하지 않을 수 없었다. 만약 노예의 몸에 채찍질한 흉터가 남는다면 가치가 떨어진다. 구매자는 채찍 흉터가 있는 노예를 사고 싶어 하지 않는다. 채찍 흉터란 그 노예가 고분고분하지 않다는 증거이기 때문이다. 법원

문서에는 노예 거래 문서와 증언록 등이 포함되어 있는데, 이를 살펴보면 노예 주인을 가장으로 여기는 견해가 시장에서 강력한 호응을 받았고 이것이 흔히 사용되는 노예 관리 수단이었음을 알 수 있다. 예를 들어 주인은 자신이 좋은 주인이라는 점을 노예에게 계속 상기시키고, 그러므로 노예는 착하게 굴고 일을 열심히 해야 하며 말을 잘 들어야 한다고 강조한다. 만약 게으름을 부리거나 말을 듣지 않으면 당장 너희를 팔아버릴 것이며, 잔혹한 주인에게 팔려 가서 뒤늦게 후회하지 말라고 겁을 준다. 이처럼 주인이 노예를 대할 때 갖춰야 할 '책임'은 결론적으로 시장 원리에 따른 것이었다.[17]

노예의 운명이 오로지 주인의 손아귀에 쥐어져 있는 것은 아니었다. 노예 주인과 노예는 더욱 강력한 '주인'인 노예제에 귀속된 존재였다. 어느 여행자가 뉴올리언스 노예시장의 광경을 이렇게 기록했다. "중년의 여자 노예가 판매용 단상에 서서 울고 있었다. 이 여자는 35살이었고 어릴 적부터 주인을 따르며 자랐다. 노예는 일을 잘하고 충성스러웠으나 주인이 빚을 지게 되면서 재산이 경매로 나오게 되었는데, 이 노예도 경매에 부쳐진 재산목록 중 하나였다." 표면적으로 볼 때 노예 주인은 노예의 생살여탈권(生殺與奪權)을 쥐고 있지만, 법원 문서를 보면 주인이 재정적 곤란을 겪을 때나 채무를 갚지 못할 때, 은행은 법원에 노예를 포함한 재산 압류를 요청하고, 이를 경매로 팔아서 채무를 상환하게 하는 방법을 쓰는 사례가 적잖았다. 그러니 노예제가 노예와 노예 주인의 공통 주인인 셈이었다.[18]

노예의 가격은 나이, 성별, 건강 상태, 피부색에 따라 달랐다. 노예 거래나 판매 광고에서는 피부색이 진한 정도를 순흑인, 반흑인, 갈색 피부의 흑인, 4분의 1 흑인, 8분의 1 흑인 등으로 명시했다. 남자 노예는 피부색이 짙을수록 몸값이 높았다. 피부색이 옅으면 몸값이 낮았는데, 그 이유는 당시 사람들이 피부색이 짙으면 체력이 좋고 옅으면 머리가 좋다고 믿었던 탓이다. 노예는 똑똑할수록 부리기 어렵다. 글자를 알면 더욱 관리하기 힘들어진다. 이런 노예는 도망칠 가능성이 크다. 여자 노예의 피부색은 남자 노예와 정반대로 옅을수록 비쌌다. 여성 노예는 대부분 집안일을 했고 때로 주인의 성적 대상이 되었다. 뉴올리언스의 노예시장에서 젊고 피부색이 옅은 여자 노예는 같은 연령대의 다른 노예보다 몇 배나 비쌌다. 거래 문서를 보면 남북전쟁 이전에 젊고 피부색이 옅은 여자 노예의 가격은 2천 5백 달러에서 5천 2백 달러에 달했다. 일반적인 노예 가격이 종종 1천 달러 미만이었던 것과 대비된다.[19]

노예 주인과 여자 노예 사이의 성관계는 노예제 시대에 입 밖으로 내지 않는 '숨은 규칙' 같은 일이었다. 어쨌거나 미국 남부에서는 일상적인 생활방식이었다. 1850년에 치러진 미국 인구조사에서는 처음으로 '혼혈'을 흑인과 백인 두 가지 선택항으로 제시했는데, 전국에 약 41만 명의 혼혈 인구가 있으며 남부 지방에만 34만 8천 명이 산다는 결과가 나왔다. 이들 혼혈 인구는 대부분 백인 노예 주인과 여자 노예 사이에서 태어난 자손이었다. 1860년 링컨은 대통령 선거 중에 이 인구 조사 결과를 제시하며 버지니아주에만 약 8만 명의 혼혈 인구가 있고 이 수치는 자유주에서 살아가는 모든 혼혈 인구를 합친 2만 3천 명보다 훨씬 많다고 지적했다.[20]

온정주의적 가부장제

제임스 화이트가 앨릭시너 모리슨을 샀을 때는 이런 남부 지방의 생활방식이 거대한 변화를 맞이하기 직전이었다. 문서로 남은 증거가 완전하지 않은 상황에서 모리슨이 노예가 아님을 증명할 방법은 배심원들을 설득해 자신은 백인이지 백인을 닮은 흑백 혼혈아가 아니라고 믿게 만드는 것뿐이었다.

첫 공판이 열렸을 때 모리슨은 16살이었다. 화이트는 증인과 증언, 거래 문서로 일련의 증거 사슬을 만들어 제출했다. 모리슨의 신분을 확인하기 위해 루이지애나에서 아칸소까지, 아칸소에서 텍사스까지 찾아가서 모리슨이 흑인 혈통임을 증명했다. 다시 말해 모리슨이 백인에 속하지 않고 노예에 속한 인간이라는 점을 밝히려 한 것이다. 이에 반해 모리슨은 자신이 자유민이라고 주장했지만 유일한 증거는 본인의 생김새와 행동거지뿐이었다. 법정에서 모리슨의 변호사는 배심원들에게 그녀의 흰 피부, 파란 눈동자, 옅은 갈색 머리카락을 자세히 살펴보라고 주문했다. 변호사는 배심원들에게 자기 눈을 믿을 것인지 피고의 증언을 믿을 것인지 물었다. 배심원단은 전부 백인 남성이었다. 당시 루이지애나 법률에는 여성과 유색인종 남성은 배심원 자격이 없었다. 인구 조사 파일을 토대로 살펴보면 '모리슨 대 화이트 사건'의 1심 배심원은 전부 일반인이었고 노예 주인은 없었다.

이 재판은 제퍼슨 교구 주민들에게 큰 관심을 받았다. 대부분 모리슨을 동정하며 화이트를 비난했는데, 비난의 이유는 그가 노예를 소유했다는 것이 아니라 백인 여자아이를 노예로 삼아 사고팔았다는 점이었다. 판결 직전 화이트는 법원 바깥에서 격분한 군중에게 붙들려 곤욕을 치렀다. 그를 목매달아 죽이겠다고 위협하는 사람도 있었다. 1심 판결에서 배심원들은 의견 일치에 이르지 못했다. 법원은 판결 무효를 선언하고 다시 공판 날짜를 잡겠다고 선언했다. 화이트는 주민들과 배심원이 자신에게 편견을 갖고 있어서 공정한 재판이 불가능하다며 다른 지역의 법원으로 사건을 이전해달라고 요청했다. 법원은 이 사건을 제퍼슨 교구에서 뉴올리언스 법원으로 옮겨 다시 심리하기로 했다.[21]

2심이 열렸을 때 모리슨은 17살이었다. 뉴올리언스 법정의 배심원은 모리슨이 백인이라고 만장일치로 판결했다. 화이트는 상소했다. 루이지애나주 최고법원은 뉴올리언스의 법정에서 화이트의 증거를 처리한 방식이 부당하다고 여겼다. 화이트는 완벽한 증거의 사슬을 제시했으며, 그 증거는 모리슨이 노예 혈통임을 보여준다고 여겼다. 이런 이유로 대법원은 사건을 뉴올리언스 법원으로 돌려보내 재심하도록 지시했다. "증거에 따르면 원고는 혼혈 여성 노예의 후손이며 노예로 태어났다. 이후 정상적인 재산권 양도를 거쳐 원고의 최초 소유주, 즉 원고 모친의 소유주로부터 피고에게 양도되었다. 피부색에 기반하여 자유민인지 아닌지를 추정하는 것은 법률적으로 유효한 추정이 아니며, 노예 혈통이 있는지를 보여주는 증거가 있어야 한다. 입법자는 흑인과 백인 사이의 혼혈 정도에 따라서 노예의 후손이 자유를 획득할 수 있다고 정한 바 없으므로 이런 재산법은 사법적 권한의 범위에 속하지 않는다."[22]

3심이 열렸을 때 모리슨은 20살이었다. 사건이 뉴올리언스 법원으로 되돌아온 후 배심원은 다시 의견 일치를 이루지 못했다. 화이트는 루이지애나주 최고법원에 한 번 더 상소했다. 얼마 후 연방 해군의 전함이 가까이 진격해왔다. 루이지애나주 최고법원의 다섯 판사 중에서 4명이 살던 도시를 버리고 피난했으며 모든 사건의 심리가 중지되었다.[23]

모리슨은 15살에서 20살까지 노예 매매, 세 차례의 재판, 두 차례의 상소를 겪었으며 그사이에 감옥에 들어갔다 나오기를 반복했다. 아이도 1명 낳았고, 폐결핵에 걸리기도 했다. 뉴올리언스가 북부 연합군에게 점령된 후 법원 기록도 중단되었다. 그 후 모리슨은 철저히 역사 속으로 사라졌다. 내전 이후에 실시된 루이지애나 인구 조사 기록이 남아 있지만 역사학자들은 모리슨의 것으로 보이는 자료를 찾아내지 못했다. 모리슨은 15살 이전의 삶이 수수께끼인 것처럼 20살 이후의 삶도 수수께끼다. 1863년 1월 1일 링컨 대통령이 '노예 해방 선언'을 공포하던 때에 모리슨이 어디에 살고 있었는지 아무도 모른다. 1895년 12월 헌법 13조 수정안이 정식으로 노예제를 종결시켰을 때 모리슨이 여전히 생존해 있었는지도 아는 이가 없다. 정의는 늦게 왔고, 한 시대를 살아간 사람들은 그만큼 삶을 잃어버렸다.

노예제 시대의 남부에는 모리슨과 같은 사람이 무수히 많았다. 노예제를 온건한 가부장제로 해석하는 서술 방식은 노예 주인이 노예를 가족 구성원의 주변부 인물로 대한다고 설명한다. 하지만 법원에 남은 노예 거래 문서나 재판기록을 살펴보면, 그것은 상상 속의 가족일 뿐이었다. 노예 주인은 자기 아내와 자녀를 팔지 않는다. 하지만 노예는 판다. 심지어 노예는 가족 구성원을 각기 다른 곳으로 팔아넘길 수 있었다. 남북전쟁이 발발했을 때 남부에는 약 400만 명의 노예가 있었다. 남부 각주의 노예시장에서는 약 200만 건의 거래가 성사되있다.

농장 경제의 생활방식 때문에 주인과 노예가 가까이 생활하며 유대감을 지니게 된 것도 사실이다. 노예를 온화하게 대우한 주인이 없었던 것도 아니다. 하지만 노예 거래 기록을 살펴보면 여러 정치가, 소설가, 학자들이 묘사한 것과 같은 온건한 대가족 형태란 사실상 남부 사람들의 '신화'에 불과했음을 깨닫게 된다. 상반된 운명을 지닌 노예 주인과 노예는 반인륜적인 제도에 희망도 없이 묶여서 소유하거나 소유되는, 의존하거나 의존 받는 기이하고 폐쇄석인 굴레에서 자력으로는 빠져나오지 못한 재 살아샀다. 참혹한 내전을 치르고 60여만 명의 국민과 한 사람의 대통령까지 희생된 후에야 이 제도의 속박을 강제로 깨뜨릴 수 있었다.

분리하되 평등하다

2019년 5월, 『유에스에이 투데이*USA Today*』가 미국 대법원 역사상 스물한 가지 기념비적 판결을 정리해 보도했다. 그중 1896년에 내려진 '플레시 대 퍼거슨(Plessy v. Ferguson) 사건'(이하 '플레시 사건'으로 약칭함)이 포함되었다.[24] 이 판결은 미국 사회에 100여 년간 영향을 미쳤다. 판사와 학자가 이 판결을 약 200만 번 인용했으며, 그로 인해 수많은 사람의 운명이 바뀌었다. 플레시 사건의 판결이 추동한 역사적 관성력은 지금까지도 이어지고 있다.

남북전쟁이 끝난 후 미국 헌법에는 수정 조항 13조부터 15조가 추가되었다. 노예제는 폐지하고, 남부 흑인이 시민권을 획득하며, 흑인 남성은 선거권을 가진다는 내용이다. 헌법의 명의 아래 법률적으로 평등권을 보호받게 된 것이다. 수정헌법의 시행과 전후 복구 사업을 보장하기 위해 연방정부는 10년 기한으로 군부가 남부 각 주를 통치하게끔 했다. 결과적으로 남부의 전후 복구 사업은 실패했다. 군부 통치가 끝난 후에 남부 각 주에서는 학교, 병원, 대중교통, 식당, 숙박시설 등 여러 장소에서 인종 분리 정책을 실시했다. 뉴올리언스의 혼혈 인구는 인종 분리 정책의 주요한 도전자였다.

1892년 6월 7일, 흑백 혼혈인 호머 플레시(Homer Plessy)가 뉴올리언스에서 일등석 기차표를 사서 백인 열차에 타겠다고 요구했다가 체포 및 기소됐다. 플레시의 증조부는 프랑스계 백인이고 루이지애나주가 아직 프랑스 식민지이던 시절 흑인 여성 노예에게 반해 돈을 내고 그녀를 노예 신분에서 해방시켰다. 두 사람은 자녀 8명을 낳았다. 그중 딸 1명이 백인과 결혼해 여러 자녀를 낳았는데, 그 자녀들 중 1명이 바로 호머 플레시의 어머니다. 남부의 가장 번화한 도시, 가장 번화한 항구인 뉴올리언스에는 프랑스 사람, 스페인 사람, 영국 사람, 아프리카 사람, 인디언(아메리카

원주민), 카리브 지역 사람, 아일랜드 사람 등 여러 국가에서 온 사람들이 섞여 살았다. 몇 세대가 지나면서 흑인도 백인도 아닌, 혹은 흑인이면서 백인인 인구의 규모가 커졌다. 뉴올리언스는 피부색 면에서 매우 다채로운 스펙트럼을 지닌 도시였다. 미국 최초로 민족적 용광로를 형성한 곳이기도 하다. 호머 플레시의 외할머니와 어머니가 모두 백인과 결혼했기 때문에 그는 백인 혈통이 8분의 7, 증조할머니에게서 물려받은 흑인 혈통은 8분의 1이었다.[25]

인종 분리가 시행되었던 시대에 남부 각 주의 인종 정의 방법은 각양각색이었다. 기준이 느슨한 주에서는 4분 3이 백인 혈통이면 백인으로 인정했고, 기준이 엄격한 주에서는 흑인 혈통이 섞이기만 했다면 몇 세대가 지났든 상관없이 후손 전부를 흑인으로 분류했다. 이런 엄격한 기준을 두고 속칭 '피 한 방울' 정책이라고 부른다. 다시 말해 '흑인의 피가 한 방울이라도 섞였다면 백인 혈통이 오염된 것'으로 본다. 루이지애나는 기준이 엄격한 쪽이었다.

호머 플레시의 피부색은 일부 백인들보다 더 희었지만, 그는 흑인 혈통이 8분의 1 섞였기에 흑인으로 간주되었다. 루이지애나주 법률에 따라 그는 백인 열차 칸에 불법 승차했으므로 20일의 금고형 및 벌금형에 처할 가능성이 있었다. 재판을 맡은 존 퍼거슨(John Ferguson) 판사는 플레시에게 금고형은 내리지 않고 벌금만 25달러 내라고 판결했다.[26] 플레시가 상소하면서 퍼거스 판사는 피고가 되었다. 이 재판은 미국의 연방대법원까지 올라갔으며, 최종적으로 플레시가 패소했다. 7명의 대법관이 다수의견을 형성하여 인종 분리 정책이 합헌이라고 판결했다. 반대 의견을 낸 대법관은 단 1명이었다.

연방법원의 판결문을 쓴 사람은 헨리 브라운(Henry Brown) 판사였다. 그는 평등을 정치적인 것과 사회적인 것 두 종류로 구분하였고, 법률은 정치적인 평등에만 관여할 뿐 사회적 평등에는 관여할 수 없다고 여겼다.

> 수정헌법 14조의 목적은 두 인종이 법률 앞에서 절대적으로 평등함을 보장하기 위한 것이다. 다만 본질적으로 수정헌법 14조의 목적은 인종 간 차별을 없애기 위함이거나 여러 정치적 평등의 사회적 평등을 실행하기 위함이 아니니며….[27]

브라운 판사는 정부가 입법을 통해 사회적 편견을 극복하거나 두 인종의 통합을 강제함으로써 흑인의 평등한 권리를 보장하는 것이 불가능하다고 주장했다. 그가 쓴 글 중에서 다음 단락은 오늘날에도 여전히 많은 사람에게 받아들여진다.

> 두 인종이 사회적 평등을 이루려면 자연 친화적이고 서로의 장점을 높이 평가하며 개인적으로도 성향이 맞아야 가능하다. 법은 인종적 본능을 척결하고 신체적 차별을 철폐할 수 없으며, 그러한 시도를 하는 것은 오히려 지금의 어려움을 가중할 뿐이다. 두 인종이 인권과 정치적 권리에 있어서 평등하다면, 한 인종이 다른 인종보다 인권과 정치에서 열등할 수는 없다. 만약 한 인종이 다른 인종보다 사회적으로 열등하다면 미국 헌법이 그들을 동등하게 만들 수는 없다.[28]

브라운 판사가 보기에 법률이 흑인과 백인을 한 열차 칸에 탈 수 없다고 규정한 것은 흑인에게 열등한 인종이라는 낙인을 찍어서가 아니었다. 플레시가 자신이 열등한 인종으로 취급되었다고 여긴 것은 법률의 불평등함이 아니라 플레시 본인이 스스로 열등하다고 느낄 뿐이라는 것이다. 따라서 그는 이 사건을 법률의 문제가 아니라 플레시 본인의 문제라고 여겼다.

연방대법원 판결에서 유일하게 반대 의견을 낸 사람은 존 할란(John Harlan) 판사였다. 훗날 사람들은 그를 '위대한 반대자'라고 불렀다. 할란 판사는 켄터키주 출신으로, 남북전쟁 이전에 그의 아버지는 노예 주인이었다. 노예제 시대에는 부모가 노예 주인이면 자녀도 태어날 때부터 노예 주인이다. 반대로 부모가 노예라면 자녀 역시 태어날 때부터 노예였다. 그러나 세상사는 법률이나 원칙보다 복잡하기 마련이다. 존 할란에게는 형이 몇 명 있었는데, 그중에는 아버지가 흑인 여성 노예와의 사이에서 낳은 혼혈아 로버트도 있었다. 학교에 다닐 나이가 되었을 때, 존 할란의 아버지는 로버트를 학교에 입학시켰지만, 아이의 피부색이 조금 검었기 때문에 그날 오후 집으로 돌려보내졌다. 로버트는 결국 집에서 교육받았고, 어른이 된 후에는 꽤 성공한 상인이 되었다.[29] 남북전쟁이 발발했을 때, 존 할란은 노예제 폐지에는 반대했지만 연방을 지키기 위해서 의용군을 조직해 북부 연합군으로 합류하여 남부군과 전투를 치렀다. 이런 경험이 존 할란의 법률에 대한 이해와 인종 분리 정책을 바라보는 시각에 영향을 주었다. 플레시 사건에서 존 할란은 격앙된 논조로 반대 의견을 냈다.

> 백인은 이 나라에서 우세한 인종으로 간주된다. 사실상 명성, 성취, 교육, 부와 권력에서 전부 그렇다. 우리가 위대한 전통을 지키고 헌법의 자유 원칙을 지킨다면 앞으로도 계속 그럴 것임을 의심하지 않는다. 그러나 헌법상, 법률의 시각에서 볼 때 이 나라의 국민 중에는 우월한 지배계급이 없다. 신분의 높고 낮은 구분이 존재하지 않는다. 우리의 헌법은 피부색과 관계없이 국민을 등급제로 나누지 않으며, 그런 행위를 용납

하지도 않는다. 인권 방면에 있어서, 모든 시민은 법률 앞에 평등하다. 가장 비천한 사람과 가장 권력이 있는 사람이 모두 동등하다. 국가 최고법이 보장하는 인권을 다룰 때, 법은 사람의 출신과 피부색을 따지지 않고 오로지 사람을 사람으로 취급한다.[30]

할란 판사는 그의 동료들이 법률상 규정된 '열차 칸의 흑백 분리'의 목적이 흑인 칸에서 백인을 배제하는 것이 아니라 백인 칸에서 흑인을 배제하는 데 있음을 잘 알고 있다고 말했다.[31] 그러므로 '흑인과 백인을 평등하게 대한다'는 말은 법률적으로 얇은 위장막을 씌운 주장에 불과했다. 이 말은 브라운 판사를 비롯한 다른 동료가 일부러 무지한 척, 모른 척하는 것을 비판하는 내용이었다. 역사적으로 '일부러 무지한 척'하는 행위는 사법계, 정치계, 학계에서 은연중에 계속되었다. 100여 년 전 인종 분리가 만연하던 시대에 이처럼 흐름을 역행하여 비판하는 반대 의견을 판결문에 넣는 일에는 보통 이상의 도덕적 용기가 필요했을 것이다.

플레시 사건 판결 이후로 반세기가 흐르도록 할란 판사의 반대 의견은 법조계와 학계에서 거의 언급되지 않았다. 마치 세상 사람들에게 완전히 잊힌 듯했다.[32] 판결이 내려지고 58년이 지나서야 할란 판사의 반대 의견이 연방대법원에서 주류 의견으로 바뀌었다. 1954년 연방대법원은 플레시 사건의 판결을 뒤집고 인종 분리가 위헌이라고 판결했다.[33]

과거는 아직 과거가 되지 않았다

판사의 판결은 법률에 생명을 불어넣는 일이지만, 판사 역시 시대의 자녀다. 할란 판사 역시 시대와 관습, 생활 방식, 지식 등에 따라 형성된 편견에서 완전히 벗어날 수 없었다. 흑백 인종 평등을 주장했던 할란 판사도 판결문의 반대 의견에서 중국인에 대해서는 편견으로 가득 찬 묘사를 남겼다.

> 어떤 인종은 우리와의 차이가 너무 커서 그로 인해 그 인종이 미국 시민이 되는 것을 허락하지 않는 경우가 있다. 그 인종은 얼마 되지 않는 예외만 제외하면 미국에서 절대적으로 배제된다. 내가 말하는 인종은 곧 중국인이다. 그러나 본 사건에서 쟁점이 되는 법규상 중국인이라 해도 미국의 백인 시민과 같이 일등석 칸에 탈 수 있으며….[34]

플레시 사건의 판결이 있고 2년 뒤, 샌프란시스코에서 태어난 중국인 황진더(黄金德, Wong Kim Ark)는 미국으로 돌아올 때 입국을 거부당했다. 수정헌법 14조에 따르면, 미국에서 태어난 사람은 출생과 동시에 시민권을 가진다. 그러나 행정당국은 황진더의 미국 시민권을 인정하지 않았고 수정헌법 14조에서 출생 시민권을 규정하고 있더라도 중국인은 이에 해당하지 않는다고 여겼다. 재판과 상고를 거쳐 대법원에서는 행정당국의 결정이 위헌이라고 판결했다. 수정헌법 14조에 따라 미국 영토에서 태어난 사람은 누구나 미국 시민이며 어떠한 추가 조건도 없다는 것이었다. 이때 대법관 두 사람이 반대 의견을 냈는데, 그중 한 사람이 바로 존 할란이었다.[35]

미국 연방대법원의 판사는 대통령이 지명하고 상원의 인준을 거쳐 대통령이 임명한다. 당파 성향이 강한 일부 유권자들은 대통령 선거와 국회의원 선거를 통해 자신의 정치, 종교, 문화적 이념에 맞는 판사들이 연방 사법 시스템, 특히 대법원에 진입하기를 기대한다. 그러나 연방법원의 일부 판결을 살펴보면, 대법관이 정당의 입맛에 따라 법률 프로그램이 설치된 기계가 아니라는 사실을 알 수 있다. 대법관 역시 정치적 성향이 있고 종교적인 편견이나 도덕적 선호도가 있지만, 그들은 정치적으로 하나의 계층에 속하는 경직된 존재가 아니다. 플레시 사건에 참여한 대법관 8명 중 6명이 북부의 자유주 출신이었고, 그들 대부분은 예일대와 하버드대에서 공부했다. 반면 할란 판사는 노예제를 시행했던 켄터키주 출신에다 유명하지 않은 학교를 졸업했으며 그의 아버지는 노예 주인이었다. 고정관념에 따라 출신 성분만 보고 사람을 평가한다면 인종 분리 정책을 옹호한 사람은 마땅히 할란 판사여야 했을 것이다. 명문 대학을 졸업하고 자유주에서 자란 브라운 판사 같은 사람은 당연히 인종 분리 정책에 반대해야 옳을 것이다. 하지만 역사적 사실은 완전히 반대였다.

플레시의 변호사 앨비언 W. 투르지(Albion W. Tourgee)는 비극적인 인물이다. 남북전쟁 발발하자 그는 북부 연합군에 입대했다. 전투 중 척추를 다쳐 전신이 거의 마비되었던 그는 건강을 회복한 후에 다시 전장에 나갔는데, 이번에는 부상을 입고 남부군에 포로로 잡혔다. 그는 존 할란이 참전했던 전쟁에서 공동의 적군을 상대로 싸웠지만, 전투에 임한 이유는 달랐다. 존 할란이 연방을 수호하기 위해서 참전했다면, 투르지는 흑인 노예 해방을 위해서였다. 호머 플레시의 변호사로 재판을 치르는 동안 앨비언 투르지는 내내 심리적으로 갈등했다. 그에게는 반드시 해야 할 싸움이었지만 재판에서 지게 된다면 남부의 일부 주에서 벌어지는 인종차별 정책이 명실공히 '합헌'으로 탈바꿈할 가능성이 컸다. 그렇게 되면 당사자는 물론이고 수많은 유색인종 시민에게 법 테두리 안에서 융통성 있게 지낼 수 있는 여지마저 사라지고 더 힘든 상황에 놓이는 결과를 낳게 될지 몰랐다. 변호사가 이런 류의 소송을 하는 것은 물에 빠져 허우적거리는 사람을 구하러 뛰어드는 것과 같은데, 패소하면 물에 빠진 사람은 더 깊은 물속으로 끌려 들어가는 꼴이 된다. "이것이 우리가 재판에서 지면 맞닥뜨릴 최종적인 결과이니 온 힘을 다해서 그런 상황을 피해야 한다."[36]

1896년 5월 18일 대법원에서 플레시 사건의 판결이 내려졌다. 투르지 변호사는 그가 온 힘을 다해서 피하고자 했던 결과를 피하지 못했다. 그는 패소했고, 악몽이 현실로 바뀌었다. 인종 분리 정책은 연방대법원이 헌법에 위배되지 않는 법률로 인정했다는 권위를 얻었다. 투르지는 그날 당장 변호사를 그만두고 우울하게 여생을 보냈다. 몇 년 후, 그는 프랑스에서 사망했다. 향년 67세였다. 남긴 재산이 없어서 그의 아내는 투르지 앞으로 나오는 상이군인 연금으로 생활해야 했다.[37]

연방대법원의 판결 이후 플레시는 뉴올리언스 법원에 25달러의 벌금을 냈다. 그 후로 그는 더 이상 법원 기록에 나타나지 않는다. 인구 조사 기록을 살펴보면 호머 플레시의 '인종' 구분은 법률이 어떻게 달라지느냐에 따라 몇 차례 변화를 겪었다. 처음에는 '혼혈'이었다가 '흑인'으로 바뀌었고, 그의 나이가 쉰일곱이 된 1920년에는 '흑인'에서 '백인'으로 바뀌었다. 그로부터 5년 후에 호머 플레시는 세상을 떠났다. 겨우 몇십 년에 불과한 인생에서 그는 여러 인종으로 분류되었다. '흑인의 피가 한 방울이라도 섞였냐면 백인 혈통이 오염된 것'이라는 생각이 지배적인 시대에는 투르지 변호사가 플레시의 권리를 찾아줄 방법이 없었다. 플레시 사건 이후 존 할란 판사는 어느 날의 강연에서 이렇게 한탄했다. "대법원의 권력은 선을 행하는 데 쓰일 수도 있고 악을 행하는 데 쓰일 수도 있다. (…) 판결을 통해 민중이 우리의 체제를 더 신뢰하고 아끼게 할 수도 있고, 반대로 다른 정부 부처보다 우리 정체(政體)를 더 쉽게 파괴할 수도 있다."[38]

플레시 사건의 판결이 뒤집히면서 할란 판사가 내놓은 반대 의견은 그에게 역사적인 명성을 남겼다. 반면 브라운 판사가 판결문에서 제시한 문제는 여전히 존재했다. 사회적 관습은 법률이 바뀐다고 해서 금방 달라지지 않지 않는다는 점이었다. 인종 분리 정책에 찬성했던 연방대법원이 분리 정책을 철폐하는 쪽으로 변화하는 데 60년 가까운 세월이 걸렸다. 각 주의 제도적 측면에서 인종 분리 정책은 거의 100년 가까이 유지되었다. 법률을 바꾸기도 쉬운 일은 아니지만, 사회적 편견을 없애고 관습을 바꾸는 것은 더욱 어렵다. 플레시 사건은 그 후의 100년 동안 미국 사회를 정의했고, 여전히 조금 다른 방식으로 미국의 그다음 100년을 형성하고 있다.[39]

플레시 사건은 판결 이후로 스콧 사건만큼 큰 주목을 받지는 못했다. 남북전쟁이 끝난 지 30년이 지났는데도 남부의 복구 사업은 실패로 끝났고, 인종 분리 제도가 남부 각 주에서 점점 더 확립되고 있었다. 북부는 흑인 문제에 흥미를 잃었다. 연방대법원은 '분리하되 평등하다'라는 원칙으로 인종 분리를 합법화했으며, 이는 미국 사회에 일상생활의 각 방면으로 인종 분리가 확산되는 결과를 낳았다.

할란 판사의 반대 의견은 50여 년간 묻혀 있었다. 그러다가 1954년 연방대법원이 '브라운 대 토피카 교육위원회 사건'을 판결하면서 비로소 역사를 앞서간 그의 웅변적이고도 격앙된 반대 의견이 주목받게 되었고, 그 후 대법원의 주류 의견이 되었다. 플레시 사건에서 합헌 판결을 내린 7명의 대법관은 당시의 판결에 관해 거의 언급하지 않았다. 수석 재판관이었던 멜빌 풀러

(Melville Fuller) 역시 자서전에서 재임 기간 중 대법원에서 내린 판결을 여러 차례 이야기했지만 플레시 사건에 관해서는 일언반구도 없었다. 어쩌면 이미 그때부터 그의 마음속 깊은 곳에서는 플레시 사건의 판결이 자신의 오점이 되리라는 것을 알고 있었는지 모른다. 이후의 100년 역사가 잘 보여주듯, 플레시 사건은 연방대법원 역사에서 가장 중대한 오점 중 하나로 남았다. 또한 여러 판사와 변호사가 스콧 사건과 더불어 대법원의 크게 잘못된 판결로 꼽는 사례가 되었다.

100여 년이 지난 지금도 플레시 사건의 판결 당시 주류였던 이론과 사조의 기회주의적 특징이 여전히 나타나곤 한다. 주 의회는 인종 분리를 입법화했지만, 철도 회사는 백인 칸과 유색인종 칸을 별도로 설치하는 것을 꺼렸다. 이런 정책은 운영 비용을 증가시킨다. 백인 칸은 만원인데 흑인 칸은 자리가 빌 수도 있으므로 시장의 수요에도 부합하지 않는 정책이었다. 19세기부터 지금까지, 자유 시장을 지향하는 사조가 미국 보수파의 정치, 경제, 법률 방면에서 거대한 영향력을 발휘하고 있다. 그러나 인종 분리 문제에서는 보수파가 자유 시장 이론을 따르지 않았다. 열차, 식당, 숙박시설, 학교 등에 백인과 유색인종을 위한 별도의 시설을 갖추려면 비용이 많이 증가할뿐더러 시장 원리에도 위배된다. 루이지애나주가 기차에 인종 분리 열차 칸을 설치하도록 요구하는 법을 통과시키자 철도 회사들은 이에 찬성하지 않고 유색인종 인권단체의 소송을 지지했다. 법원 판결을 통해 운영 비용을 줄이려 한 것이다.[40]

플레시 사건은 사회적 상황에 따라 자유 시장 이론이 확장될 수 있는 경계선이 어디인지 보여주는 역사적 사례다. 자유 시장 이론은 강자와 우위 집단의 이론이며 부와 인종에 있어서 강력한 집단일수록 더 많은 자유를 누린다. 그러나 다른 한편으로는 자유 시장 이론이 제공하는 '자유'란 대체로 그 집단이 가진 부와 어떤 인종이냐에 따라 감소하기도 한다. 열세인 집단은 자유 시장에서 가격을 협상할 여지가 적다. 약자의 자유는 일종의 '강제된 자유'이거나 '어쩔 수 없는 자유'여서 그들은 주어진 것은 받아들일 수밖에 없는 운명에 처한다. 자연적인 장애물이 없다는 전제 아래, 약자가 노력을 통해 강자가 되고 더 강력한 집단에 진입하면 시장이 제공하는 자유를 충분히 누릴 기회를 얻는다. 하지만 법률이 인종과 피부색에 따라 인간을 차등화하면 약자가 시장이 제공하는 자유를 누릴 기회를 상실하게 된다. 인종이란 노력으로 넘을 수 없는 장애물이기 때문이다.

오늘날 뉴올리언스의 고풍스러운 프랑스 거리를 걷다 보면 식당, 술집, 호텔, 상점의 간판이 걸려 있는 건물에서 인종차별의 흔적은 거의 찾아볼 수 없다. 거리 곳곳에는 정통 케이준(Cajun)과 크리올(Creole) 음식이 즐비하고, 어두컴컴한 술집에서는 재즈와 블루스가 흘러나온다. 비록 이 도시의 영광은 사라졌지만 여운은 여전하기에 남부 사람들은 요즘도 방종하게 즐기고 싶을 때면 가장 먼저 이곳을 찾는다. 남북전쟁 이전에 형성된 풍습이 오늘날까지 이어지는 셈이다. 초기에 뉴올리언스에서 글을 썼던 남부 출신 작가 윌리엄 포크너(William Faulkner)는 "과거는 영원히 죽지 않는다. 과거는 아직 과거가 되지 않았다"[41]고 말하기도 했다.

전통적인 가부장제가 길러낸 위계질서, 종속 관계, 인종에 따른 암묵적 규칙, 주인과 노예라는 마음가짐 등이 온갖 변칙 아래 끈질기게 이어져 오늘날의 삶과 얽혀 있다. 근원을 따지자면 역사란 당대인의 자기 이해라고 해야 할 것이다.

2장 남쪽보다 더 남쪽

KKK단의 목표는 하느님과 조국을 사랑하고 보호하는 기독교적 이상과 체제를 드높이는 것이며, 백인우월주의를 수호하고 미국의 법 집행에 협조하는 것이다. KKK 단원이 되려면 어떤 자질이 필요한가? "내 이익은 돌보지 않고 타인의 이익만 생각하라", 이것이 바로 KKK 단원의 격언이다. 이를 따르지 못한다면 신념을 저버리는 것이 된다.
— 샘 캠벨(Sam Campbell) 목사

남부의 문명은 인종 융합을 허락하지 않는다. 우리 민중은 줄곧 각 인종이 각자의 순수성을 지켜야 한다고 여겨 왔다.
— 1925년 미시시피주 최고법원의 판결문 중에서

플레시 사건의 판결이 내려지고 27년 후, 연방대법원은 '마이어 대 네브래스카(Meyer v. Nebraska) 사건'을 판결하면서 결혼과 가족 형성, 자녀 양육, 모국어 습득 등을 신체의 자유 못지않게 중요한 권리로 여기고, 자유민의 질서 있는 행복 추구에 필수적이라고 판단했다.[42] 그러나 남부에서는 플레시 사건의 판결로 인해 거의 모든 영역과 장소에서 인종차별이 합법화됐고, 공교육은 유색인종과 백인 학생 간 분교를 시행했다. 연방대법원은 '분리하되 평등하게'를 요구했지만, 현실은 '분리하여 불평등하게'였다. 1924년 미시시피주에 살던 린(林)씨 성을 가진 중국인 가족이 플레시 사건의 판결에 도전장을 내밀었다. 그들은 수정헌법 14조와 관련한 소송의 여러 원고가 그랬듯 영웅이 되고 싶은 것이 아니었다. 초등학생 딸이 중국인이라는 이유로 공립학교에서 쫓겨났기 때문에 그들에게는 다른 선택의 여지가 없었다.

린씨 자매

미시시피강은 남쪽으로 흐르며 테네시주 멤피스를 거쳐 미시시피주 경내에 7천 제곱마일 넓이의 삼각 충적 평야를 형성한다. 이 평야는 토질이 비옥하고 기후가 온난해 목화 재배의 황금 지대다. 충적 평야의 북쪽으로는 테네시주, 서쪽으로 아칸소주와 루이지애나주가 강을 사이에 두고 마주 보고 있다. 그래서 이 평야는 '최남단'의 땅이라 불리는데, 멕시코만에서 시작하는 미시시피강의 입구와 수백 마일 떨어져 있는 곳이므로 지리적 의미로 최남단이 아니라 문화적으로 최남단이다.[43]

82번 고속도로는 미시시피 삼각 평야의 핵심지대를 가로지르며 주변 마을과 연결되는 주요 도로다. 82번 고속도로 양쪽에는 낮은 나무들로 분리되는 농지, 연못 등이 있고, 들판에는 키가 큰 참나무, 미루나무가 자란다. 옛 목화농장에서 이제는 옥수수, 대두, 땅콩을 키웠다. 십자로 입구에는 인스턴트 음식을 제공하는 간이 주유소가 영업 중이며, 피시 앤드 칩스, 치즈버거 등을 판다. 도로를 달리다 보면 작은 마을에 가까워질 때마다 도로 양쪽에 농기계를 파는 판매소가 나타나고, 좀 더 가면 달러 제너럴(Dollar General)이나 달러 트리(Dollar Tree) 같은 할인용품점이 나타난다.

마을에 들어서면 82번 고속도로가 그 마을에서 가장 큰길로 바뀌고, 길 양쪽으로 패스트푸드 가게, 모텔이 나타난다. 그 뒤쪽에는 주택가가 자리 잡고 있는데, 판자로 지은 낡은 단층집들이 좁은 골목들로 구분되어 있다. 현지 사람들은 이런 판자집을 '엽총집'이라고 불렀다. 엽총의 총신처럼 남루하다는 의미였다. 신호등이 있는 사거리를 몇 개 지나면 마을 거리가 도로로 바뀌고, 도로 양쪽에 다시 농기계 판매소가 나타난다. 자동차로 82번 고속도로를 따라 서쪽으로 가다 보면 얠로부샤(Yalobusha)강 옆의 그린우드에서 미시시피강 옆의 그린빌까지 20여 분 간격으로 하나씩 이런 작은 마을이 나타난다. 지도에 이름이 표시되지 않는다면 마을마다 어떤 차이가 있는지 알아보기 힘들 정도로 비슷하다.

1980년대 말 나이폴(Naipaul)은 현지를 여행할 때 목화밭에서 일하는 흑인 무리를 보고 "만약 원경에 산을 좀 더 추가한다면 내가 케냐에 있는 줄 알았을 것이다"라고 했다.[44] 요즘은 흑인이 밭에서 노동하는 모습을 보기 어렵다. 저렴한 노동력은 강력한 농기계로 대체되었고, 흑인들은 백인이 그렇듯 이 지역을 떠나거나 양어장 혹은 마을의 가게에서 파트타임으로 일하거나 아무 일도 하지 않고 정부가 나눠주는 식권으로 먹고산다. 앨라배마주를 지나갈 때 나이폴은 조지아주나 사우스캐롤라이나주, 노스캐롤라이나주보다 더 심각한 가난과 인종문제를 목도했다. 그러나 미시시피주에 비하면 앨라배마는 그래도 나은 편이었다. "앨라배마주에서조차 미시시피를 빈곤과 인종차별이 심각한 곳으로 여겼다."[45] 미국 사회에서 남부와 인종차별, 보수파, 빈곤, 낙후는 분리해 생각할 수 없다. 미시시피 삼각평야 일대는 미국의 '최남단'이자 지구의 '최남단'이다.[46] 그곳을 보면 번화하고 소란한 도시든 풍요롭고 고요한 교외든 다른 세상의 풍경인 것만 같다.

남북전쟁 이전 미시시피 삼각평야 지대는 남부에서 가장 부유한 지역 중 하나였다. 부의 원천은 토지와 노예 노동, 목화 무역이었다. 남북전쟁이 끝난 후 노예 노동은 사라졌고, 자유를 얻은 노예는 북부로 가서 새로운 삶을 도모했다. 노동력이 크게 감소한 것이다. 일부 농장은 도급제를 시행했다. 토지를 남부에 남은 흑인 혹은 가난한 백인에 빌려주어 농사를 짓게 한 후 수확량 일부를 나누어주는 방식이다. 그러나 인구가 대규모로 유출되어 남부 지역에서는 필요한 농업 노동력을 다른 곳에서 수급해야 했다. 당시 캘리포니아주와 카리브해 지역에는 중국(당시 청나라)에서 온 육체노동자가 많았다. 미시시피의 목화 농장주는 여기에 착안해 점차 중국계 노동자나 이탈리아 이민자를 고용했다. 처음으로 이 지역에 온 중국계 노동자 16명은 한동안 농장에서 일하다가 다른 곳으로 떠나거나 농장 일이 아닌 다른 일거리를 찾았다. 그들 대부분은 어느 정도 돈을 모아서 잡화점을 열었다. 당시 미시시피 삼각평야 지대에는 흑인 인구가 백인 인구보다 많았는데 흑인이 운영하는 잡화점은 거의 없었다. 백인 잡화점주는 흑인 손님을 꺼렸기에 중국인 잡화점이 그 공백을 메웠다. 중국인 잡화점은 적은 자본으로 운영하면서 흑인과 가난한 백인 손님을 상대로 장사했다.[47]

린궁(林恭, Gong Lum)이 바로 그런 잡화점 주인이었다. 그의 아내 캐서린(Katherine)은 중국 광둥(廣東) 지역 출신으로, 10살에 부모를 모두 여의고 왕(王)씨 성을 가진 부잣집에 입양되었다. 양녀라고 했지만 사실은 하녀였다. 캐서린은 왕씨 가족을 따라 미국에 왔다. 당시 미국은 중국 이민자를 배척하는 법률을 시행하고 있었는데, 중국계 육체노동자에게 입국 허가를 내주지 않았다. 그러나 상인이라고 하면 상업 비자를 받아 합법적으로 미국에 들어올 수 있었다. 왕씨 가족도 상인의 신분으로 미국에 건너왔고, 미시시피 삼각평야 지대에서 상업 활동을 하며 시민권을 얻었다. 똑똑한 소녀였던 캐서린은 금방 영어를 익혔고, 그 지역의 침례교회를 다녔다. 18살이 된 캐서린은 린궁과 결혼했다. 부부는 잡화점을 운영하며 딸 둘, 아들 하나를 낳았다. 고달픈 삶이었지만 희망찬 미래를 꿈꿨다. 부부는 아이들이 자라서 현지에서 존경받는 백인들처럼 훌륭한 삶을 살기를 바랐다. 그래서 큰딸에게 버다(Berda)라는 이름을 지어주었다. 마을에서 유명한 부잣집 안주인의 이름이었다. 둘째 딸 마사(Martha)도 이웃의 부유한 여성의 이름을 땄다. 아들 해밀턴(Hamilton)은 촌장의 이름을 붙였다.[48]

학교에 갈 나이가 되자 버다와 마사도 다른 아이들처럼 로즈데일(Rosedale)공립초등학교에 입학했다. 그 시절 미시시피주는 이미 의무 교육을 시행하고 있었다. 미시시피의 주법에 따르면, 아버지에게는 5살에서 21살의 자녀가 기초교육을 마치도록 할 의무가 있었다. 언니인 버다는 학교 성적이 보통 수준이었지만 동생인 마사는 공부를 잘해서 선생님에게 자주 칭찬받았다. 선생님은 교실 벽에 종이를 오려서 만든 사과나무를 붙이고 빨간 색종이로 사과를 만들어 그 위에 학생의 이름을 써서 나무를 장식했다. 시험을 치고 나면 점수가 높은 학생의 사과를 높은 곳으로 옮겨 달았는데, 마사의 사과는 자주 나무 꼭대기를 차지했다.[49]

1890년 수정된 미시시피주 헌법에는 정부가 백인 학교와 유색인종 학교를 분리해 운영하도록 규정하고 있었다. 이 법률을 시행하는 과정에서 백인 학교와 흑인 학교는 엄격하게 분리되었지만, 중국계 아이들은 백인도 아니고 흑인도 아니어서 대부분의 공립초등학교, 공립중학교에서는 중국계 학생을 백인 학교에 입학하도록 허가했다.[50] 그런데 1924년 미시시피주에서 관련 법규를 엄격하게 집행하면서 중국계 학생과 백인 학생이 같은 학교에 다니는 것을 금지했다. 당시 미국과 유럽에서는 우생학이 유행했다. 백인은 우월한 종족이니 혈통의 순수성을 보존해야 한다고 여겼다. 같은 해 미국 국회에서 가장 엄격한 이민법이 통과되면서 효과적으로 아시아계 이민을 금지할 수 있었고 나아가 동유럽과 남유럽의 이민자 수도 사상 최저로 떨어졌다.[51] 미시시피 등 미국 남부의 각 주에서는 이 이민법을 활용해 공립학교에서의 인종 분리 및 인종 간 혼인을 금하는 법률을 강력하게 시행했다.

고군분투하는 전임 주지사

1924년 9월 신학기가 시작되었을 때 버다는 11살, 마사는 9살이었다. 그들은 한 해 전과 똑같이 등교했다. 점심시간에 교장이 버다와 마사, 그리고 다른 중국계 학생 2명을 사무실로 불러서 학군에 관한 주 법률을 준수해야 한다고 통보했다. 새로운 규정이 생겨서 중국계 학생은 백인과 같은 학교에 다닐 수 없다는 것이었다. 중국계 학생은 흑인 학교에 가거나 사립학교로 옮겨야 했다. 린궁 부부에게 주어진 선택지는 많지 않았다. 그들은 아이를 사립학교에 보낼 정도로 부자가 아니었고, 흑인 학교는 교육 여건이 열악했기에 아이들을 그곳에 보내고 싶지 않았다. 당시 미시시피 법률이 공립학교에서 백인과 유색인종이 같이 공부하지 못하도록 정했으나 모든 지역에서 이런 정책을 실행한 것은 아니었다. 삼각평야 일대는 다른 지역보다 앞서간 셈이다. 현지의 중국계 학부모는 다른 곳으로 옮겨갔지만, 린궁 부부는 그럴 수가 없었다. 막 새집을 산 터였고 다른 지역에 가서 다시 잡화점을 열기도 어려웠기 때문이다. 남은 방법은 오로지 소송뿐이었다.

린궁 부부는 다른 중국계 가정과 연합해 학교를 고소하려 했다. 그래서 한차례 연락을 돌렸지만 지지를 얻지는 못했다. 부부는 자기들만이라도 고소하겠다고 결정해 마을의 변호사인 얼 브루어(Earl Brewer)를 찾아갔다. 얼 브루어는 유명하고 영향력이 큰 인물이었다. 미시시피주에서 검사와 주지사를 지내기도 했다. 린궁 부부가 사건을 의뢰하려 했을 때 얼 브루어는 정치적으로 연이어 좌절을 겪고 경선에서 패배한 후 고향에 내려와 변호사로 일하던 중이었다. 그의 변호사 사무실을 찾아오는 의뢰인이라고는 시골 마을의 빈민뿐이었다. 그들은 수임료가 없어서 직접 기른 곡식이나 채소를 대신 지불하곤 했다. 린궁 부부는 브루어의 사무실에 가서 아이가 처한 상황을 호소했다. 브루어는 이 사건으로 돈을 벌 수 없음을 알아차렸다. 하지만 이 사건이 미시시피의 인종차별법에 도전하기 좋은 기회이며, 화제를 모으기에 충분한 사건이 되리라는 것을 예감했다. 그래서 얼 브루어는 린궁 부부의 변호사가 되었다.[52]

미시시피의 여러 정치가가 명문가 출신인 것과 달리 얼 브루어는 가난한 집안에서 자랐다. 12살에 아버지를 여의고 맏아들로서 농사를 지어 가족을 부양해야 했다. 그 무렵은 KKK단의 세력이 커서 마을에 지부가 생기면 백인 청년들이 다수 입단하곤 했다. 브루어 역시 주변 친구들의 영향으로 KKK단 모임에 참석한 적이 있었다. 그러나 흰 천으로 얼굴을 가린 것을 보니 좋은 사람 같지 않다는 어머니의 반대로 다시는 그 모임에 나가지 않았다. 머리가 좋았던 브루어는 일을 하면서 독학하여 24살에 미시시피대학에 입학한 후 7개월 만에 법학 과정을 수료했다. 졸업하고는 5일 만에 사건을 맡아 정식 변호사가 되었다. 3년간 변호사로 일한 후, 브루어는 주 의회 상원의원에 당선되었다. 1902년 주 검사관으로 임명되었고, 1911년에는 주지사 선거에서 승리했다. 주지사 재임 중에는 가난한 사람을 돕고 아동 복지 정책을 추진했다.

당시 남부 지역에는 니코틴산 결핍증인 펠라그라(Pellagra)병이 유행했는데, 사망률이 10퍼센트를 넘었다. 미시시피도 심각한 피해를 입었다. 의학계에서는 병인을 특정할 수 없다고 했지만 주민 사이에서는 병균 감염에 의한 돌림병이라는 소문이 돌았다.[53]

미국 보건부의 의사 조지프 골드버그(Joseph Goldberger)는 이 질병이 주로 빈곤층에서 발병하며 고아원, 정신병원, 교도소에서 유행하지만, 웬일인지 고아원과 교도소의 관리자는 감염되지 않는다는 점을 발견했다. 이런 사실을 바탕으로 골드버그는 영양실조를 원인으로 제시했다. 그러나 그의 이론은 당시 의학계에서 받아들여지지 않았다. 브루어가 주지사를 지낼 때 미시시피 주민 1만여 명이 펠라그라병에 걸렸고, 이 중 매년 1,500여 명이 사망했다. 골드버그는 미시시피에서 이 병을 연구하던 중 실험적인 방법으로 병의 원인을 증명하고자 했다. 두 그룹의 실험 대상자를 구해 첫 번째 그룹은 옥수수 등 탄수화물만 먹이고 두 번째 그룹은 육류와 채소 등 영양이 풍부한 음식을 먹이는 실험이었다. 브루어는 주 교도소의 수감자 중에서 자원자를 모집하도록 허가했으며, 실험에 자원한 수감자를 사면하겠다고 약속했다. 몇 달 후 첫 번째 그룹에서는 펠라그라병의 증상이 대량으로 나타났으나 두 번째 그룹에서는 아무런 증상도 없었다.[54]

골드버그는 실험 결과를 바탕으로 보고서를 작성해 펠라그라병의 원인이 영양실조임을 밝혔다. 동시에 빈곤층과 발병 고위험군에 영양 공급을 늘리는 일부터 시작해 수많은 생명을 앗아간 전염병을 퇴치하라고 정부에 권고했다. 골드버그의 미시시피 교도소 실험은 의학계의 전문가가 고집하던 세균 감염설을 뒤집었을 뿐 아니라 사회 정책에도 영향을 미친다는 이유에서 여러 의사 동료와 정치가의 반발을 낳았다. 골드버그는 발병의 구체적인 메커니즘을 찾으려고 노력했지만 뜻을 이루지 못하고 세상을 떠났다. 그가 사망한 후의 의학 연구에 따르면 식단에 비타민 B3와 단백질이 부족하면 펠라그라병이 발병한다.[55]

린궁 부부가 딸을 위해 소송을 벌이던 시절, 미시시피에서 펠라그라병은 이미 효과적으로 통제되고 있었다. 브루어의 정치생명은 끝났고, 변호사로 사는 것도 희망적이지 않았다. 브루어는 여전히 가난한 사람의 이익을 보호하는 정책을 지지했다. 하지만 그런 정책은 그의 정적들에게 '사회주의'로 못 박혀 시행하기가 점점 더 어려워졌다. 게다가 그 당시는 외국 이민자를 배제하려는 인종차별의 열기로 KKK단이 다시 등장해 미국 전역에 500만 명 이상의 단원이 각 주에 시부를 설립한 때였다. 미시시피는 KKK단의 주요 근거지였다. 브루어는 린궁 부부의 의뢰를 받아들였다. 현지 법원은 10월부터 휴정하고 새해가 지나서 다시 개정했다. 브루어는 빠르게 움직여야 했다. 계약 분쟁이나 형사소송과 달리 이 사건은 법을 적용하는 문제를 신중히 검토해야 했다. 여러 장단점을 저울질한 끝에 미시시피주 헌법과 연방 헌법에 근거하여 로즈데일 학군에서 린궁의 딸을 학교에서 내보낸 것은 주 헌법이 규정한 의무교육 조항, 미국 수정헌법 14조의 평등 보호 조항에 위배된다는 내용으로 소송을 제기했다. 변호사는 위법 사항 외에도 소송 당사자를 향한 동정심을 자극하는 전략을 구사해야 한다. 소장에서 브루어는 마사가 9살의 어린아이이며 규칙을 잘 지키고 성적이 좋은 학생이었는데 오로지 중국계라는 이유로 학교에서 쫓겨났다는 점을 강조했다. 그는 학교 당국이 마사를 유색인종으로 분류한 것은 잘못이라고 지적했다.[56]

브루어는 법원에 소장을 제출하고 배달료로 5달러를 지불했다. 보안관은 그 소장을 피고인 로즈데일 학군 책임자에게 전달했다. 5일 뒤 현지 신문인 『볼리바르 카운티 민주당원보*Bolivar County Democrat*』에 "로즈데일 학교에서 중국계를 금지했다"를 제목으로 기사를 냈다. 기사에서는 이 사건이 학교 내에서 '중국계'가 어떤 신분인지를 탐색하려는 성격의 소송이라고 지적했다. 또한 이 신문은 논란이 많은 소송에서 브루어 전 주지사가 중국계 가정의 편에 선 것이 전혀 이상하지 않다고 비꼬았다. 한물간 정치인이 상원의원에 출마했다가 어느 선거구에서도 승리하지 못하자 이제 미시시피의 백인 아이를 중국인과 같은 학교에 보내려고 하지만 승소할 희망은 상원의원 선거 성적만큼 막막하다는 것이다. 주지사 퇴임 후 정치에 입문하려 했던 브루어는 상원의원 경선에서 참패했다. 시간이 흐르고 민심이 바뀌고 정치 흐름도 달라졌다. 미시시피에서는 그의 정책에 유권자들이 더 이상 기회를 주지 않았다. 그러나 브루어는 패배를 인정할 준비가 되어 있지 않았다. 그는 전쟁터를 정계에서 법정으로 옮기려 했다. 린궁 가족의 사건은 그에게 새로운 전투에 참여할 기회를 준 셈

이다.[57]

미시시피의 대다수 유권자는 브루어를 버렸지만, 그를 동정하는 사람이 아예 없는 것은 아니었다. 현지의 다른 신문 『클라크스데일 레지스터*Clarksdale Register*』는 법학도 두 사람의 글을 실었다. 그 글은 『볼리바르 카운티 민주당원보』가 브루어를 악의적으로 공격했다고 비판하며 "당신들은 다른 모든 미국 시민과 마찬가지로 헌법을 수호할 것을 맹세했다. 하지만 전혀 그렇게 하지 않았으며, 오히려 중국계든 어떤 인종이든 신이 창조한 태양 아래 사는 어떤 사람이라 해도 이 땅의 법정에서 유능한 변호사가 그들을 대리할 수 있다는 평등한 권리를 박탈하려 했다"고 말했다. 기고자 두 사람은 중국계 아동이 백인 아동과 함께 학교에 다녀야 한다는 데는 동의하지 않았다. 그렇다고 해도 변호사가 그들을 대리하는 권리는 누려야 한다고 여겼다. 기고자 중 1명은 이 사건의 피고인 그릭 라이스(Greek Rice)의 아들이었다.[58]

로즈데일 학군의 이사인 그릭 라이스와 다른 피고들이 소장을 받았다. 법정은 11월 5일에 개정하기로 했다. 바침 그 시기는 법원의 휴정 기간이었다. 휴가 중에 이런 까다로운 사건을 심리하고자 하는 판사가 있을 리 만무했다. 따라서 관례적으로 이듬해까지 기다려야 재판이 열릴 터였다. 브루어는 결코 만만한 사람이 아니었다. 이웃 마을에 사는 윌리엄 알콘(William Alcorn) 판사는 브루어와 잘 아는 사이였고 클락스데일의 같은 교회에서 예배를 보았다.[59]

남다른 판사

'알콘'은 미시시피에서 유명한 집안이다. 윌리엄 알콘의 당숙인 제임스 알콘(James Alcorn)은 일찍이 켄터키에서 미시시피 삼각평야 지대로 가족과 늙은 흑인 노예 1명만 데리고 이주했다. 미시시피에 온 그는 변호사 사무실을 차렸고 10여 년을 경영하여 목화밭 1만 에이커와 수백 명의 흑인 노예를 거느린 농장주가 되었다. 남북전쟁 발발 직전, 윌리엄 알콘의 아버지가 켄터키에서 미시시피로 이주해 사촌의 농장 경영에 합류했다. 남북전쟁이 일어날 때쯤, 제임스 알콘은 루이지애나에서 14살짜리 여자 노예를 사 왔다. 그 노예는 알콘 농장에 살면서 6명의 혼혈아를 낳았는데, 그중 아들은 셋이었다. 세 아들 중 맏이는 제임스, 둘째는 '주지사', 셋째는 '판사'라는 이름을 붙였다. 아이의 아버지는 불분명하지만 다들 제임스 알콘으로 추정했다.[60]

제임스 알콘은 남북전쟁이 일어나기 전에 미시시피의 연방 탈퇴를 반대했고, 남부가 내세운 제퍼슨 데이비스(Jefferson Davis) 대통령과 갈등을 빚었다. 남북전쟁이 발발하고 나서는 병사를 징집해 전투에 참여했는데, 제임스 알콘은 준장으로 임명되었다. 윌리엄 알콘의 아버지도 남부군에 입대해 중위로 복무했다. 전쟁 기간에 제임스 알콘 준장은 두 아들을 잃었다. 그는 미시시피 삼각평야 지대에 대규모 농장을 소유한 농장주였지만 링컨을 존경했고 내전을 일으킨 남부 고위층 정치인을 혐오했다. 내심 노예제도에 죄책감을 느끼기도 했다. 1865년 4월 9일 남부군 사령관 로버트 리 장군이 연방군에 투항하면서 남북전쟁이 사실상 종결되었다. 그러나 데이비스가 이끄는 남부 정권은 여전히 남은 숨을 이어가던 중이었다. 4월 15일 링컨이 암살당했다. 제임스 알콘은 일기에 "이 소식을 듣고 마음이 무거웠다. 미래는 더욱 암담해졌다. 피가 흐르는 장면이 이어진다. 언제가 되어야 이 싸움이 끝날 것인가?"라고 적었다.[61]

남북전쟁 이후 정치를 시작한 제임스 알콘은 공화당에 입당했다. 투표권을 얻은 옛 미시시피주의 흑인 노예가 그에게 표를 던졌다. 1865년 그는 상원의원에 당선되었다. 정견과 당파 때문에 남북전쟁 당시 남부군의 장성이었던 그는 미시시피에서 노예제도를 지키려던 백인의 적이 되었다. KKK단은 제임스 알콘과 가족을 협박했고 농장에 불을 질렀다. 그 무렵 윌리엄 알콘이 막 태어났는데, 그 아버지의 농장은 불에 탄 제임스 알콘의 농장에서 멀지 않았다.[62]

1869년 제임스 알콘은 주지사 선거에서 승리해 미시시피주의 28대 주지사가 되었다. 재임 기간 중 그는 미시시피를 현대화하는 데 힘썼다. 미시시피에 공교육 시스템을 구축한 것이 그의 가장 큰 업적이었다. 미시시피는 남북전쟁 이전에 흑인의 교육을 법으로 금지했다. 알콘 주지사의 재임 중 제정된 미시시피주의 새 헌법은 주 정부가 5~21세 주민 모두에게 무료로 기초교육을 제공해야 하며 카운티마다 자유롭게 흑인과 백인이 한 학교에 다닐지, 흑백 인종을 분리하여 학교에 다닐지를 결정하도록 했다. 흑백 분리를 선택한 지역에서는 백인 학교와 흑인 학교에 교육 예산을 균등하게 배분해야 했다. 미시시피주에서 최초의 흑인 대학을 설립한 것도 제임스 알콘이었다. 이 대학은 설립자의 이름을 따서 알콘 주립대라고 명명되었다. 그러나 이런 의무교육 정책은 정계에서도 주민 사이에서도 큰 반발을 일으켰다. 반대 이유는 주 정부가 무상으로 의무교육을 실시하면 세금이 높아진다는 점과 공립 의무교육 때문에 흑인과 백인이 뒤섞인다는 점이었다.

1871년 제임스 알콘은 주지사직을 사임하고 수도 워싱턴으로 가서 연방의회 상원의원의 공석을 채웠다. 미시시피주에서의 정치 인생은 끝난 셈이다. 그러나 그가 남긴 정치적 유산이 미시시피에 남았으며, 하층민에게 혜택을 주었다. 그가 추진한 공교육 보급 정책 이후 새로운 주 헌법이 공포된 지 5년 만에 미시시피에서는 취학 연령 아동의 절반이 학교에 다니게 되었으며, 남북

전쟁 이전에 주민 대부분이 보편적으로 문맹이었던 상황이 크게 개선되었다.[63]

윌리엄 알콘은 10살 때 아버지를 황열병으로 잃고, 이후 백부 제임스 알콘과 함께 살았다. 당시 제임스 알콘은 상원의원직에서 물러나 미시시피 삼각평야에 있는 저택으로 돌아와 있었다. 그는 총명하고 진취적인 조카를 마치 자신의 젊은 시절을 되살리듯 그를 변호사의 길로 이끌었다. 윌리엄 알콘은 평생 법조인으로 일한 인물이다. 오랫동안 변호사 생활을 하다가 판사 선거에서 승리해 미시시피주 순회법원 판사가 되었다. 확실히 윌리엄 알콘이라면 법원의 휴정 기간 중이라도 중국계 학생이 학업을 중단해야만 했던 사건을 맡아줄 터였다. 경력상의 위험을 감수하고서라도 즉, 다음 판사 경선에 출마했을 때 일부 유권자의 지지를 잃게 되더라도 말이다. 법원은 이미 휴정을 선언했으니 다른 판사들이 그랬듯 어떤 사건도 맡지 않을 수 있었다. 특히 이렇게 쟁점 요소가 많은 사건이라면 더욱 그렇다. 윌리엄 알콘이 이 사건에 나선 것은 브루어와의 친분도 물론 있었지만, 그보다는 성장 과정과 개인적 신념에 더 깊이 관련되어 있다. 그는 백부가 이루지 못한 과업을 이어받아 모든 학생이 기초교육을 받을 수 있도록 할 생각이었다.[64]

백부인 제임스 알콘이 그랬듯, 윌리엄 알콘 판사 역시 정부의 강제적 명령으로 백인과 흑인이 같은 학교에 다니도록 해야 한다고는 주장하지 않을지 모른다. 하지만 흑인의 합법적 권리를 존중해 흑인 학생이 백인 학생과 동등한 교육 기회를 누릴 수 있도록 해야 한다는 것이 당시 남부 지역에 널리 퍼진 '분리하되 평등하게' 이론이었다. 1896년 대법원은 '분리하되 평등하게'라는 원칙을 확립하고 남부의 인종 분리 정책을 합법화하는 플레시 사건에 판결을 내렸다. 이 판결은 1954년이 되어서야 대법원에 의해 뒤집혔다. 당시 플레시 사건에 대한 대법원의 판결은 사회의 주류적 인식과 가치관, 그리고 남부 지역의 현실을 반영한 것이었다. 남부에서 인종 분리는 실재하는 현실이었고 평등은 법원이 구상하는 목표였을 뿐이다. 그러나 현실은 늘 법보다 복잡하게 마련이다. 인종문제 역시 흑과 백이라는 이분법을 넘어 꽤 넓은 스펙트럼 안에 걸쳐 있다. 브루어 변호사와 알콘 판사는 분명히 중국인을 흑인으로 분류하는 것에 동의하지 않았다. 당시 미시시피 삼각평야 지대에는 이탈리아인과 유대인을 포함해 다른 유색인종이 모여 살았지만 공립학교는 이들을 백인 학교에서 쫓아내지 않았다.

미시시피 공립학교의 분리 정책이 헌법을 위반한 것이라고 주장하는 것은 대법원의 플레시 사건 판결에 도전하는 것이다. 브루어는 이런 사실을 모르지 않았다. 당시 사회, 정치, 사법적 분위기에서 이길 가망이 없는 일이었다. 인종 분리 자체는 미국 헌법에 부합한다. 수정헌법 14조의 정당한 절차와 평등 보호 조항에 위배되지 않는다는 것이 플레시 사건에서 대법원의 주장이었다. 중국인 학생을 동정하는 알콘 판사라도 대법원 판례를 무시하고 미시시피주의 학교 분리법이 위헌이라는 판결을 내릴 리 없다. 이런 상황에서 승소할 수 있는 유일한 현실적 전략은 학교 당국이 중국계 학생을 흑인으로 분류한 것이 불법임을 주장하는 길뿐이었다.

기소장에서 브루어 변호사는 미시시피주 헌법에 따라 공립학교의 교육 예산은 주와 카운티 세금에서 나오며, 린궁은 영세사업자로서 다른 주민과 동일하게 세금을 내기 때문에 미시시피주 헌법에 따라 아이를 공립학교에 보내 교육시킬 의무가 있다고 강조했다. 미국 시민권자이자 미시시피 시민권자인 그의 마사는 맥인 학생들과 같은 학교에서 교육받을 권리가 있었다.

학교에 다니는 것은 귀중한 권리다. 그녀는 유색인종의 구성원도 아니고 혼혈아도 아닌 순수한 중국인 혹은 중국계다. 또한 미국에서 태어난 시민이자 미시시피주의 주민이며, 로즈데일 학군 거주자이기 때문에 연령 5세에서 21세 사이의 주민은 교육을 받을 수 있다는 요구 조건에 부합한다. 따라서 어떤 면으로 보나 그녀는 입학할 능력과 자격이 있고, 나아가 이 학교에 입학할 권리가 있다. (…) 학교가 입학권을 박탈한 유일한 이유는 그녀가 중국계라는 것뿐이다. 그녀는 직접적인 차별을 받고 미시시피주 주민이 누리는 귀중한 권리를 박탈당했다. (…) 피고는 정당한 법적 절차 없이 그녀의 인종과 민족만을 근거로 귀중한 권리와 기회를 빼앗았고, 법의 평등한 보호를 거부하는 것은 미국 헌법과 미시시피주 헌법의 관련 조항을 위반한 것이다.[65]

브루어 변호사는 린궁 부부의 딸을 복학시켜달라고 재판부에 요청했다. 이런 유형의 소송을 '직무수행명령(Writ of Mandamus)'이라고 한다. 미시시피주 헌법에 따르면 로즈데일 학교 당국의 의무는 학군 내 적령기 아동을 교육하는 것이기에 중국인 학생의 입학을 거부하면 의무를 이행하지 않는 것과 같다. 전통적으로 지방 공무원이나 하급법원이 법률이 규정한 직무를 수행하지 않을 경우 원고는 법원 또는 상급법원에 소를 제기하여 직무를 수행하도록 요구할 수 있다. 브루어 변호사는 소장에서 법률이 학교 당국에 학생 선택권을 주지 않았다고 강조했다.

재판일을 나흘 앞둔 11월 1일, 학교 측 변호사가 '소송 불충분 항변서'를 제출했다. 브루어가 소장에서 진술한 사실에 이의를 제기하지는 않았다. 다만 그 진술이 사실이라고 해도 미시시피 법률에 따라 마사는 유색인종이므로 백인 학교에 다닐 권리가 없다는 것을 지적하는 내용이었다.

미시시피주 헌법에서는 각 지역에서 백인 학교와 유색인종 학교를 분리해 설립하라고 규정하고 있다. "소장에서는 명백히 원고가 몽골인종 혹은 황인종이라고 했으므로 미시시피 법률에서 규정한 백인 또는 코카서스 인종의 아동이 다니는 학교에 다닐 권리가 없다."[66] 다시 말해 피고는 마사가 백인 학교에 다니는 것을 허가하지 않은 일을 두고 법률에 따라 학교 이사로서의 직무를 수행한 것이라고 주장했다. 학교 측 변호인은 브루어가 학교 당국을 고발한 것은 법적 근거가 없다며 재판부가 학교 당국에 직무를 수행하도록 명령할 이유가 불충분하다고 지적했다. 따라서 학교 측은 법원에 원고의 청구를 기각할 것을 요청했다.

알콘 판사는 학교 측 요구를 기각했다. 판결문에서 그는 이렇게 썼다. "본 법원의 판결은 피고의 불충분 항변 및 관련 청구를 기각한다. 미시시피주 볼리바르 카운티 1구 순회재판소 서기관은 본 법원의 명령에 따라 (…) 당장 피고에게 원고 마사 린의 요구에 따라 로즈데일 학교에 입학할 수 있도록 하는 직무수행명령을 내린다."[67]

100년쯤 지난 후에 로즈데일에서 이 사건을 조사한 기자는 "만약 다른 판사가 이 사건을 맡았다면 학교 측의 불충분 항변과 청구가 십중팔구 받아들여졌을 것이다. 그러면 소송은 법정 문 바깥으로 밀려 나가게 된다. 미시시피 법률은 분명히 학교 이사회의 편에 서 있었다. 그러나 알콘 판사는 10살에 아버지를 여읜 자신을 거둬준 백부 제임스 알콘을 보고 자랐다. 제임스 알콘은 모든 아이가 마땅히 평등한 교육의 기회를 누려야 한다고 믿었다. 알콘 판사의 1924년 11월 5일의 판결은 그런 경험을 반영한 것이었다"고 서술했다.[68]

많은 이가 법관이 사법 기계처럼 법을 집행할 것이라 오해한다. 하지만 법관은 사법 절차를 입력한 기계가 아니라 자신의 삶과 가치관을 가진 인간이다. 법조문은 생명이 없지만 법관의 해석과 판결에 의해 살아난다. 법률의 해석과 사건 판결에는 법관의 삶과 가치관이 직간접적으로 반영된다. 특히 일반법에서는 법률과 전통이 법관에게 해석과 판결의 여지를 크게 주는 편이다. 같은 법조문과 법원 판례를 인용하는데도 판사가 누구냐에 따라 해석과 판결이 전혀 달라진다. 다시 말해 사건의 사실관계 외에도 사회문제에 대한 법관의 이해, 개인적 가치관, 소송 당사자를 향한 동정심 혹은 편견 등이 법률 해석, 소송 당사자를 대하는 태도, 판결의 공정성 여부에 영향을 미치는 것이다.

판결 결과가 공정한지를 따지는 것은 일반법의 오랜 전통이다. 법률을 엄격하게 해석하여 법조문의 문자적 의미에 따라 판결하면 어떤 사건에는 판결이 불공정하거나 정의롭지 못하거나 혹은 판사의 양심에 어긋날 수 있는 것이다. 린궁 부부의 딸 마사의 사건에서도 중국인인 9살 아이는 학업 성적이 우수하고 교칙을 잘 지켰으며 아버지가 성실히 세금을 내는 시민이었는데도 다른 백인 아이와 같이 공교육을 받을 수 없었다. 마사와 그 부모는 정부 권력과 사회적 관습이 함께 엮인 차별 네트워크에 저항할 힘이 없는 평범한 사람이었지만 자신들의 권익과 미래를 위해 싸웠다. 다행히 미국이라는 나라에는 헌법이 있고, 남북전쟁 후에는 수정헌법 14조를 추가하여 모든 시민에게 법의 평등한 보호를 약속했다. 독립적으로 사법권을 행사하는 법원, 전문적인 직업윤리를 지키는 변호사와 판사 등이 있어서 힘없는 서민이라도 곤경에 처했을 때 막막하지 않도록 도움을 청할 수 있는 통로가 존재한다.

법원과 헌법의 간극

브루어는 순회법원의 소송에서 승리했지만 진정한 전투는 아직 시작되지 않았다는 것을 잘 알았다. 브루어는 린궁 부부에게 아이들의 안전을 위해 마사와 버다를 학교에 보내지 말고 기다리라고 조언했다.

알콘 판사의 판결은 현지인의 격분을 샀다. 예상했던 결과였다. KKK단이 한창 기세를 올리며 미시시피 삼각평야 일대에서 불량배처럼 활개 치던 때였으니 말이다. 판사와 변호사에게는 감히 손을 댈 수 없었겠지만 다른 소수인종에게는 어떤 짓을 해도 놀랍지 않을 정도였다. 그들은 중국인을 자기 지역에서 쫓아내는 가장 좋은 방법이 중국계 학생을 학교에 받아주지 않음으로써 다음 세대의 미래를 없애는 것임을 누구보다 잘 알았다.[69]

알콘 판사의 판결이 나왔을 때 마사는 이미 두 달째 학교에 가지 못한 상태였다. 학교 측이 항소하여 판결이 번복된다면 마사는 로즈데일에서 학교에 다닐 기회를 완전히 잃게 된다. 소송의 전망은 불투명했고 아이의 학업에 지장이 생기자 린궁 부부는 두 딸을 북부인 디트로이트에 있는 친척 집으로 보냈다. 그곳의 학교는 인종 분리 정책을 실시하지 않았기 때문이다. 알콘 판사가 판결한 지 30일 만에 학교 측이 항소했다. 학교를 대신해 항소한 사람은 미시시피주 검찰총장인 러시 녹스(Rush Knox)였고, 항소 통지서에는 부검사장인 엘모 샤프(Elmer Sharp)가 서명했다. 브루어와 린궁 부부는 더 험난한 싸움을 앞두고 있었다.[70]

1925년 4월 6일 미시시피주 대법원은 '린궁 대 라이스 사건'을 심리하기 위한 법정을 열었다. 미시시피주 대법원은 주도인 잭슨의 주 정부 청사의 2층에 있었다. 10년 전 브루어가 주지사로 있을 때 그의 사무실은 청사 건물 3층이었다. 건물 중앙에는 웅장한 로마네스크 양식의 돔을 씌운 원형 홀이 있고, 높다랗게 정의의 여신 부조를 새기면서 여신의 양쪽 귓가에 목련꽃을 한 송이씩 꽂은 모습이다. 목련꽃은 미시시피의 주화(州花)다. 다른 법원과 마찬가지로 여신의 눈은 가려져 있다. 그것은 권력, 부, 피부색, 사회적 지위나 신분을 따지지 않고 공정하게 판결한다는 의미다.

브루어가 법정에 들어섰을 때는 이미 방청객과 취재진으로 붐볐다. 구석진 곳에 말쑥하게 차려입은 중국인들이 드문드문 눈에 띄었다. 미시시피주 대법원에는 6명의 판사가 있는데, 그중 조지 에스리지(George Ethridge) 판사는 브루어가 주지사일 때 주 검찰 부총장이었다. 에스리지 판사는 교사 출신으로, 교육 문제에 정통한 인물이었다. 그는 학교에서 인종 분리 정책을 실시해야 서로 다른 인종이 평화롭게 공존할 수 있다고 여겼다. 8년 전, 그는 공립학교에서 학생을 추방하는 사건을 심리한 적이 있었다.[71] 백인 학교에 다니던 학생 4명이 있었다. 그들은 생김새로 보면 다른 백인 아이와 뚜렷이 구별되지는 않았지만, 자세히 보면 피부색이 완전히 희지 않다는 것을 느낄 수 있는 정도였다. 누군가 그들의 증조할머니가 흑인이라고 고발했다. 학생들의 할머니는 피부가 갈색이라 마치 혼혈처럼 보였다. 하지만 할머니의 부모가 흑인인지 백인인지 혹은 다른 인종인지 알 길은 없었다. 확실한 사실은 부모와 조부모가 전부 흑인이 아니라는 것뿐이다.

학교 당국은 고발당한 4명의 학생을 흑인 혈통이라고 판단하여 백인 학교에서 내보냈다. 흑인 학교에 다녀야 한다는 것이었다. 그러나 학생들의 외모는 백인 사이에서 있을 때보다 오히려 흑인 사이에서 더욱 다른 인종처럼 보였다. 이 학생들의 부모는 학교 당국을 상대로 소송을 제기했다. 순회법원의 판사는 학생들의 흑인 혈통이 8분의 1도 안 되는 데다 미시시피주 헌법에 따라 백인과 합법적으로 결혼할 수 있으므로 학교가 이들을 흑인으로 취급해서는 안 된다면서 복학시킬 것을 명령했다. 그러나 미시시피주 대법원에서 순회법원의 판결을 뒤집었다. 에스리지 판사는 그 사건의 판결문에서 공립학교의 인종 분리는 통혼 금지 기준보다 더 엄격해야 한다고 주장했다.

> 두 가지 법률 모두 주 내에서 인종 분리를 확립하려는 헌법 입법자의 목적을 반영하고 있다. 통혼 조항은 혼인이 가능한 혈통의 정도와 비중을 확립하여 태어난 아이가 잡종의 사악한 운명을 겪지 않도록 구체적인 기준을 정립하는 (…) 그러나 흑인 혈통이 8분의 1도 안 된다고 해서 그 아이들이 반드시 백인의 일원이 되는 것은 아니다. 백인과 유색인종의 분교를 확립하기 위하여, 우리는 반드시 헌법의 입법자가 우리나라에서 고유하게 또한 널리 인정되는 의미로 이 용어를 사용한다고 가정해야 한다. '백인'이라는 용어는 백인종 또는 코카서스 인종으로 정의되며, '유색인종'은 흑인뿐 아니라 혼혈인도 포함한다.[72]

핏줄에 백인이 아닌 조상이 있으면 모두 유색인종으로 분류하겠다는 뜻이다. 미시시피주 헌법은 유색인종 혈통이 8분의 1 이하인 혼혈인은 백인과 합법적으로 결혼할 수 있다고 규정한다. 그러나 유색인종 혈통이 8분의 1 이하인 혼혈인이 백인 학생과 같은 학교에 다닐 수 있는지는 명확한 규정이 없었다. 순회법원의 판사는 혼인법 규정에 근거해 '8분의 1'이라는 기준을 공교육에도 사용했는데, 합리성을 잃지 않은 판결이라고 할 만하다. 구체적인 사건 경위를 보면, 순회법원 판사는 4명의 학생을 모두 학업에 복귀시키라는 판결을 내려 그럭저럭 인도적인 결과가 나왔다. 그러나 에스리지 판사는 생각이 달랐다. 법률 규정이 명확하지 않은 부분에서 그는 가장 가혹하고 비인도적인 방향으로 해석했다. 혼인법에서 '8분의 1'이라는 기준을 적용한다고 명확히 규정했으므로 법원은 이를 따라야 한다. 그러나 법률이 명확히 규정하지 않은 학교의 인종 분리에서는 반드시 가장 엄격한 기준을 따라야 하며 단 한 방울이라도 흑인의 피가 섞였다면 대대손손 백인에 속할 수 없다.

브루어는 에스리지 판사를 잘 알았다. 8년 전 재판의 판결도 알고 있었다. 순회법원에서 재판할 때부터 브루어는 마사가 혼혈이 아니라 순수 혈통의 중국인 아이임을 강조했다. 미시시피주 대법원에서도 에스리지 판사가 8년 전 판결을 이 사건에 적용하지 못하도록 마사가 혼혈이 아니라는 점을 다시 강조했다.

학교 측의 대리인으로 변론에 나선 사람은 샤프 부검사장이었다. 미시시피는 인구가 많지 않은 주라서 1920년대의 미시시피 법조계도 좁았다. 그날 샤프가 마주한 6명의 주 대법원 판사 중 1명은 그와 대학 시절 같은 럭비팀이었고, 주장이었다. 샤프는 미시시피주 헌법이 백인 혈통의 순수성을 유지하기 위해 백인과 유색인종을 분리하는 학교를 설립하도록 했다고 언급하면서 마사는 중국인 아이로 유색인종에 속하기 때문에 백인 학교에서 배제해야 한다고 짧게 진술했다. 샤프는 주 의회가 제정한 법률이 이와 같이 규정하고 있고, 주 법원도 관례에 따라 그렇게 판결하므로 이 사건과 관련한 법률문제는 논쟁할 필요도 없다고 주장했다.[73]

샤프 부검사장의 진술 이후 브루어 변호사가 변론했다. 그는 불가능한 사명을 완수하고자 노력하는 중이었다. 법원의 판례, 시대, 사회, 법관 모두 그의 편이 아니었다. 오로지 미국 헌법만 그의 편이었다. 그러나 판례, 시대, 사회, 법관이 헌법과 그의 사이를 갈라놓는 벽으로 작용하고 있었다. 그는 반드시 자신과 미국 헌법 사이의 간극을 좁혀야 했으며, 이런 시도는 결국 헛수고일지도 모르지만 그것만이 그의 희망이었다. 법정 진술에서 브루어는 1890년 미시시피주 헌법의 입법 경위를 회고하며, 이 헌법이 백인과 흑인을 위한 학교를 각각 설립하라고 규정한 것은 흑인 아이들과 백인 아이들이 섞이지 않도록 하기 위한 것이었다고 지적했다. 반면 흑인 아이도 백인 아이도 아닌 마사는 수정헌법 14조에 의해 보호받는 아동이었다. "주 정부에서 받아들이고 인정한 시민권자입니다. 마사 린은 우리 주의 아동이며, 공립학교에 가서 교육받을 권리를 누려야 합니다. 이것은 그 아이의 인종과 무관합니다."[74]

브루어는 수정헌법 14조에 근거한 자신의 변론에 눈앞의 여섯 판사가 수긍하지 않을 것임을 잘 알았다. 수정헌법 14조는 남북전쟁 이후 국회에서 남부 지역의 의원이 불참한 가운데 제정되었다. 헌법 5조에서 정한 대로 4분의 3 이상의 주(州)가 찬성한 헌법 개정안이지만 남부의 판사 중에는 수정헌법 14조의 적법성을 인정하지 않는 이도 많았다. 전쟁 이후 남부 재건 시기에 국회는 수정헌법 14조 승인의 소건으로 남부 주들이 미국 연방에 다시 가입해 법적 지위를 인정받는 것을 내세웠다. 윌리엄 알콘의 백부인 제임스 알콘 등 공화당원이 수정헌법 14조를 승인하고 미시시피주의 연방 지위를 회복했으나 주 내에서는 수정헌법 14조에 대한 불만이 끊이지 않았다. 린궁 부부가 소송을 제기한 무렵에는 반세기 넘게 그런 불만이 누적된 상태였다. 브루어는 수정헌법 14조의 평등 보호 조항을 들며 마사를 변호했지만 미시시피주 대법원 판사를 설득하기란 쉽지 않았다. 그는 좀 더 구체적이고 개인적이면서 오늘날에는 오히려 더 편견에 사로잡힌 듯한 변론을 내놓아야 했다.

> 원고 측 변호인은 중국인 아이들이 흑인 학교에 가야 한다고 주장합니다. 그러나 우리가 인용한 권위 있는 문헌에서는 법적으로 중국인이 '유색인종'에 속하지 않음을 분명히 보여주고 있습니다. 그러므로 이 아이들은 흑인 학교에 흑인으로서 다니면 안 됩니다. 재판부에서는 다음 사실을 이해하셔야 합니다. 우리의 인종 분리 법률은 몽골인종을 흑인으로 분류하지 않습니다. 일본인과 중국인은 같은 인종입니다. 이 두 민족은 가장 똑똑하고 근면한 사람들을 배출했습니다. 물론 흑인보다는 백인에 가까운 사람들입니다. 코카서스 인종은 전형적인 몽골인종이 그들과 동등함을 인정하지 않으려 하겠지만, 적어도 몽골인종이 코카서스 인종과 흑인의 중간이라는 점은 인정할 것입니다.[75]

브루어의 이 변론은 수정헌법 14조의 평등 보호를 내세웠던 그 자신의 요구를 전면 부정하는 것이다. 이런 변론이 그의 본의가 아니었을지도 모른다. 어쨌든 분명한 사실은 그가 당시의 법률에 존재하는 거대한 역설에 직면해 있었다는 것이다. 미국 헌법은 모든 시민에게 평등한 보호를 약속했지만 미국 연방대법원은 플레시 사건에서 인종을 분리하는 것이 평등하다고 판결했다. 브루어가 마주한 여섯 판사는 인종 분리가 미시시피주 헌법의 철칙이자 남부 문화의 초심이라고 믿었다. 미국 헌법이 브루어에게 법률의 이상적 푯말을 주었으면서도 현실은 헌법적 이상론을 실천할 여지를 주지 않았다. 궁지에 몰린 그는 미국 헌법이 모든 피부색의 시민을 평등하게 보호하지만 흑백 인종의 스펙트럼에서 볼 때 중국인은 백인에 가깝다는 주장을 하고 말았다. 헌법의 평등 보호 조항은 현실적으로 실현하기 어려웠으나 그것이 브루어가 마지막으로 기댈 수 있는 법적 근거였다. 중국인은 백인으로 분류해야 하고 흑인으로 분류할 수 없다고 주장하던 그는 다시 평등 보호 조항으로 돌아와 수정헌법 14조에 근거해 "중국계 시민권자를 공립학교에서 내쫓는 것은 (…) 수정헌법 14조의 마지막 조항이 이런 방식을 금지하고 있다"고 변론을 마무리했다.[76]

이날 재판의 승패를 가른 것은 수정헌법 14조가 아니라 미시시피주 대법원의 판사 6명이었다. 미국 헌법에 의하면 마사는 미국 시민권자로 백인 학생처럼 학교에 입학할 권리가 있지만, 미시시피주 대법원 판사의 눈에 중국인 학생은 백인 학생과 같은 학교에 다닐 권리가 없었다. 4주 뒤 미시시피주 대법원은 알콘 판사의 기존 판결을 뒤집어 중국계 학생을 백인 학교에서 내보낸 학교 당국의 행동을 지지했다. 판결문에서 에스리지 판사는 8년 전 사건과 비슷한 내용을 거의 그대로 옮겨 적었으며, 나아가 유색인종의 피가 한 방울이라도 섞이면 그 후손은 영원히 유색인종으로 남는다고 했다. 또한 순수한 코카서스 인종을 제외한 다른 인종은 법적으로 유색인종이며 백인 학생과 같은 학교에 다닐 수 없다고 했다.

중국인이 백인이 아니라는 점을 입증하고자 에스리지 판사는 영어 대사전에 나오는 백인의 정의를 인용했다. 당시 미시시피주는 중국계가 많이 사는 지역이 아니었고, 주 법원에도 중국인의 법적 인종 분류에 관한 판결을 내린 자료가 없었다. 주 법원의 이전 판결에서 따를 만한 선례가 전무하다 보니 다른 주 법원의 판결에서 근거를 찾아야 했다. 당시 법률에서 흔히 쓰인 인종 용어는 '백인', '흑인', '유색인' 등으로 용어별 외연이 자주 겹치는 편이었다. 그러나 법원에서 법률을 해석할 때 종종 인종 구분과 용어를 분명히 밝혀야 할 상황이 있었다. 예를 들면 중국인은 몽골 인종으로 피부색이 백인보다 어둡고 흑인보다 밝다는 것 등이다. 그런데 법률 규정은 종종 인간을 백인과 흑인 혹은 백인과 유색인의 두 종류로만 구분해 명시하곤 했다. 결혼 등의 문제에 관련될 때만 조금 더 세분화한 규정이 있을 뿐이었다. 법원은 영어 사전의 정의에 의거하여 '백인'을 코카서스인종으로 한정했으며, 중국인은 몽골인종에 속하기에 당연하게도 '백인'에 속하지 않는다고 보았다. 루이지애나주 법원의 어느 판결 중에 발음을 연습하는 문장처럼 괴상한 표현이 있다. "흑인은 분명히 유색인종이지만 유색인종이 반드시 흑인인 것은 아니다. 유색인종이 아닌 흑인은 없지만 흑인이 아닌 유색인종은 있다."[77] 한마디로 코카서스인종을 제외한 모든 인간이 유색인종이며, 중국인도 예외는 아니라는 것이다.

에스리지 판사는 캘리포니아와 다른 형제 주에서도 중국인을 백인으로 분류하지 않는 이상 중국인은 유색인종에 해당한다고 판단했다. 또 백인인지 아닌지를 판단하는 것은 개인의 피부색이 아니라 당사자의 인종이 무엇이냐에 달려 있다고 했다. 예를 들어 어떤 중국인이 백인보다 피부가 희다고 해서 백인이라고 할 수 없다. 에스리지 판사는 미시시피의 일부 학교에서 중국인 학생들이 백인 학교에 다닐 수 있도록 허용한 것은 느슨한 법 집행에서 비롯된 현상이며 학교 당국이나 주 정부가 중국인을 백인으로 인정한 것이 아님을 지적했다. 이제 법원이 이 사건에서 쟁점을 확실히 정리했으므로 미시시피의 모든 학군은 혼란을 바로잡고 이러한 허점을 없애야 한다는 것이다.

에스리지 판사는 입법자의 의도대로 법을 해석해야 한다고 주장했다. 미시시피주 헌법은 각 학군에서 백인과 유색인종의 학교를 별도로 설립해야 한다고 명시하고 있으며, 이런 입법의 의도는 백인이 다른 인종과 융합하지 못하도록 하는 것이다. "남부의 문화는 줄곧 인종 융합을 허용하지 않았으며, 우리 민중은 모든 인종이 각자의 순수성을 유지하는 것이 좋다고 생각해왔다."[78]

에스리지 판사는 미시시피주 헌법이 백인과 유색인종의 분리 교육을 요구하는 것은 주 의회의 입법 의도이자 미시시피 주민의 의지와 문화적 전통을 반영하는 것이라고 언급했다. 로즈데일 학군이 중국인을 유색인종으로 취급하여 중국계 학생을 백인 학생과 같은 학교에 다니지 못하게 한 것은 미시시피주 헌법을 충실히 집행한 것으로 백인 혈통의 순수성을 지키는 조치였다고도 했다. 판결문은 마사가 흑인 학교에 다니고 싶지 않다면 사립학교에 다닐 수 있으나 백인 공립학교에 다닐 권리는 없다고 끝맺었다.[79]

린궁 부부는 딸을 사립학교에 보낼 돈이 없었다. 브루어 변호사는 미국의 최고법원인 연방대법원에 상고했다.

어두운 시대

1920년대의 미시시피에서 변호사가 소수인종의 평등권을 지키려 하는 것은 홀로 물살을 거슬러 항해하는 일이었다. 언제든지 좌절을 겪을 수 있었다. 한편 나쁜 법률에 존재하는 허점과 틈새는 피해자가 살길이자 희망이었다. 미시시피주 대법원의 판결 이전에는 각 지역에서 인종 분리 법률을 시행하는 정도가 달랐다. 어떤 학군은 중국인 학생을 백인 학교에 다니게 해주었고, 덕분에 나쁜 법률의 틈새에 몸을 숨길 수 있었다. 그러나 미시시피주 대법원의 판결이 법률의 허점을 막아버리면서 나쁜 법률이 오히려 철판을 두른 성벽처럼 견고해진 셈이 되었다.

1925년 10월 말, 브루어의 변호사 사무실이 있는 클라크스데일 법원에서 성대한 집회가 열렸다. 샘 캠벨(Sam Campbell)이라는 애틀랜타대학 박사가 강연을 맡았다. 강연 제목은 'KKK단원은 어떻게 완성되는가?'였다. 현지의 가장 큰 침례교회 목사가 강연 개막을 축복하는 기도를 했다. 캠벨은 강연에서 KKK단의 업적을 칭찬했다. 국회에서 유색인종 이민을 제한하는 법률을 통과시켜 백인 혈통이 유색인종에게 오염되는 것을 막음으로써 미국이 여전히 위대할 수 있도록 도왔다는 것이다. "인종의 용광로는 없습니다. 영원히 존재하지 않을 것입니다. 흑인, 멕시코인, 일본인, 중국인, 튀르크인 등등, 이들은 모두 순수한 혈통의 미국인으로 융합될 수 없습니다. 우리는 외국인이 기독교를 발로 밟는 것을 허락하지 않을 것이며 우리의 건국 이래 선배들이 지켜온 기독교 체제와 이상을 무너뜨리지 못하게 할 것입니다. 전쟁 이후 KKK단은 광란을 진압하고 우리의 이상을 지켰습니다. 우리나라의 영혼은 지금 시련을 겪고 있으며, 사랑하는 미국의 영혼을 수호하는 것은 우리의 신성한 의무입니다. 과거에도 그랬고, 지금 역시 그렇습니다."[80]

KKK단원은 어떻게 완성되는가? 캠벨 박사는 KKK단원의 목표와 자질, 시간을 3대 요소로 제시했다. "KKK단원의 목표는 하느님을 믿고 조국을 사랑하며 우리의 기독교적 이상과 체제를 수호하는 것입니다. 백인우월주의를 지키며 조국의 법 집행에 협조하는 것입니다. KKK단원이 되려면 어떤 자질이 필요할까요? 자신의 이익이 아니라 타인의 이익을 위한다는 것이 KKK단의 격언입니다. 만약 이를 해내지 못한다면 자신의 신념을 저버리는 짓입니다. KKK단이 언제 소멸할까요? 절대 그런 일은 없습니다! 승리할 때까지, 모든 남자 당원과 여자 당원이 자신의 힘을 다 바치기 전에는 절대 소멸하지 않습니다!" 캠벨 목사의 연설이 끝나자 관중은 환호성을 질렀고 박수갈채가 법정을 가득 메웠다.[81]

1925년 말 브루어가 린궁 부부의 사건에서 패배한 지 반년이 흘렀다. 비록 연방대법원에 상고했지만 전망은 밝지 않았다. 그때 알콘 판사는 살인 사건을 심리하는 중이었다. 백인 1명이 살해되었고 경찰은 용의자로 흑인 5명을 체포했다. 용의자 중 한 사람은 구치소에서 숨졌다. 3명은 고문 끝에 자백했다. 나머지 1명은 끝까지 결백을 주장했다. 배심원단은 자백한 용의자 3명에게 유죄를 선고했다. 재판부는 2명에게는 사형을, 1명에게는 무기징역을 판결했다. 마지막으로 재판을 받은 사람은 자신이 무고하다고 줄곧 주장했던 흑인이었다. 그의 이름은 린지 콜먼(Lindsey Coleman)이다. 미군 병사로 제1차 세계대전에 참전했던 그는 당시 입은 낡은 군복을 입고 법정에 섰는데, 군복이 그가 가진 가장 좋은 옷이었기 때문이다. 배심원단은 하루의 심의를 거쳐 그에게 무죄를 선고했다. 알콘 판사는 배심원단의 평결을 낭독했고, 콜먼은 법정에서 즉시 석방되었다.[82]

콜먼이 법정을 나오자 몇 명의 백인이 그를 붙잡아 차에 태워서 사라졌다. 경찰관이 바로 옆에 있었지만 개입하지 않았다. 얼마 후 거리에서 콜먼의 시체가 발견되었다. 그는 여전히 낡은 군복을 입고 있었다. 검시 결과 그의 몸에서 26개의 총상이 발견되었다. 브루어는 새로운 전투에 돌입하기로 결정했다. 이쪽이 그에게 더 익숙한 전쟁터이기도 했다. 그는 두 가지 전투를 동시에 치를 여력이 없어서 제임스 플라워스(James Flowers)라는 변호사에게 린궁 부부의 사건을 맡겼다. 플라워스의 일상적인 업무는 철도회사의 계약서 초안을 작성하는 일과 법률 관련 업무를 보조하는 것이었고, 법정에 출두해 변론하거나 수정헌법 14조에 관한 소송에 참여한 경험이 전혀 없었다.[83]

콜먼 사건에서 브루어는 카운티의 검사를 도와 살인자를 재판에 회부하고자 했다. 검찰이 용의자를 기소할 때 가장 큰 걸림돌은 증인을 찾지 못하는 것이다. 사실 목격자는 있었다. 법원 앞에서 백인 몇 명이 콜먼을 납치하는 것을 경찰관을 비롯해 많은 사람이 목격했다. 다만 아무도 백인이 흑인을 죽인 사건에서 증언하려 하지 않을 뿐이었다. 브루어는 경찰관을 돌파구로 삼았다.

그의 제안으로 검찰은 재판 후 콜먼을 보호하지 않은 것과 재판 전 흑인 용의자가 수감 상태에서 사망한 것 두 가지 배임죄를 적용했다. 법률에 따르면 배심원단이 경찰관의 혐의를 인정하면 곧바로 공직에서 해임될 뿐 아니라 영원히 다시 임용될 수 없었다. 대배심은 경찰관을 기소하기로 결정했다. 브루어 변호사와 알콘 판사는 검찰과 유죄 인정 협상을 진행하여 벌금 500달러를 내는 대신 재판 절차를 밟지 말 것을 권고했다. 보안관이 증인으로 나와 콜먼을 납치한 용의자 몇 명을 지목해야 한다는 조건이었다. 경찰관은 이 거래를 받아들였다.[84]

브루어는 카운티 법원에서 변호사협회의 이름으로 콜먼 사건을 논의하기 위한 회의를 소집했다. 총 25명의 변호사가 참석했다. 경찰관은 변호사의 심문에 응하기로 동의한 상태였다. 브루어의 질문에 경찰관은 용의자 네 사람의 이름을 댔다. 성탄절 전날 대배심에서 용의자들을 기소하기로 결정했다. 브루어는 원고측 변호사로 법정에 출두했다. 흑인을 살해한 혐의로 백인이 재판에 회부된 것은 카운티 역사상 처음이었다.[85]

1926년 1월 9일, 법원은 첫 번째 용의자의 재판을 열었고, 검찰측은 경찰관을 포함한 수십 명의 증인을 소환했다. 증언과 증거 모두 검찰에 유리했다. 재판은 일주일 동안 열렸고, 배심원단은 26시간의 심의를 거쳐 최종적으로 피고에게 무죄를 선고했다. 나머지 피고인 3명에 대한 재판이 무의미하다고 판단한 검찰이 기소를 포기하며 사건이 종결되었다. 브루어 변호사는 또 한 차례 전투를 패배로 마감했다. 이듬해 연방대법원에서 린궁 부부의 사건을 판결하면서 그는 다시 패배했다. 9명의 대법관이 만장일치로 교육 정책을 관리하는 것이 주 정부의 권한임을 인정했고, 미시시피주 정부가 공립학교에서 인종을 분리할 수 있다고 판결했다. 중국인을 유색인종으로 분류하는 것도 가능하며, 중국인 학생이 백인 학생과 같은 학교에 다니는 것을 금지할 수 있다고 했다. 연방대법원은 미시시피주의 관련 법률과 시행 방식이 수정헌법 14조의 평등 보호 조항에 위배되지 않는다고 판시했다.[86]

린궁 부부의 사건의 미국 연방대법원에서 패소한 지 10년이 지난 후 브루어 변호사는 승리했다. 그때 그는 67살의 노인이었다. 브라운 대 미시시피주의 사건에서 그는 고문을 받고 자백하여 사형을 선고받은 범인의 변호인으로 연방대법원에 상고했다. 대법원은 미시시피 법원의 판결을 뒤집고, 하급법원에 고문으로 받은 자백을 증거로 채택하지 말라고 명령했다. 이후 미국 사법당국이 피의자를 고문해 자백을 받는 관행은 점차 사라졌다. 브라운의 사건 역시 교과서에 실리는 유명한 사례로 자리잡았다. 1942년 3월 10일 브루어는 일흔셋의 나이로 세상을 떠났다.[87]

그해 린씨 집안은 소송에서 패배한 후 로즈데일의 집을 팔아 미시시피강 서쪽 아칸소주의 작은 마을인 일레인(Elaine)으로 이주했다. 린궁 부부는 디트로이트에 보냈던 두 딸도 데려와 이곳에서 학교에 보냈다. 일레인의 학군은 중국인 학생이 백인 학생과 같은 학교에 다니는 것을 허용하는 곳이었다. 린씨 집안의 두 딸이 고등학교를 졸업할 때쯤 대공황이 닥쳤다. 마사는 교사가 되려고 아칸소주립대에 입학했지만 등록금을 낼 돈이 없어 학교를 그만두었다. 그 후 부모를 도와 잡화점에서 1년간 일했다. 진주만 사건이 터졌을 때는 언니인 버다와 같이 캘리포니아의 더글러스 항공기 제조 공장에 취직해 생산라인에서 전투기를 만들었다. 린씨 집안의 아들 해밀턴은 징집되어 중국의 윈난(雲南)성 주둔군으로 파견됐다. 린궁 부부는 텍사스 휴스턴으로 이사했고, 계속 잡화점을 운영했다. 마사는 가게의 종업원과 결혼했다. 버다의 남편은 중국계 디자이너로, 라이스 학교를 졸업한 사람이었다. 이 학교는 현재 텍사스 최고의 사립대학인 라이스 대학의 전

신이다. 린궁과 아내 캐서린은 1965년 그리고 1988년에 휴스턴에서 세상을 떠났다.[88]

브루어가 사망한 지 12년 뒤, 미국 연방대법원은 브라운 대 교육위원회 사건을 판결했다. 9명의 대법관이 만장일치로 학교에서 인종 분리는 미국 헌법에 위배된다고 판결한 것이다. 브루어가 수정헌법 14조를 근거로 린씨 집안의 딸을 위해 변론했으나 실패했던 일이 마침내 미국 전역에서 적용되는 법률이 되었다. 같은 헌법, 같은 헌법 수정안, 같은 조항이었지만 27년 사이에 대법원은 상반된 판결을 내렸다. 그리고 그로부터 미국 사회는 다른 시대로 접어들었다.

3장 난제와 신조

많은 남부 사람들이 여전히 '내전'을 치르고 있다. 북쪽에서는 이 내전이 잊힌 지 오래다.

—군나르 뮈르달(Gunnar Myrdal)

사회주의는 그들이 과거 20년 동안 사람들이 얻은 모든 발전을 공격하는 데 사용하는 위협적인 명칭이다. 그들은 공권력을, 사회복지를, 은행보험제도를 사회주의라고 부른다. (…) 그들은 민중을 돕는 거의 모든 것을 사회주의라고 부른다.

—트루먼 대통령

1974년 노벨경제학상을 받은 두 사람은 모두 유럽 학자였다. 1명은 최근 수십 년간 중국어 사용권에서 특히 유명했던 프리드리히 하이에크(Friedrich Hayek, 1899~1992)다. 다른 사람은 전후 서유럽과 미국의 공공 정책에 큰 영향을 미쳤으나 중국어권 지식인에게는 그다지 알려지지 않은 군나르 뮈르달(Gunnar Myrdal, 1898~1987)이다. 두 사람 모두 경제, 사회, 정치의 상호 연관성을 주로 연구한 학자다. 사실 서구 경제학계에서는 이들의 경제학 이론보다 사회학 이론이 더 유명하다.

군나르 뮈르달

1938년 뉴욕시에 본사를 둔 카네기사(The Carnegie Corporation)는 스웨덴 학자 뮈르달을 초청해 인종문제를 연구했다. 주제와 연구자 선정에서 시대를 앞서갔다고 하겠다. 당시는 남북전쟁이 끝난 지 70여 년이 지난 때였지만 미국 북부와 남부는 제도, 관습, 경제 발전 등에서 큰 차이가 있었다. 남부는 여전히 인종 분리 정책을 시행 중이었고, 전통적인 농업 중심 경제가 지속적으로 공업화되면서 인종문제는 점점 심각해지고 있었다. 정계, 학계, 재계의 많은 지식인이 남부의 인종 분리 문제를 해결해야 할 때가 왔다는 것을 인식했다. 그러나 어떻게 해결할 것인가? 학술 연구와 현장 조사를 거쳐 정책 건의를 해야 할 텐데, 이런 과정을 어떻게 진행할 것인가? 정치적, 문화적 편견으로 연구의 성과가 널리 받아들여지지 않으면 어떻게 할 것인가? 이런 민감한 문제를 적절히 다루려면 지혜가 필요하다. 당시 카네기사의 입안자들은 이런 지혜를 갖고 있었다.

이런 연구를 주관할 사람으로 왜 외국인을 선택했을까? 카네기사의 회장인 프레드릭 케펠(Frederick Keppel)이 이런 질문에 해명한 적이 있다. "미국에도 이런 주제에 깊은 관심을 가진 학자가 적잖게 있습니다. 그들은 여러 해 동안 이 분야를 연구해왔지만 최근 100년 동안 이런 문제는 계속해서 대중의 감정적인 반응에 부딪혔습니다. 현명한 방법은 과거의 결론과 전통적 태도에 영향을 받지 않을 새로운 사람을 찾는 것이었습니다. 그런 차원에서 이번 연구 주제의 담당자를 **영입**하기로 (…) 감정적 요소는 백인뿐 아니라 흑인에게도 영향을 미칩니다. 그래서 우리는 지식과 학술 수준이 높으면서도 제국주의의 배경을 가지지 않은 국가에 초점을 맞췄습니나. 그래야 이 연구의 완전한 중립성과 결론적 합법성에 대하여 미국 흑인의 신뢰를 얻을 수 있을 것입니다. 스위스와 스칸디나비아 지역 국가가 이런 조건을 가장 잘 충족하는 것은 분명한 사실입니다. 그렇게 해서 군나르 뮈르달 박사가 선정되었습니다."[89]

뮈르달은 민간 업체가 외국인을 초청해 자국의 가장 복잡한 문제를 연구하려는 방식이 다른 나라에서는 볼 수 없는 일이라고 생각했다. 그는 스웨덴에서 학계와 정계를 넘나들며 연구를 진행해온 경험이 있었다. 그래서 사회 연구에서 주제와 연구자 선정에 정치적인 고려가 필요함을 잘 알았다. "다른 나라에서는 이런 계획은 비현실적이거나 정치적인 고려가 부족했다고 여겨질 것입니다. 많은 이들이 이 계획을 어리석은 생각이라고 믿을 겁니다. 그러나 근본적으로는 미국의 도덕, 이성, 낙관성을, 자기 나라의 사회적 온건함과 신뢰성을 보여주는 일입니다."[90] 어느 나라에나 속이 좁고 결점을 감춘 채 고치려 들지 않는 사람이 있기 마련이다. 뮈르달은 그런 사람은 미국에서 주류가 아니라는 것, 대부분의 미국인이 자기 나라의 허물을 찾아내고 공개적으로 논의하는 데 열심이라는 것을 알게 되었다. 그는 미국과 독일을 비교하며, 독일이 유대인 문제를 연구해달라고 부탁할 것이라고는 상상하기 어렵다고 표현했다.

카네기사가 처음 책정한 연구 예산은 25만 달러였다. 이것만도 당시에는 엄청난 액수였는데, 결국 거의 30만 달러에 달하는 연구비가 들었다. 뮈르달은 자체적으로 연구팀을 꾸렸다. 수십 명의 저명한 학자, 연구자들이 합류했다. 연구팀의 핵심 인력에는 흑인 정치학자 랠프 번치(Ralph Bunche, 1903~1971)도 있었다. 뮈르달은 미국 남부를 직접 답사하러 갔고, 번치가 동행했다. 당시 미국 남부의 여러 주는 흑인이 백인 식당과 호텔을 이용하지 못하게 금하고 있었다. 뮈르달은 흑인 동료와 백인 식당에서 식사함으로써 현지인을 충격에 빠뜨렸다. 번치는 나중에 그의 생애에서 가장 간담이 서늘한 여행이었다고 회상했다. 1950년 랠프 번치는 뮈르달보다 24년 앞서 노벨평화상을 받았다.

외국인인 뮈르달은 종종 미국 본토의 학자와 미묘한 상황에 놓이곤 했다. 번치를 포함한 일부 미국인 연구진은 그가 미국 흑인 문제에 대해 잘 모른다고 여겼다. 번치는 뮈르달이 철학자이기에 미국 사회문제에는 익숙하지 않다고 말하기도 했다. 번치에게 흑인 문제는 본질적으로 빈곤의 문제였다. 그는 흑인이 가난한 백인과 연대해 경제적 지위를 높일 수 있다고 여겼고, 흑인의 경제적 지위가 높아지면 인종문제는 쉽게 해결될 수 있다고 보았다.

뮈르달은 현지답사에서 흑인 차별이 가장 심한 계층이 백인 빈곤층이라는 사실을 발견했다. 그래서 번치의 구상은 이론적으로나 장기적으로는 일리가 있겠지만 현실에서는 통하지 않는다고 생각했다. 결론적으로 뮈르달이 옳았다. 당시 가장 시급한 문제는 인종차별 정책의 법적이고 제도적인 철폐였다.

뮈르달이 미국에서 이 문제를 연구하던 중에 제2차 세계대전이 발발했다. 1940년 4월 독일군이 노르웨이를 침공하자 뮈르달은 스웨덴이 히틀러의 다음 표적이 될 것을 우려했다. 그는 카네기사에 휴가를 내고 귀국해 항전을 준비했다. 뮈르달은 가족 전부를 데리고 무기 운반선을 타고 핀란드를 거쳐 스웨덴으로 돌아갔다. 뮈르달의 귀국 이후로도 스웨덴은 중립을 유지했고, 히틀러의 침공도 없었다. 이듬해 봄에 뮈르달은 혼자서 기차를 타고 모스크바, 시베리아, 블라디보스토크를 거쳐 일본에 갔고, 일본에서 다시 하와이를 지나 샌프란시스코에 도착했다. 샌프란시스코에서 기차로 뉴욕에 도착한 그는 다시 흑인 문제를 연구했다. 그러나 얼마 후 진주만 폭격 사건으로 미국이 세계대전에 참전했다. 1944년 뮈르달의 책 『미국의 난제 *An American Dilemma*』가 출간되었을 때 유럽과 태평양에는 전쟁의 포연이 자욱했다.

지난 200년 동안 미국 사회를 다룬 책은 많았지만, 그중에서도 유럽인이 쓴 두 권의 책이 특히 돋보인다. 이 책들은 미국 본토에서 나온 저작물과는 비교할 수 없을 만큼, 세계가 미국을 인식하는 방식과 미국인의 자기 인식에 지대한 영향을 끼쳤다. 한 권은 프랑스인 토크빌이 쓴 『미국의 민주주의』이고, 다른 한 권이 뮈르달의 『미국의 난제』다. 110년 간격으로 출간된 두 권의 저자는 미국 사회에 대한 통찰력이 뛰어난 관찰자이자 예언자로 불린다. 말하자면 뮈르달은 20세기의 토크빌이라고 하겠다.

남부와 북부의 차이

뮈르달은 서재에서만 연구하는 이론가가 아니었다. 그는 미국 전역을 직접 답사했고, 그중 두 차례는 남부의 각 주를 방문해 현지 조사를 시행하며 다양한 인종과 각계각층의 주민을 만났다. 미시시피주에서는 아예 몇 달간 살기도 했다. 외국인이었기에 많은 미국 본토 학자가 알아차리지 못한 현상을 볼 수 있었다. 현지 조사에서 얻은 실질적인 지식을 바탕으로 그는 정치, 경제, 문화, 전통, 제도, 관습 등 여러 면에서 남부와 북부의 큰 차이를 분석했다.

뮈르달은 남부가 전반적으로 북부보다 가난하며, 남부의 빈곤층이 북부의 빈곤층보다 더 가난하다는 것을 발견했다. 소작농이 농장주의 토지를 계약해 임대료를 내는 현상을 남부에서는 흔히 볼 수 있지만 북부의 농장에서는 매우 드물었다. 북부에는 땅을 소유한 전통적인 자작농이 많았다. 남부에는 뿌리 깊은 귀족 전통이 남아 있었다. '신사', '숙녀'의 풍습이 상류층에는 여전히 유행했다. 그러나 귀족 전통의 이면에는 사회계층이 고착화하며 자리잡은 경직된 위계질서가 존재했다. 남부는 공업이 발달하지 않아 도시화 정도가 낮았고, 주민이 누리는 기회도 적었다. 교육 수준이 낙후되어 일반적인 민중은 자신의 지성이나 창의성 또는 근면함으로 부자가 되기 어려웠다. 부자가 되려면 물려받은 재산을 지키면서 취약계층을 착취해야 했다. 물론 취약계층이란 사회적 계급에서 최하위인 흑인을 가리킨다. 이처럼 상대적으로 폐쇄적인 계층 사회에서는 전통적인 관습도 바꾸기가 어려운데 인종문제를 해결한다는 것은 불가능에 가까웠다. 현지 조사에서 주민을 취재하던 뮈르달은 남부 사람은 과거를 돌아보는 데 익숙하고 남북전쟁의 상처에서도 벗어나지 못했다는 것을 알아차렸다. "많은 남부 사람들이 여전히 '내전'을 치르고 있다. 북쪽에서는 이 내전이 잊힌 지 오래다."[91]

남부와 비교했을 때 북부 사회는 훨씬 활력이 넘치고 많은 수의 외국 이민자가 유입될 만큼 기회로 가득했다. 인종문제 역시 남부만큼 두드러지지 않았다. 또한 북부는 언론이 발달해 다양한 여론이 형성되었다. 사회문제를 바라보는 시각도 여러 가지였다. 반면 남부는 언론이 낙후되어 여론이 단일했고, 개혁을 요구하는 목소리가 미미했다. 북부의 사회문제가 언론에서 각각의 구체적인 사안으로 다뤄지는 데 비해 남부의 사회문제는 남부 전체의 문제로 쉽사리 일반화되었다는 것이다. 뮈르달은 이에 대해 한 남부 출신 학생의 지적을 언급했다. 즉 북부 언론이 북부의 어두운 면을 비판할 때는 문제 그 자체에 주목하지만, 남부의 인종문제를 다룰 때는 남부 전체를 싸잡아 비난한다는 요지였다. 뮈르달은 미국의 언론이 이처럼 격차를 보이게 된 데는 두 가지 이유가 있다고 분석했다. 첫째, 흑인 문제는 북부에서는 여러 사회문제 중 하나일 뿐이지만 남부에서는 제일 심각한 문제다. 둘째, 남부의 백인사회가 유례없는 단합으로 인종 분리 정책을 편 반면 북부에서는 흑인 문제를 포함한 모든 사회문제에 관해 다양한 목소리를 냈고 여론 역시 하나가 아니었다.[92]

정치적 측면에서 뮈르달은 당시 미국 남부는 하나의 정당이 독주하는 체제였고 민주당이 절대적 우위를 점해 양당 경쟁이 불가능하다는 사실을 발견했다. 지방선거 대부분에서 민주당 후보가 경쟁자 없이 승리하곤 했다. 해가 거듭될수록 정치는 일종의 파벌 행사가 되어 사실상 몇몇 명문가에서 세습하듯 공직을 이어갔다. 유권자는 자신이 지지하는 후보의 정책이나 공약이 뭔지 궁금해하지 않고 관습적으로 한 후보를 지지하거나 반대했다. 남부의 백인사회에 엄청난 빈부격차가 존재하지만 이처럼 불균등한 백인 유권자를 하나로 묶는 공통된 정치적 목표가 있다. 바로 흑인을 사회생활과 선거 절차에서 배제하는 것이다. 백인 후보는 무조건 흑인을 배척하는 공약을 내걸면 확실히 표를 얻을 수 있다. 정책이 극단적일수록 경선에서 우위를 점하기 쉽다.[93]

뮈르달은 남부의 이런 상황을 정치 활동이 오랫동안 몇몇 우두머리에 의해 세습되면서 민중의 참여 의욕이 떨어졌기 때문이라고 진단했다. 반면 북부에서는 유권자들이 정치적 이상을 실현하거나 경제적 이익을 지키기 위해 정치적 조직을 만들며, 다양한 민간단체를 형성하여 공공정책을 개혁하거나 사회 변혁을 추진한다. 그래서 미국의 개혁은 대부분 북부에서 시작되고, 남부로는 느리고 힘겹게 전파된다. 여성 참정권, 최저임금제, 노동조합, 공교육, 아동 복지, 공무원 개혁, 경찰과 법원 개혁, 교도소 개혁 등이 전부 그랬다. 남부의 주요한 사회 변화는 북부에서 건너온 충격의 결과였고, 심지어 연방정부가 군대와 법률 집행을 위한 관리를 파견해 강제적으로 시행해야 할 정도다. 남부 백인의 반개혁, 반진보적 전통을 두고 일부 학자들은 '남부 보수주의'라고 부른다. 뮈르달은 이런 보수주의는 남부의 '과두정치'와 밀접한 관련이 있다고 본다. 정치 지도자의 수가 적으면 자연히 개혁에 반대하고 그들 지도자의 이익을 수호하는 방향으로 흘러갈 수밖에 없다. 어떤 사회라도 마찬가지다.[94]

그러나 정치적 조직은 열악하지만 남부 사람들은 도덕과 종교에 남다른 열정을 보였다. 심지어 도덕과 종교로 정치 문제를 덮고 가는 경향이 있었다. 뮈르달은 특히 금주(禁酒)운동과 교회 활동을 예로 들었다. 금주운동은 북부보다 남부에서 대중적인 지지가 컸으며, 남부의 정치인은 유권자들의 도덕적 열광에 힘입어 주 의회에서 입법을 주도했다. 이어서 국회에서 금주령을 수정헌법으로 만드는 데 성공했다. 종교적으로 보면 남부의 교회는 복음주의와 원리주의가 주류여서 신약보다 구약을 중시했다.

많은 신도가 이성적인 교리로 삶을 이끌기보다는 감성을 만족시키려고 교회를 찾았다. 남부의 목사는 다음 생에 대한 소망을 강조하면서도 현재 삶에서 정치권력을 변화시켜야 한다고 강조했다. 뮈르달은 남부의 목회자와 교회 중 일부가 KKK단에 정신적인 지원을 제공하고, 신도들 역시 KKK단에 가입한 사실도 발견했다.[95]

이러한 관찰과 동시대 유럽과의 비교를 통해 뮈르달은 미국 남부 사회에 과연 파시즘적 요소가 존재하지 않는지 의문을 제기했다. 이는 갑작스러운 것이 아니었다. 남부는 인종차별 정책, 1당 독주, 백인 관리와 민중의 흑인 권리 억압 때문에 북부 언론에서 종종 '파시스트'라고 불리고 있었다. 그러나 뮈르달은 이 질문에는 '아니다'라는 결론을 내렸다. 그가 제시한 이유는 간단했다. 남부에는 파시스트 국가에서 없어서는 안 될 중앙집권적 조직이 존재하지 않기 때문이었다. 남부 백인의 각종 정치 세력은 공통의 이념과 목표, 정치적 이상 등과는 별개로 오직 흑인을 배척하고 북부에 저항하는 것으로 하나가 되었다. 남부인은 오랜 변경 개척의 역사 속에서 독립적이며 제약을 거부하는 성향을 형성해왔다. 그들은 어떤 조직도 불신한다. 특히 정부를 불신한다. 그러므로 파시스트 정권을 형성하기 어렵다.[96]

뮈르달은 현지 조사를 거쳐 제2차 세계대전이 발발하기 수십 년 전부터 남부 사회에서 흑인 차별이 눈에 띄게 완화하는 추세가 나타났음을 발견했다. "남부의 차별은 느리지만 확연한 감소 궤적을 그린다. 인종 규칙이 점차 느슨해지고 있다. 백인은 흑인 중에도 교육과 계층의 차이가 존재함을 깨달았고, 흑인을 서로 다르게 대우하고자 한다."[97] 북부의 영향과 교육 수준 향상, 경제적 지위 향상 등으로 점점 더 많은 남부의 백인이 흑인 전부를 차별하는 데서 흑인 개인을 의식적으로 구별하여 대우하게 되었다.

그때는 인종 분리 제도가 남부에서 여전히 확고하고 차별 정책에 대한 민중의 지지가 단단했는데도 주 정부든 민간사회에서든 종종 흑인을 개인별로 나누어 다르게 대했다. 예를 들어 백인 중 일부와 지방정부는 흑인 투표를 총체적으로 배제하려 하면서도 일부 '좋은 흑인'의 투표는 지지하여 자신이 깨어 있음을 드러내려 했다. 뮈르달은 이와 비슷한 여러 현상을 남부의 인종차별이 느슨해지는 조짐으로 보았다.[98]

개구리 시각

표면적으로 볼 때 뮈르달은 미국 흑인 문제를 연구한 것이지만, 인종 간 관계를 살피며 그가 탐구한 가장 근본적인 문제는 '미국인의 도덕적 난제', 즉 숭고한 이상과 가혹한 현실 사이의 충돌이었다. 그가 쓴 책의 제목인 '미국의 난제'가 여기서 나왔다.

흑백으로 나뉜 사회에서 살아본 적 없는 이방인인 뮈르달은 미국 학자처럼 사실과 자료를 가치의 좌표에 편리하게 포함하여 관성적인 사고로 평가하거나 학계가 기대하는 방향으로 결론을 도출할 수 없었다. 그는 자신이 읽은 책, 연구팀의 보고서, 직접 경험한 현지 조사의 결과를 종합하여 현실을 파악할 새로운 좌표를 만들었다. 현지 조사에서 뮈르달은 인종차별이 만연한 현실에도 불구하고 모든 미국인이 평등, 자유, 정의 등의 가치를 진지하게 믿는다는 사실을 발견했다. 사회의 상류층뿐 아니라 가난한 백인과 흑인도 이런 이상적인 가치를 믿었다. 뮈르달은 이런 미국인의 핵심적인 가치를 '미국적 신조(American Creed)'라고 부르며 현실을 정의하는 가치의 좌표로 삼았다.[99]

이 가치 좌표에서 암울한 현실은 숭고한 이상과 뚜렷한 대조를 이룬다. 미국 사회의 도덕적 정체 현상을 두드러지게 한다. 이와 관련해 뮈르달은 학자들이 관찰된 사실과 채택한 연구 방법론에 일관적으로 충실해야 한다고 강조했다. "학자들에게 이것은 영원한 숙명입니다. 그들 개인의 통제력은 미미하기에 반드시 사실에 입각하여 전문적인 기준과 연구 방법론에 자신을 맡겨야 합니다."[100] '사실'이란 종종 사람을 불쾌하게 한다. 뮈르달은 『미국의 난제』 서문에서 마음씨 고운 시민이 이 책을 읽으면 괴로워할 수도 있다고 예방주사를 놓고 시작한다. 그러나 가혹한 현실과 실제 자료를 앞에 두고 이 책을 쓰는 것 자체가 고통이었다고도 털어놓는다. 연구 및 집필 과정에서 뮈르달은 미국의 불완전한 점을 잘 이해하는 전문가가 되었다. 미국인들 스스로 잘 알지 못하는 사회의 어두운 면을 자세히 살펴보았다. 그러나 뮈르달은 미국 사회의 여러 면을 깊이 이해한 후에도 이 나라에 대한 애정과 존경이 줄어들지 않았으며 오히려 나날이 커지고 있다고 고백했다.

뮈르달은 자신의 경험과 관찰을 통해 무수한 사람들이 이해할 수 없는 문제에 대답하려고 했다. 미국인은 서로 다른 국가, 다른 민족 출신이며 서로 다른 언어, 다른 종교, 다른 문화, 다른 경제 조건을 가지고 있다. 이 사회는 온갖 종류의 징그러운 결함을 가지고 있다. 어떤 힘이 그들을 하나의 국가로 응집시키는가? 뮈르달은 그 답이 미국적 신조에 있다고 생각했다. 그런 의미에서 그는 미국적 신조를 일컬어 사회를 결집시키는 접착제라고 불렀다. 이 접착제가 있기에 미국 사회의 응집력은 심지어 강력한 정치적 지도자가 집권하는 파시스트와 나치 국가를 능가한다.

> 문화적 차이가 크고 규모가 거대한 민주국가가 일치된 이상을 대중의 인식을 뛰어넘는 수준으로 끌어올린 것은 놀라운 일이다. 국가의 전권을 지니는 파시즘과 나치즘은 그들 자신의 나라에서(적어도 지금까지의 단기적인 상황을 볼 때) 미국적 신

조에 가장 가까운 원칙을 억누르고, 중앙집권적으로 잘 설계된 선전기관과 폭력적인 공적기관을 통해 국민의 생각을 잔혹하게 가두려고 애썼지만 미국과 비슷한 결과는 얻지 못했다.[101]

의심할 여지 없이 이 '미국적 신조'는 뮈르달이 『미국의 난제』에서 제시한 핵심 개념이며, 후대 사람이 그의 이론에서 가장 많이 인용한 개념이다. 1,500쪽에 달하는 이 대작의 근거와 인용문은 현지 조사를 통해 얻은 방대한 양의 자료를 사용하여 미국 사회의 광활한 그림을 보여준다. 그러나 뮈르달은 자신의 연구는 미국 사회의 전경을 제시하려는 의도가 아니었으며 제한된 시각의 사회적 연구에 불과하다고 말했다. 그는 이것을 '개구리 시각'이라고 부른다. 이러한 개구리 시각의 연구로 미국 사회가 당면한 상황을 일정 부분 밝힐 수는 있지만, 이런 연구는 주로 사회의 결함과 오류를 정리하는 데 중점을 둔다. 그러므로 뮈르달은 이것이 미국 사회를 포괄적으로 이해하는 데 적절한 시각이 아니라고 독자들을 일깨운다. 독자들의 오독을 막기 위해 뮈르달은 서문에서 "분별없이 이번 연구의 관점과 발견을 확대하여 미국과 미국 사회에 대한 광범위한 결론을 도출하는 것은 본 연구를 오용한 것이다"라고 말했다.[102]

사회 연구의 대상은 대부분 한 사회의 문제가 있는 곳에 집중되고, 통계 자료도 주로 사회의 문제가 발생한 현상을 집계한다. 예를 들어 국가마다 범죄율을 집계하지만 남을 돕는 행동의 비율을 집계하는 국가는 없다. 뮈르달은 사회 연구의 성격에 따라 "많은 사람이 지켜보는 가운데 더러운 침대 시트를 세탁하는" 일을 하게 됐다고 말했다. 그래서 이런 주제의 연구가 철저할수록 사회에 문제가 많아 보이지만 그것은 일종의 허상이라고 경고했다.

만약 독자들이 『미국 난제』에서 뮈르달이 거듭 경고하는 결론을 내린다면, 책을 읽을 줄도 모르고 학술 연구의 성격도 이해하지 못한다는 뜻이다.

신중한 낙관주의

1944년 『미국의 난제』 초판은 저명한 사회학자 로버트 린드(Robert Lynd)에 의해 출판되었다. 심지어 신학자 라인홀드 니버(Reinhold Niebuhr)도 학생들에게 이 책을 추천하며 "머리 있는 모든 미국 학생들이 읽고 소장할 만하다"고 말했다.[103] 21세기 초엽 새뮤얼 헌팅턴(Samuel Huntington)은 생전의 마지막 저서 『우리는 누구인가?』에서 『미국의 난제』를 반복해서 인용하고 있다.[104] 뮈르달의 이 책은 학계와 문화계에 영향을 미쳤을 뿐만 아니라 미국의 공공정책 개혁과 관련 법률의 변화를 직접적으로 촉진했다. 제2차 세계대전 후반 미 육군은 『미국의 난제』를 30여 쪽 분량의 소책자로 줄여 장병들에게 나눠주며 전후 생활 속에서 인종문제를 적절히 해결할 수 있도록 준비시켰다. 전쟁이 끝나고 일마 시나지 않아 연방정부가 군대에서 인종 분리 정책의 폐지를 선언하면서 뮈르달이 책에서 전망한 인종 통합의 새 시대가 열렸다.

이 대작의 마지막 부분에서 뮈르달은 그가 미국에서 접촉하고 교류했던 수많은 낯선 사람들, 즉 땅을 빌려 농사를 짓는 소작농, 농장주, 노동자, 기업주, 상인, 은행가, 지식인, 목회자, 지역사회 활동가, 정치 지도자, 거리의 깡패들을 돌아본다. 그는 인종, 계층, 처지가 다른 이 미국인들이 서로 모순되는 가치관, 서로 충돌하는 이익, 알록달록한 사회적 가면들 이면에서 자신들이 이성적이고 공정한 사람이 되기를 원하는 바람을 보았다. 뭔가가 잘못되더라도 그들은 양심에 호소하여 개선하려 할 의향이 있었다.[105]

물론 사회 연구는 좋은 사람과 나쁜 사람을 구별하는 것이 아니라 사실에 기초한다. “왜 선한 잠재력과 의지를 가진 모든 사람이 함께 살고, 한 가족, 하나의 공동체, 같은 국가 또는 같은 세계에서 종종 자신과 다른 사람들의 삶을 지옥으로 만들까? 물론 조직 생활 자체가 잘못은 아니다. 우리는 공식적인 조직에서 사람들이 가장 높은 이상을 투입하는 것을 보았다. 이러한 조직 구조는 일반적으로 개인이 고립된 상태에서 기꺼이 준수하려는 규칙보다 훨씬 더 협력적이고 공정한 방향으로 개인을 안내한다. 차라리 잘못을 따지자면 우리의 조직 구조가 너무 불완전하고, 단일 조직이 불완전하며, 사회 전체를 구성하는 구조가 더 불완전하다는 것이다.”[106]

이러한 인식을 바탕으로 뮈르달은 배움의 실제적 적용에 중점을 두고 사회 연구의 결과를 사용하여 긍정적인 정책을 제안하자고 말했다. 『미국의 난제』는 인종차별이 사실상의 흑인 빈곤 계층을 만들어냈다는 사실을 수많은 사실과 자료를 통해 밝혀냈는데, 이처럼 미국적 신조에 어긋나는 상황을 타개하는 길은 인종분리 정책을 폐지하고 흑인들이 질서 있게 주류사회에 통합되는 데 있다. 역사적으로 여성이 투표권 등 남성의 모든 시민권을 획득해왔듯이 흑인이 백인의 권리를 획득하고 백인사회에서 더 이상 소외되지 않는 것도 미국적 신조를 실현해가는 전체 프로세스의 일부다. 그런 의미에서 뮈르달은 인종문제가 한편으로는 미국 사회의 큰 실패였고, 다른 한편으로는 미국 사회가 발전할 수 있는 기회를 제공했다고 주장했다.

이 주장에는 분명히 이상적인 데가 있다. 사회적 이상을 바탕으로 수립된 미래지향적 공공정책은 어느 정도 이상화된 요소를 포함한다. 뮈르달은 하이에크처럼 인간 지식의 한계를 자각했지만, 하이에크와 달리 사회 연구에는 지식의 틀과 도덕적 목표가 모두 필요하다는 점을 강조하며 지식을 활용한 공공정책 개선에 더욱 적극적인 태도를 보였다. 분명히 뮈르달은 하이에크보다 인류의 생존과 발전을 유지하는 '위대한 동정심과 협동심'에 믿음을 가졌다.[107] 제2차 세계대전의 유례없는 참살과 격동 속에서 뮈르달은 미국의 신조가 불러일으킨 국민적 양심이 전후 미국 사회에 큰 변화를 일으킬 것을 예견했다.

후대 학자들은 뮈르달이 지나치게 낙관적이었다고 비판했다. 그러나 역사의 흐름은 뮈르달의 결론이 낙관적인 예언만은 아니었음을 방증해주었다. 1954년 미국 대법원은 뮈르달의 연구를 인용하여 학교에서의 인종차별을 철폐하였다. 1957년 연방정부는 군대를 동원하여 아칸소주에서 대법원판결을 집행하였다. 1965년 의회는 새로운 이민법을 통과시켜 1924년의 인종주의적 이민법을 대체하였다. 1967년 대법원은 인종 간 결혼 금지법을 폐지하였다. 1958년의 통계에 따르면, 단지 4퍼센트의 미국 국민만이 인종 간 결혼에 찬성하였다. 2013년 인종 간 결혼에 찬성하는 미국 국민은 87퍼센트로 증가하였다. 뮈르달은 『미국의 난제』에서 미국 사회의 "주된 흐름은 끊임없이 미국적 신조를 실현하는 것"이라고 단언한 바 있다.[108] 전후 70여 년의 미국 역사는 우여곡절을 겪었지만 대체로 그 궤도에서 벗어나지 않았다.

그러면서도 뮈르달은 미국 사회의 도덕적 해이를 비판하는 것을 멈추지 않았다. 노벨경제학상 수상 후 "미국은 세계에서 가장 부유한 나라이지만 가장 큰 빈민가, 가장 비민주적이고 낙후된 의료보건 체제를 가진 나라이며 자국 노인에게 가장 인색한 나라다"라고 말했다.[109] 뮈르달은 또한 미국과 서유럽을 비교하며 이렇게 말했다. 미 하원에서 연설할 때, 뮈르달은 연방정부의 빈곤퇴치 정책이 방임적이고 투자가 부족하며 관리가 부실하다고 비판했다. 그는 행정당국과 의회에 전후 유럽에서 경제를 되살리기 위해 실시한 마셜 계획처럼 충분한 인력과 재원을 투입해 미국 경제를 살리는 정책을 만들자고 호소했다. 그는 그것이 미국이 인종문제와 빈곤 문제를 해소하는 대체할 수 없는 길이며, 미국 사회가 이 두 가지 문제가 초래하는 나쁜 결과를 장기간 견디기 어렵고, 뒤로 미룰수록 그 결과는 더욱 심각해질 것이라고 주장했다. 수십 년의 역사가 보여주듯 미국은 유럽보다 자국 경제를 살리기 위한 그들만의 마셜 계획을 짜기가 훨씬 어렵다.

시간이 흐르면서 뮈르달의 낙관주의는 더욱 신중해졌고, 그는 미국 정부의 공공정책에 대해 점점 더 많은 비판을 가했다. 그는 미국의 보수주의 부활, 시장 방임주의 확산, 정부의 부자 감세, 빈부격차 확대, 계층 고착화가 심화하는 상황에 대해 현명한 국가만이 강해질 것이라며 부자를 자극해 소비를 늘리고 가난한 사람을 돕지 않는 것은 현명한 정부의 행동이 아니며 정책적인 실패를 초래할 것이라고 평가했다. 그는 "실패할 때마다 이성을 상실한 광적 요소가 사람들의 마음에 들어오는데 이는 너무 위험하다"고 주장했다.[110] 이후 반세기 동안 연방정부는 공공정책에서 경제적 불평등이 심화되도록 방치했고 구조적 인종문제는 치유하기 어려워 전례 없는 사회적 균열을 초래했다. 뮈르달이 『미국의 난제』에서 예언한 것처럼 미국적 신조가 끊임없이 실현되는 과정은 사라지지 않았지만, 공공정책 차원의 개혁은 오랫동안 정체돼 있다.

토크빌은 200년 전 『미국의 민주주의』에서 뮈르달과 비슷한 우려를 표명한 바 있다. 토크빌 이후 미국은 내전, 두 차례의 세계대전, 대공황, 주기적인 경제위기를 겪으며 시기와 지역에 따라 사회적 진보와 침체가 교차했지만, 그 추세는 이상적인 가치를 실현하는 궤도에 올랐다. 토크빌처럼 뮈르달은 미국을 아직 완전히 정형화되지 않은 젊은 국가로 보고 가치의 이상과 만신창이가 된 현실 사이에서 끊임없이 자신의 영혼을 위해 몸부림친다고 보았다.[111] 의심할 여지 없이 가치의 이상을 실현하는 과정은 동시에 영혼을 위해 몸부림치는 과정이다. 가시적인 미래에도 이런 몸부림은 계속될 것이다.

1987년 5월 18일 뮈르달이 사망한 다음 날, 『뉴욕타임스』는 특별 기사를 통해 그를 당대 최고의 경제학자이자 사회학자로 칭송하며 "명실상부하게 역사에 주춧돌을 놓았다"고 평가했다.[112] 그의 저서 『미국의 난제』가 미국 대법원이 20세기에 내린 가장 중요한 판결 중 하나로 꼽히는 브라운 대 토피카 교육위원회 사건에 중요한 근거를 제공했기 때문이다. 1954년 대법원은 이 판결에서 공립학교의 인종 분리 정책을 폐지하며, 분리된 환경은 소수인종 학생들의 심리적 성장에 해를 끼치며, 그런 상황에서는 진정한 평등이 존재할 수 없다는 점을 지적했다. 판결문은 주석 11에서 뮈르달의 『미국의 난제』를 인용하여 이러한 결론을 뒷받침했다. 그 이후로 뮈르달의 이름은 학계와 언론에서 늘 이 판결문의 주석 11과 함께 언급된다.[113]

20세기 초 사학자 윌리엄 듀보이스(William Edward Burghardt Du Bois)는 "20세기의 문제는 피부색 경계 문제(color line)다"라고 했다. 20세기 말에 이르러서도 사학자 존 프랭클린은 "21세기의 문제는 피부색 경계 문제로 남을 것이다"라고 했다. 그는 "어떤 잣대나 평가 기준으로도 20세기에 이 문제가 해결되지 않아 다음 세기의 일부 유산과 부담이 됐다"고 말했다.[114] 그런 의미에서 미국 인종문제의 과거와 현재를 이해하지 못하면 미국의 역사와 현대 미국 사회를 이해할 수 없고, 미국 당내의 각종 사회갈등에 내한 합리적인 완화 방법을 모색할 수 없다고 해도 과언이 아니다.

뮈르달이 중국어권 학계에 끼친 영향은 동시대의 하이에크나 한 세기 앞선 토크빌에 비해 미미한 편이다. 그의 책 『미국의 난제』는 아직 중국어 번역본이 없다. 그만큼 현대 미국 사회에 대한 연구와 해석이 중국어권 학자들에게 오랫동안 무시되어 온 것이다. 이는 그가 서구 지식계로부터 폭넓은 찬사를 받으며 깊은 영향을 미쳤던 것과는 확연히 다른 모습이다. 최근 몇 년 동안 미국 사회문제를 둘러싼 중국어 지식계의 일부 논쟁을 보면, 많은 학자가 미국에 대한 인식 면에서 현저히 뒤처지거나, 편차가 있거나, 1980년 전 토크빌의 관찰과 논술에 머물렀거나, 하이에크의 추상적 정치철학 원리로 현대 미국 사회문제를 해석하는 데 국한되어 지상의 현실과는 거리가 먼 결론을 도출했다. 이런 상황에서 뮈르달의 미국 연구는 미국 현대 사회를 이해하는 데 꼭 필요한 저작이다.

정치적 꼬리표

20세기의 마르크스주의자들은 뮈르달을 부르주아 개혁가라고 여겼고, 미국의 일부 보수파 인사들, 특히 남부에서 인종 분리를 옹호하는 사람들은 그를 급진적인 사회주의자라고 불렀다. 특히 대법원이 『미국의 난제』를 인용해 남부 학교의 인종차별 정책을 폐지한 이후 많은 보수파 인사들이 그의 저서에 '공산주의', '사회주의'라는 꼬리표를 붙였다.[115] 뮈르달은 자신이 19세기 마르크스주의의 계승자가 아니라 18세기 계몽운동의 이상적인 계승자라고 말했다.[116]

미국 학계와 정치권에서는 보수파가 사회개혁을 주장하는 학자와 정치적 적수에게 공산주의 혹은 사회주의라는 꼬리표를 붙이는 일이 흔했다. 이런 전통은 남북전쟁 이후 남부 재건 시대로 거슬러 올라간다. 미국의 건국 이념은 모든 인간이 모두 평등하게 태어난다는 믿음에 바탕을 두고 있다. 노예제는 분명히 평등의 이념에 부합하지 않는다. 건국 초기에 매사추세츠, 펜실베이니아, 코네티컷 등 5개 주는 노예제를 금지했고 뉴욕, 메릴랜드, 뉴저지, 버지니아, 조지아, 사우스웨스트, 캐롤라이나 등 8개 주만 노예제를 허용했다. 남북전쟁 직전까지 북부 각 주가 노예제 폐지를 잇달아 입법하면서 한 나라에 두 가지 제도가 양립하는 남북 대립 구도를 형성했다. 남부 백인들은 더 공격적인 이론으로 노예제를 변호했다. 예를 들면, 존 카훈은 노예제를 '적극적인 선'이라고 불렀다. 그가 보기에 인간은 고귀하고 현명한 자와 천박하고 우매한 자로 나뉜다. 우매한 자들이 노동을 하면 고귀한 백인이 노동의 성과를 수확한다. 이런 정해진 흐름이 제도와 인종으로 구체화된 것이 노예제라는 것이다. 당시 남부의 가장 강력한 자기방어는 노예제를 하느님의 계획이라고 말하는 것이었다. 예를 들어 제임스 해먼드(James Hammond) 사우스캐롤라이나 주지사는 "미국의 노예제는 죄가 아닐 뿐 아니라 모세를 통해 내려진 하느님의 특별한 계명으로 그리스도의 은총을 받았다"고 말했다.[117]

남부 패전 이후에는 이처럼 노예제를 변호하는 이론이 유행하지 않았지만, 백인우월주의의 전통은 사그라지지 않았다. 오히려 남북전쟁 이전의 전통적인 남부 생활방식을 지키는 보수주의로 탈바꿈했다. 남부 각 주는 스스로 인종 정책을 결정하고 연방정부의 개입을 반대했는데, 이런 태도를 건국 이념인 '자유'라고 표현했다. 이러한 맥락에서 '자유'는 남부의 계층 사회에서 인종과 계층에 따라 구분된 사람들이 각자 자신의 운명대로 살아간다는 것을 의미한다.

1871년 유럽에서 벌어진 민중 봉기 파리 코뮌은 미국에서는 경제 공황을 일으켰다. 이에 보수파는 백인우월주의를 반사회주의, 반공산주의와 연결하는 새로운 방식을 찾아냈다. KKK단은 창설 이후 자신들의 주요 사명 중 하나가 반공산주의라고 자처하며 유대인과 유색인종을 공산주의자로 묘사하곤 했다. 남부 재건이 실패로 돌아가자 인종 분리 제도가 시행되었다. 백인들이 인종 분리를 옹호하는 데 사용한 구실은 남부의 독특한 생활방식을 지키겠다는 것이었다. 그러나 남부 생활방식의 독특함이란 인종, 성별, 계층적 불평등에서 나타난다. 백인들은 흑인이 투표에 참여하면 백인의 재산을 나눠 갖는 법을 제정할 것이라고 우려했다. 그래서 흑인 투표를 억압하고, 반사회주의 움직임과 연계해 의무교육 시행, 부유세 인상, 빈곤층 복지 증대, 사회안전망 구축 등 정부의 행위를 부의 재분배라는 사회주의 정책으로 몰아갔다. 이런 세계관으로 바라보면 개인의 자유와 조세제도, 복지는 대립항이 된다. 정부가 세금을 거두는 것이 사유재산을 빼앗는 일이자 개인의 자유를 침해하는 일이 되는 식이다.

미국 대공황 때 후버 대통령은 경쟁자인 프랭클린 D. 루스벨트를 사회주의자라고 불렀다. 루스벨트 대통령은 취임 후 경기부양, 정부투자 증대, 노동권익 보호, 주 40시간 근무제 시행, 최저임금제 도입, 사회보험 신설 등에 앞장섰으며 은퇴자와 그 가족을 부양했다. 그러자 루스벨트의 정치적 라이벌은 이러한 일련의 '뉴딜' 조치를 총칭하여 사회주의라고 지칭하면서 소련 사회주의와 비교했다. 전 뉴욕 주지사 앨 스미스(Al Smith)는 루스벨트의 뉴딜 정책은 미국을 소련식 사회주의 국가로 변화시킬 것이라고 비난하며 "우리는 오직 하나의 수도만 가질 수 있다. 워싱턴 아니면 모스크바다. 우리는 자유 미국의 깨끗하고 신선한 공기 아니면 공산 러시아의 더러운 공기라는 정부 분위기 중 하나를 선택할 수밖에 없다. 우리는 성조기 아니면 신을 공경하지 않는 소련의 붉은 깃발 하나만 가질 수 있다"고 말했다. 루스벨트 대통령은 미국의 현실과 동떨어진 선동적인 정치 수사에 대해 노동부 장관에게 "우리 연방정부가 한 모든 일은 실제로 앨 스미스가 뉴욕

주지사였을 때 한 것이다. 그도 미국 대통령이 되면 같은 일을 할 것이다"라고 말했다.[118]

제2차 세계대전이 끝난 후 세계는 자본주의와 사회주의라는 2개의 적대적인 진영을 형성했다. 초강대국인 미국과 소련은 이데올로기, 정치제도, 경제적 구조 등에서 뚜렷이 구분되어 양립할 수 없었다. 미국 정치에서 사회주의는 그저 욕이 아니라 유권자들을 두려움에 떨게 하는 이름이었다. 냉전 시기 '사회주의'라는 꼬리표로 상대를 공격하는 일은 미국 정치에서 민의에 폭넓은 기반을 둔 행동이었다. 1949년 갤럽이 실시한 여론 조사에서 미국 국민의 15퍼센트만이 사회주의에 호감을 갖는다고 답했다. 국민의 85퍼센트가 사회주의에 호감이 없고 심지어 혐오와 공포를 느꼈기에 정적을 공격할 때 사회주의자로 몰아가는 것은 매우 효과적인 선거 전략이었다. 트루먼 대통령은 "사회주의는 지난 20년 동안 사람들이 이룬 모든 진보를 공격하는 데 사용되는 위협적인 이름이다. 공권력도 사회주의, 사회보장도 사회주의, 은행보험제도 역시 사회주의라고 부른다. 그들은 대중을 도울 수 있는 기의 모든 것을 사회주의라고 부른다"고 말했다.[119]

냉전 초기 미국의 정치적 성향이 다른 민중에게는 사회주의 소련이라는 공통의 적이 있었다. 민주당과 공화당 주류는 민주적 이념과 경제 정책의 많은 부분에서 공감대를 형성했고, 이를 '자유주의 공감대(liberal consensus)'라 부르며 진보적 자유주의로 소련식 사회주의와 맞섰다. 이와 함께 문화, 종교, 경제, 정치 분야의 보수세력 결집을 강화하고 냉전 시대의 대내외 환경을 결합해 보수주의의 언어를 다시 만들어냈다. 정부가 경제에 개입하면 사회주의이며, 개인의 자유를 죽이고 전체주의 사회로 나아가는 것이고, 미국의 번영을 파멸시키는 짓이라는 것이다. 그러나 당시 대다수 민중은 루스벨트의 뉴딜 정책의 수혜를 입었고 그 정책의 유산에 공감하고 있었다. 일부 보수파 인사들이 민중의 종교적 신념과 감정에 호소하고 소련의 사회주의, 공산주의에 대한 공포에 편승해 지지를 얻었다.[120]

일부 보수파 이론가들은 이분법적 구도를 통해 서로 대비되는 두 가지 정치적 이미지를 인위적으로 만들어냈다. 그들은 보수주의가 개인의 자유를 수호하고, 사유재산과 기독교 신앙을 지키는 것이라고 규정했다. 반면 진보주의를 사회주의와 동일시했으며, 급진적 변혁과 높은 세금, 부의 재분배, 무신론 등을 특징으로 삼는다고 주장했다. 예를 들어, 1950년대에 등장한 '운동 보수파(Movement Conservatives)'는 이념적으로 개인의 자유를 강조하고 기독교 전통을 복원하고자 했다. 현실 정치의 목표는 정부의 경제 규제, 최저임금제, 노동자 연금 등 루스벨트의 뉴딜 사회주의 정책을 폐지하는 것이다.

문화계와 종교계에서 보수 진영의 선두주자로 꼽히는 윌리엄 버클리(William Buckley)는 '자유주의 공감대'를 지지하는 공화당원과 민주당원을 '사회주의자와 무신론자의 도구'라 비난했다. 이들이 정통 기독교 신앙을 지닌 미국인들을 박해한다는 것이다. 그는 남녀평등, 경제 평등, 정치와 종교 분리, 정부 복지를 지지하는 사람들을 통틀어 '자유파'라고 부르며 미국을 소련 같은 나라로 만들려는 사회주의자와 공산주의자로 묘사했다. 일부 보수파 인사들은 인종 분리 폐지 판결을 공산주의라고까지 부르며 연방대법원 대법관, 아이젠하워 대통령을 포함해 이들과 의견이 다른 모든 사람을 공산주의자로 몰아붙였다. 케네디는 대통령 재임 시절 법무부 장관인 동생과 함께 남부의 대학에서 인종차별 철폐를 추진하면서 연방 사법집행관을 파견해 흑인 학생들을 후송했다가 보수파 백인의 반발을 샀다. 당시 인종 분리를 지지하는 백인들은 자기 자동차에 "카스토르 형제가 백악관으로 이사했다"

는 표어를 붙이고 다녔다.[121]

미국 정치의 이런 극단적인 보수주의는 점진적 개량을 주장하면서 정부가 제한적으로 개입하는 방식의 고전적 보수주의나 진보적 보수주의와 다르다. 극단적 보수주의자들은 링컨 이래의 주류적 가치를 뒤집으려 한다. 그들은 미국 역사를 서술할 때 남북전쟁 이후로 민중의 도덕적 타락이 시작되었다는 식으로 묘사하며, 또한 자유롭고 작은 정부의 시대, 다시 말해 주(州) 자치와 낮은 세율의 과거 시대로 회귀하는 것을 추앙한다. 민권운동 전후, 그들은 남부의 인종 분리 정책을 변호하면서, 연방정부가 인종 평등을 보호하는 것은 주권(州權)을 침해하는 것, 미국의 건국 이념을 파괴하는 것이라고 비난했다. 버클리는 심지어 여성과 소수 인종이 투표권을 갖는 것을 포퓰리즘이라고 부르면서 백인이 유색인종을 지배하는 것은 당연한 일임을 암시했다.[122]

레이건 대통령은 "정부가 문제를 해결하지 않으면 정부 자체가 문제다"라는 말을 남겼다.[123] 모든 공공정책은 시행 과정에서 문제가 발생할 수 있고, 정책의 목표에 어긋나는 부산물을 발생시키기도 한다. 극한상황에서는 아주 작은 실수도 나중에 천양지차의 문제로 커질 수 있다. 만약 단순히 그런 면에서 해석한다면 레이건의 말에도 일리가 있다. 레이건은 대통령 재임 전 은퇴자와 저소득층의 의료보건 정책에 반대했다. 대통령 취임 후 그는 정부의 시장 개입에 반대했으며, 미국 정부의 사회보장제도를 소련식 사회주의라고 부르곤 했다. 정부가 지나치게 개입하면 문제가 되지만 정부가 가만히 있으면 사회가 더 큰 문제를 일으키고, 정부가 문제 해결을 지속하지 않으면 각종 사회문제가 산더미처럼 쌓여 임계점에 도달해 폭발한다.

역사적 경험과 교훈을 이해한다면 책임 있는 정부가 앞장서서 사회문제가 사회적 재난으로 번지는 사태를 막아야 한다. 루스벨트 대통령은 대공황 시기에 사회적 기반 투자를 확대하고 사회안전망을 구축해 경기침체로 인한 인구 이탈을 방지하고 유럽식 사회주의 혁명과 파시즘의 발흥을 막는 뉴딜 정책을 펼쳤다. 이런 의미에서 일부 역사가들은 루스벨트의 뉴딜 정책이 미국의 자본주의를 구했다고 말한다. 그러나 묘하게도 미국의 우익 보수세력은 그를 사회주의자로 부른다.

1980년대 이후 미국 사회는 빈부격차가 심화되면서 하층민, 특히 교육 수준이 낮은 노동자 계층의 백인들이 주요 피해자가 되었다. 우익 보수세력은 하층민의 불만을 이민자, 소수인종, 사회주의로 몰아가면서 유색인종과 이주민을 불로소득의 복지 기생충으로 묘사해 하층민이 빈곤해진 원인을 세금 과다, 이민 과다, 사회복지 과다 등에서 찾는다. 그러나 미국 하층 백인들은 다른 인종의 저소득층과 마찬가지로 사회복지의 수혜자들이다. 단순한 정치적 공약으로 복잡한 사회문제를 해결하겠다는 말은 머리가 단순한 사람만 믿을 수 있는 이야기다. 그래서 우익 보수세력은 교육 수준이 낮은 유권자를 겨냥해 수년간 누적된 문제들에 감세, 복지 예산 삭감, 반이민, 반과학, 반직업이라는 손쉬운 해법을 제시하며 표를 얻으려 한다.

지난 100년 동안의 미국 정치는 소련식의 사회주의화와 달리 사회보장을 점진적으로 확대해 대중의 삶을 안전하고 존엄하게 만드는 과정이었다. 이것은 사회의 진보였다. 민주당과 공화당의 건강한 힘이 이런 진보를 함께 이끌었다. 그러나 양대 정당 모두에서 과거 소련식 공유제나 권력 집중을 주장하는 주류 정치인은 거의 없다. 반면, 정부의 시장 규제나 사회보장 정책을 구소련식 사회주의와 동일시하는 우익 정치인은 적지 않다. 이러한 정치적 맥락에서 '사회주의'라는 용어는 정적을 공격하기 위한 편리한 도구로 쓰이며, 그 본래의 구체적인 의미는 사실상 상실되었다고 볼 수 있다. 트루먼 대통령이 지적했듯이 그들의 깃발에는 '타도 사회주의'라고 적혀 있지만 진정한 의미는 '타도 진보주의'다.[124] 하지만 진보주의가 없었다면 미국 사회의 일반인들, 특히 저소득층과 소수인종은 지금처럼 기본권이 보장된 존엄한 삶을 살지 못했을 것이다.

암묵적 규칙

극단적인 보수주의자들이 정부의 기능을 헐뜯는 것과는 달리 이론적으로든 현실적으로든 나라마다 정부 형태, 성격, 수준이 다 다르며, 따라서 정부 정책이 개인의 자유를 침해할 수도 있고 보호할 수도 있다. 현대 문명국가에서는 개인의 자유와 시민의 권리를 보호하기 위한 법률을 입법부가 제정하고, 사법부가 해석 및 판결하며, 법원의 판결은 행정부에서 집행한다. 그런 점에서 정부가 문제를 해결하지 않으면 정부 자체가 문제라는 구호는 현대 사회가 돌아가는 기본 상식에 맞지 않는다.

고전적 자유주의는 '자유'를 정부가 개인의 권리를 침해하지 못하도록 막는 데서 비롯된다고 본다. 이 같은 관점은 전제군주제를 벗어나 민주주의로 나아가던 역사적 상황에서 등장했는데, 당시에는 정부 권력의 남용이 실제적인 위협이었다. 하지만 민주주의 체제 아래에서도 정부가 권력을 남용해 개인의 자유를 침해하는 '정치적 리바이어던(Leviathan)'이 될 수 있다는 경고는 여전히 유효하다.

이 문제에 대해 자유주의는 다양한 이론적 논술 방향을 제시한다. 그러나 여러 가지 거시적 이론은 종종 정부와 국민 모두 단일한 주체가 아니라는 구체적인 현실 문제를 간과한다. 미국의 경우 연방정부와 주 정부로 나뉘고 주 정부 아래에 카운티와 시가 있다. 주 정부와 카운티 및 시 등 각급 행정 구역의 수반, 검사장,

의원, 치안관, 심지어 주내 각급 법원 판사까지 민선으로 선출되기 때문에 지방정부의 정치 성향과 사회정책이 다 다르다. 주 정부와 연방정부 사이에는 자주 갈등이 빚어진다. 일부 주 정부에서 개인의 권리를 침해하는 입법을 하거나 정책을 펼치면 연방정부의 제지를 받을 수 있다. 마찬가지로 연방정부의 입법 활동이나 정책이 주 정부의 반발을 살 수도 있다.

이런 정치 구조 속의 정부는 단일한 개체가 아니다. 역사적으로도 아니었고 지금도 아니다. 동시에 민중도 피부색, 출신 국가, 경제적 지위, 교육 수준, 성별이 다른 여러 집단을 포괄한다. 정부는 어떤 집단의 권리를 침해할 수도 있고, 다른 집단의 권리는 확대할 수도 있다. 예컨대 인종 분리 정책은 유색인종의 권리를 명백히 침해하지만, 백인의 권리는 상대적으로 확대한다. 여성의 투표 금지는 여성의 권리를 침해하지만 남성의 권리는 상대적으로 확대한 것이다. 역사적 사례든 오늘날의 현실이든, 정부와 국민 사이의 관계는 단순하지 않다. 그런데도 일부 자유주의자들은 정부 기능에 대한 논의를 지나치게 단순화하여 현실의 복합성과 다양성을 충분히 반영하지 못하는 경향이 있다. 실제로 평등 보호, 정당한 절차의 권력 행사, 여성 참정권, 흑인 참정권, 유색인종 시민권 등 현대의 미국 시민이 법적으로 행사할 수 있는 모든 권리는 정부의 여러 권력 분파가 입법이나 사법 판결을 통해 부여한 것이다. 크게는 헌법 개정, 연방대법원 판결부터 작게는 각 정부 부처 법률, 일선 법원 판결에 이르기까지 말이다.

미국의 사회적 약자들은 평등한 권리를 얻으려 노력하는 과정에서 행정 당국, 법원 및 의회와 같은 정부 권력의 분기점에 의존해야 했다. 주 정부가 시민권을 침해할 때 피해자들은 연방정부에 도움을 요청하곤 한다. 미국 수정헌법 13조, 14조, 15조, 19조의 의회 입법 과정은 전부 몇몇 주 정부의 시민권 침해에 대처하는 과정에서 이뤄졌다. 연방대법원은 일부 주의 법률이 헌법에 위배된다고 판결해 피해자의 권리를 보호했다. 이런 것들이 모두 정부의 행위이고, 국회와 법원은 정부 권력의 다른 갈래다. 따라서 정부를 잠재적인 '개인권 침해자'로만 간주하는 단순한 자유주의적 발상은, 정부가 억압적 기능만 하는 것이 아니라 권리 보호의 주체가 될 수 있다는 점을 간과한 것이다. 특히 사회적 약자에게 정부는 권리를 쟁취하기 위한 필수적인 통로이기도 하다.

1947년 트루먼 대통령은 인권 쟁취란 정부의 침해로부터 개인의 권리를 보호하는 것만이 아니라 정부가 민중의 권리를 보호하는 것도 의미한다고 말했다. 이때 인권이란 민중 일부의 권리만이 아니라 모든 민중의 권리를 가리킨다. 구체적으로는 기본권 평등을 지키려면 정부의 역량이 필수적이다. 사회적 약자가 불평등한 위치에 있다면 행정당국이나 법원, 국회의 도움 없이 스스로의 힘으로 질서 있게 평등권을 얻기란 불가능하다.[125] 법에 명시된 불평등을 철폐하는 것도 그렇거니와 정치와 법률, 사회의 암묵적인 규칙을 바꾸는 것도 그렇다.

최근 수십 년 동안 미국 각계에서는 성문법적 차별이 철폐된 후 법이 불문율에 의한 차별, 즉 암묵적 규칙이라 불리는 것을 통제할 수 있는지를 두고 논쟁했다. 크게 두 가지 견해가 있다. 첫째, 불문율에 의한 제도적 차별이 없다는 것. 성문법적 차별은 1950~1960년대에 법원의 판결과 인권 법안 입법으로 폐지됐고, 취약계층의 생활 형편이 개선되지 않는 것은 스스로 노력하지 않기 때문이라는 견해다. 둘째, 불문율에 의한 차별이 있는데도 법과 정책이 통하지 않는 것은 민중 내부의 일이기 때문에 법과 정책으로 국민의 생각과 습관을 바꾸도록 강요할 수 없다는 견해다. 그러나 문제는 다원적 집단으로 구성된 사회에서는 각 집단의 인구 규모에 따라 정치적 역량이 달라질 수밖에 없다는 점이다. 특히 다수 집단이나 영향력 있는 세력의 전통적 관습과 사회적 편견은 사적인 영역에 머무르지 않고, 법과 정치에까지 영향을 미친다.

미국 연방대법원은 1954년 '에르난데스 대 텍사스주 정부 사건'을 판결했다. 이 사건은 사법 절차상의 암묵적 규칙 문제와 관련된다. 피고 에르난데스는 살인 혐의로 텍사스주 잭슨 카운티 법원에서 유죄를 선고받았다. 변호인 구스타보 가르시아(Gustavo Garcia)는 연방대법원에 상고하면서 사건 자체가 아니라 재판부가 배심원을 고르는 암묵적인 규칙을 문제 삼았다. 잭슨 카운티는 인구의 14퍼센트가 멕시코계 주민이고 카운티 법원이 지난 25년 동안 주민 중 6천 명 이상의 배심원을 선발해 다양한 사건의 재판에 참여하게 했지만, 멕시코계 주민은 단 1명도 배심원에 선정되지 않았다. 에르난데스 사건에서도 배심원단은 전원 비멕시코계 백인으로 구성됐다. 가르시아 변호사는 잭슨 카운티 법원의 조치는 사안별 현상이 아니라 어느 민족의 주민을 암묵적으로 법적 절차에서 배제하는 것이며, 이는 수정헌법 14조의 평등 보호 조항에 위배된다고 주장했다.[126]

가르시아 변호사는 멕시코계 미국인으로 멕시코와 인접한 텍사스주 국경도시 라레도(Laredo)에서 태어났다. 1938년 텍사스대학 로스쿨을 졸업한 그는 뛰어난 성적을 거뒀는데도 멕시코계에 대한 사회적 편견 때문에 적절한 일자리를 찾지 못해 알코올에 의존하게 되었다. 미국 법은 멕시코계 시민을 흑인처럼 차별하지 않는다. 노예제 시대에도 미국 법은 멕시코계 주민을 백인으로 취급했고 인구 조사에서도 이들을 백인 인구 통계로 잡았다. 텍사스주 인구의 약 4분의 1이 멕시코계인데도 암묵적 규칙은 그들을 정치, 경제, 사법 절차에서 배제했다.

가르시아 변호사는 제2차 세계대전 당시 많은 멕시코계 젊은

이가 그랬듯 군에 입대해 복무했고 전후엔 일본에 주둔했다. 제대한 후에는 텍사스에서 변호사로 일했는데, 전쟁을 경험한 다른 소수인종의 군인들과 마찬가지로 큰 심리적인 변화를 겪었다. 민주주의와 자유를 지키려고 태평양과 유럽의 전쟁터에서 피를 흘렸지만 고향으로 돌아온 뒤에도 여전히 정상적인 정치적, 경제적 생활이나 사법 절차에서 배제되었기 때문이다. 그가 변호사로서 가장 크게 깨달은 것은 멕시코계가 많이 사는 지역에서조차 비멕시코계인 백인 배심원들이 멕시코계 피고들의 운명을 결정짓는다는 사실이었다.

텍사스주 법률에 멕시코계 시민은 배심원단에 들어갈 수 없다는 성문 규정은 없다. 그러나 70개 이상의 카운티에서 사실상 모든 멕시코계 시민을 배심원에서 배제해왔다. 이 암묵적인 규칙은 흑인을 차별하는 성문법보다 포착하기가 어렵다. 불문율이란 시스템에 유기적으로 얽혀 있어서 확실한 규정이 아닌데도 몹시 효과적인 메커니즘을 형성한다. 에르난데스 사건을 맡은 가르시아 변호사는 절반은 실력으로, 절반은 운으로 텍사스 법원에서 연방법원까지 연전연패하면서도 연방대법원까지 갔다. 부유한 변호사가 아니었던 그는 전적으로 기부금에 의존하여 사건을 진행했다. 나중에 공개된 자료를 보면 멕시코계 시민이 1달러, 2달러, 심지어 그보다도 작은 잔돈까지 기부한 내역이 있다. 1954년 1월 가르시아 변호사는 법정 변론을 준비하러 워싱턴에 갔다. 경비가 부족하자 동료가 기부금을 가지고 왔는데, 그마저도 수백 달러에 지나지 않았다.[127]

연방대법원 개정 전날 밤, 그는 스트레스를 풀러 술집에 가서 술을 한 잔 마시기로 했다. 하지만 한 잔을 마시니 걷잡을 수 없게 되었다. 한밤이 되어서야 그가 호텔로 돌아온 것을 보고 동료는 이번 소송은 끝났다고 생각했다. 그러나 다음 날 법정에서 가르시아는 뜻밖의 선전을 펼쳤다. 재판장인 얼 워런(Earl Warren)은 특별히 그에게 16분간 추가로 변론할 수 있도록 시간을 연장해주었다. 모두의 예상을 뒤엎고 가르시아가 에르난데스 사건에서 승소했다. 연방대법원은 사실상 성문화되지 않은 차별의 암묵적 규칙이 존재함을 인정했고, 수정헌법 14조에서 각 민족의 인구 비율에 따라 배심원단을 선발해야 한다는 명시적 규정이 없더라도 한 민족을 사법 절차에서 배제하는 것은 금지되어야 한다고 판결했다. 에르난데스 사건은 미국 법학 교재에 필수적으로 등장하는 판례가 되었다. 지금은 텍사스의 법원에서 멕시코계 시민이 배심원으로 선정되는 일이 일상화되었다. 가르시아 변호사의 후반생은 불행했다. 우울증과 알코올 중독으로 그는 인생의 마지막 10년을 정신병원에서 보냈으며, 1964년에 50세도 채 되지 않은 나이에 사망했다.[128]

성문법이라는 뼈대 안에서 우리는 매일 성문화하지 않은 삶이라는 피와 살을 마주한다. 불문율은 성문법보다 바꾸기 어려우며 변화하는 데 오랜 시간이 걸린다. 그러나 에르난데스 사건의 판결에서 보듯, 사회 속에 깊이 스며든 암묵적 규칙들이 사법이나 정치 영역에서 불평등한 결과를 낳고 있다는 사실을 인정하는 것이야말로 진정한 변화의 시작이다. 법과 정책은 이런 불평등 앞에서 무기력하지 않다. 전통적 편견과 사회적 불문율이 수정헌법 14조의 평등 보호 조항으로 구축된 방어선을 뚫고 사적 영역을 넘어 공적 영역인 사법과 정치 등에 침투하려 할 때, 법은 이를 막는 강력한 방화벽이 될 수 있다.

4장 교육 평등권

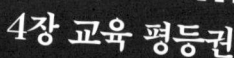

당신이 옳다고 믿는 일을 하고 법률이 뒤따르게 하라.
— 서굿 마셜 대법관

평등이 정치적 권리인 것처럼 차별은 어떤 경우에도 없어서는 안 될 사회적 권리다.
— 한나 아렌트

1927년 미국 연방대법원은 플레시 사건의 '분리하되 평등하다'는 원칙을 공교육에 적용했다. 린궁 사건에서는 학교의 인종 분리가 합헌이며 수정헌법 14조의 평등 보호 조항을 위반하지 않는다고 판결했다. 그로부터 남부 각 주의 공교육 정책은 헌법적 근거를 얻었다. 26년 후, 서굿 마셜(Thurgood Marshall)이 변호인단을 이끌고 플레시 사건과 린궁 사건의 판결에 도전했다. 남북전쟁 이후 남부가 재건에 실패하고 거의 80년 동안 남부 여러 주에서는 인종 분리 정책이 시행되었다. 그 이전부터 오랜 역사를 가진 노예제까지 더해 여러 세대가 지나오면서 법과 정치제도는 전통적인 질서로 고착화했다. 백인과 유색인종의 분리는 당연한 것이 되었다. 데이비드 델링거(David Dellinger)는 이를 두고 "인종 분리는 내 우주에서는 사실이다. 내 입장에서 보자면 인종 분리란 태양계 행성의 위치와 같다. 옳아도 틀려도 상관없는 당연한 이치다"라고 말했다.[129]

서굿 마셜

남북전쟁 이후 미국의 각 주에서 공립기초교육이 시작되었다. 20세기 초에는 공립초등학교, 공립중학교가 각 지역에서 영향력 있는 정부 기관으로 발전했다. 공립학교는 문화의 보급과 교육 수준 향상뿐 아니라 현대적 문명의 가치를 전파하고 선량한 시민의 소양을 기르는 데 가장 중요한 통로가 되었다. 남북전쟁 이후 약 100년 동안 미국 공립학교는 대체로 흑백 인종을 분리해 운영되었다. 북부에서는 이런 분리가 법적으로 명문화되지 않았지만 현실에서는 보편적으로 존재해 '사실상의(de facto) 분리'라고 불렸다. 남부에서는 주 법률로 명문화한 규정을 만들어서 흑백 인종을 분리했기 때문에 '법정의(de jure) 분리'라고 불렸다. 1896년 연방대법원은 플레시 사건에서 루이지애나주 여객 칸의 흑백 분리가 수정헌법 14조에 위배되지 않는다고 판결했다. 이로써 '분리하되 평등하다'는 원칙이 확립되었고, 남부는 그 후 58년간 인종분리 제도를 유지했다.

제2차 세계대전 직전 미국에 온 뮈르달은 남부 사회에 존재하는 인종 계층의 장벽이 허물어지는 징후를 발견했다. 유럽인은 미국을 개인주의 사회라고 부르길 좋아한다. 더 정확하게 말하자면 미국은 보통 사람이 사회에서 강자가 되도록 장려하는 개인주의 사회인 동시에 1명의 강자가 완전히 독점하는 고착화된 계급사회가 아니다. 미국에서는 각계각층의 출신자 누구라도 강자가 될 수 있다. 다만 전통적인 관습과 문화적 편견 등의 요인이 있기에 사람마다 지역마다 강자가 되기 위해 맞닥뜨려야 할 장애물이 다르다. 북부의 장애물은 남부보다 훨씬 적다. 백인의 장애물이 흑인보다 훨씬 적다. 서굿 마셜 변호사는 이 사실을 깊이 체감했다. 그는 1908년 메릴랜드주 볼티모어에서 태어나 자랐다. 어머니는 교사, 아버지는 열차 내 종업원이었다. 어릴 적부터 어머니에게 좋은 교육을 받았으며, 아버지는 종종 그를 데리고 법원에 가서 재판을 방청하곤 했다. 마셜 변호사는 고등학교 때 성적이 그다지 좋지 않았고 교칙을 어겨 징계를 받기도 했다. 당시 교칙을 어긴 학생에 주는 벌 중 하나가 헌법 암기였다. 헌법을 줄줄 외는 것은 마셜의 특기였다.

많은 젊은이가 그렇듯 마셜은 이상적인 대학 생활을 꿈꿨다. 그러나 그의 이상과 현실 사이에는 그 시대에 넘기 힘든 장벽이 있었다. 마셜은 펜실베이니아주 링컨대학에 합격했다. 그 대학은 전통적인 흑인 학교다. 대학 졸업 후, 그는 고향으로 돌아가 메릴랜드주립대학 로스쿨에 진학하고 싶었다. 메릴랜드주는 공교육에서 인종 분리 정책을 시행하고 있었기에 주립대학에서도 흑인 학생을 뽑지 않았다. 마셜은 수도 워싱턴에 있는 하워드대학(Howard University) 로스쿨에 입학했다. 어머니가 결혼반지와 약혼반지를 저당 잡혀 아들의 학비를 보탰다. 1933년 마셜은 하워드대학 로스쿨을 수석으로 졸업하고 변호사 자격을 취득했다.

하워드대학의 로스쿨 학장은 유명한 흑인 인권 변호사 찰리 휴스턴(Charles Houston)이었다. 그는 마셜의 인생을 바꾼 스승이다. 남북전쟁 이전 휴스턴과 마셜의 할아버지는 모두 노예였지만, 집안이 가난했던 마셜과 달리 휴스턴은 부유한 집안에서 태어나 매사추세츠주의 흑백 분리 정책이 없는 사립대학을 다녔다. 제1차 세계대전 때 휴스턴은 육군으로 입대해 유럽의 전쟁터에서 싸웠다. 퇴역 후에는 하버드대학 로스쿨에 입학해 『하버드 로 리뷰 *Harvard Law Review*』의 첫 번째 흑인 학생 편집자가 되었다. 당시 미국의 흑인 변호사는 손에 꼽을 정도로 적었다. 변호사는 기본적으로 백인 남성이 종사하는 직업이었기에 전미변호사협회는 흑인 변호사의 가입을 거부했다. 이에 휴스턴은 몇몇 흑인 변호사와 더불어 '전국변호사협회'를 설립했다. 하워드대학 로스쿨

학장을 오랫동안 맡았던 그는 헌법학을 가르쳤는데, 그의 수업을 들은 30여 명의 학생은 모두 흑인이었다. 휴스턴은 그들에게 열심히 공부하라고 격려하며 "자네는 백인 변호사와 비슷한 수준으로 훌륭해서는 쓸모가 없다. 그들보다 강하지 않으면 같은 무대에서 경쟁할 기회조차 없을 것이다"라고 말했다.[130] 졸업할 때쯤 되었을 때 30여 명의 학생 중 6명만 남고 나머지는 학교를 그만두었다. 휴스턴은 덩치가 크고 성적도 좋은 마셜이라는 학생을 아꼈다. 그는 직접 차를 운전해서 마셜을 데리고 남부 여행을 가기도 했다. 남부를 둘러보면서 밑바닥 흑인의 삶을 직접 경험해 보게 한 것이다.

마셜은 로스쿨 졸업 후 볼티모어에서 개인 변호사로 활동하며 공익 운동에 힘썼다. 그는 전국유색인종발전협회(The National Association for the Advancement of Colored People, 약칭 NAACP)가 진행하는 권리 보호 소송에 참여했다. 1936년 28살의 마셜은 휴스턴과 같이 도널드 머레이(Donald Murray)라는 흑인 학생의 변호사로서 메릴랜드대학을 고소했나. 법이란 공공 기물이며 정해진 조항, 판례, 절차 그리고 기술적인 '게임의 법칙'이 있지만 변호사는 자신만의 가치관과 호오가 있으므로 소송 과정에서 반드시 차가운 법 논리만 따르지 않는다. 마셜이 대학을 졸업할 때도 메릴랜드대학이 흑인 학생을 뽑지 않았기 때문에 자신이 원하던 로스쿨을 포기하고 수도인 워싱턴에 와서 학업을 이어가야 했다. 변호사가 된 마셜은 자신이 겪은 불공정한 상황을 바꾸고자 한 것이다.

우리의 국가 신조

머레이는 22살의 흑인 청년으로, 메릴랜드대학 로스쿨에 지원했다가 탈락했다. 성적이 합격 기준에 미치지 못한 것이 아니라 흑인이기 때문이었다. 대학 당국의 불합격 통보에는 "메릴랜드대학은 흑인 학생을 뽑지 않기 때문에 귀하의 입학 신청을 거절한다"고 명확히 나와 있었다.[131] 1896년 플레시 사건의 연방대법원 판결 이후 '분리하되 평등하다'는 원칙이 확립되었다. 이는 인종 분리를 합법화하고 남부 각 주에서 대학교부터 초등학교까지 백인과 유색인종의 분교를 시행하는 것이 사회적 표준이 되었다. 당시 메릴랜드주에는 메릴랜드대학에만 로스쿨이 있었다. 머레이가 받은 불합격 통지서는 플레시 사건의 판결을 근거로 들며 다른 주에 있는 흑인 학생을 위한 로스쿨에 지원할 것을 권고했다. 메릴랜드대학을 포기한다면 머레이는 마셜이 그랬듯 타향에서 흑인을 받아주는 로스쿨에 다녀야만 한다. 그러나 머레이는 포기하지 않았다.

머레이와 메릴랜드대학 로스쿨 사이에는 법률의 높은 벽이 가로놓여 있었다. 바로 연방대법원의 '분리하되 평등하다'는 원칙이다. 플레시 사건에서 대법원은 분리 상태에서도 평등할 수 있으므로 인종 분리 자체가 수정헌법 14조의 평등 보호 조항에 위배되지 않는다고 판단했다. 린궁 사건에서는 주 정부가 공립학교에서 인종 분리를 시행할 자율권을 가지며, 이에 법원이 간섭할 수 없다고 판결하여 '분리하되 평등하다'는 원칙을 재확인했다. 마셜이 머레이의 대리인으로서 메릴랜드 대학을 제소했을 때는 린궁 사건의 판결에서 8년도 채 지나지 않은 때였다. '분리하되 평등하다'는 사법 원칙이 굳건했다. 따라서 플레시 사건이나 린궁 사건 모두 도전할 수 없는 판례로 받아들여야 했다. 수정헌법 14조는 법률이 모든 사람에게 평등한 보호를 제공할 것을 보장하므로, 학교 당국의 인종 분리 정책에 맞서려면 '분리하되 평등하다'는 원칙에서 '평등'이라는 지점부터 싸움을 시작해야 한다. 마셜 변호사가 취한 전략이 바로 그것이었다. 법정에서 그는 수정헌법 14조에 의거해 메릴랜드주는 주내 흑인 학생들에게 평등한 법학 교육의 기회를 제공해야 하며, 주 정부가 로스쿨을 한 곳만 설립하고서 흑인을 입학시키지 않는 것은 균등한 기회를 제공하지 않는 것과 같다고 주장했다. 또한 이는 '분리하되 평등하다'는 원칙에 어긋난다고 항변했다.[132]

학교 당국과 주 정부는 메릴랜드주에는 흑인 로스쿨이 없지만 흑인 학생이 다른 주의 로스쿨에 입학할 수 있으며 주 정부에서 장학금을 주는 것으로 보조가 된다고 보았다. 게다가 메릴랜드대학이 로스쿨에서 흑인 학생을 뽑지 않더라도 주 정부가 별도로 흑인을 위한 로스쿨을 설립할 수도 있다. 그러므로 머레이가 백인 로스쿨에서 흑인 학생을 받아들여야 한다고 주장할 권리는 없다. 주 정부는 특히 로스쿨에 입학 원서를 내는 흑인 학생이 많지 않다는 것을 지적하며 메릴랜드대학 로스쿨이 흑인을 뽑지 않아 법학 교육의 기회를 잃은 흑인 학생은 매우 드물다고 주장했다. 그러나 주 법원의 판사는 학교 당국과 주 정부의 변론을 수용하지 않고 메릴랜드대학 로스쿨에 흑인 금지 정책을 즉각 폐기하라고 명령했다.

학교 측은 항소했다. 메릴랜드주 항소법원은 원심을 유지했다. 판결문에서 항소법원은 메릴랜드에 로스쿨이 한 곳만 설립된 상태로 백인 학생만 입학시켜 흑인 학생이 다른 주의 로스쿨에 지원해야 하는 것은 합격의 기회가 백인 학생과 비교하여 불평등하며, 흑인 학생이 다른 주의 로스쿨을 다닐 경우 메릴랜드주의 법률을 배울 수 없는 데다 교육 수준도 보장되지 않는 점, 다른 주에서 로스쿨을 다니면 교통과 숙박 등의 비용을 추가로 부담해야 하는 점 등이 평등의 원칙에 어긋난다고 판단했다. 주 정부가 흑인 학생을 위한 로스쿨 설립을 제안한 데 대해서는 당장 학교를 세울 수 없고 주 법률이 흑인 로스쿨 설립을 주 정부에 명령할 수 있는 권한을 부여하지 않고 있다고 지적했다. 그러므로 헌법 준수는 주 정부의 입맛대로 미룰 수 없다고 판단했다. 현재 시행 중인 법학 교육 체제가 어떤지에 따라 모든 학생이 현황에 맞게 평등한 대우를 받아야 한다는 것이다.[133]

항소법원의 판결문에서는 인종 분리 정책으로 피해를 입은 흑인 학생이 거의 없다는 주 정부의 주장도 반박했다. 법과 정책의 위헌 여부는 피해를 당한 사람 수와 무관하다는 연방대법원의 판결을 인용해 지적한 것이다. 주 정부의 주장은 차별받는 사람이 많으냐 적으냐에 따라 헌법이 부여한 권리가 달라진다는 것이었지만, 헌법적 권리의 본질은 모든 사람이 향유하는 것이기 때문이다.[134] 이런 사실과 연방대법원이 확립한 '분리하되 평등하다' 원칙에 의거하여 메릴랜드주 항소법원은 주 정부가 법학 교육을 제공하는 기능을 하면서 특정 인종의 학생을 제외했다고 판단했다. 주 내에 단 하나의 로스쿨만 있는 상황에서 흑인 학생과 백인 학생이 동등한 법학 교육을 받으려면 반드시 메릴랜드대학 로스쿨에서 조건에 맞는 흑인 학생을 입학시켜야 하며, 인종을 이유로 그들을 거부해서는 안 된다는 것이다.[135]

항소심 판결로 입학 요건을 모두 갖춘 흑인 학생이 인종을 이유로 메릴랜드대학 로스쿨에서 거부되는 일은 사라졌다. 마셜이 젊은 시절에 겪었던 안타까운 일이 더는 되풀이되지 않게 된 터다. 마셜은 메릴랜드대학 로스쿨의 인종 분리 정책 폐지 소송에서 승리하면서 볼티모어에서 화제가 되었다. 한 흑인은 "서굿 마셜이 이기자 볼티모어의 유색인종 사회가 들끓었다. 우리는 헌법을 모른다. 서굿 마셜이 모세가 그의 백성에게 십계명을 준 것처럼 우리에게 헌법을 가져왔다"고 말하기도 했다. 그러나 모든 흑인과 유색인종이 마셜의 방식에 찬성하지는 않았다. 급진적인 흑인 지도자 맬컴 엑스(Malcolm X)는 마셜을 만난 자리에서 날을 세우다 못해 그의 어머니까지 들먹였다. 미국의 일부 무슬림 인권운동가는 마셜을 흑인과 백인 사이의 '잡종'이라고 부르기도 했다. 제2차 세계대전이 끝난 후부터 1960년대까지 미국의 인종 갈등이 표면화하면서 일상생활에서 암암리에 흐르던 기류가 거리의 폭력 사태로 변했다. 마셜은 인종 간 폭력 충돌 조사에 대부분 참여했는데, 그의 결론은 "인종 폭동 때마다 죄가 있는 사람은 조금도 손해를 입지 않고 애꿎은 사람들이 피해를 본다"는 것이었다.[136]

마셜은 28살에 변호사로서 첫 번째 상징적 의미를 지닌 승리를 거두었다. 그러나 그의 지향점은 메릴랜드주 법학 교육에서 인종 분리 정책을 뒤엎는 것보다 높았다. 그는 연방대법원이 1896년에 확립한 '분리하되 평등하다'는 원칙에 도전하여 플레시 사건의 판결을 뒤집고 인종 분리 자체가 불평등하다는 결론에 이르기를 바랐다. 마셜은 인종 분리 정책이 불공평할 뿐 아니라 부도덕하며 미국의 건국 이념 및 도덕적 신조에 어긋난다고 보았다. 머레이 사건의 법정 변론에서 마셜은 "여기서 중요한 문제는 단지 내 고객의 권리뿐 아니라 우리나라의 건국 이념이 만들어낸 도덕적 약속에 관련되었다는 점이다"라고 말했다.[137]

머레이 사건이 판결되고 2년 후, 스웨덴 사회학자 뮈르달이 미국에 왔다. 그는 카네기사의 연구 프로젝트를 이끌면서 마셜 변호사가 법정에서 말한 '우리나라의 건국 이념'을 '미국적 신조'라고 귀납하였다. 사람은 누구나 평등하게 태어났고 생존, 자유, 행복을 추구할 권리가 있다. 이것은 가치로서의 신념일 뿐 아니라 국가가 국민에게 한 정치적 약속이기도 하다. 법과 제도는 국가가 이런 '신념'을 질서 있게 실현하도록 기능한다. 건국 당시의 정치적 약속을 점진적으로 이행함으로써 불평등한 민중을 평등하게, 부자유한 민중을 자유롭게, 전통적인 약자가 강자들과 동등하게 행복을 추구할 기회를 얻게 하는 것이다.

거대한 변화 직전

32살의 마셜은 변호사 생애를 통틀어 첫 번째 연방대법원 소송에서 승리했다. 그로부터 20년이 흘러 그는 연방대법원에서 31건의 소송을 변론했으며 그중 28건을 승소했다. 그가 승소한 사건 중에는 유명한 '브라운 대 교육위원회 사건', '미란다 대 애리조나주 사건'이 포함되어 있다.

마셜은 민사와 형사에서 다양한 종류의 사건을 맡았으나 학교의 인종차별 문제가 그가 다루는 사건에서 상당 부분을 차지한다. 1951년 마셜은 초등학교와 중고등학교의 인종 분리 사건을 20건 맡았고, 대학의 인종 분리 사건을 10여 건 맡았다. 그때만 해도 '분리하되 평등하다'는 여전히 법원이 학교의 인종차별 사건을 판결할 때 근거로 삼는 원칙이었다. 플레시 사건 이후로 인종 분리가 수정헌법 14조의 평등 보호 조항에 위배되지 않는다는 것이 대법원의 유력한 해석이었다. 린궁 사건에서도 이 원칙에 도전했다가 참패했다. 린궁 사건에서 원고 측의 요청은 연방대법관 9명의 만장일치로 부결되었다. 플레시 사건 이후 반세기 동안 변호사들이 여러 차례 '분리하되 평등하다'는 원칙에 도전할 때마다 그들이 '평등'에 문제를 제기할 수밖에 없었던 배경이다. 또한 이것은 마셜이 변호사로 활동하며 초기 20년간 머레이 사건을 포함해 학교의 인종차별 사건을 해결하게 해준 유일한 법적 틈새였다.

제2차 세계대전 당시 많은 흑인 병사가 영국 주둔군으로 발령

되어 유럽의 전장에서 싸웠다. 영국에도 유럽에도 인종차별 정책이 없었기에 군부대 내 각종 시설과 술집, 식당, 병원 등에서 미국 흑인 장병은 백인 장병과 동등한 취급을 받았다. 일부 흑인 연대는 전선에서 백인 연대와 똑같이 싸웠다. 제2차 세계대전이 끝난 후 제대한 흑인 장병들은 각 분야에서 일했다. 그들은 자신의 군 복무 경력 즉 민주주의를 지키기 위해 전쟁에 참여했다는 사실에 자부심을 가졌고, 더 이상 각종 인종 분리 및 차별 정책을 견디지 못했다. 어느 흑인 육군 하사는 "4년간 육군에서 복무하면서 네덜란드인과 프랑스인을 해방시켰다. 집에 돌아갔을 때 앨라배마 판의 독일인을 다시 만나서 그들이 나를 인간으로 대우하지 않는 것을 겪게 된다면 더는 참지 않을 것이다. 어림없는 일이지! 입대할 때 나는 검둥이였지만 돌아왔을 때는 남자가 되었다"라고 말했다.[138] 1948년 7월 트루먼 대통령은 대통령령 9981호를 발표하여 군대에서 인종 분리 정책을 폐지했다. 6년 후인 1954년에는 각 군사기지, 사관학교, 병원 등에서 흑백 융합이 전면적으로 실시되었다.

제2차 세계대전의 쓰라린 교훈으로 인류는 나치즘이 19세기 말과 20세기 초의 인종 우생학적 이념과 밀접하게 관련되었다는 것을 깨달았다. 나치의 대량 학살 정책은 인종주의의 극단적인 형태였다. 전쟁 후 설립된 유네스코는 반인종주의를 주요한 활동 이념으로 표방했다. "방금 막 끝난 참혹한 세계대전이 발발한 원인은 존엄성, 평등, 인간과 인간 사이의 상호 존중이라는 원칙을 부정하고 무지와 편견을 통해 사람과 사람, 인종과 인종의 불평등 신조를 전파했기 때문이다." 또한 여러 학자들은 인종주의와 이를 뒷받침하는 가짜 과학의 폐해를 뼈저리게 반성했다. 1950년 7월, 유네스코는 "인간의 존엄성을 위해 모든 시민은 법률 앞에 평등해야 하며, 법률이 보장하는 권익을 평등하게 향유해야

한다. 이러한 권익은 그들의 신체와 지능의 차이에 따라 다를 수 없다"라는 성명을 발표했다.[139]

미국에서 합법적으로 권리와 평등을 쟁취하는 방법은 행정당국에 도움을 요청하거나 의회에 로비를 하거나 법원의 판결을 받거나 거리 투쟁을 하는 것 등이 있다. 남북전쟁이 끝난 후 남부 재건 기간 중 의회는 수정헌법 13조를 통과시켜 노예제를 폐지했고, 수정헌법 14조를 통해서는 유색인종의 시민권, 법에 의한 평등한 보호와 정당한 절차를 보장했으며, 수정헌법 15조로 유색인종의 선거권을 보장하였다. 의회는 남부 재건에 실패한 후 무려 반세기가 넘는 동안 인종 평등과 관련해 아무것도 하지 않았고, 행정당국은 적당히 넘어가려 했다. 그러는 동안 인종 분리 정책이 남부 백인 사이에서 확고한 사회적 기반으로 자리잡아 남부의 전통 중 일부가 되어버렸다. 연방대법원은 플레시 사건에서 인종 분리를 합법화하며, 분리된 상태에서도 평등이 가능하다고 판결했다. 그러나 이 판결은 평등이라는 조건이 전제되어야만 합헌이 된다는 점에서 '평등한 분리'만이 허용된다는 의미였다. 따라서 인종 분리로 인해 유색인종의 권리가 침해되었을 경우, 이를 법적으로 다툴 여지는 남아 있었다. 물론 그 여지는 매우 제한적이었다.

제2차 세계대전 이후 사회 변화, 평등에 대한 대중 인식, 연방정부의 하향식 정책 변화, 인간의 존엄성과 인종 평등에 관한 국제사회의 관심 등은 '분리하되 평등하다'는 원칙에 전면적으로 도전할 최적의 기회가 되었다. 마셜 변호사와 유색인종의 권익을 옹호하는 법률조직은 이 기회를 잡기로 했다.

캔자스주 토피카(Topeka)시에 사는 흑인 올리버 브라운(Oliver Brown)은 제2차 세계대전에 참전했다가 퇴역한 뒤 철도회사에서 용접공으로 일하며 현지의 감리교 부목사로 활동했다. 그의 8살

배기 딸 린다 브라운(Linda Brown)은 초등학교 3학년으로, 매일 6개의 거리를 걸어가서 다시 통학버스를 타고 1마일 떨어진 흑인 학교에 가서 수업을 받았다. 올리버 브라운의 집 근처에 초등학교가 하나 있지만 백인 학생들만 받아들이는 학교였기 때문이다. 당시 전국유색인종발전협회(NAACP)는 여러 주에서 공립학교의 인종 분리 정책에 대한 소송을 준비하고 있었고, 올리버 브라운과 그 외 12명의 학부모는 토피카 교육위원회를 고소할 뜻을 밝혔다. 연방지방법원은 플레시 사건의 '분리하되 평등하다'는 원칙에 따라 브라운 등 여러 학부모에게 패소 판결을 내렸다. 그러나 판결문에는 9개의 '사실 재결'이 첨부되었는데, 그중 8개 항목에서 학교의 인종 분리가 유색인종 학생의 심리에 해를 끼친다고 인정하였다.

> 공립학교에서 백인 학생과 유색인종 학생을 분리하는 것은 유색인종 학생의 심리에 부정적인 영향을 미친다. 법률이 규정한 인종 분리는 특히 학생들의 심리상태에 큰 영향을 미치며, 그 이유는 서로 다른 인종을 분리하는 정책이 일반적으로 흑인 집단의 열등함을 의미하기 때문이다. 자신이 남보다 낮은 지위라는 감각은 어린이의 학습 동력에 나쁜 영향을 준다. 따라서 인종 분리는 흑인 학생의 교육 및 심리적 성장을 방해하고 인종 혼합 학교에서 얻을 수 있는 혜택을 박탈하는 경향이 있다.[140]

연방지방법원 판사가 원고와 그 자녀를 안타깝게 여기는 것은 분명했다. 그러나 플레시 사건은 하급법원 판사들이 따라야 할 연방대법원의 판례였다. 판사의 동정심이 법을 대신할 수는 없지만, 이런 '사실 재결'을 통해 상급법원에 자신의 의견과 태도를 표명하는 것이 가능하다. 원고의 변호사는 상소하기로 결정했다. 당시 사우스캐롤라이나, 버지니아, 델라웨어, 워싱턴 D.C.에서 발생한 네 건의 학교 인종차별 사건도 연방대법원에 상고되었다. 대법원은 이 다섯 건의 상고 사건을 병합하여 1952년 12월에 변론을 열기로 결정했다. 해리 트루먼 대통령이 임명한 제임스 맥그래너리(James McGranery) 법무부 장관은 대법원에 '법정 조언자 의견서'를 제출해 올리버 브라운 등 원고 측 주장에 힘을 실어주었다. 이 의견서에서 특별히 다음과 같이 지적했다. "미국에 존재하는 소수인종차별 현상은 우리나라의 국제관계에 부정적 영향을 미친다. 인종차별은 공산당의 흑색선전에 원료를 제공하고 있으며, 심지어 우방국들도 우리가 얼마나 민주적 신념을 고수하고 있는지 의심하게 한다."[141]

전환점

대법원 공판 첫날 각계 인사 400명이 방청을 위해 법원 복도에 길게 줄을 섰다. 그러나 법정 내에는 벌써 빈자리가 없는 상태였다. 피고 5명이 선임한 수석 변호사는 명성이 자자한 존 데이비스(John Davis)였다. 하원의원, 법무부 차석검사장, 주영국 대사를 지냈고, 1924년 대선에서 민주당 대통령 후보로 지명됐다. 변호사로서 그는 250건의 연방대법원 상고 사건을 처리했는데, 이런 경력은 20세기 미국의 어떤 변호사보다도 뛰어난 것이었다. 1952년 12월, 브라운 사건을 변론할 때 데이비스 변호사는 이미 79세의 고령이었다. 그는 사우스캐롤라이나 주지사의 의뢰를 받아 의무적으로 법정에 출석하는 것이어서 수임료를 받지 않았다. 데이비스와 마셜, 양측 변호인단, 사건을 심리하는 대법관, 그리고 법정을 가득 채운 방청객까지 이 사건의 승패가 미국의 미래에 어떤 의미를 갖는지 잘 알고 있었다. 법정 변론은 사흘간 계속

되었다.

당시 연방대법원장인 빈슨은 리더십이 부족했다. 그래서 대법관 9명의 의견이 저마다 달랐다.[142] 전국유색인종발전협회의 수석 변호사였던 마셜은 승소하리라는 확신이 없었다. 버턴, 민턴, 블랙, 더글러스 등 4명은 공립학교의 인종 분리 정책을 폐지하는 데 동의할 것으로 예상되었지만 소송에서 이기려면 다섯 번째 대법관의 지지가 필요했다. 빈슨과 리드는 플레시 사건 판결을 번복할 가능성이 작았다. 프랭크퍼터, 잭슨, 클라크는 입장이 명확하지 않았다.[b] 대법관 5명의 지지를 얻어서 5 대 4로 승소하더라도 대법원 판결에서 분열 양상이 뚜렷할 경우 인종 분리 정책을 펴는 남부 다른 주들의 반발을 살 터였다.

블랙 판사는 남부 사람으로 앨라배마주에서 태어났다. 젊은 시절 잠시 KKK단에 몸담은 적이 있어서 남부의 민심을 잘 이해하고 있었다. 그는 인종 분리 정책을 노예제의 잔재라고 여겼고, 남부 각 주에서 이런 낡은 관습을 고치지 않는다면 수정헌법 14조를 위반하는 것이라 생각했다. 그러나 이와 동시에 연방대법원에서 학교의 인종 분리를 폐지하라고 판결하면 벌집을 쑤시는 결과가 될 것이라는 점도 이해하고 있었다. 남부의 백인들이 집단적으로 저항할 것이므로 "폭동을 대비하여 육군을 동원할 필요가 있다"고 여겼다. 그럼에도 블랙 판사는 플레시 사건의 판결을 뒤집고 남부의 인종차별 정책을 폐지해야 한다고 주장했다. 또 다른 남부 출신 판사는 텍사스에서 태어난 클라크였다. 블랙 판사와 마찬가지로 그 역시 연방대법원의 인종차별 철폐가 남부 백인

b 이때 연방대법원장을 포함해 총 9명의 대법관이 있었다. 프레드 빈슨(Fred Vinson), 해럴드 버턴(Harold Burton), 서먼 민턴(Sherman Minton), 휴고 블랙(Hugo Black), 윌리엄 더글러스(William Douglas), 스탠리 리드(Stanley Reed), 펠릭스 프랭크퍼터(Felix Frankfurter), 로버트 잭슨(Robert Jackson), 톰 클라크(Tom Clark)다(편집자 주).

들의 폭력적인 저항을 불러일으키고 사회 불안을 야기하리라 예상했다. 다만 블랙 판사와 다른 점이라면 클라크 판사는 연방대법원이 사회적으로 큰 대가를 치르지 않는 방향으로 판결해야 한다고 여겼다는 사실이다. 잭슨 판사와 프랭크퍼터 판사 역시 대법원 판결 이후에 남부 각 주에서 어떻게 법을 집행할 것인지에 의구심을 품었다.[143] 사실상 법정 변론 이후에 대법원이 절대다수로 플레시 사건 판결을 뒤집을 수 있었던 데는 대법관 각자의 헌법 해석이 아니라 실제로 나타날 사회적 결과에 대한 고려가 큰 영향을 미쳤다.

9명의 대법관 중 프랭크퍼터 판사의 태도가 가장 모순적이었다. 오스트리아-헝가리 제국 시대에 빈에서 태어난 그는 12살 때 부모를 따라 미국 뉴욕으로 이주해 정착했다. 20세기 초의 미국에는 반이민과 반유대주의가 성행했다. 유대계 이민자인 프랭크퍼터는 어린 시절부터 이중적인 문화적 편견과 사회적 차별을 경험했다. 타민족에 대한 이런 편견과 차별은 남부에서 특히 심각했다. 1913년 조지아주 애틀랜타시에서 레오 프랑크라는 유대인이 살인 혐의로 기소되었는데, 증거가 불충분한데도 배심원단은 그를 유죄로 단정했고, 판사는 사형을 선고했다. 레오 프랑크의 변호사는 2년 동안 상소했지만 결국 패소했다. 이 재판 과정 및 유죄 판결이 터무니없다고 여긴 조지아 주지사가 사면권을 써서 사형에서 종신형으로 감형되었다. 그러나 1915년 무장한 KKK단이 감옥에 침입하여 레오 프랑크를 납치한 후 살해했다. 그를 죽인 자들 중 누구도 기소되지 않았다.

1916년 우드로 윌슨(Woodrow Wilson) 대통령은 유대인 변호사 루이스 브랜다이스(Louis Brandeis)를 대법관으로 지명했으나 미국변호사협회, 윌리엄 태프트(William Taft) 전 대통령, 일부 연방대법원 판사, 여러 상원의원이 반대했다. 반대하는 주요 이유 중의 하나가 '유대인 혈통이라서'였다. 태프트 전 대통령은 브랜다이스가 대법관으로 적합하지 않다는 내용의 편지를 윌슨 대통령에게 보냈다. 브랜다이스 대법관이 취임한 뒤 또 다른 대법관 제임스 맥레놀즈(James McReynolds)는 유대인 옆에 있고 싶지 않다며 대화나 공개행사 참석을 거부했다. 몇 년 뒤 태프트는 워런 하딩(Warren Harding) 대통령 재임 기간에 연방대법원장으로 임명돼 브랜다이스 대법관의 상사가 됐다. 법률에는 유대인이 연방대법원 판사가 될 수 없다고 규정돼 있지 않다. 유대인에 관해 정부기관이 명령했거나 법률에 규정된 제도적 차별은 없었다. 그러나 당시 미국에는 체제나 직업에서 사회적 편견 혹은 암묵적인 규칙이 만연했다. 이와 같은 사회적 분위기와 직업적 환경 속에서 브랜다이스는 33년 동안 대법관을 지냈으며, 후대에 미국 연방대법원 역사상 최고의 판사 중 1명으로 인정받았다.

이민자이자 소수인종으로서 찰리 휴스턴 교수가 나중에 강의한 바와 같이, 토박이 주류 민족과 똑같이 훌륭한 것만으로는 충분하지 않았다. 그들보다 훨씬 뛰어난 사람이어야 동일한 선상에서 경쟁할 수 있다. 브랜다이스가 젊을 때도 그랬고, 프랭크퍼터가 젊을 때도 그랬다. 프랭크퍼터는 하버드 로스쿨에 다닐 때 『하버드 로 리뷰』의 편집자로 선발되었고, 동기 중에서 최고 성적으로 졸업했다. 사실 하버드 로스쿨 설립 이래 최고 성적이었다. 프랭크퍼터 이전까지 하버드 로스쿨에서 최고 성적을 기록한 사람은 수십 년 전의 브랜다이스였다. 로스쿨을 졸업한 후에는 개인 변호사, 연방정부 변호사로 일했으며 그 후 학술연구 쪽으로 진로를 옮겨 하버드 로스쿨에서 강의했다. 또한 공익사업 중에서도 소수인종과 사회적 약자의 법적 권익을 보호하는 일에 앞장섰다. 전국유색인종발전협회 법률고문을 지냈으며 미국시민자유연맹(ACLU)의 창립에 기여했다. 프랭크퍼터는 제2차 세계대전 당시 미국으로 건너와서 인종문제를 연구한 뮈르달과도 교류했기에 『미국의 난제』에 담긴 연구 성과도 잘 이해하고 있었다.

1939년 프랭크퍼터는 프랭크 D. 루스벨트 대통령 재임 기간에 연방대법원 대법관으로 임명되었다. 그는 대법원의 사법심사권 행사에 대해 대법관은 입법자의 의도를 존중해야 하고 연방의회 및 주 의회의 권한에 지나치게 간섭하지 않아야 한다고 주장했다. 당시 미국에서 21개 주가 인종차별 정책을 시행했는데, 이런 정책은 각 주의 의회가 정해진 절차에 따라 제정한 법률이므로 연방대법원이 이를 폐지할 경우 주 정부와 의회의 권한에 간섭하는 것과 같다. 프랭크퍼터 판사는 플레시 사건의 판결에 동의하지 않았으나 수정헌법 14조가 통과되는 과정에서 의회에 공교육의 평등 보호 조항을 적용하려는 의도가 있다고 여기지 않았다. 단순히 법률만을 해석할 경우, 그는 수정헌법 14조에 의거해 학교의 인종 분리 정책을 철폐해야 한다고 자기 스스로 납득할 수 없다고 여겼다. 그러나 개인적 경험과 사회의 공정성이라는 면에서 볼 때는 빈슨, 리드, 잭슨, 클라크처럼 남부의 인종차별 정책을 옹호할 수 없었다. 갈등과 신중함은 종종 '지연'과 동의어다.[144]

대법원의 동료들은 의견이 갈린 채 주저하고 있었고, 여러 안건에 판결을 내리지 못한 상태였다. 결국 빈슨 대법원장이 다시 한번 변론을 열기로 했다. 그런데 빈슨은 변론일 3개월 전에 심장마비로 세상을 떠났다. 아이젠하워 대통령이 후임으로 얼 워런(Earl Warren) 캘리포니아 주지사를 지명했다. 1953년 10월 5일 워런은 임시 대법관 취임 선서를 하고 상원의 정식 비준을 기다렸다. 얼 워런은 가난한 집안에서 태어났다. 아버지는 노르웨이 사람으로 철도회사 정비공이었다. 제1차 세계대전이 발발했을 즈음 그는 캘리포니아 버클리대학의 로스쿨을 졸업하고 변호사로 활동하던 중이었고, 미국이 세계대전에 참전하자 육군에 입대했다.

퇴역 후에 카운티의 검사보로 공직 생활을 시작한 워런은 제2차 세계대전 발발 직전 캘리포니아 검찰총장에 출마해 당선되었다. 1942년 그는 캘리포니아 주지사에 당선되었고, 그 후 두 차례 재선에 성공했다. 1953년에는 연방대법원장으로 지명되었다. 1948년 워런은 토마스 듀이(Thomas Dewey)의 부통령 후보로 출마했으나 트루먼 대통령에게 졌으며, 1952년에는 공화당 대통령 후보 경선에 출마했으나 아이젠하워에게 패했다.

프랭크퍼터는 얼 워런이 정치인이고 법학자가 아니라는 점, 사법 부문의 관련 경험이 없다는 점 때문에 그가 대법원장에 지명된 것을 탐탁지 않게 여겼다. 그러나 당시 연방대법원에 필요한 인물은 법학자나 경력이 긴 판사가 아니라 리더십을 갖춘 사람이었다. 임시 대법원장에 취임한 얼 워런은 분열된 대법원을 하나로 뭉치는 일이 시급하다고 여겼다. 그래야 다른 대법관이 그에게 가질 우려를 불식시킬 수 있을 터였다. 얼 워런은 친화력이 뛰어나고 자기중심적이지 않은 사람으로, 법률적 문제에 있어서 자기 의견을 고집하지 않아 빠르게 동료 판사들의 신임을 얻었다. 1953년 12월 연방대법원이 브라운 사건의 2차 변론을 열었을 때, 9명의 대법관은 1년 전의 1차 변론 때보다 압도적인 다수의견을 내놓을 수 있다는 자신감이 생긴 상태였다.

훗날 얼 워런 대법원장은 이렇게 회고했다. 양측 변호사의 법정 변론 방식이 그가 예상한 것과 정반대였다는 것이다. “아마도 많은 사람이 그랬듯이, 나는 흑인 학생을 대리하는 변호사가 감정에 호소하고 수년간 억압된 처지를 내세우며 법원을 감동시키려 할 것이고, 각 주를 대리하는 변호사는 엄격하게 법에 호소할 것으로 예상했다. 그러나 이날의 실상은 정반대였다. 마셜은 감정에 호소하지 않고 법에 따라 이성적으로 주장했다. 그는 강철처럼 냉엄했다. 반면 각 주를 대리하는 데이비스 변호사는 감정을 억누르지 못했다. 민주당 대선후보로 지명됐던 대단한 변호사이자 연설가인 그가 그날은 몇 번이나 목이 메었고 자신을 다스리려 애썼다."[145] 만약 이 소송에서 패소한다면 남부 사람들이 자랑하는 생활방식은 법적으로 무너지게 된다. 남북전쟁 이후 몇 세대 동안 남부 사람들은 자신들의 독특한 문화적 자부심을 만들어내며 전쟁에서 패배한 굴욕을 심리적으로 보상받으려 했다. 이 소송의 결과가 어떨지 이미 예감했는지 변론이 끝날 무렵 데이비스의 얼굴이 눈물범벅이었다고 마셜은 말했다. 변론 당일 그는 이미 80세로, 연방대법원에서 한 마지막 변론이었다. 데이비스는 이듬해 사망했다.

사흘 뒤 9명의 대법관이 사건을 심의했다. 워런 대법원장의 태도는 명확했다. 학교의 인종 분리 정책은 헌법에 위배된다는 것이다. 그는 하급심의 판결문과 뮈르달의 『미국의 난제』를 포함한 여러 사회학 연구 결과는 모두 인종 분리 정책이 유색인종이 열등하다는 관념 위에 세워져 있음을 보여준다고 지적했다. 따라서 분리는 평등할 수 없으며, '분리하되 평등하다'는 원칙을 확립한 플레시 사건의 판결은 반드시 뒤집혀야 한다. 연방대법원이 학교의 인종 분리 정책을 폐지하는 안건에서 다수의 지지를 달성하는 데는 문제가 없다. 그러나 워런의 목표는 '다수의견'이 아니었다. 1차 변론 이후 플레시 사건의 판결을 번복하자고 했던 몇몇 대법관의 우려처럼 연방대법원의 분열된 의견이 남부의 반발을 부추길 가능성이 있다. 워런의 목표는 절대다수, 더 나아가 9명의 판사 전원이 합의하는 것이었다.

3개월의 노력 끝에 워런은 판사 7명의 지지를 얻었다. 리드 판사의 지지 여부는 불확실했다. 리드를 설득하기 위해 그는 두 단계로 나누는 방안을 약속했다. 첫 단계에서는 플레시 사건에서 판결된 '분리하되 평등하다'는 원칙을 법적으로 폐기하고 학교의 인종 분리 정책이 수정헌법 14조를 위배한다고 판결하더라도 인종 분리 정책을 시행 중인 남부에 해당 정책을 즉각 변경하라고 명령하지 않는다. 새 학년이 시작된 후에 두 번째 단계로 넘어가며, 법정에서 구체적인 정책 시행 방안을 논의한다는 것이다. 워런은 직접 판결문 작성을 맡았다. 그는 간단명료하고 일반 대중이 이해할 수 있는 수준으로 쓰되 과격한 표현을 배제하고 어느 한쪽도 비난하지 않는 것을 판결문의 목표로 삼았다.

11쪽에 불과한 워런의 판결문은 연방대법원에서 걸핏하면 수십 쪽, 심지어 수백 쪽에 이르는 판결문을 내놓는 것에 비해 상당히 짧은 편이다. 판결문을 작성한 후 워런은 다른 대법관 8명의 의견을 구했다. 스탠리 리드 판사는 반대표를 던질 작정으로 판결문에 대한 반대의견을 써서 제출했다. 워런이 마지막으로 리드의 사무실을 찾아가 설득했다. "스탠리, 지금 당신 혼자만 반대하고 있습니다. 이렇게 하는 것이 국가에 있어 최선의 선택인지 아닌지 생각해 결정해야 합니다." 리드는 자신의 반대의견이 연방대법원의 판결에 대해 남부의 반발심을 자극할 가능성이 높다는 것을 알았다. 결국 반대의견 제출을 포기한 리드는 "이제 모든 것을 피할 수 없게 되었다"고 한탄했다.[146]

만장일치

1954년 5월 17일, 9명의 대법관이 전원 출석하여 브라운 대 토피카 교육위원회 사건을 판결했다. 12시 52분, 워런 대법원장이 판결문을 낭독했다.

판결문에서는 가장 먼저 수정헌법 14조 평등 보호 조항의 문제를 분석했다. 이 조항은 입법자의 의도에 대하여 줄곧 이견이 존재했고 정설이 없었으며, 수정헌법 14조가 입법되었을 때는 남부에서 공교육이 막 태동한 상태여서 입법자가 시대를 초월하여 당대 사회생활에서 공립학교의 중요한 지위를 예견하는 것은 불가능하다고 지적했다. 이어 플레시 사건, 린궁 사건 등 연방대법원이 그간 판결한 내용을 되짚어본 뒤, 판결문은 공립학교의 인종 분리 정책이 수정헌법 14조에 위배되는지 여부를 검토하면서 이렇게 적었다. "우리는 시간을 1868년 수정헌법 제정 시기는 물론 1896년 플레시 사건 판결 시기로도 되돌릴 수 없다. 크게 발전한 공교육이 오늘날 전 미국인의 생활에서 차지하는 위상에 비추어 이 문제를 이해해야 한다. 그래야 공립학교의 인종 분리 정책이 원고의 법적 평등 보호 권리를 박탈하는지 여부를 결정할 수 있다."[147]

또한 이 판결문에서는 캔자스 연방지방법원이 '사실 재결'한 8개 항목을 그대로 인용하며 학교의 인종 분리가 유색인종 학생의 마음에 돌이킬 수 없는 피해를 준다는 사실을 적시했다. 이어 주석 11에서는 뮈르달의 『미국의 난제』 등 연구서를 인용하며 이런 결론을 뒷받침했다. 워런은 플레시 사건의 판결을 번복한다고 선언하면서 이렇게 썼다. "우리는 공교육에서 '분리하되 평등하다'는 원칙이 존재할 수 없다는 데 의견을 같이한다. 분리된 교육시설 자체가 불평등이다. 따라서 우리는 이 사건의 원고와 유사한 처지에 있는 모든 당사자가 지닌 수정헌법 14조의 법적 평등 보호의 권리를 인종 분리가 박탈한다고 판결한다."[148] 판결문의 이 단락에서 워런은 판결문의 공식적인 표현인 '우리는 생각한다'에 '일치'라는 표현을 추가했다. 판결문 낭독이 끝나자 리드 판사가 눈물을 흘렸다. 58년 전 대법원이 플레시 사건을 판결할 때는 존 할란 판사가 유일한 반대자였다. 과거 존 할란의 반대의견은 이번에 대법관 9명의 만장일치로 받아들여졌다. 비록 리드 판사는 달가워하지 않았더라도 말이다.

판결문의 주석 11은 격렬한 논쟁을 불러일으켰다. 대법관 8명의 의견을 구하는 과정에서도 남부 출신인 블랙과 클라크 모두 뮈르달의 저서를 인용하는 데 이의를 제기한 바 있다. 남부 사람은 뮈르달을 급진적인 좌파로 여기기 때문에 주석 11의 내용이 판결에 대한 반감을 자극할 수 있다는 이유였다.[149] 그러나 3년 뒤 플로리다주 대법원에서는 수석 판사가 판결문에서 "헌법, 판례, 상식을 모두 버리고 스칸디나비아 사회학자인 뮈르달의 저작만으로도 이 판결을 지지할 수 있다. 그가 알고 있는 헌법을 우리는 가르친 적도 배운 적도 없다"고 썼다.[150]

연방항소법원에서 판사를 지낸 법학자 하비 윌킨슨(Harvey Wilkinson)은 "브라운 사건은 20세기 미국 역사상 가장 중요한 정치적, 사회적, 법률적 사건이다"라고 했다.[151] 더 정확히 말하자면 브라운 사건은 20세기 미국에서 일어난 일련의 정치, 사회, 법률적 발전의 전환점이다. 58년 전 연방대법원은 플레시 사건에서 법적인 장벽을 세워 민중을 피부색에 따라 2개의 사회적 등급으로 구분했다. 58년이 지난 후 연방대법원은 브라운 사건에서 이 장벽을 허무는 첫걸음을 뗐다. 이 과정은 하루아침에 이루어지지 않았다. 브라운 사건으로 장벽의 법적 토대를 허물었다면, 사회적 현실의 토대는 브라운 사건의 판결 이후에도 20년 가까이 남부 각 주에서 학교 인종 분리 정책을 유지할 만큼 강력했다. 하지만 그동안 대법원과 각급 법원에서 내린 판결 하나하나가 장벽에서 기둥 하나를 떼어내는 작업이었음을 잊어서는 안 된다.

브라운 사건은 소수인종을 절망적인 무관심에서 깨어나게 하고 권리를 쟁취할 수 있다는 희망을 보여주었다. 체념은 슬픔보다 더 괴로운 감정이다. 오랫동안 많은 이들이 성문법과 불문율 양쪽에서 인종 분리라는 불평등 속에 살았다. 그들은 불평등한 현실이 바뀌지 않으리라고 체념했고, 제도와 법률에 대한 신뢰도 잃었다. 브라운 사건은 그들에게 제도와 법률에 대한 신뢰를 다시 불러일으켰다. 마셜은 미국과 유럽에서 '미스터 인권'으로 불릴 정도로 인권 운동에서 마틴 루터 킹과 함께 이름을 날렸다. 1967년 존슨 대통령은 마셜을 연방대법원 대법관으로 지명했다. 최초의 흑인 대법관이었다. 『뉴스위크*Newsweek*』는 마셜에 대해 "30년간 그가 흑인의 운명을 바꾸는 데 기여한 업적을 보면 노벨상 수상자인 마틴 루터 킹을 포함해 오늘날 생존해 있는 모든 흑인을 능가할 것이다"라고 평가했다.[152]

연방대법원의 판사는 저마다 정치 성향과 가치관뿐 아니라 법을 다루는 성향도 다 다르다. 법을 이론과 학문으로 접근해 고전학자처럼 해석하는 판사가 있는가 하면, 헌법을 입법한 의회의 의도를 찾으려는 판사도 있다. 대법관이 된 마셜의 철학은 공평의 원칙을 따르는 것이었다. "당신이 옳다고 믿는 일을 하고 법률이 뒤따르게 하라."[153] 이 말은 곧 법관은 법률이 시대의 흐름을 따라오도록 이끄는 자가 되어야 하며, 시대가 법률을 뒤로 미루게 놔두어서는 안 된다는 의미다. 이처럼 적극적인 법률 관념은 마셜 판사가 연방대법원에서 보수파 판사와 자주 충돌하는 원인이 되었다.

1987년에 마셜 판사는 미국의 헌법 공포 200주년을 기념하는 연설에서 이렇게 말했다. "헌법의 의미가 영원히 필라델피아 제헌 의회에 **고정**되어 있다고 믿지 않는다." 건국의 아버지가 헌법을 입안할 때는 완벽한 정부를 설계하지 않았으며, "처음부터 결함이 있었기에 여러 차례 수정을 거쳤고 한 차례의 내전과 중대한 사회적 변혁을 지나면서 헌정 체제와 우리가 오늘날 기본이라고 생각하는 개인의 자유와 인권에 대한 존중을 확립했다." 그는 현대 미국인이 헌법을 인용할 때의 의미는 두 세기 이전의 헌법 제정자가 처음 구축한 개념과 크게 달라졌다고 여겼다. 법관이 입법자의 '원래 의도'를 찾아내 이미 심대한 변화가 일어난 당대의 문제를 해결하려 해서는 안 된다는 것이다.

> 1787년 필라델피아에 모인 사람들은 이런 변화를 예견하지 못했다. 그들이 작성한 문건이 언젠가 여성 대법관과 흑인 대법관으로 포함된 대법원에서 해석될 것이라고는 상상하기도, 받아들이기도 어려울 것이다. '우리 민중'은 더 이상 노예를 소유하지 않지만 이는 헌법을 제정한 사람들의 공이 아니라 시대에 뒤떨어진 '자유', '정의', '평등'의 개념을 묵인하지 않겠다고 나선 사람들, 그리고 이를 보완하기 위해 노력한 사람들 덕분이다. 그러므로 우리는 두 세기 전 필라델피아에서 일어난 사건을 중시하는 동시에 그 이후에 일어난 중요한 사건들을 간과하지 않고 적절한 관점에 대한 감각을 잃지 않도록 신중해야 한다. 그렇지 않으면 많은 미국인에게 200주년이란 국립문서보관소에 보관된 원본 문서에 대한 맹목적인 추앙에 지나지 않을 수 있다. 오히려 헌법의 고유한 결함을 예리하게 인식하고 200년 역사의 희망찬 발전을 추구하여 '필라델피아의 기적'을 경축한다면 내가 보기에 더 의미 있고 겸손한 경험이 될 것이다. 진정한 기적은 헌법의 탄생이 아니라 헌법의 생명력이라는 것을 보게 될 것이다. (…)[154]

마셜은 개인의 자유와 권리 평등을 쟁취하려는 민중의 저항, 법률 해석을 부단히 개선해온 법관의 노력이 헌법을 문화재가 아닌 살아 있는 법으로 만들었다고 여겼다. 헌법 제정 200주년을 맞아 대통령, 대법원의 수석 판사, 각계의 명사들이 축하의 말을 쏟아내는 가운데 마셜의 이색적인 연설은 보수 일각의 비판을 받았다. 그러나 마셜이 대법관으로서 내놓은 헌법에 대한 논평은 법률 원전을 존중하되 지속적으로 발전시켜야 한다는 오래된 일반법 전통과 맥락을 같이한다. 영국 법학자 에드워드 코크(Edward Coke)는 제프리 초서(Geoffrey Chaucer, 1343~1400)의 시구를 인용하며 "오래된 밭에서 새로운 낟알을 길러낸다"고 법관의 의무를 설명한 바 있다. 미국 헌법은 18세기 말에 출현한 위대한 문헌이며 인류의 기적이라고 할 수 있다. 그러나 헌정(憲政)은 제헌(制憲)과 다르다. 헌정이란 헌법을 제정하는 단 한 번의 노력으로 끝나는 일이 아니며 모든 시대의 사람들이 끊임없이 노력하여 권리와 자유, 평등을 쟁취하고자 하는 투쟁 속에서 점진적으로 개선되는 과정이다. 이 과정에서 법관과 변호사는 오래된 밭에서 새로운 낟알을 심고 길러내야 한다. 법률 원전을 숭배하는 이들처럼 헌법을 제정한 사람이 어떤 의도였는지만 찾으려 해서는 안 된다.

브라운 사건으로 대법원은 공립학교의 인종 분리 정책을 폐지했으나 판결의 집행은 각 지역의 행정부와 연방정부에 달린 문제였다. 판결 이후 남부의 주 정부에서는 반응이 엇갈렸다. 일부 주지사는 격렬하게 저항했고, 일부 주지사는 대법원 판결에 승복했다. 아이젠하워 대통령은 대법원의 판결을 지지하지 않았다. 대법원이 브라운 사건을 심리하는 동안 그는 일기에 "어떤 일은 아래에서 위로 변화해야 건강하고 실현 가능한데, 인종문제의 개선은 이에 해당한다"고 적었다.[155] 대법원의 판결을 앞두고 아이젠하워는 워런 대법원장을 백악관에 초청해 만찬을 함께했다. 만찬에 참석해보니 데이비스 변호사도 와 있었다. 아이젠하워는 두 사람과 나란히 앉아서 워런에게 데이비스를 소개해주고 그의 업적과 됨됨이를 칭찬했다. 아이젠하워는 식사 후에 커피를 마시면서 워런 대법원장의 팔을 잡고 남부의 인종 분리에 관해 이야기하며 "그들은 나쁜 사람이 아닙니다. 귀여운 딸이 학교에서 덩치 큰 흑인들과 나란히 앉지 못하게 하는 게 이들의 큰 관심사지요"라고 말했다.[156] 워런은 어떻게 반응해야 할지 몰라 당황했다.

대법원의 브라운 사건 판결 이후 대통령과 대법원장의 관계는 냉랭해졌다. 워런은 여전히 백악관 만찬에 초대되었지만 아이젠하워를 만나서 "안녕하십니까, 대통령 각하"라고 예의를 차려 인사했고, 아이젠하워 역시 "반갑습니다, 대법원장"이라고 예를 갖춰 대답했다.[157] 기자가 아이젠하워 대통령에게 브라운 사건에 대한 견해를 묻자 "대법원이 목소리를 냈고, 나는 그들과 이 나라의 헌정 질서를 지킬 것을 선서했습니다. 나는 그러기 위해 최선을 다할 것이고 선서를 지킬 겁니다"라고 답했다.[158] 대통령으로서 헌법을 수호하고 대법원 판결을 집행하는 것은 아이젠하워의 책무다. 그러나 대통령의 냉담한 반응에 워런 대법원장은 크게 실망했다. 워런이 회고록에서 밝힌 바에 따르면, 아이젠하워가 남부 유권자들에게 신망이 두터운 만큼 그가 인종 분리 철폐를 지지한다고 분명히 밝혔더라면 브라운 사건 판결에 대한 반발이 훨씬 적었을 거라고 여겼기 때문이다.

그러나 아이젠하워 대통령은 브라운 사건의 판결에 동의하지 않는 기색이 역력했다. 그는 자신의 연설문을 집필하는 보좌관에게 "이런 일은 감정을 자극한다. 특히 아이들에게 그렇다. (…) 도덕적 문제에는 완벽을 요구할 수 없으며, 우리가 할 수 있는 일은 목표를 향해 끈기 있게 노력하는 것뿐이다. 나더러 강압적으로 집행하라고 하는 사람도 있는데, 정말 미친 소리다"라고 말했다.[159]

1956년 대선은 브라운 사건이 판결된 지 2년 후 열렸지만, 남부의 일부 공립학교는 여전히 인종 분리 정책을 시행하고 있었다. 아이젠하워 대통령은 선거 기간 중에 연방군을 파견해 대법원 판결을 집행하는 것은 '상상하기 어렵다'고 발언했다. 연임에 성공한 후 9개월도 채 되기 전에 스스로 '상상하기 어려운' 그 일을 해야 할 줄은 몰랐을 것이다.

브라운 사건 판결 이후 아칸소주는 다른 남부 주와 마찬가지로 공립학교의 인종 분리를 단계적으로 폐지했지만 진도가 더뎠다. 주지사인 오발 포버스(Orval Faubus)는 원래 인종문제에 신중하게 접근하는 성향이었는데도 그의 정적은 브라운 사건 판결에 대한 유권자의 불만을 이용해 그가 대법원 판결에 저항하는 힘이 약하다며 공격했다. 1957년 포버스 주지사의 지지율은 계속 하락했고, 이듬해에는 심각한 재선 위기에 직면하게 되었다. 정치적 위기에 처한 정치인에게는 여러 선택지가 있다. 현직 행정 수반의 경우, 권력을 동원해 갈등을 키우고 지지층을 결집시키는 전략을 택할 수도 있다. 포버스는 그렇게 했다. 1957년 초가을, 아칸소주의 주도인 리틀록의 중심 학군이 흑인과 백인의 통합 정책을 펴면서 흑인 고교생 9명이 백인 학교에 입학하게 됐다. 포버스는 흑인 학생들의 안전을 보장할 수 없다며 주지사의 권한으로 개학날 주 방위군을 보내 학교를 포위했다. 흑백 통합 정책에 반대하는 백인 학부모들이 학교로 몰려들자 방위군이 흑인 학생들의 학교 진입을 막았다. 한 흑인 여학생은 분노한 백인 학부모에게 둘러싸여 목매달아 죽이겠다는 협박을 당했다. 백인 2명이 여학생을 구출해 현장을 벗어났다.

2주 뒤 연방지방법원은 포버스 주지사에게 흑인 학생의 등교를 막지 말라고 명령했다. 포버스는 방위군을 철수시켰지만 분노한 백인 학부모는 철수하지 않았다. 9월 23일 흑인 학생 9명이 학교에 들어서자 폭도들은 현장에 있던 흑인과 기자를 공격했고, 경찰은 태업하며 현장을 통제하지 않았다. 리틀록의 시장이 아이젠하워 대통령에게 전보를 보내 도움을 요청하며 폭도들을 선동한 것은 부주지사이며 그 배후에 주지사 포버스가 있다고 말했다. 리틀록에서 폭도들이 흑인과 기자를 공격하는 모습이 언론을 통해 보도되면서 북부와 동부, 서부의 미국인들이 분노했다. 아이젠하워 대통령이 우물쭈물하며 아무것도 하지 않아서 사태를 악화시켰다는 비판도 나왔다. 아이젠하워는 10월 리틀록에 육군 101 공수부대의 병력 1,100명을 배치해 흑인 학생 9명의 등교를 보호하고 법원 판결을 집행하라고 명령했다. 남부의 정치가들이 잇달아 아이젠하워를 비난했다. 조지아주 상원의원 리처드 러셀(Richard Russell)은 심지어 리틀록에 들어온 연방군을 히틀러의 돌격대에 비유하기도 했다.[160]

한나 아렌트

보수적인 남부 백인만 대법원의 판결과 대통령의 병력 동원에 반대한 것이 아니다. 미국으로 망명한 지식인 한나 아렌트(Hannah Arendt)도 반대자 중 1명이었다. 리틀록 사건이 진정된 후 아렌트는 '리틀록을 돌아보며'라는 글을 써서 잡지 『디센트*Dissent*』에 실었다.[161] 아렌트는 이 글에서 미국의 많은 사회문제가 다른 선진국에도 만연해 있지만 "흑인인 국민에 대한 태도는 독특한 미국적 전통에 뿌리를 두고 있다"고 지적했다. 또한 "미국 내에서 해결되지 않는 피부색 문제는 마땅히 누려야 할 세계적 강대국의 이점을 잃게 할 수 있으며, 그것은 일종의 비극이다"라고 썼다.[162]

아렌트는 미국의 인종문제는 해결해야 하지만 공립학교의 인종 분리 정책을 폐지하는 것으로 인종차별 문제를 해결하려는 것은 잘못이며 연방정부가 법원 판결을 시행하도록 강제하는 것은 더욱 바람직하지 않다고 여겼다. 아렌트는 자신의 정치철학적 관점에 따라 인간의 활동을 개인적, 사회적, 정치적인 세 분야로 나누고 정치적 영역에서만 평등을 말할 수 있다고 보았다. 교육은 사회적 영역에 속하며 차별은 사회적 생활에서 필수적인 것이라고도 주장했다. 누구와 교류할지 선택하는 것은 개인의 자유이기 때문에 아렌트는 백인 학부모가 아이를 백인만 다니는 학교에 보내고 싶어 하는데도 정부가 강제적으로 인종 분리를 폐지하면 사회적 영역에서 개인의 자유를 침해하는 것이다. "사회에서의 차별은 정치에서의 평등이 그렇듯 각 영역의 내재 원칙이다. 사회는 정치와 개인적 영역의 기묘한 혼합체이며 (…) 우리가 4개의 벽으로 둘러싸인 집이라는 보호받는 사적 공간에서 벗어나 공공의 세계로 넘어갈 때는 평등한 정치의 영역이 아니라 사회의 영역으로 먼저 들어간다." 사회란 유유상종의 원칙에 따르므로 "미국 사회에서 인간은 직업, 수입, 인종 등으로 구분돼 집단을 형성하고 서로 차별한다. (…) 순수한 인간의 관점에서 보면 이런 차별 행위는 의미가 없다. 그러나 사회 영역에서 이런 순수한 인간이 존재할 수 있는지는 의문이다. 어쨌든 차별이 없으면 사회는 소멸하고, 자유롭게 사귀며 집단을 이룰 수 없다."[163]

다시 말해 사회 영역에서 차별이 없고 동질성이 차이를 대체하게 된다면 사회 전체가 모든 사람을 동등하게 만들어야 하는 위험에 직면하게 될 것이며, 1천 명이 각기 다른 1천 명이 아니라 모두 똑같은 인간이 되어야 한다면 각자의 특성을 유지하기 어렵다. 그래서 아렌트는 "평등이 정치적 권리인 것처럼 차별 또한 어떤 경우에도 없어서는 안 될 사회적 권리다"라고 말했다. 이 말은 사회 영역에서의 차별은 정당할 뿐 아니라 필요하다는 뜻이다. 이런 인식을 바탕으로 아렌트는 차별을 어떻게 사회적 영역 내에 제한할 것인지, "차별이 개인적이고 정치적인 영역으로 나가지 못하게 막으려면 어떻게 해야 하는지"를 고민하는 것이 차별을 없애기 위한 진짜 문제라고 주장했다.[164] 구체적으로 인종 분리 정책에 관해서는 "분리는 법률로 강제된 차별이다. 분리를 폐지하는 것은 차별을 강제하는 법을 폐지하는 것일 뿐, 사회적 영역에서 차별을 폐지하고 평등을 강요하지 못한다. 다만 법률은 정치적 영역에서 평등을 실행하는 것이 가능하며, 이는 반드시 해야 하는 일이다"라고 했다.[165]

한나 아렌트는 리틀록 사건에 자신의 사회적 차별과 정치적 평등 이론을 적용하여 대통령이 공립학교의 인종 분리 폐지를 결정한 대법원 판결을 집행하고자 군대를 동원한 데 반대했다. 또한 이런 수단은 사회적 영역의 자유를 침해한다고 보았다. "법적 수단으로 사회적 차별을 철폐하는 것은 사회의 자유를 침해하는 것이며, 연방정부가 인권 문제를 성급하게 처리하면 이런 후폭풍을 초래할 위험이 있다. 정부는 사회적 차별에 반대하는 어떤 조치도 합법적으로 취할 수 없다. 왜냐하면 정부는 평등을 명분으로 집행하지만 사회적 영역에서는 평등의 원칙이 존재할 수 없기 때문이다."[166] 아렌트는 연방정부가 공립학교의 인종 분리 정책을 폐지하라고 강제하는 것은 직권 남용과 자유 침해에 해당한다고 보았다. 이런 결론을 뒷받침하기 위해 아렌트는 남부 각 주에서 인종 분리를 옹호하는 '수권(州權)' 이론을 인용하며 교육 정책을 관리하는 것은 각 주 정부의 권한이므로 연방정부는 개입할 권리가 없다고 주장했다.

한나 아렌트의 논평은 기시감을 준다. 아렌트는 사실 연방대법원의 1896년 플레시 사건, 1927년 린궁 사건에서 나온 견해를 좀 더 추상적인 철학적 언어로 다시 서술했을 따름이다. 플레시 사건에서 대법원은 인종 분리를 남부의 사회적 관습, 즉 아렌트가 말하는 합법적인 사회적 차별이라 규정하며 백인이 흑인과 같은 칸에 앉기를 꺼리는 사회적 선입견은 법이 통제할 수 없고 법률이 통제할 수 있는 부분은 백인 칸과 흑인 칸이 시설적으로 평등한지일 뿐이라고 했다. 그래서 법률적으로도 정치적으로도 인종 분리는 평등할 수 있다는 것이다. 린궁 사건에서 연방대법원은 각 주가 공립학교에서 인종을 분리할 권한이 있고 중국계 학생이 백인 학교에 다니는 것을 금지할 수 있으며, 이는 수정헌법 14조를 위반하지 않는다고 판결했다. 브라운 사건에서는 대법원이 플레시 사건과 린궁 사건의 판결이 잘못되었음을 깨닫고 정부가 인종차별을 강제하는 법을 입법하는 것은 사회적 문제가 아니라 정치와 법률의 문제라고 판단했다. 각 주가 교육 정책을 관리하는 권한을 갖고 있다고 해도 그 주권(州權)이란 절대적이지 않으며 제한적이다. 구체적으로 말해서 수정헌법 14조에 명시된 평등 보호의 권리를 주 정부의 법이 침해한다면 대법원에서 위헌으로 판결할 수 있는 것이다.

미국에서 불공정하거나 정의롭지 못한 법을 폐지하려면 의회와 법원의 두 가지 경로를 통한다. 이론적으로는 의회가 입법을, 법원이 사법을 담당해 권력 분립과 견제가 가능하지만 사실상 법원의 사법 심사권에는 명확한 경계가 없다. 의회가 현실적 이유 때문에 움직이지 않는 경우가 많아 사람들이 법원에 호소하곤 한다. 인종차별뿐 아니라 여성의 투표권 쟁취 문제도 그렇다. 남북전쟁 이전부터 대부분의 의원은 여성의 투표권에 관심이 없었다. 당시 유권자란 남성이었고, 남성 유권자 대부분이 여성 투표에 반대했기 때문이다. 만약 어떤 의원이 여성 투표권 문제에 앞장선다면 여성이 투표권을 얻기도 전에 남성 유권자에게 밉보인 그는 의원직을 상실할 것이다. 여성 투표권이란 의원의 직업적 진로는 물론 생계가 달린 문제였다. 그러니 정상적인 상황에서 의원들이 여성에게 투표권을 주는 법안을 지지할 리 없다. 여성들은 법원에 도움을 청했지만, 법원은 투표권 문제는 의회의 일이라서 법원이 나설 수 없다고 여겼다. 그러자 많은 여성이 거리로 나와 일부러 법을 어기며 저항했고, 심지어 남장을 하고 투표하는 일까지 벌어졌다. 여성이 이런 행동을 한 것은 법원이 나서서 여성 투표권 문제를 해결하라고 촉구하는 것이었지만 법원에서는 투표권 문제는 자신의 관할이 아니라고 거듭 말할 뿐이었다. 그렇게 반세기가 넘게 흘러서야 의회에서 여성의 투표권을 인정하는 법이 제정되었다.

연방대법원이 1950년대에 공립학교의 인종 분리를 폐지하고, 1960년대에는 인종 간 결혼 금지를 폐지한 것을 두고 입법은 의회의 일이므로 법원이 관여해서는 안 된다는 비판이 쏟아졌다. 그러나 법원의 사법 심사권에는 구체적인 사안에 관련된 법률과 정부의 행위가 위헌인지 여부를 판단할 권한이 있다. 사법 심사권은 미국의 건국 직후에 확립된 제도적 전통이다. 명백히 위헌적인 법률이 연방의회 및 각 주 의회에서 입법으로 폐지되기를 기다리다간 수십 년 혹은 수백 년이 걸릴 수도 있다. 1954년 연방대법원이 브라운 사건을 판결했을 때 남부 주민은 대부분 인종 분리를 지지했다. 교육 정책은 주 정부의 권한인데다 남부의 주 의회에서 인종 분리를 금지하는 법안이 통과되는 것은 불가능했다. 1967년 연방대법원이 인종 간 결혼 금지법을 폐지했을 때도 미국인의 90퍼센트 이상이 인종 간 결혼에 반대했다. 의회는 유권자의 눈치를 볼 수밖에 없으니 연방의회와 주 의회에서 이런 법안이 통과될 리 없다.

한나 아렌트는 「리틀록을 돌아보며」를 발표할 때 맨 앞에 몇 단락의 '일러두기'를 집어넣었다. "나는 외부인의 시각에서 이 주제를 다뤘다. 나는 남부에서 생활한 적이 없고, 가끔 남부 각 주를 여행할 일이 생겨도 이를 피했다. 그곳의 상황을 직접 경험하는 일을 개인적으로 견디지 못할 것 같았기 때문이다. 대부분의 유럽 사람이 그렇듯, 나는 미국 남부 사람에게 보편적인 편견에 동의하기는커녕 이해하기조차 어렵다. 내 관점은 선한 사람은 놀라게 할 것이고 나쁜 사람에게 남용될 수 있다. 그래서 나는 한 사람의 유대인으로서 억압받고 괴롭힘당하는 모든 집단의 투쟁과 마찬가지로 흑인의 대의에 공감한다. 이점은 의심의 여지가 없음을 분명히 밝힌다. 독자 여러분도 이런 태도를 보여준다면 깊이 감사드리겠다."[167] 그러나 인종 분리 문제는 현실 세계의 문제다. 단순히 철학적인 문제가 아니다. 남부에 대한 지식이 없다면, 특히 남부 사회에 대한 실질적인 경험 지식이 없다면, 오로지 철학적 사변으로만 인간의 생활을 개인적, 사회적, 정치적인 세 영역으로 구분하고 나아가 직관과 개념에 근거해 공교육을 사회적 영역과 개인적 영역에 속한다고 여기면서 정치적 영역과 완전히 분리한다면 현실과 동떨어진 결론을 도출하기 십상이다.

철학적 사변과 실제 생활은 종종 서로 다른 운영 규칙을 따르는 평행 세계다. 이런 점에서 뮈르달은 아렌트보다 훌륭하다. 뮈르달은 단순한 철학적 사변만으로 현실의 인식 문제를 해결할 수 없다는 것을 알았다. 그는 인종문제를 연구하러 미국에 왔을 때 가장 먼저 남부 곳곳을 돌며 직접 관찰한 현실 인식을 바탕으로 『미국의 난제』를 썼다. 아렌트는 뉴욕의 아파트에서 익숙한 철학적 개념을 가져와 미국 남부의 인종문제를 상상하고 나치 독일하에서의 자신의 경험을 결합시켰다. 이것이 아렌트가 쓴 글 「리틀록을 돌아보며」의 기초였다. 이러한 철학적 사변 방식은 역사에 대한 깊은 이해나 전개되고 있는 현실에 대한 세밀한 관찰보다 개념 구축의 편리함에 기반한다.

동일한 결점이 인종 간 결혼에 대한 아렌트의 견해에도 나타난다. 그는 인종 분리를 폐지한다면 법원이 인종 간 혼인을 금하는 법률을 폐지하는 것부터 시작해야 한다고 주장했다. 인종 간 결혼이 형사 범죄로 다뤄지는 것은 분노할 만한 일이며, 개인적 영역에 개입해 자유를 침해하는 일로 여겼다. "혼인의 자유는 기본

인권인데 반해 인종차별이 없는 학교에 다닐 권리, 대중교통에서 원하는 좌석에 앉을 권리, 원하는 호텔에 묵거나 원하는 식당에 갈 권리는 부차적인 것이다. 투표권과 헌법에 나열된 거의 모든 정치적 권리 역시 미국의 「독립선언문」에 명시된 생명, 자유, 행복 추구의 권리에 비교한다면 역시 가장 중요한 권리는 아니다. 결혼해서 가정을 꾸릴 권리는 의심할 여지 없이 후자의 범주에 속한다. 대법원에 제소된 것이 혼인권 침해 문제라면 더 의미가 있을 것이고, 대법원이 인종 간 결혼을 금지한 법률이 위헌이라고 판결한다 해서 인종 간 결혼을 장려하거나 강요한다고 여길 사람은 없다."[168]

한나 아렌트의 생각과 달리 남부 사회의 현실은 정반대였다. 학교에서의 인종 분리 철폐보다 인종 간 결혼 허용이 더 민감한 의제였던 것이다. 당시 전국유색인종발전협회와 미국시민자유연맹 등 법률지원단체가 인종 간 결혼에 관한 소송은 일단 보류하고 공립학교의 인종 분리 정책을 철폐하는 데 먼저 힘을 모은 것도 민감한 사안을 건드려 남부 사회의 격렬한 저항을 불러일으킬 수 있다고 보았기 때문이다. 아렌트의 주장과 달리 브라운 사건 판결 이후에 남부에서 공립학교의 인종 분리 철폐에 반발한 것은 흑백 통합 학교가 되면 수업 수준을 떨어뜨릴 수 있다는 우려도 존재했지만 그보다 더 깊은 이유가 있었다. 흑백 통합 학교가 인종 간 결혼으로 이어질 것이라는 전망이 더욱 문제가 되었다. 백인과 흑인이 같은 학교 같은 반에서 수업을 듣는다면 서로 사랑에 빠질 가능성이 커진다. 어린 학생들은 사회적 금기에 대한 인식이 기성세대만큼 깊지 않다. 자연히 인종 간 연애와 결혼이 늘어나고 혼혈 인구도 늘어날 것이다. "남부는 흑백 통합 학교를 거부한다. 그 기저에는 흑백 통합 학교가 결국 인종 간 혼혈을 초래할 것이라는 걱정이 깔려 있다. 사실상의 금기이며 (…) 오늘날 남부는 인종 간 결혼을 막는 견고한 성벽이다. 흑백 통합 학교가 전면 시행되면 몇 년 지나지 않아 **편견 없는** 남부의 젊은 세대가 대거 배출될 것이고, 그들은 인종 간 결혼에 공감하게 될 것이다."[169]

실제로 미국 연방대법원은 공립학교의 인종 분리를 폐지하라고 판결하고 13년 후에 남부 각 주에 인종 간 결혼을 금지하는 법률을 폐지하라고 판결했다.

5장 사랑할 권리

전능하신 하느님께서 각 종족을 창조하셨다. 백인, 흑인, 황인, 말레이인, 홍인. 하느님은 그들을 서로 다른 대륙에 놓아두었다. 하느님의 계획을 인위적으로 방해하지 않는 한 인종 간 결혼은 일어나지 않을 것이다. 하느님이 인종을 분리하셨다는 사실은 인종끼리 서로 섞이지 않도록 하신 것이다.

— 버지니아주 순회법원 판사 리안 배질(Leon Bazile)

결혼의 지유는 오랫동안 자유인의 질서 있는 행복 추구에 필수적인 개인적 권리로 여겨졌다. (…) 이는 기본 인권이며 우리의 존재와 생존의 근간이다. (…) 헌법에 따르면 다른 인종과 결혼하거나 결혼하지 않을 자유는 개인에게 있으며, 정부는 간섭할 권리가 없다.

— 미국 연방대법원의 '러빙(Loving) 대 버지니아 사건' 판결문

1967년까지 미국 남부의 16개 주가 백인과 유색인종의 결혼을 금지했다. 백인 여성과 유색인종 남성 간의 성관계는 무조건 강간이라는 백인들의 오래된 인식도 존재했다. 남북전쟁 이후 남부의 400만 흑인 노예가 자유민이 되었다. 흑인 남성에게는 투표권이 주어졌다. 당시 미국 대부분 주에서 여성은 피부색과 관계없이 투표권이 없고, 경제적으로도 자립할 수 없는 종속적인 상태였다. 남부 백인 사회는 자유를 얻어 '절반쯤 문명화된', 예전에 노예였던 흑인 남성을 두려워했다. 특히 흑인 남성이 백인 여성을 성추행하리라는 상상력이 점차 독특한 문화 심리를 형성했다.[170] 미국 첫 여성 상원의원인 리베카 펠턴(Rebecca Felton)은 남부에서 여성이 투표권을 쟁취하는 데 핵심적인 역할을 한 인물 중 하나였지만 흑인에게 투표권을 주는 데 반대하면서 흑인 남성이 선거에 참여하는 것은 "백인 여성을 강간하는 것"이라고 주장했다.[171] 또한 펠턴은 백인 여성을 성추행한 혐의를 받는 흑인을 사형에 처해야 한다고 주장했다. "사형을 동원해야 잔인한 인간 짐승으로부터 여성에게 가장 소중한 정절을 지킬 수 있다면 나는 사형을 지지할 것이며, 필요하다면 일주일에 1천 번 집행해야 한다."[172]

남부의 모든 주가 인종 간 결혼이나 동거를 금지하는 법을 제정했고, 법을 어긴 남성과 여성은 1년에서 7년까지 징역형에 처하도록 했다. 1881년 앨라배마의 흑인 토니 페이스(Tony Pace)는 백인 여성 메리 콕스(Mary Cox)와 동거하다가 주 법원에서 나란히 징역 2년을 선고받았다. 앨라배마 주법은 흑인과 백인이 성관계를 할 경우 최고 징역 7년을 규정했는데, 페이스와 콕스는 각각 징역 2년이니 가벼운 처벌을 받은 셈이었다. 두 사람은 법원의 판결에 불복하여 한 단계, 또 한 단계씩 상고했다. 앨라배마주 대법원은 인종 간 성관계를 방치하면 '잡종 인구와 문명 퇴화'를 초래할 수 있다는 원심 판결을 유지했다.[173] 그로부터 2년 뒤에 연방대법원은 앨라배마주 법원의 판결과 인종 간 결혼 금지법을 지지하며, 사건에 연루된 흑인 남성과 백인 여성 모두 각각 징역 2년이라는 동등한 처벌을 받았기 때문에 수정헌법 14조의 평등 보호 조항을 위반하지 않는다고 판결했다.[174] 오늘날의 시각으로 보면 그런 판결은 법의 평등한 보호가 아니라 법의 평등한 '비보호'라고 하겠다.

버지니아

18세 여성이 고향에서 같이 자란 24세 청년과 사랑에 빠졌다. 두 사람은 수도에 가서 결혼했고, 결혼한 후에 고향으로 돌아왔다. 고향에서 두 사람은 함께 체포되었다. 죄목은 서로 사랑해서 결혼했다는 것뿐이었다. 법원은 두 사람에게 각각 징역 1년을 선고했다. 감옥에 가는 것을 피하고자 두 사람은 타향에 가서 생활하는 것을 선택했다. 이 이야기가 아주 오래전 고대에나 있을 법한 일로 들리겠지만, 사실은 1950년대 말에 미국 버지니아주 캐럴라인 카운티(Caroline County)에서 일어난 일이다. 이곳은 수도인 워싱턴에서 약 120킬로미터밖에 떨어져 있지 않았다.

1958년에도 미국의 전체 주에서 절반 가까이 백인과 유색인종의 결혼을 금지하고 있었다. 버지니아주도 그중 하나였다. 버지니아주의 인종 간 결혼 금지법은 1691년 식민지 시대로 거슬러 올라간다. 일반법에서 혼인의 적법성을 인정하는 원칙에 따라 결혼한 지역에서 합법적인 혼인은 다른 지역에서도 합법인 것으로 본다. 1878년 버지니아주 의회는 주민들이 인종 간 결혼이 합법적인 주에 가서 결혼하고 돌아오는 것을 방지하기 위해 일반법의 오랜 전통을 깼으며, 법을 위반하는 자를 가중 처벌하는 제도를 마련했다. 인종 간 혼인이 허용된 곳에서 결혼했더라도 합법적인 혼인으로 인정하지 않기로 하고, 최고 5년의 징역에 처할 수 있도록 한 것이다. 1924년 버지니아주는 '인종보전법(Racial Integrity Act)'을 통과시켰다. 이 법으로 그간의 인종 간 결혼 금지 제도의 빈틈을 메우고 관련 처벌 및 시행 규칙을 더욱 자세히 추가했다.[175]

밀드레드 지터(Mildred Jeter)는 11살에 리처드 러빙(Richard Loving)을 처음 만났다. 그해 리처드는 17살이었고, 밀드레드의 집에 가서 그 오빠가 연주하는 애팔래치아 민요 연주를 들었다. 리처드는 절반은 영국 혈통이고 절반은 아일랜드 혈통으로, 정직하고 무던한 성격에다 미장이로 일하고 있었다. 여가에 즐기는 유일한 취미는 카 레이싱이었는데, 밀드레드의 오빠와 대회에 나가서 상금을 타오기도 했다. 밀드레드는 절반은 흑인 혈통이고 절반은 체로키 인디언 혈통이었다. 버지니아주는 인종 간 결혼을 법으로 금지하고 있었지만, 소년과 소녀는 그런 낡은 법을 알지 못했다. 두 사람 사이에 사랑이 싹텄고, 그들은 인간의 법이 아니라 자연의 법만 이해했다. 밀드레드는 고등학교를 중퇴했지만 똑똑하고 성격이 온화했다. 섬세하고 인내심도 강했다. 몸매가 날

씬해 가족과 친구들 사이에서 별명이 '강낭콩'이었고, 리처드는 그를 '콩'이라고 불렀다.[176]

1958년 6월 2일, 리처드와 밀드레드는 차를 몰고 수도인 워싱턴으로 가서 결혼했다. 시청에 혼인신고를 하고 나서 그들은 전화번호부에서 찾은 목사에게 결혼 예배를 주재해달라고 청했다. 밀드레드의 아버지와 오빠가 결혼식의 증인으로 섰다. 결혼 후 고향으로 돌아온 이들은 밀드레드의 부모가 사는 집에서 방 한 칸을 빌렸다. 결혼 증서를 액자에 끼워 침대 머리맡 벽에 걸었다. 리처드는 저축한 돈으로 작은 땅을 사서 그곳에 집을 짓고 밀드레드와 독립할 계획을 세웠다. 리처드는 그들이 버지니아주에서 결혼 증서를 받지 못한다는 사실을 알았지만 새 신부에게 걱정을 끼치고 싶지 않았다. 밀드레드는 워싱턴에 가서 결혼한 이유를 절차가 간편하기 때문이라고 생각했다. 리처드와 밀드레드는 둘 다 버지니아주에서 인종 간 결혼을 금지할 뿐 아니라 이를 어겼다고 해서 실형을 선고할 수 있다는 사실을 몰랐다.

러빙 부부가 결혼 후 고향으로 돌아온 지 얼마 되지 않아 버나드 마혼(Bernard Mahon) 카운티 검사장에게 리처드와 밀드레드가 불법적으로 결혼했다는 제보가 왔다. 마혼은 카운티 법원에 두 사람의 체포 영장을 승인해달라고 요청하면서 그들의 행동이 "버지니아의 평화와 존엄을 파괴했다"고 말했다.[177] 인종 간 결혼은 버지니아에서 심각한 범죄다. 1938년에 새뮤얼 브래너핸(Samuel Branahan)이라는 버지니아 사람이 그레이스 몰러(Grace Mohler)와 결혼하여 주 정부에 고발당했다. 몰러는 백인이었지만 브래너핸은 흑인 혈통으로 보였다. 남부 각 주의 인종 간 결혼에 대한 규제 기준은 저마다 달랐다. 유색인종 혈통이 8분의 1 이하이면 백인과 결혼할 수 있도록 허용하는 주가 있는가 하면, 유색인종 혈통이 16분의 1 이하일 것을 요구하는 주도 있었다. 당시 정부 서류와 개인 기록이 미비한 상황에서 혼혈인인 신랑이나 신부의 혈통에서 유색인종이 몇 분의 1을 차지하는지 확인하는 것은 사실상 어려웠다. 사건이 법정에 서면 판사와 배심원단은 피고인의 생김새를 보는 것 외에 증인의 증언으로 판단하기 때문에 신빙성이 낮았다.[178]

버지니아주는 인종 간 결혼 규제에 가장 엄격한 곳 중 하나로, 백인 혈통이 아닌 사람이 백인과 결혼하는 것을 금한다. '인종보전법'에서는 인종을 단둘로 나눈다. 백인을 제외한 모든 인종을 유색인종으로 여기며, 백인인지 아닌지 판별할 때는 절대적인 '순종(純種)', 즉 한 방울이라도 유색인종의 피가 섞이면 모든 후손이 오염되어 더 이상 백인으로 간주할 수 없다고 보았다. 이 법에서 유일한 예외는 백인과 인디언 후손 중 인디언 혈통이 16분의 1 이하일 경우다.[179] 브래너햄과 몰러가 고발당한 후 카운티 검사는 두 사람이 결혼할 때 신랑의 혈통을 숨기는 위증을 했다는 이유로 기소했다. 신부인 몰러는 신랑의 조상 중에 흑인이 있는 것을 몰랐으며 그가 백인인 줄 알았다고 진술했다. 그의 피부색이 조금 검은 편이지만 공인된 다른 백인보다 더 희다고도 했다. 재판부는 몰러의 진술을 받아들여 그를 사기 결혼의 피해자이자 무죄로 인정했다. 신랑인 브래너햄은 자신이 순수한 백인이며 흑인 혈통이 전혀 없다고 진술했다. 그러나 검찰이 부른 증인은 브래너햄이 자기 조상 중에 흑인이 있음을 알았다고 증언했다. 결국 브래너햄은 유죄 판결을 받았고 결혼은 법원의 명령으로 취소되었다. 브래너햄에게 1년의 징역형이 구형되었지만 몰러는 물론 다른 백인 여성과 영원히 동거하지 않는다는 조건으로 집행유예 30년을 받았다.[180]

제2차 세계대전 이후로 연방정부는 군대에서 인종차별 정책을 점진적으로 폐지했다. 일부 주에서는 인종 간 결혼에 대한 규제도 완화되었다. 그러나 버지니아는 변하지 않았다. 1948년 5월, 클라크 해밀턴(Clark Hamilton)이라는 해군 퇴역 장교가 백인 여성 플로렌스 해먼드(Florence Hammond)와 결혼했다. 그들은 결혼 직후 메릴랜드주로 이사했다. 신부의 부모는 원래 딸의 혼사를 허락했는데, 나중에 신부 어머니가 꿈에서 사위인 해밀턴이 흑인임을 알게 되었다고 한다. 어머니는 급히 앨라배마로 가서 사위의 부모님을 만나 자신이 꾼 꿈을 검증했다. 버지니아로 돌아온 어머니는 사위가 인종을 숨기고 사기 결혼을 했다고 신고했다. 신부의 아버지는 두 사람이 연애할 때는 해밀턴이 하얗게 보였지만 결혼 후 사위가 갈수록 검게 변했다고 증언했다. 해밀턴은 메릴랜드에서 버지니아로 이송되어 재판을 받았다. 당시 구치소와 교도소 모두 인종 분리 정책을 시행했는데, 해밀턴은 백인을 닮았다는 이유로 백인 용의자와 같이 수감되었다.[181]

검사는 신부가 신랑의 인종을 알지 못하고 속아서 결혼했다고 판단해 불기소 처분했다. 반면 신랑은 중범죄로 기소되었고, 징역 3년을 선고받았다. 버지니아 법원은 10년 전 브래너핸 사건에서 그랬듯 해밀턴이 버지니아를 떠나는 조건으로 집행유예를 결정했다. 버지니아를 떠나는 것은 해밀턴에게 전혀 문제가 되지 않았다. 그와 아내는 어차피 메릴랜드에 살고 있었기 때문이다. 이런 풍파를 겪었으니 해밀턴이 버지니아에 사는 장인과 장모를 만나러 올 수 없다는 점에 신경 썼을 것 같지는 않다.[182]

유죄 선고와 추방

리처드와 밀드레드가 워싱턴에 가서 결혼했을 때, 버지니아는 여전히 브래너핸과 해밀턴이 실형을 선고받았던 때의 법을 유지하고 있었다. 이들은 결혼 한 달 뒤 새벽 두 시쯤 강한 불빛에 잠에서 깼다. 침대 옆에 캐럴라인 카운티 경찰관 3명이 서 있었다. 경찰관은 리처드에게 물었다. "왜 이 여자와 같은 침대에서 자고 있는 겁니까?" 밀드레드가 대답했다. "우리는 부부입니다." 리처드는 말없이 벽에 걸어둔 결혼 증서를 가리켰다. "그건 여기서는 쓸모가 없어." 경찰관은 그렇게 말하며 두 사람에게 일어나 옷을 입으라고 명령했다. 부부는 구치소로 끌려가 남성과 여성으로 나뉘어 수감되었다.[183]

이튿날 친척이 찾아와 신원 보증을 서서 리처드는 풀려났다. 그는 아내도 보석으로 풀어달라고 요청했는데, 구치소 측에서 감히 그렇게 한다면 다시 그를 잡아들일 것이라고 경고했다. 밀드레드는 재판이 정식으로 열릴 때까지 닷새간 수감되었다. 그 구치소는 1900년에 지어져 여성용 감방이 하나뿐이었다. 캐럴라인 카운티의 범죄율은 매우 낮았고, 주요 범죄는 고농축 밀주를 판매한 것 정도였다. 체포된 피의자들은 대개 금방 보석으로 풀려났으며, 단속이 소홀해 수감 상태에서도 우편물을 찾으러 우체국에 가곤 했다. 게다가 여성 범죄자는 극히 드물어 밀드레드는 여성용 감방에 혼자서 쥐 몇 마리와 같이 갇혀 있어야 했다.[184]

1958년 7월 17일에 열린 예심에서 검사가 기소장을 낭독했다. "용의자 리처드 러빙은 백인으로, 유색인종인 밀드레드 지터와 결혼을 목적으로 하여 불법적이고 악의적으로 버지니아주를 벗어났다. 1958년 6월 2일 주(州) 경내 바깥, 즉 컬럼비아 특구에서 결혼한 후 버지니아주 캐럴라인 카운티에 돌아와 부부라는 명분으로 동거하여 우리 주의 평화와 존엄을 파괴했다."[185] 젊은 보조판사 에드워드 스테일(Edward Stehl)은 대배심을 통해 중범죄로 기소할지 여부를 결정했다. 20여 년이 흐른 뒤, 스테일 판사의 큰딸이 대학 졸업 후에 흑인 청년과 사랑에 빠져 결혼했다. 스테일은 사위를 인정하지 않았다. 그는 딸의 결혼식에 참석하지 않았으며, 딸이 남편과 함께 자기 집에 들어오는 것도 금지했다. 스테일 판사가 사망한 후에도 그의 아내는 큰딸의 결혼이 "아버지의 마음을 아프게 했다"고 말하며 "그 일이 남편을 망쳤다"고 표현했다. 생전에 스테일 판사는 유언장에 큰딸의 상속권을 완벽히 박탈한다고 적기도 했다.[186]

리처드와 밀드레드의 변호사는 캐럴라인 카운티에서 명성이 드높은 프랭크 비즐리(Frank Beazely)였다. 그는 카운티에서 가장 유명한 변호사일 뿐만 아니라 러빙 부부 사건의 심리를 맡은 주 순회법원 판사 리안 배질(Leon Bazile)의 친구였다. 판사가 되기 전 리안 배질은 주 의회 의원이었다. 대부분 주에서 각급 법원의 판사는 주민 선거로 선출되는데, 버지니아는 의회에서 투표하여 지명한다. 버지니아주 대법원의 판사 임기는 12년이고, 항소법원과 순회법원의 판사는 임기가 8년이다. 판사의 임기가 만료되면 주 의회는 투표로 재임 여부를 결정한다.

배질의 법관 생활은 순탄치 않았다. 그는 괴팍한 성격의 인종분리 지지자로 불렸다. 1948년 버지니아주는 공립 기초교육에서 흑백 분리를 시행하고 있었다. 연방대법원의 판결에 따르면 흑인 학교와 백인 학교를 분리하더라도 수업 조건 등은 평등해야만 했다. 그런데 흑인 학교에 교사가 부족해 과학과 수학 수업을 진행하지 못하게 되었다. 연방대법원에서 흑백 분리 교육이 불평등하다는 판결을 받게 될 것을 염려한 배질은 백인 학교에 당분간 과학과 수학 과목을 폐지하라고 권고했고, 백인 학교에서 이를 수용했다. 배질의 판결과 견해가 극단적인 면이 있었기 때문에 순회법원 판사의 첫 임기가 만료되었을 때 주 의회의 의원들은 그의 재임을 꺼리는 편이었다. 의회의 토론에서도 적잖은 의원이 재임 반대 의사를 피력했다. 다만 그를 전폭적으로 지지한 의원이 1명 있었는데, 그 사람이 바로 프랭크 비즐리였다. 배질은 비즐리의 도움으로 판사직을 유지할 수 있었다. 그런 일이 있었으

니 배질이 비즐리를 어려워하는 것도 당연한 일이었다.[187]

버지니아주 법률에 따라 러빙 부부는 배심원단의 재판을 청구할 권리가 있었지만 그 권리를 행사하지 않기로 결정했다. 일반적으로 사실관계에서 분쟁이 있는 경우 배심원단이 사실 여부를 확정할 수 있다. 이 사건은 검사가 이미 백인과 유색인종이 워싱턴에서 결혼한 후 버지니아로 돌아왔다는 사실과 인종보전법을 위반했다는 증거를 확보한 상태였다. 그러므로 현지 배심원단이 그들을 동정하지 않을 터였다. 배심원단이 없는 경우 심리와 판결의 책임은 전적으로 배질 판사에게 있다. 비즐리 변호사는 두 사람에게 유죄를 인정하고 가벼운 처벌을 받는 편이 낫다고 조언했다. 유죄가 확정되면 최고 5년의 징역에 처해진다.[188]

1959년 1월 6일 리처드와 밀드레드는 법정에서 유죄를 인정했다. 배질 판사는 "본 법정은 피고인의 유죄 인정을 받아들이며, 징역 1년을 선고한다. 또한 본 법정은 25년간 집행유예를 결정한다. 집행을 유예하는 대신 두 피고인은 즉시 캐럴라인 카운티와 버지니아주를 떠나야 하며, 25년 동안 상술한 카운티와 주에 함께 또는 동시에 돌아와서는 안 된다"고 명령했다. 말하자면 25년간 유배를 가는 대가로 감옥살이를 면하는 것과 같다. 배질 판사는 리처드와 밀드레드에게 할 말이 있는지 물었다. 두 사람은 1명씩 할 말이 없다고 답변했다. 배질 판사의 가혹한 판결 성향과 인종관을 감안하면, 러빙 사건에서는 그나마 선처한 셈이다. 비즐리 변호사의 공이 컸다. 리처드와 밀드레드는 36.29달러의 법정 비용을 지불하고 고향인 버지니아주 캐럴라인 카운티를 떠나 워싱턴으로 가서 친척집에 의탁했다.[189]

워싱턴은 버지니아주와 강 하나를 사이에 두고 있을 뿐이다. 리처드는 매일 차를 몰고 포토맥(Potomac)강을 건너 서쪽의 버지니아주에 가서 일했다. 그 후 3년 동안 러빙 부부는 세 아이를 낳았다. 리처드의 어머니는 산파였다. 당시 캐럴라인 카운티의 산모들은 대부분 산파에 의지해 아이를 낳았다. 의사는 너무 비싸고 아기가 태어난 후에야 도착하는 경우가 많았기 때문이다. 밀드레드는 출산을 앞두면 캐럴라인 카운티로 돌아와 시어머니 집에 머물렀고, 딸 둘과 아들 하나를 모두 시어머니에게서 낳았다.

배질 판사의 판결에 따르면 리처드는 아내와 함께 또는 동시에 버지니아주에 돌아갈 수 없다. 하지만 아이가 생긴 후에도 오랫동안 가족과 함께 지내지 못하는 사실이 러빙 부부에게 큰 고통을 주었다. 1959년 부활절, 그들은 결국 견디다 못해 위험을 무릅쓰고 고향으로 돌아가 부모님과 명절을 함께 보냈다. 이 사실을 알게 된 경찰이 그들을 체포했다. 비즐리 변호사는 법정으로 달려갔다. 그는 배질 판사에게 자신이 판결을 제대로 이해하지 못하고 러빙 부부에게 잘못된 조언을 했으며, 법원의 명령을 위반하게 된 것은 전부 자신의 탓이라고 사정했다. 배질 판사는 러빙 부부를 석방하고 버지니아주에서 쫓아냈다.[190]

상고

1963년 밀드레드는 텔레비전에서 민권운동과 연방의회에서 민권법안을 변론하는 뉴스를 보았다. 밀드레드는 로버트 케네디(Robert Kennedy) 법무부 장관에게 편지를 보내 민권법안이 남편과 자신을 합법적으로 고향에 돌아가게 해줄 수 있는지 물었다. 얼마 후에 현재 논의 중인 법안 자체가 러빙 부부의 결혼 문제를 직접적으로 해결하지는 못할 것이라는 사법부의 회신을 받았다. 그러나 사법부 직원이 밀드레드의 편지를 법률 지원 단체인 미국시민자유연맹에 전달했고, 밀드레드에게도 연맹 측 연락처를 알려주었다. 밀드레드는 미국시민자유연맹에 도움을 요청하는 편지를 썼다.

친애하는 선생님께

제가 당신에게 편지를 쓰는 것은 우리가 직면한 어려움을 이야기하기 위해서입니다. 5년 전 저와 남편은 수도 워싱턴에서 결혼한 후 버지니아에 돌아가 살았습니다. 제 남편은 백인이고 저는 흑인 혈통 절반 인디언 혈통 절반입니다. 당시 우리는 버지니아에 서로 다른 인종이 결혼하는 것을 금지하는 법이 있다는 사실을 몰랐습니다. 그래서 우리는 붙잡혀 볼링그린이라는 작은 마을에서 재판을 받았습니다. 우리는 어쩔 수 없이 고향을 떠나 살아야만 했습니다.
문제는 우리가 고향에 돌아가는 것을 허가받지 못했다는 점입니다. 30년 안에 고향에 가면 1년 동안 감옥살이를 해야 한다고 판사가 말했습니다. 우리가 고향에서 살 수 없다는 사실은 알지만, 단지 가끔이라도 친척과 친구들을 방문하고 싶을 뿐입니다. 우리는 아이가 셋이라 변호사를 선임할 형편이 못 됩니다.
우리는 법무부 장관에게 편지를 썼는데, 그가 당신에게 연락하라고 조언했습니다. 가능하면 도와주세요. 되도록 빨리 당신의 회신을 받기를 바랍니다.

—리처드 러빙과 그의 아내로부터[191]

미국시민자유연맹은 버지니아 출신 변호사인 버나드 코헨(Ber-nard Cohen)에게 러빙 부부의 사건을 맡겼다. 코헨은 로스쿨을 갓 졸업해 30살도 채 안 된 젊은이였다. 포토맥강 서쪽의 알렉산드리아에서 변호사로 일하는 중이었고 민권 소송 경험은 없었다. 그는 망설이다 러빙 부부를 돕기로 결심한 후 전화로 면담을 요청했다. 버지니아주로 부부가 함께 가는 것이 금지된 터라 알렉산드리아의 코헨 사무실로 갈 수 없어 워싱턴에서 약속을 잡았다.

리처드와 밀드레드는 둘 다 내성적인 편이었다. 낯선 사람이 있는 곳에서 리처드는 거의 말을 하지 않았고 밀드레드가 주로 이야기했다. 밀드레드 역시 말수가 많은 사람은 아니었다. 코헨은 우선 사건의 개요를 설명했다. 버지니아주 법원에서는 승소할 가능성이 없으니 연방법원에 상고해야만 한다. 이런 과정은 몇 년 정도 걸릴 수 있다. 게다가 1959년 1월에 판결이 나온 사건이라 항소 기간이 지났기 때문에 바로 상고할 수 없다. 이런 기술적 장애물을 극복하는 가장 쉬운 방법은 그들이 버지니아주에 들어가서 다시 체포되어 재판 및 상고 절차를 재개하는 것이다.[192]

러빙 부부는 그 방법을 선택하지 않으려 했다. 아이가 셋이나 있는데, 부부가 체포되면 생계에 문제가 생길뿐더러 아이들을 누구에게 맡길 수도 없었기 때문이다. 리처드는 변호사가 금방 그들을 도와줄 수 있으리라 생각했는데, 법원에 제소하는 과정이 예상보다 훨씬 복잡했다. 200년 넘게 이어진 법률과 풍습을 하루아침에 바꿀 수 없는 노릇이다. 리처드와 밀드레드는 서로 사랑해서 결혼했다는 이유로 고향을 등지고 살아야 하는 대가를 치르고 있었다. 몇 년 전에 체포되어 재판을 받았던 경험을 다시 하고 싶지 않았다. 코헨은 부부의 결정을 이해하고 다른 방법을 강구하기로 약속했다. 코헨은 집행유예에서 돌파구를 찾아냈다. 배질 판사는 러빙 부부에게 징역 1년을 선고한 후, 버지니아주를 25년간 떠나는 것을 조건으로 집행유예 25년을 제시했다. 러빙 부부는 어전히 집행유예 상태였으므로 법률적으로 사건이 완전히 종결된 것이 아니었다.[193]

배질 판사가 판결을 내린 지 거의 5년이 흐른 1963년 11월 6일에 코헨은 판결을 취소해달라는 의결요청서를 법원에 제출했다. 그는 버지니아주 시민을 25년간 추방하는 등 가혹한 처벌로 당사자들이 받은 고통, 결혼했다는 이유로 처벌받는 것이 미국의 수정헌법 14조 및 버지니아 헌법의 정당한 절차 조항에 위배된다는 두 가지 이유를 들었다. 법정에서 배질 판사는 코헨을 이상한 사람을 보듯 쳐다보았다. 그는 곧바로 결론을 내리지 않고 검토해보겠다고만 답변했다. 당시 배질 판사는 노쇠해져 재판 중 꾸벅꾸벅 졸기 일쑤였고, 그의 넥타이가 점심 식사 접시에 들어가 있는 것을 법원 동료와 부하 직원들이 목격하기도 했다. 오랜 친구이자 변호사인 비즐리는 재판 도중 배질 판사가 잠들면 판사석으로 다가가 책상을 두드려 깨우곤 했다. 코헨 변호사가 의결요청서를 제출했을 때 배질 판사는 퇴임을 1년 남짓 앞둔 참이었다. 그는 검토해보겠다고 한 뒤로 몇 달째 답변을 주지 않았다. 코헨이 여러 차례 전화를 걸어 문의했지만 진전이 없었다.[194]

이듬해 6월에 밀드레드가 코헨 변호사에게 편지를 썼다. "여전히 저희를 기억하시는지요. 저희 사건을 맡으신 후로 이렇게 시간이 흘렀는데 아무런 소식이 없으니 저희는 더 이상 희망을 품지 않습니다." 코헨 역시 실망하고 낙담했다. 배질 판사가 그의 요청을 묵살했지만 다른 방법이 없었다. 고민 끝에 모교인 조지타운대학의 로스쿨을 방문해 헌법학 교수에게 도움을 청했다. 교수실에서 코헨은 졸업한 지 얼마 안 된 젊은 변호사 필립 허치코프(Philip Hirschkop)를 만나게 되었다. 허치코프는 28살이고 뉴욕시에서 변호사로 일하고 있었다. 그는 코헨의 설명을 듣고 나서 이 경우에는 연방법원에서 판결 취소를 의결할 수 있다면서 연방법원 판사 3명에게 절차 심의를 요청하라고 귀띔했다. 아는 것이 힘이다. 허치코프는 코헨이 몰랐던 연방법원 소송에 관한 지식을 가지고 있었다. 그가 먼저 나서서 코헨을 돕겠다고 제의했다. 뉴욕으로 돌아가는 비행기 안에서 허치코프는 편지 봉투 뒷면에 연방법원에 제출할 판결 취소 요청서의 초안을 썼다. 두 변호사의 협업이 시작된 것이다. 이들은 뉴욕에서 태어나고 자란 유대인이며 조지타운대 로스쿨을 졸업하고 민권 소송에 관심이 많은 데다 풋내기여서 경험이 없다는 공통점이 있었다.[195]

1964년 11월, 코헨은 허치코프의 도움을 받아 연방법원에 판결 취소 의결요청서를 제출했다. 연방법원은 순회법원 판사 2명과 지방법원 판사 1명을 불러 사건을 심의했다. 배질 판사가 1년 동안 질질 끌었던 러빙 부부의 사건이 마침내 다시 시작되었다. 이제 버지니아주는 유명하지도 않은 젊은 변호사 두 사람을 무시할 수 없게 되었다. 주 검사장은 사건을 담당한 판사, 러빙 부부의 변호사 2명과 전화회의를 했다. 이들은 러빙 부부가 버지니아주에 돌아올 수 있으나 고향인 캐럴라인 카운티에서는 거주할 수 없고 이웃 카운티에서 거주해야 한다는 데 구두로 합의했다. 또한 주 검사장은 주동적으로 러빙 부부를 체포하지 않을 것을 약속했고, 만약 버지니아주 현지 주민이 신고하거나 여론이 들끓어 어쩔 수 없이 법을 집행해야 할 때는 일주일 전에 미리 알려주기로 했다. 러빙 부부가 집을 정리하고 버지니아를 떠날 시간을 준 것이다. 러빙 부부는 워싱턴을 떠나 캐럴라인 카운티에서 멀지 않은 이웃 마을로 이사했다. 현지인들은 그들을 신고하지 않았다.[196]

연방법원은 심의를 거쳐 버지니아주 법원에 코헨이 배질 판사에게 제출한 판결 취소 의결요청서를 90일 안에 심리하라고 판결했다. 90일 이내에 아무런 조치가 없으면 연방법원이 사건을 넘겨받게 된다. 미국의 법원 시스템은 두 가지다. 하나는 연방법원으로 연방법 업무에 대한 관할권을 가진다. 다른 하나는 주법원인데, 여기서 연방법원이 관할권을 가지지 않는 모든 사건을 다룬다. 두 가지 법원 시스템은 서로 독립적이고 각자 관할권이 있기 때문에 일반적으로 연방법원은 미국 헌법에 관련되지 않는다면 주법원의 사건에 개입하기를 꺼린다. 러빙 부부 사건에서 배질 판사가 1년간 심리를 지연하자 법원은 주법원에 90일의 심리 기한을 부여했다. 그러고는 그 기한이 지나면 사건을 심리할 의사가 없고 관할권을 포기한 것으로 간주하겠다고 통보했다. 그러면 연방법원은 순리에 따라 주법원의 사건을 넘겨받을 수 있다.[197]

연방법원 판결 후 89일째, 심리 기한의 마지막 날을 하루 앞두고 배질 판사가 판결을 내렸다. 그는 러빙 부부가 불법적으로 결혼하는 중범죄를 저질렀으며 버지니아에서 추방된 것은 마땅한 처벌이었다고 6년 전의 판결 결과를 고수했다. 판결문에서 배질 판사는 법률과 판례를 인용하는 것 외에도 자신의 인종관을 뒷받침할 거시적인 이론을 제시했다. "전능하신 하느님께서 각 종족을 창조하셨다. 백인, 흑인, 황인, 말레이인, 홍인. 하느님은 그들을 서로 다른 대륙에 놓아두었다. 하느님의 계획을 인위적으로 방해하지 않는 한 인종 간 결혼은 일어나지 않을 것이다. 하느님이 인종을 분리하셨다는 사실은 인종끼리 서로 섞이지 않도록 하신 것이다."[198]

조금도 놀랍지 않은 결과였다. 코헨과 허치코프는 곧바로 버지니아 대법원에 상고했다. 이는 반드시 거쳐야 할 절차였고, 승소하리란 기대는 전혀 없었다. 그들의 목표는 연방법원 시스템에 들어가서 미국의 최고법원인 연방대법원에 상고하는 것이었다. 1966년 3월 버지니아 대법원은 배질 판사의 유죄 판결은 유지하되 형량이 너무 무겁다며 '동거할 수 없다'는 조건으로 리처드와 밀드레드의 버지니아 거주를 허용해야 한다고 판결했다.

당시 버지니아 대법원 판사의 보좌관이었던 사람은 이렇게 회고했다. 경력이 긴 판사들은 민감한 주제에 손대지 않으려는 경향이 있다. 주 의회에 공을 넘기는 것이 훨씬 편리한 방법이다. 주 의회에서 인종 간 결혼 합법화가 다수의견을 형성하지 못했기 때문에 어차피 주 의회에서 인종 결혼 금지법을 바꾸지 않을 터였다. 그러나 버지니아 대법원은 러빙 부부 사건에 대한 판결을 내려야만 했다. 얼마 전 캘리포니아 대법원은 인종 간 결혼 금지법을 폐지하는 판결을 내렸다. 하지만 버지니아는 캘리포니아와 정치적, 사법적 생태계가 달랐다.[199]

이건 공평하지 않아요

코헨과 허치코프는 버지니아 대법원의 판결 후 빠르게 연방대법원에 상고했다. 1966년 12월 12일, 연방대법원은 상고를 수리하기로 결정했다. 연방대법원에서 상고사건을 다룰 때, 전문가 혹은 전문단체가 법률적 의견을 제공하는 경우가 많다. 전문가 중 일부는 원고를 지지하고 일부는 피고를 지지하는데, 이런 의견서를 '법정 조언자 의견서(Amicus Curiae)'라고 한다. 러빙 부부 사건이 연방대법원으로 올라온 뒤 연이어 '법정 조언자 의견서'를 보내 러빙 부부를 지지한 단체로는 전국유색인종발전협회 및 협회 부속 법률 변호재단, 일본계 미국 시민 연맹, 가톨릭전국인종정의협회, 가톨릭전국사회행동협회 등이 있다. 이들 단체는 의견서에서 버지니아주의 인종 간 결혼 금지법이 미국 헌법에 위배된다고 주장하며 버지니아 법원 판결을 뒤집고 결혼의 자유를 침해하는 법을 폐지하라고 촉구했다. 당시 미국에서 16개 주가 인종 간 결혼을 금지하고 있었는데, 노스캐롤라이나 검사장만 비지니아 주 정부를 지지하는 6쪽짜리 법정 조언자 의견서를 보냈다.[200]

1967년 4월 10일, 연방대법원 변론이 열렸다. 원고인 러빙 부부는 대법원의 변호사 변론에 출석할 권리가 있지만 이들은 전면에 나서기를 꺼렸다. 리처드와 밀드레드는 내성적이고 보통의 농가 출신이라 교육 수준이 높지 않고 언변이 뛰어나지 못했다. 법이나 정치에도 관심이 없었다. 그들이 바란 것은 고향에서 합법적인 부부로서 평화롭게 살며 자식을 키우는 삶이었다. 그러기 위해서는 정부에 붙잡혀 재판받고 형을 선고받는 '범죄자'가 되지 않아야 했다. 버지니아 법은 그들의 아이를 백인의 순수한 혈통을 더럽힌 '잡종'으로 간주한다. 또한 주 정부 측 변호사는 인종 간 결혼 금지법을 옹호하면서 이 법의 주된 입법 목적이 '정신적으로 건강하지 못한 잡종 후손을 낳는 것을 방지하기 위해서'라고 했다. 코헨 변호사는 러빙 부부가 변론에 출석하지 않기로 한 결정을 이해했다. 그는 리처드에게 대법관에게 하고 싶은 말이 있다면 법정에서 대신 전달하겠다고 말했다. "코헨 씨, 법정에서 제가 아내를 사랑한다고 말씀해주세요. 제가 아내와 같이 버지니아주에서 살지 못한다는 것은 너무 불공평합니다."[201]

변론 당일, 허치코프가 먼저 변론했다. 그는 버지니아의 인종 간 결혼 금지법이 사람을 인종별로 구분하는 법률로서 "인종 분리와 노예제의 가장 추악한 유산"이라며 수정헌법 14조의 평등 보호 조항을 위반했다고 주장했다. 한 대법관이 인종 간 결혼을 금지하는 법을 시행하는 주가 몇 개나 되느냐고 물었다. 허치코프는 16개 주라고 대답했다. 메릴랜드가 막 이 법을 폐지했으며, 오클라호마와 미주리는 폐지안을 발의했지만 주 의회에서 통과되지 않았다. 허치코프는 인종 간 결혼 금지의 취지는 버지니아가 주장한 것처럼 혼혈 아이들의 신체적, 정신적 건강을 보호하기 위한 것이 아니라 백인 종족의 순수성, 특히 백인 여성의 인종적 순결을 보호하기 위한 것이라고 강조했다.

허치코프 변호사는 버지니아주 최초의 인종 간 결혼 금지령이 17세기 식민지 시대로 거슬러 올라간다고 말했다. 최초의 인종 간 결혼 금지령에서는 백인 남성이 흑인 여성과 자손을 낳는 것은 금지하지 않았고 백인 여성과 흑인 남성의 결혼만 금지했다. 버지니아주 의회는 1924년 이 법률을 개정했는데, 처음 발의된 법안 이름은 '백인종 순수성 보호법안'이었다가 최종적으로 법률이 제정되었을 때는 '인종보전법'으로 바뀌었다. 이 법률은 백인과 유색인종 간의 결혼만 금지할 뿐 유색인종 사이의 인종 간 결혼은 금지하지 않는다. 허치코프는 이 법률의 가장 큰 문제는 "흑인의 존엄성을 박탈한 것"이라고 주장했고, 인종 간 결혼을 처벌하는 일이 평등 보호 조항에 위배될 뿐 아니라 인종 간 결혼을 금지하는 법률 자체로 평등 보호 조항을 위반한 것이라고 결론지었다. 따라서 러빙 부부의 사건에서 버지니아 법원의 판결을 뒤집어야 하며, 버지니아 주법의 인종 간 결혼 금지 조항을 모두 폐지해 달라고 요청했다.[202]

코헨 변호사의 변론은 버지니아 주법이 수정헌법 14조의 정당한 절차를 위반했다는 데 중점을 두고 진행되었다. 그는 사건의 세부 사항을 주의 깊게 진술했으며, 인간적인 감정에 호소하며 버지니아주가 러빙 부부에게 형사죄를 적용한 것을 비판했다. 심지어 형을 선고하고 주내에 거주하지 못하도록 추방함으로써 부당하게 민사상의 처벌도 가했다고 주장했다. 사실상 그들 가족이 지닌 재산상속권을 박탈했다는 것이다. "러빙 부부에게는 오늘 밤 잠자리에 들면서 다음과 같은 믿음을 가질 권리가 있습니다. 내일 아침 두 사람이 눈을 뜨지 못한다면 유언장이 없어도 그들의 자녀가 유산을 상속받을 수 있다는 믿음, 둘 중 한 사람이 눈을 뜨지 못할 경우에는 살아남은 사람이 사망한 쪽의 사회보험금을 상속받을 수 있다는 믿음 말입니다." 그러나 버지니아 주법이 그들의 합법적 부부가 누릴 권리를 박탈하였기에 다른 부부처럼 연방정부의 사회보험금을 상호 상속받을 수 없고, 그들의 자녀도 부부의 유산을 상속받을 수 없게 되었다. 수정헌법 14조에 따라 러빙 부부가 평등하게 보호받아야 할 정당한 절차의 권리를 박탈당한 것이다.[203]

미국 수정헌법 14조 2항은 "어떤 주에서도 합중국 시민권이나 면제권을 제한하는 법률을 제정하거나 시행할 수 없으며, 정당한 법적 절차 없이 개인의 생명, 자유 또는 재산을 박탈할 수 없다"고 명시하고 있다. 수십 년 뒤 연방대법원에서 동성결혼 합법화를 변론할 때도 동성 부부를 대리하는 변호사가 코헨이 그랬듯 민사상 손해의 관점에서 주장을 펼친 바 있다.[204]

코헨은 리처드에게 한 약속을 지켰다. 리처드 대신 법정에서 하고 싶었던 말을 전했다. "우리가 이 문제를 어떻게 설명하더라도, 정당한 절차에 관한 법리를 어떻게 진술하더라도, 그중 어떤 점을 특별히 강조하더라도, 리처드 러빙보다 더 훌륭하게 사건을 설명할 수 있는 사람은 없습니다. 그는 저에게 이렇게 말했습니다. '코헨 씨, 법정에서 제가 아내를 사랑한다고 말씀해주세요. 제가 아내와 같이 버지니아주에서 살지 못한다는 것은 너무 불공평합니다.' 이 소박한 보통 사람은 공정과 자유 질서에 관해 근본적인 신념을 지니고 있습니다. 그는 단지 미장이일 뿐이지만 이 점을 분명히 말하고 있습니다. 우리는 법원이 공정과 자유 질서를 정당한 절차 조항에 대한 판결에 일관되게 반영하기를 바랍니다."[205]

헌법의 평등 보호 조항이나 정당한 절차 조항은 모두 국민 개개인이 정부로부터 공평하고 공정하게 대우받을 수 있도록 하는 것이 관건이다. 1960년대는 인공위성이 우주에 올라가는 시대인데도 사랑하는 사람과 함께 사는 것이 법으로 금지되었다. 금지하는 유일한 이유는 그들이 같은 인종이 아니기 때문이다. 이런 낡은 관습은 구시대의 편견이 제도적으로 유전된 것이며, 현대의 직업변호사와 법관이 지닌 헌법 해석과 어긋날 뿐 아니라 일반 민중의 양심과 형평성에도 상처를 준다.

허치코프와 코헨이 변론하던 당시 법원 방청석 앞줄에 일본계 미국 시민 연맹의 법률고문인 윌리엄 마루타니(William Marutani)가 앉아 있었다. 마루타니는 워싱턴주에서 태어났다. 부모는 모두 일본인 이민자로, 진주만 사건이 터졌을 때 윌리엄 마루타니는 시애틀의 워싱턴대학에 재학 중이었다. 루스벨트 대통령이 내린 행정명령 9066호 때문에 윌리엄 마루타니는 학업을 중단하고 가족과 함께 캘리포니아주 서안의 일본계 수용소로 보내졌다. 수용소에서 석방된 후에는 징집에 응해 미군 정보기관에 입대해 일본 점령 작전에 참여했다. 1950년, 윌리엄 마루타니는 시카고대학 로스쿨에 입학했다. 졸업 후에는 변호사로 활동했다. 러빙 부부 사건에서 마루타니는 사건의 준비 과정에 깊이 참여했는데, 그는 일본계 미국 시민 연맹을 대표해 러빙 부부를 지지하는 '법정 조언자 의견서'를 제출하기도 했다. 그는 법원에 자신이 러빙 부부 사건의 변론일에 간단히 진술할 수 있도록 허락해달라고 요청했다. 법원에서는 그의 요청을 받아들였다.

마루타니는 백인도 흑인도 아닌 일본계 미국인이다. 그는 유네스코 문건을 인용하며 자신이 이 법정에서 유일한 순수 인종일지 모른다고 말했다. 외부와 단절된 섬나라 일본에서는 조상이 다른 인종과 혼혈이 일어날 기회가 없었지만, 백인종은 유럽 역사상 무수한 인종 혼합이 이뤄졌기 때문에 순수한 백인종이라는 개념을 말하기 어렵다고 했다. 마루타니는 버지니아주가 "공공도덕과 인종적 순수성을 유지하고 인종적 자긍심을 지키며 잡종 혈통을 지닌 시민이 출현하는 것을 방지하고자" 인종 간 결혼을 금지했다고 말하지만 실제 법률은 오직 백인이 다른 인종과 통혼하는 것만 금지할 뿐 다른 인종들끼리는 마음대로 결혼할 수 있게 하여 다른 인종의 혈통적 순수성과 자부심을 신경 쓰지 않는다고 지적했다. 그러므로 버지니아 주법은 인종의 순결을 지키기 위한 것이 아니며 백인우월주의를 지키기 위한 것이라는 결론이었다. 마루타니의 진술은 짧았지만 얼 워런 대법원장을 포함한 몇몇 대법관에게 흑인이 아닌 다른 소수인종의 법적 지위에 대한 관심을 촉발했다. 대법관들이 마루타니에게 질문을 던졌고, 그의 진술을 인용하면서 버지니아주 정부 측 변호사에게 질의하기도 했다. 8년 후, 마루타니는 펜실베이니아주 판사가 되었다.[206]

버지니아주 정부의 대리인으로 법정에 출두해 변론한 사람은 로버트 맥클웨인(Robert Mcllwaine) 검사보다. 허치코프, 코헨, 마루타니 등 러빙 부부 측 변론을 한 초보 변호사와 달리 맥클웨인은 버지니아주를 대표해 여러 차례 대법원에서 변론한 베테랑이었다. 제2차 세계대전과 한국전쟁 때 해군에서 복무했고, 전후 하버드대학 로스쿨과 버지니아대학 로스쿨에서 법률을 공부했다. 1954년 그가 버지니아주의 검사보가 되었을 때, '브라운 대 토피카 교육위원회 사건'으로 공립학교의 인종 분리 정책을 폐지하라는 대법원 판결이 나왔다. 그 후 10여 년 동안 그는 대법원에서 여러 번 주 정부의 학교 인종차별 정책을 변호했지만 매번 패소했다.

연방대법원은 브라운 사건에서 이미 플레시 사건 때 확립된 '분리하되 평등하다'는 원칙을 뒤집었다. 지금 버지니아주는 인종 간 혼인 금지법을 변호해야 하는데, 맥클웨인이 쓸 수 있는 법률적 패가 많지 않았다. 그중 하나가 수정헌법 10조였다. 이 조항은 헌법이 연방정부에 부여하지 않았거나 주에서 행사할 수 없도록 금지하지 않은 권한은 각 주에서 자율적으로 행사한다는 내용을 규정하고 있다. 흔히 '주권(州權)' 조항이라고 불리며, 주권이란 입법 자율성을 포함한 주 정부의 주 내 문제에 대한 자율성을 의미한다. 맥클웨인은 수정헌법 10조를 근거로 내세워 혼인은 각 주가 관할하는 업무이므로 버지니아는 인종 간 결혼을 금지하는 법을 제정할 수 있다고 주장했다. 그러나 몇몇 대법관은 맥클웨인의 주장에 의문을 표시했다. 주권은 헌법의 구속을 받으므로 주 의회에서 입법할 때는 헌법을 위배할 수 없다.[207] 수정헌법 14조에 의거해 각 주는 관할 지역의 주민에게 법률의 평등 보호를 제공해야 하며, 정당한 절차 없이 누구도 생명, 자유, 재산을 박탈당할 수 없다. 게다가 연방대법원은 각 주 법률의 합헌 여부를 판단할 권한이 있다. 이것이 1803년 '마버리 대 매디슨(Marbury v. Madison) 사건'으로 확립한 연방대법원의 사법심사권이다.[208]

맥클웨인은 다인종 가정은 동일한 인종으로 구성된 가정보다 사회적 압박감을 크게 느낀다고 말하며 주 정부는 일부다처, 근친상간 등과 마찬가지로 이런 결혼을 금지할 권한이 있다고 주장했다. 대법원장인 얼 워런의 막내딸은 유대교인과 결혼했다. 그는 맥클레인에게 종교 간 결혼은 인종 간 결혼보다 사회적 압박감이 더 큰데, 그렇다면 주 정부가 서로 종교가 다른 사람의 결혼도 금지할 수 있느냐고 질문했다. 맥클웨인은 주 정부가 종교 간 결혼을 금지할 수 없다고 생각하지만 인종 간 결혼이 종교 간 결혼보다 더 큰 압박감을 느끼게 된다고 답했다. 맥클웨인은 하버드대학의 심리학자인 앨버트 고든(Albert Gordon)의 저서 『통혼: 종교, 인종, 민족 간 혼인에 관하여』의 내용을 내세워 인종 간 결혼은 실패할 확률이 높다고 말했다.[209] 대법관이 법으로 금지했기 때문에 인종 간 결혼의 실패율이 높은 것 아니냐고 질문했지만 맥클웨인은 금지법이 아니라 사회적 태도, 특히 혼혈아에 대한 사회직 태도 때문이라고 답했다. 그는 다시 앨버트 고든의 저서를 인용해 혼혈아를 "인종 간 결혼의 피해자이자 다인종 부모의 희생자"라고 표현했다.[210]

맥클웨인은 변론에서 어린이의 심신 건강을 보호해야 하는 주 정부의 의무를 거듭 강조했다. 버지니아주에서는 인종 간 결혼을 금지하는 법을 '인종보전법'이라고 부르지만 맥클웨인의 변론에서는 마치 '아동보호법'처럼 들렸다. 1924년 입법 당시 인종적 우생학과 백인우월주의가 유행했고 연방대법원의 '분리하되 평등하다'는 판결도 유효했다. 백인 혈통의 순수성을 보전하는 입법은 당연한 것처럼 여겨졌다. 그러나 지금 1967년에 이르러서는 그런 사회적, 법적 토양이 더 이상 존재하지 않는다. 대법관들이 연이어 변론에 의문을 제기했고, 맥클웨인의 답변은 앞뒤가 맞지 않았다. 1967년에 입법자의 원래 의도를 내세워 1924년에 제정된 '인종보전법'을 변호하기란 불가능한 과제처럼 보였다.

행복을 추구할 자유

연방대법원의 판결 전날 밤인 1967년 6월 11일 러빙 부부는 집에서 조마조마한 마음으로 기다렸다. 리처드는 취하도록 술을 마셨다. 그래야 소송에서 지더라도 너무 고통스럽지 않을 것 같았다. 그는 한 병을 마셔도 취하지 않자 또 한 병을 더 마셨다. 평소와 다르게 아무리 술을 마셔도 정신이 또렷했다. 리처드는 친구에게 소송에서 지더라도 밀드레드와 헤어지지 않을 것이라고 말했다. 아이들을 데리고 다시 워싱턴에 가서 생계를 꾸리면 되고, 5~6년쯤 지나면 다시 법원에 제소할 거라고 말하기도 했다.[211]

다음 날 연방대법원은 버지니아주의 인종 간 결혼 금지법이 수정헌법 14조의 평등 보호 조항과 정당한 절차 조항에 위배되므로 폐지해야 한다는 판결을 내렸다. 미국의 16개 주에서 시행되던 비슷한 법률이 동시에 효력을 잃었다. 판결문은 "혼인의 자유는 오랫동안 자유민이 질서 있게 행복을 추구하는 데 필수적인 개인적 권리로 여겨졌고", "이는 기본권으로, 우리 존재와 생존의 근간이다. (…) 헌법상 다른 인종과 결혼하거나 결혼하지 않을 자유는 개인에게 있으며 정부가 간섭할 수 없다"고 명백히 밝혔다.[212]

불안해하던 리처드와 밀드레드는 코헨 변호사의 전화를 받은 뒤에야 안정을 찾았다. 워싱턴에서 결혼한 후 고향으로 돌아갔다가 체포, 재판, 실형 선고 등을 겪고 버지니아주에서 추방된 지 9년이 지난 시점이었다. 코헨과 허치코프는 워싱턴에서 기자회견을 열고 러빙 부부를 초청했다. 리처드는 기자 앞에 서는 것을 꺼렸지만, 밀드레드의 설득 끝에 차를 몰고 워싱턴으로 향했다. 리처드는 평소 입는 흰 셔츠에 소매를 걷어 올렸고, 밀드레드는 흰 바탕에 푸른 꽃이 있는 반팔 원피스를 입었다. 러빙 부부는 익숙한 도로를 따라 워싱턴으로 차를 몰았다. 9년 전 배질 판사가 그들을 추방했을 때도 같은 도로를 따라 버지니아주를 떠났다. 러빙 부부는 기자를 처음 만났다. 리처드는 조심스러운 태도로 말했다. "저는 버지니아로 돌아가서 집을 짓고 아이를 키우고 싶습니다. 태어나서 처음으로, 저는 버지니아에서 사랑하는 사람을 끌어안고 '아내'라고 부를 수 있게 되었습니다." 밀드레드는 리처드보다 편안해 보였다. "이제 자유로워졌다고 느낍니다. 이전에는 거대한 부담감이 있었지요."[213] 짧은 기자회견 뒤에 그들은 팔짱을 끼고 자리를 떴다. 버지니아주 캐럴라인 카운티로 돌아간 그들은 9년 전에 산 땅에다 집을 지었다.

소송을 맡았던 두 변호사는 밀드레드를 높이 평가했다. 몇 년 후 허치코프는 밀드레드가 말수가 적지만 똑똑한 사람이었다고 회고했다. 편지나 대화, 사고 수준 등이 밀드레드가 받은 교육 수준에서 예상되는 것보다 훨씬 높았다. 무뚝뚝한 리처드는 기본적으로 미국 남부의 강경 보수파 '레드넥(Redneck)'처럼 보였다. 밀드레드와 사랑에 빠져서 고향에서 추방되지 않았다면 누구도 그가 민권을 쟁취하고자 주동적으로 싸우리라 예상하지 못했을 것이다.[214] 괴롭힘을 당하는 사람은 어느 시점에서 소중한 사람을 지키고 기본적인 정의를 추구하기 위해 항쟁하는 영웅이 될 수 있다. 사건 파일에 보관된 밀드레드의 편지는 글씨가 단정하고 아름답다. 러빙 부부는 버지니아에서 추방되었을 때도 가끔 몰래 고향에 갔다. 아직 어렸던 세 아이는 할머니 집이나 외할머니 집, 외삼촌 집에 숨어 지내기도 했다. 버지니아 주법이 밀드레드의 인생에 부과한 삶의 무게를 연방대법원이 덜어준 것이다. 밀드레드는 ABC 방송국 기자에게 이렇게 말했다. "사랑하는 사람과 결혼하는 것은 누구도 간섭할 수 없는, 하느님이 주신 권리입니다."[215]

연방대법원 판결 후 8년이 지난 어느 날 저녁, 리처드와 밀드레드는 차를 몰고 귀가 중이었다. 주정뱅이가 모는 차가 그들을 들이받았다. 41세의 리처드는 그 사고로 세상을 떠났다. 36세였던 밀드레드는 사고로 한쪽 눈이 실명되었다. 밀드레드는 리처드가 지은 집에서 혼자 세 아이를 키웠다. 2007년은 러빙 사건 판결이 있은 지 40주년이 되던 해였다. AP통신 기자가 그 낡은 집으로 밀드레드를 찾아갔다. "저는 아무것도 한 일이 없습니다. 모두 하느님께서 하신 일입니다." 죽은 남편에 대한 질문에는 "그가 항상 잘해줬다"고 대답했다.[216] 이듬해 5월 2일 밀드레드가 68세의 나이로 세상을 떠났다. 그로부터 3개월 뒤, 흑인 아버지와 백인 어머니 사이에서 태어난 혼혈인 버락 오바마(Barak Obama)가 민주당 대선 후보로 공식 지명되었고, 그해 11월 4일 미국 대통령에 당선되었다. 버락 오바마는 1961년에 태어났다. 그때는 인종 간 결혼 및 연애를 금지한 주가 20여 개에 달했다. 1881년의 페이스 대 앨라배마 사건부터 1967년 러빙 대 버지니아 사건까지, 인종 간 결혼이 미국 전역에서 합법화되는 연방대법원의 판결이 나오는 데 84년이 걸렸다.

밀드레드는 생전에 코헨 변호사 부부와 왕래를 계속하며 가끔 만나는 친구로 지냈다. 1960년대에 버지니아주의 변호사 모두가 이 소송에 용기를 낸 것은 아니었다. 버지니아 주법원에서 소송할 때, 연방대법원에서 진행된 상고 기간 동안 코헨은 끊임없이 협박 전화를 받았다. 코헨의 아내는 어느 날 아침 자동차 연료 탱크에 설탕을 넣는 사람을 발견한 적이 있었다. 설탕을 섞은 기름을 쓰면 자동차 엔진을 파괴할 수 있다는 것은 잘 알려진 '미신'이었다. 밀드레드가 사망하기 한 해 전, 코헨은 미국 공영 라디오(NPR, National Public Radio)와의 인터뷰에서 "러빙 부부는 모두 순박하고 민권 쟁취에 큰 관심이 없는 사람이었다. (…) 그들은 단지 서로 사랑했고, 버지니아주에서 부부로 살 권리를 얻고 싶어 했을 뿐이다. 내가 이 사건은 미국 연방대법원까지 갈 수 있다고 설명하자 리처드는 깜짝 놀랐으며 믿기 어렵다는 반응을 보였다"라고 말했다. 2020년 10월 12일 코헨은 86세의 나이로 세상을 떠났다.[217]

러빙 사건은 20세기 미국 연방대법원에서 판결한 사건 중 매우 중요한 사건 가운데 하나다. 캐럴라인 카운티 법원의 배질 판사가 평생 선고했던 사건 중에서도 특히 유명하다. 배질이 세상을 떠난 지 3개월도 되기 전에 연방대법원에서 그의 판결 내용을 뒤집는 결과가 나왔다. 대법원 판결문에는 전능하신 하느님이 다른 인종끼리 융합시키지 않으려고 하셨다는 배질의 말이 고스란히 인용됐다. 이 인용문은 대법원의 판결 이후 널리 알려졌고, 종교적 편집증과 인간성의 암울함을 드러내는 증거처럼 사용되었다. 당시 러빙 부부의 운명은 밀드레드가 법무장관 로버트 케네디에게 편지를 쓰면서 달라졌다. 대법원에서 러빙 사건 판결이 나온 이듬해인 1968년 6월 6일 로버트 케네디는 로스앤젤레스에서 암살당했다.

러빙 사건의 판결이 나온 후 인종 간 결혼을 금지한 16개 주가 잇따라 법을 개정했다. 앨라배마주 헌법은 2000년까지도 백인이 유색인종과 결혼하는 것을 금지하는 법률을 유지했는데, 그해 이 조항을 폐지할지 여부를 정하는 주민투표에서 유권자 10명 중 6명이 찬성표를 던졌다.[218]

진실과 화해

연방대법원의 러빙 사건 변론일, 데이비드 싱글턴(David Singleton)이라는 말쑥한 차림의 6살 어린이가 방청석에 있었다. 그 아이는 맥클웨인 검사보의 대자였다. 변론일 아침에 어머니가 어린 데이비드에게 말했다. "오늘 밥 아저씨가 대법원에서 변론하는 것을 보러 갈 거란다. 그러니 옷을 단정하게 입어야 해." 밥은 맥클웨인의 어린 시절 이름이다. 싱글턴 부부와 친했던 맥클웨인은 데이비드가 세례를 받을 때 대부가 되어주었다. 데이비드는 가장 좋은 옷을 입고 대법원에 갔다. 어머니는 그에게 밥 아저씨가 법정에서 일하는 중이라 인사를 주고받을 수는 없겠지만 마음속으로는 데이비드에게 인사를 건넬 거라고 말해줬다. 몇 년 후 데이비드 싱글턴은 밥 아저씨가 어떻게 변론했는지 기억나지 않는다며 그저 지루했다고 회상했다.[219]

2015년 2월 21일 로버트 맥클웨인이 세상을 떠났다. 현지 일간지인 『리치먼드타임스』가 짧은 부고를 냈다. "법정에서 인종차별 사건을 변호했던 로버트 맥클웨인이 향년 90세로 별세했다."[220] 데이비드 싱글턴은 대부의 죽음을 전해 듣고 인터넷으로 부고를 찾아봤는데, 부고 기사 아래에 맥클웨인을 소개하는 글이 링크되어 있었다. 링크를 열어본 싱글턴은 자신이 몰랐던 밥 아저씨의 이야기를 읽게 되었다. 특히 "주 정부의 변호사로서 맥클웨인은 항상 역사의 잘못된 편에 서 있었다"는 평가를 보며 곤혹

스러웠다.[221]

싱글턴의 기억 속 밥 아저씨는 인자한 어른이었다. 그가 인종 문제에 관해 말하는 것을 들은 적도 없었다. 흑인이나 다른 소수 인종을 차별적으로 표현한 적도 없었다. 밥 아저씨는 잭 다니엘 위스키에 얼음을 넣어 마시는 것을 좋아했다. 체크 셔츠와 조끼를 입고서 종종 남부 억양이 강한 낮은 목소리로 싱글턴에게 "오늘 학교에서 뭘 배웠니?"라고 묻곤 했다. 맥클웨인은 평생 독신으로 살며 사고로 장애를 입은 부모를 돌봤다. 그의 고모는 말년에 생활 능력을 잃었는데, 맥클웨인이 자기 집으로 모셔 와 같이 살았다. 그는 조카딸 1명, 조카 2명을 경제적으로 지원했다. 오랫동안 주정부의 검사보로 일했기에 버지니아 정계에 인맥이 넓었다. 공직을 떠난 후에는 변호사 사무실을 개업했다. 버지니아의 훌륭한 변호사로 불렸지만 그는 거들먹거리며 행동하는 사람이 아니었다. 은퇴할 때도 평소 퇴근하는 것처럼 조용히 사무실 문을 닫고 귀가했다.[222]

감정적으로든 이성적으로든 싱글턴이 기억하는 밥 아저씨와 '역사의 잘못된 편'이라고 비난받는 인종주의자 검사를 동일시하기란 쉬운 일이 아니다. 싱글턴에게 러빙 사건의 기억은 하나뿐이었다. 여섯 살 때 대법원 방청석에 앉아 밥 아저씨가 변론하는 것을 지켜본 것 말이다. 그러나 밥 아저씨가 그날 무슨 말을 하는지는 이해하지 못했다. 어른이 된 후에는 맥클웨인도 그의 부모도 러빙 사건에 대해 언급하지 않았다. 부고 기사를 본 싱글턴은 러빙 사건의 대법원 변론 녹취록을 찾아냈다. 맥클웨인이 법정에서 혼혈아를 "인종 간 결혼의 피해자이자 다인종 부모의 희생자"라고 말하는 것을 들은 싱글턴은 고통스러웠다. 자신이 존경했던 밥 아저씨가 익숙한 억양의 낮은 목소리로 말하는 것을 들으니 글을 읽었을 때보다 더 받아들이기 힘들었다. 싱글턴은 당시 맥클웨인의 정신세계를 이해하려고 노력했다. "나는 아저씨가 어떤 마음이었을지 떠올려보았다. 어쩌면 상사의 지시대로 빙산을 향해 천천히 나아가야 했던 타이타닉호 선장의 심정이었을지도 모른다."[223]

싱글턴은 동성애자다. 그는 자신의 성 취향을 맥클웨인에게 밝히지 않았다. 동성혼 합법화에 관한 몇몇 사건이 연방대법원에 상고되었을 때, 싱글턴은 맥클웨인의 의견을 물어보고 싶었다. 그때 맥클웨인은 이미 연로하여 양로원에서 지내고 있었다. 건강이 좋지 않았던 맥클웨인은 얼마 후에 세상을 떠났다. 연방대법원에서 '오버게펠 대 호지스(Obergefell v. Hodges) 사건'을 변론할 때 동성 연인 측의 변호사들은 48년 전의 러빙 부부 사건에서 코헨과 허치코프가 그랬듯 미시건 등 여러 주의 동성 결혼 금지법이 수정헌법 14조의 평등 보호 조항과 정당한 절차 조항에 위배된다고 주장했다. 그때와 달라진 것이라면 이번에 동성 연인 측에서 러빙 사건의 판례를 근거로 삼았다는 점이다. 맥클웨인이 그랬던 것처럼 미시건 등지의 주정부 검사들은 주 법률을 위해 변호했다. 2015년 6월 26일 미국 연방대법원은 결혼은 헌법상 보호받는 기본권임을 재확인하고 러빙 사건을 전례로 들며 동성 결혼을 금지하는 각 주의 법률이 수정헌법 14조의 평등 보호 조항과 정당한 절차 조항에 위배된다고 판결했다. 이로써 미국 전역에서 동성결혼이 합법화되었다.[224]

역사가 또 한 페이지를 넘어갔다. 싱글턴은 밥 아저씨가 살아계셨다면 동성 결혼 합법화와 동성애자인 대자를 어떻게 생각했을지 고민했다. 오늘날의 동성 결혼은 과거의 인종 간 결혼처럼 불법에서 합법으로 바뀌는 과정을 거쳤다. 어떤 이는 역사적으로 옳은 편에 섰고, 어떤 이는 잘못된 편에 섰다. "역사는 당신의 리듬이 아닌 역사의 리듬으로 당신을 판단합니다. (…) 세계가 빙글 빙글 돌지만 누군가는 앞으로, 누군가는 뒤로 갑니다. 또 누군가는 제자리에서 돌지요."[225]

싱글턴은 맥클웨인이 뒤로 가거나 제자리에서 맴도는 사람이라 생각하지 않았다. 당시 밥 아저씨가 러빙 사건에서 한 변론에 관해 연로한 어머니에게 물은 적이 있다. 어머니는 이렇게 말했다. "밥의 업무는 버지니아를 충실히 대변하는 것이었단다. 그는 개인 의견을 업무에 끼워 넣으면 안 된다고 생각했지. 당시 버지니아주를 대변한다는 것은 곧 인종 간 결혼에 반대하는 것이었다." 싱글턴은 반문했다. "오래된 속담에 이런 말이 있지 않나요? 도전을 받으면 우선 격렬하게 저항하지만 나중에는 사람들이 자명한 진리로 받아들인다." 어머니가 대답했다. "사람들은 현재에 도전하기를 꺼린다. 사람들은 대부분 사회적으로 고립되는 일을 피하지. 당시 사람들은 그걸 잘못이라고 생각하지 않았단다. 과거는 과거고, 현재는 현재야. 세상은 발전한다. 하느님만이 50년 뒤에 어떻게 될지 아실 거다. 우리는 인종차별이 없는 세상에서 살게 될 수도 있고, 모두 하나의 인종이 되는 세상에 살 수도 있지." 싱글턴의 어머니는 젊은 시절 인종 평등과 성평등을 위해 노력했다. 아들이 자신이 동성애자라고 밝혔을 때는 동성결혼의 권리를 지지했다. 여든여덟의 고령이지만 변화를 두려워하지 않는 사람이었다. "어머니는 모든 사람을 사랑하셨습니다. 이런 사랑이 장벽을 허무는 것입니다."[226]

연방대법원의 판결 50주년을 앞두고 싱글턴은 온라인 언론인 『살롱*salon*』에 글을 기고했다. 그 글에서 어린 시절 경주마를 좋아했다는 것을 떠올리며 밥 아저씨가 찰리스타운의 경마장에 데려가곤 했던 기억을 언급했다. 경기 전 밥 아저씨의 예측에 따라 용돈 2달러를 걸었다. 언젠가는 밥 아저씨를 따라 마구간에 가서 거대한 경주마를 가까이서 본 적도 있었다. 어린 싱글턴은 경주마가 옆을 보지 못하도록 시야를 제한하는 안대를 착용하는 것을 보았다. 왜 말에게 안대를 씌우는지 물었더니 말이 앞쪽으로 시야를 집중하지 않으면 달리는 힘이 분산된다고 조련사가 대답했다. 옆에 있던 밥 아저씨는 “안대는 말을 안전하게 하려고 씌우는 것”이라 부연 설명했다. 싱글턴은 두툼한 소가죽 안대를 말의 눈 양쪽에 씌우는 것을 지켜보다가 안대를 쓰기 싫어하는 것 같은 말에게 2달러를 걸었다. 밥 아저씨는 그건 좋은 생각이 아니라고 말했다. 예전 경기의 기록을 보면 그 말은 승률이 높지 않다는 것이었다. 그날 시합에서 싱글턴이 고른 말이 이겼다. 밥 아저씨가 싱글턴의 부모님에게 “이 녀석이 이겼다”고 말했다. 이 이야기를 마칠 때 싱글턴은 누군가는 안대를 벗었고, 누군가는 안대를 벗으려 하지 않으면서 다른 사람이 안대를 벗는 것마저 반대했다고 썼다.[227]

역사, 종교, 법, 전통은 우리의 시야를 가리는 안대가 되기도 한다. 맥클웨인 검사는 직책상 시대에 뒤떨어진 법을 변호했고, 후대 사람들은 그가 역사의 잘못된 편에 서 있었다고 평가했다. “그러나 역사는 잘못된 편에 선 사람으로 가득 차 있다. 우리 모두 그렇듯이 그들 역시 가족과 친구가 있다. 평생 좋은 일도 하고 인정받지 못하는 일도 한다. 그들은 공공의 영역에서 냉정하게 보여지는 실패보다 훨씬 복잡하고 온정적인 존재다.” 누구나 국가의 과거와 크든 작든 얽혀 있다. 때로 그 과거는 불쾌하거나 고통스럽고, 사람들의 양심을 뒤흔들기도 한다. 그런 점에서 국가의 역사는 곧 개인의 역사이기도 하다. 사람들은 서로 다른 방식으로 과거의 역사와 화해한다. 천편일률적으로 효과적인 방법은 존재하지 않는다. 한 번 얻어낸 영광이 영원히 이어지지도 않는다. 그러나 싱글턴이 한 말처럼 “첫걸음은 역사의 진실을 마주하는 것이다. 국가적 역사의 진실과 개인적 역사의 진실을 모두 포함해서."[228]

2004년 켄 타나베(Ken Tanabe)라는 디자이너가 매년 6월 12일을 러빙 사건 대법원 판결을 기념하는 '러빙데이'로 지정해 인종 간 연애를 하는 연인을 위한 축제로 삼자고 제안했다. 이날은 기념하고 축하하는 날이자 진실을 마주하고 화해하는 날이다.

6장 공정함으로 법률을 바로잡다

이미 불리한 위치에 있는 아이가 교육 기회마저 빼앗기면 그들은 영원히 직업의 사다리에서 최하층에 머물러야 한다. 주 정부가 이들을 교육하는 일을 거부한다면, 설령 나중에 의회에서 사면을 의결하더라도 과거의 불법 신분으로 인해 영원히 회복할 수 없는 낙인이 찍히는 것이다. 이처럼 돌이킬 수 없는 결과가 발생할 것을 고려하면(교육 기회 박탈은) 특별히 가혹한 처벌이 된다. 어쩌면 잔인하고 일반적이지 않은 처벌일지도 모른다.

— 연방지방법원 윌리엄 저스티스(William Justice) 판사

"만약 내가 입법자라면 미등록 이주민 아동에게 무료 교육을 제공하기를 거부하지 않을 것이다. 동정심 때문이 아니라 공립학교에서 학생을 내쫓으면 나중에 그 학생을 교육하는 비용을 훨씬 초과하는 예산이 들기 때문이다. 다만 이런 점은 본 사건에서 다룰 문제가 아니다. 올바른 정책 입안을 추구하는 차원에서 텍사스주의 입법을 반대할 수 있으나 그렇다고 해서 헌법에 위배된다는 뜻은 아니다. (…) 헌법은 모든 사회적 병폐에 대한 처방전을 제공하지 않으며, 판사에게도 모든 사회문제를 해결하라는 사명을 부여하지 않는다.

— 연방대법원 워런 버거(Warren Burger) 판사

「독립선언문」이 모든 인간은 평등하고 생명, 자유, 행복을 추구할 권리가 있다고 선언한 이후로 모든 정치적 선언과 헌법 수정안은 정부가 국민에게 한 약속으로 간주된다. 1868년 미국 연방의회는 수정헌법 14조를 통과시켰고, 연방정부는 각 주의 법적 관할권 내에 있는 모든 이들이 평등한 법적 보호를 받고 정당한 법적 절차를 누릴 수 있도록 하겠다고 약속했다. 이후 100여 년간 대법원은 미등록 이주민을 포함해 미국에 사는 모든 사람이 수정헌법 14조의 정당한 절차적 보호를 받는다고 거듭 판결했다. 그러나 1982년까지 대법원은 미등록 이주민도 법에 의해 평등하게 보호된다는 명확한 판결을 내리지 않았다.

일출 이전의 개정

테일러(Taylor)는 텍사스주 북동부의 작은 도시로 장미 재배가 전통 산업이라 '장미의 도시'로 불렸다. 1940~1970년대까지 미국 꽃 시장에서 팔리는 장미의 절반 이상을 테일러의 화훼 농가에서 공급했다.

제임스 파일러(James Pyler)는 1969년부터 10년간 테일러 학군의 총책임자로 일했다. 그는 원래 중학교 교사였고 교장까지 지냈다. 1975년 텍사스 정부는 미등록 이주민의 자녀에게 기초교육 자금을 지원하지 않는 법안을 통과시켜 텍사스 내 모든 학교에 이런 학생들에게 등록금을 부과할 수 있는 권한을 주었다. 법안이 발효된 후 첫 2년간 일부 학군은 이 법을 시행하지 않았다. 테일러 학군도 그중 하나였다. 테일러는 댈러스에서 동쪽으로 100마일도 떨어지지 않은 곳이었고 미등록 이주민이 많지 않았다. 공립학교에서 무상교육을 받는 미등록 이주민 자녀는 그 수가 많지 않았다. 당시 전체 학군의 학생 1만 6천 명 중 미등록 이주민의 자녀는 60명에 불과했다. 1977년 학군의 감사회에서 새로운 법안을 시행하여 미등록 이주민의 자녀에게 매년 1천 달러의 등록금을 받기로 결정했다.

1977년 8월 말에 새 학년이 개학했다. 로사리오 로블레스(Rosario Robles)는 자신의 다섯 아이를 데리고 바나 초등학교로 갔다. 교장은 로블레스에게 아이들의 출생증명서를 보여달라고 했다. 텍사스에서 2년 전에 통과된 법에 따라 합법적인 증명서가 있는 아이는 무료로 입학할 수 있고, 그렇지 않은 아이는 1천 달러의 등록금을 내야 했다. 로블레스의 아이도 멕시코에서 태어났기 때문에 출생증명서를 낼 수 없었다. 교장은 주 법과 학군 감사회의 정책에 따라 로블레스의 아이는 학교에 다닐 수 없다고 말했다. 교장은 아이와 어머니를 차로 집까지 데려다주었다. 로사리오 로블레스의 남편 이름은 호세로, 파이프를 만드는 공장에서 일했다. 가난한 부부는 다섯 아이의 수업료인 5천 달러를 낼 돈이 없었다. 호세는 현지 가톨릭 사립학교를 찾아가 아이들을 입학시켜달라고 부탁했다. 대신 호세가 매주 학교의 정원을 청소해주기로 했다. 그러나 학교에서는 자녀 1명의 학비만 면제해줄 수 있다고 했다.[229]

그날 입학이 거부된 학생 중에는 리디아(Lidia)와 호세 로페즈

(Jose Lopez)의 아이도 있었다. 몇 년 전 호세 로페즈는 멕시코 국경을 넘어 텍사스에 왔다. 테일러에서는 장미를 심는 일을 했다. 리디아와 아이들은 나중에 미국으로 왔다. 자녀 4명은 학교에 다니면서 밭일을 도왔다.[230]

멕시코에서 온 미등록 이주민 1세대는 대부분 가톨릭 신자다. 미국에 친척도 없고 돈도 없는 데다 정부와 법률도 그들 편이 아니기 때문에 어려움에 처했을 때 도움을 청할 곳은 가톨릭 자선단체뿐이다. 천주교의 하부조직 중 일부는 사회복지사를 따로 배치에 이들을 도왔다. 마이클 맥앤드루(Michael McAndrew)가 바로 이런 사회복지사였다. 로페즈 부부는 로블레스네가 그랬듯 자녀 학비를 댈 돈이 없어 맥앤드루에게 도움을 청했다. 맥앤드루는 더 많은 학부모를 모아 집단소송을 제기하자고 했지만 대부분의 학부모는 이 일로 강제 출국 조치를 당할 것을 두려워했다. 결국 로블레스와 로페즈 등 네 가족만 소송에 참여하게 되었다. 맥앤드루는 테일러의 개업 변호사 래리 데이비스(Larry Daves)에게 연락했다. 데이비스는 공익사업에 관심이 많았지만 이런 소송을 맡은 경험이 부족했다. 맥앤드루 등은 '멕시코계 미국인 법률 변호재단'의 전임 변호사인 피터 루스(Peter Roos)를 초빙했고, 데이비스는 루스와 협력해 긴 소송을 시작했다.[231]

본격적인 소송에 앞서 데이비스는 네 가족의 학부모들에게 이런 소송은 여러 단계의 법원을 거치기 때문에 이겨도 수년이 걸릴 수 있으며 소송 기간 중 언제든 추방될 위험이 있다고 설명했다. 다들 소송이 초래할 결과를 이해한다고 말했다. 몇 년 뒤 데이비스는 "그들의 머릿속에는 세상을 바꾸겠다는 생각이 없었다. 다만 자신의 아이들이 기초교육을 받고 인생에서 공평한 기회를 얻기를 바랄 뿐이었다"고 회고했다. 하지만 이런 소송에서 원고가 된다는 것은 결코 쉬운 일이 아니다. 큰 압박감을 견뎌야 하며 심지어 희생을 치러야 할지도 몰랐다. "그들은 비범한 의지를 지녀야 합니다. 진심으로 체제와 맞서 싸우며 소송 과정에서 모든 위험 요소에 노출될 수 있다는 것을 알아야 합니다. 물론 이것 외에도 이 사건에는 그들이 추방될 것을 우려하는 것도 포함됩니다."[232]

데이비스와 루스 변호사는 테일러에 있는 텍사스 동부 연방지방법원에 제임스 파일러 학군 총책임자를 피고로 하는 소송을 제기했다. 이 사건의 심리를 맡은 판사는 윌리엄 저스티스(William Justice)였다. 텍사스 토박이인 저스티스는 테일러에서 수십 마일 떨어진 작은 마을에서 태어났다. 그가 텍사스대 로스쿨을 졸업한 해에 진주만 사건이 터졌고, 저스티스는 육군에 입대해 4년간 복무했다. 전쟁이 끝난 후, 그는 고향으로 돌아와 변호사가 되었다. 1968년 젠슨 대통령이 그를 연방지방법원 판사로 임명했다. 파일러 사건의 심리를 앞두고 저스티스는 원고를 찾아가 연방정부가 그들을 국외로 추방하려 한다면 금지할 권한이 없지만 판사로서 그들이 익명으로 기소할 수 있도록 허용하고 법정 문서에 이름을 밝히지 않겠다고 말했다. 그러나 연방정부가 법 집행을 위해 원고의 신분을 제출하라고 요구할 경우 판사는 거부할 권리가 없다. 저스티스 판사는 언론 노출을 최소화하고 원고인 학부모와 자녀가 재판받을 때 체포될 위험을 줄이기 위해 첫 재판 시간을 일출 전 여섯 시로 잡았다.[233]

9월 9일 이른 아침, 로페즈 부부는 그나마 값이 나가는 살림살이를 낡은 자동차에 싣고 4명의 아이들과 함께 법정으로 갔다. 법정에서 체포된다면 그 자리에서 유죄를 인정한 후 바로 차를 타고 멕시코로 돌아갈 예정이었다. 다른 원고들도 같은 계획을 세웠다. 법원에 간 가족 중 로라 알바레즈(Laura Alvarez)라는 이름의 9살짜리 여자아이가 있었다. 로라의 아버지는 테일러의 육류 가공 공장에서 일했다. 9월의 그 날 아침, 어머니는 로라를 깨워 옷을 입혔고 동생과 함께 낡은 차 뒷좌석에 앉혔다. 아버지가 차를 몰고 나가자마자 경찰이 그들을 저지했다. 잠이 덜 깬 상태에서 로라는 경찰이 어디로 가느냐고 묻고 아버지가 서툰 영어로 법원에 간다고 대답하는 것을 들었다. 아버지가 다시 시동을 걸었고, 경찰차가 안내했다. 법원 건물에 도착했을 때는 아직 날이 밝기 전이었다. 로라와 가족들은 다른 사람들에게 이끌려 법원 후문으로 들어갔다.[234]

9살 로라는 이 소송의 원고 중 1명이다. 신분 노출을 피하기 위해 법정 문서에는 로라의 이름 대신 'L. Loe'라고 적혔다. 로라와 비슷한 또래의 소년, 소녀들이 속속 부모를 따라 법정 후문으로 들어와 긴 의자에 조용히 앉았다. 40년이 지난 지금, 로라는 텍사스주에서 자란 다른 여성들과 다를 바 없어 보이며, 많은 남부 여성들처럼 텍사스 억양이 짙게 배어 있는 작은 목소리로 말한다. 그는 미국 공영방송인 'APM 리포트(APM Reports)'와의 인터뷰에서 "아무것도 알아듣지 못하고 멍하니 앉아 있던 기억이 난다"고 말한 바 있다. 데이비스 변호사는 그의 의뢰인인 10살도 안 된 아이들이 법원의 긴 의자에 줄지어 앉아 있는 모습을 보았다. "다들 조용하고 사랑스러운 아이들이었습니다." 날이 밝기도 전인데 아이들은 이상할 정도로 조용했고, 몇몇은 평소 이 시간에 그러듯 졸거나 잠들어 있었다.[235]

텍사스주 정부는 여성 검사보를 법정에 세웠다. 청바지를 입고 법정에 나온 그는 어젯밤 주도인 오스틴에서 테일러까지 날아왔는데, 항공사가 짐을 잃어버리는 바람에 법복을 입지 못한 것을 양해해달라고 부탁했다. 데이비스 변호사는 테일러 학군의 학생 추방 조치를 중지할 것과 기소 과정에서 학교를 그만둔 아이들이 다시 학교에 다닐 수 있게 해줄 것을 법원에 요청했다. 저스티스 판사는 데이비스의 요청을 받아들여 학군에 법 집행을 중단하고 사건 심리를 진행하는 동안 아이를 복학시키라고 명령했다. 또한 주 정부에는 테일러 학군에 실제 학생 수에 따라 보조금을 지급하도록 명령했다. 법정의 긴 의자에 앉아 있던 10여 명의 아이는 다시 학교로 돌아가게 되었다. 아이들이 법정에 출두한 것은 그날 이른 아침이 유일했다. 소송은 5년 동안 계속됐지만 모두 어른들의 몫이었다.[236]

1977년 12월에 파일러 사건 심리가 시작되었다. 학군 총책임자인 파일러는 증언자로 소환되었다. 그는 테일러 학군 감사회가 이런 결정을 내리게 된 맥락을 설명했다. 당초 학군 감사회는 미등록 이주민 자녀를 내쫓는 주 정부의 법안을 시행하지 않을 생각이었지만 주 내의 다른 학군에서 잇달아 해당 법안을 집행하면서 미등록 이주민들이 자녀를 학교에 보내려고 법안을 시행하지 않는 학군으로 이사하는 일이 벌어졌다. 테일러 학군이 미등록 이주민을 끌어당기는 자석이 될 것을 우려하여 자녀 1인당 1천 달러의 등록금을 내라고 요구하게 된 것이었다. "나는 마음이 여리고 이 아이들에게 관심을 기울이는 사람입니다. 아이들의 부모가 한 행동 때문에 아이들이 벌을 받기를 바라지 않습니다. (…) 그러나 우리는 부유한 학군이 아니라서 주 정부에서 보조금을 주지 않는 아이들을 학교에 보낼 능력이 없습니다."[237]

파일러 사건에서 데이비스와 루스 변호사는 주로 수정헌법 14조의 평등 보호 조항을 내세웠다. 수정헌법 14조의 평등 보호 조항과 정당한 절차 조항은 미국에서 약자가 권익을 쟁취하기 위한 법적 보호 장치다. 역사적으로 소수인종과 여성의 평등권 쟁취 소송은 대부분 이 두 가지 조항에 근거했다. 파일러 사건에 앞서 연방법원은 미등록 이주민도 수정헌법 14조의 정당한 절차 조항의 보호를 받는다고 판결했다. 그렇다면 미등록 이주민이 수정헌법 14조의 평등 보호 조항의 권리 또한 누릴 수 있는가? 연방법원은 이 문제에 대해 명확한 판결을 내리지 않은 상태였다. 데이비스와 루스는 수정헌법 14조의 입법 의도와 조문 표현에 따르면 미등록 이주민도 평등 조항에 의거해 보호받는다고 주장했다. 주 정부는 이 조항이 미등록 이주민에게 적용되지 않는다고 주장했다.[238]

아이들은 죄가 없다

1978년 9월 14일, 저스티스 판사는 텍사스주가 공립학교에서 미등록 이주민 자녀를 내쫓거나 미등록 이주민 자녀가 공립 초중고교를 다니려면 등록금을 내야 한다고 규정한 법률은 수정헌법 14조의 평등 보호 조항에 위배된다고 판결했다. 저스티스 판사는 수정헌법 14조에 따르면 개인은 이민자 신분인지 아닌지 그 여부와 관계없이 주 법률의 관할권 내에서 법의 평등한 보호를 받는다고 판단했다.

미국 헌법은 교육을 기본권으로 보지 않는다. 그러나 남북전쟁이 끝날 무렵 이미 28개 주에서 무료로 공립 기초교육을 제공하고 있었다. 당시 미국에는 32개 주가 있었고 텍사스주도 그중 하나였다. 1869년의 텍사스주 헌법에 따라 주 정부는 주민이 합법적인 신분을 지녔는지에 따른 특별한 언급 없이 '모든 주민'에게 무료 공교육을 시행했다. 그런데 106년이 흐른 1975년에 텍사스 의회가 미등록 이주민들을 무료 공교육에서 배제하기로 법을 개정한 것이다.[239]

대법원이 정한 사법심사 기준에 따르면 정부가 국민의 기본권을 침해할 경우 법원은 정부의 행위와 입법 내용을 엄격히 검토해야 한다. 그러나 헌법이 교육을 기본권으로 명시하지 않았으므로 법원의 사법심사 기준이 낮아졌고, 정부의 행위와 입법에 합리적 근거가 있느냐에 판결이 달려 있었다. 저스티스 판사는 텍사스 정부가 미등록 이주민인 아이들을 학교에서 쫓아낸 것은 합리적 근거가 없다며 위헌 결정을 내렸다. 판결 직후 저스티스는 꽃다발을 받았지만 동시에 멕시코로 이민을 가라는 말이 담긴 비난 편지도 받았다.[240]

판결문에서 저스티스는 연방대법원이 '웨버 대 애트나(Weber v. Aetna) 사건'에서 내린 판결을 인용했다. 자녀를 징벌하는 방식으로 그들의 부모를 협박하거나 부모가 저지른 잘못을 벌하는 것은 "합리적이지도 공정하지도 않다. (…) 효과가 없을 뿐 아니라 정의롭지 못하다."[241] 저스티스는 또한 연방항소법원이 다루었던 '세인트 앤 대 팔리시(St. Ann v. Palisi) 사건' 판결도 인용했다. 학부모가 교감 선생과 실랑이하다 교감의 얼굴을 주먹으로 때린 사건이다. 가해 학부모는 기소되자 유죄를 인정했다. 그러나 학교는 학부모의 자녀 2명에게 무기한 정학을 내렸다. 루이지애나주의 법률은 학부모가 나쁜 행동을 한 경우 그 자녀인 학생을 정학시키는 것을 허용하고 있었다. 학부모가 상고했고, 연방항소법원은 학교의 결정을 폐기했다. 법원은 법적 책임은 개인에게 있으므로 학부모의 죄를 이유로 자녀를 처벌할 수 없다고 강조하며 루이지애나주 법률이 수정헌법 14조의 정당한 절차 조항을 위반했다고 판결했다.[242]

연방대법원과 연방항소법원의 판례에 따르면 미등록 이주민의 자녀는 합법적 신분이 없으므로 추방될 수 있지만 부모가 아이를 미국으로 데려온 것이 불법 신분의 원인이므로 자녀는 이에 책임이 없다는 주장이다. "그들은 미국에 올 때 대부분 영아였으므로 부모의 이민 결정에 관여하지 않았고, 이에 따라 그들에게 별도의 의무나 처벌을 부과해서는 안 된다."[243]

특히 이 판결문에서 저스티스는 "가난하고 영어를 모르며 부정할 수 없는 인종적 편견 때문에 이 아이들은 이미 역경을 겪고 있다. 그런데 교육마저 받지 못한다면 사회적, 경제적 최하층에 영원히 갇히게 된다"라고 하면서 텍사스 주법이 초래할 악영향을 지적했다. 저스티스는 텍사스주가 지역별로 부동산세에 의존해 기초교육을 시행하는 정책도 비판했다. 부유한 지역은 세원이 충실하므로 학군에서 학교를 설립할 자금이 부족하지 않다. 반면 빈곤한 지역은 부동산 가치가 낮으므로 세수가 적고, 학군에서도 돈이 부족해 기초교육에 투자하기 어렵다. 멕시코와 국경을 맞대고 있지만 텍사스주의 미등록 이주민 학생 수는 전체 학생 수의 극히 일부에 불과하다. 다만 이들이 대부분 빈곤 지역에 거주하기 때문에 교육 예산이 부족해 주 정부의 보조금에 의존할 수밖에 없다. 그런데 주 정부는 오히려 예산을 줄여서 가난한 학군을 압박하고 있다. 저스티스는 두 가지 불행한 현실이 주 정부에서 이런 문제를 해결하기는커녕 새로운 문제를 낳는 법률을 시행하게 했다고 지적했다. "미등록 이주민의 자녀는 명확하게 법적 보호를 받기 어려우니 이들을 잘라낸다고 해도 정치적 여론이 들끓지 않을 것이다."[244]

텍사스주 정부는 항소했다. 연방항소법원은 저스티스 판사의 원심 판결을 유지했다. 주 정부는 다시 미국 연방대법원에 상고했다.

동시에 미등록 이주민 자녀의 교육 문제를 둘러싸고 텍사스 곳곳에서 10여 건의 소송이 제기되었다. 야심에 찬 젊은 변호사들이 가세했고, 유명한 민권 법률 단체가 인적, 물적 지원에 나섰다. 법률 지원 단체 중 일부가 데이비스에게 파일러 사건을 그늘이 진행 중인 소송에 병합하라고 제안하기도 했으나 데이비스가 거절했다. 그는 파일러 사건의 수정헌법 14조 평등 보호 문제에 집중하는 편이 옳다고 생각한 것이다. 이후 2년간 휴스턴에 있는 텍사스 남부 연방법원은 10여 건의 관련된 사건을 병합 심리했다. 심리를 맡은 우드로 실스(Woodrow Seals) 판사는 저스티스 판사와 유사한 경력을 지녔다. 제2차 세계대전에 참전했고, 텍사스주에서 법학 교육을 받았으며 젠슨 대통령이 연방지방법원 판사로 임명했다. 그러나 실스 판사는 신중한 저스티스의 판결 스타일과 사뭇 다르게 판결하는 사람이었다. 그가 주재한 떠들썩한 재판은 거의 6주간 이어지면서 언론의 높은 관심을 받았다. 실스 판사가 원고와 피고가 법정에서 다양한 증거를 제시하도록 허용하면서 법정 변론에 텍사스주 공립학교에서 미등록 이주민 자녀를 내쫓는 법률만 다루지 않고 미국의 이민사, 교과 과정, 텍사스 역사, 영어로 된 시까지 등장했다. 주 정부의 변호사들은 사기가 떨어졌다. 그중 1명인 수전 대셔(Susan Dasher)는 나중에 "나쁜 법률을 변호해야 했다"고 인정했다.[245]

재판 과정에서 미등록 이주민의 자녀를 학교에서 내쫓는 법안이 주 의회의 변론이나 사전공표 등 주민의 뜻을 모으는 과정 없이 주 의회가 폐회하기 직전에 구두표결로 졸속 통과된 사실이 드러났다. 몇 년 후에 일부 의원이 표결 당시 이 법안의 구체적인 내용을 알지 못했고 어떤 결과가 나올지는 더욱 이해하지 못했다고 시인했다. 법안이 의회에서 구두표결로 통과된 후 주지사가 법안에 서명하여 정식 법률이 되자 무더기 소송이 벌어졌다. 이제 공은 주 검사장의 손에 넘어갔다. 졸속 입법의 황당한 후유증에 주 정부를 변호해야 하는 주 검사들만 골머리를 앓았다. 남부 연방지방법원에서 진행된 집단소송의 원고에는 파일러 사건의 로라와 비슷한 또래의 여자 어린이가 있었다. 실스 판사가 그 아이에게 학교를 그만둔 후에 어떻게 공부하느냐고 물었다. 아이는 집에서 남동생의 숙제를 같이 보면서 공부한다고 대답했다. 동생은 미국에서 태어났기에 미국 시민권자이므로 학교에 남아 공부할 수 있지만 자신은 멕시코에서 태어나서 부모님을 따라 미국에 온 미등록 이주민이라 학교에서 쫓겨났다는 것이다.[246]

남부 연방지방법원은 1980년 7월 21일에 텍사스 정부가 공립학교에서 미등록 이주민의 자녀를 추방하도록 한 법률이 위헌이라는 87쪽짜리 판결문을 내놓았다. 실스 판사의 사무실로 미국 법치를 훼손하고 미등록 이주민을 방치해 미국을 멕시코로 만들었다는 식의 비난이 담긴 편지와 전화가 쏟아졌다. 실스는 법정 바깥에서도 목소리를 높였다. 그는 변호사, 검사와 논쟁하는 데 그치지 않고 기자나 자선단체 관계자들과도 논쟁했다. 그가 판결을 내린 해에 미국 대선이 치러졌다. 당시 캘리포니아 주지사였던 레이건이 현직 대통령인 카터에게 도전했다. 판결을 내리고 얼마 후 실스 판사는 지인에게 보낸 편지에 "이 아이들은 아직 갈 길이 멀다. (…) 레이건이 대통령이 되어 연방대법원의 대법관 4명을 새로 임명한다면 내 판결이 어떻게 될지는 차마 상상하고 싶지 않다. 그렇게 된다면 이 아이들은 기회를 얻지 못할 것이다"라고 썼다.[247] 주 정부는 미국 연방대법원에 상고했다. 실스의 판결과 저스티스의 판결을 하나의 안건으로 병합해 심리하게 되었다.

레이건이 대선에서 승리했다. 그는 미국 연방대법원 역사상 첫 여성 대법관인 샌드라 오코너(Sandra O'Connor)를 임명했다. 1981년 12월 1일, 연방대법원에서 파일러 사건의 변론이 열렸다. 이때 레이건이 임명한 대법관은 오코너뿐이었다. 9명의 대법관이 미등록 이주민의 자녀인 학생들을 대리하는 데이비스와 루스, 텍사스주 정부를 대리하는 부검사장에게 빈갈아 질의했다. 그중 마셜 대법관의 질문이 특히 날카로웠다.

마셜 대법관은 존 하디(John Hardy) 부검사장에게 텍사스가 미등록 이주민에 대한 소방법상의 보호를 거부할 수 있느냐고 물었다. 하디는 질문을 받고서 자신이 잘못 들은 것이 아닌지 확인해야 했다. "소방법상의 보호를 거부한다고요?" "그렇습니다. 화재가 났을 때." "아, 그들의 집에 불이 났다면 현지 소방관에 의해 보호를 받습니다. 다만…." "텍사스주에서 미등록 이주민은 소방 보호를 받지 못하는 법을 만들 수 있습니까?" "안 될 것 같습니다." "왜 안 됩니까? 이렇게는 할 수 있는데, 저렇게는 못 한다는 겁니까?" "그 이유는… 제가 보기에 소방 보호는 당연한 복지여서…. 마셜 판사님, 제가 좀 더 생각해보겠습니다. 판사님은… 이건… 저도 잘 모르겠습니다. 이 문제는 너무 어렵습니다." "한 사람의 집이 그의 자녀보다 더 중요하다는 겁니까?" 하디 부검사장은 답변하지 못했다.

마셜은 계속해서 질문했다. "텍사스주에서 법률로 범죄자의 아이는 학교에 보내지 못하도록 할 수 있습니까?" 하디는 그럴 수 있다고 대답한 후, 그것은 헌법 위반이라고 덧붙였다. 마셜이 다시 말했다. "우리는 지금 어린이 문제를 토론하고 있습니다. 살인자의 자식인 아이는 학교에 다닐 수 있는데 왜 불행한 이민자의 자식은 학교에 가지 못하는 겁니까?"[248]

사흘 뒤 열린 대법관 9명의 비공개 토론에서도 마셜은 날을 세웠다. 대법원장 워런 버거(Warren Burger)가 "미등록 이주민 역시 사람이므로 수정헌법 14조를 적용하지만 범법자는 평등하게 보호받지 못한다"고 말하자 마셜은 "아이들은 범법자가 아니며 (…) 평등 보호는 평등 보호다"라고 반박했다. 토론 과정에서 윌리엄 렌퀴스트(William Rehnquist) 대법관이 미등록 이주민의 아이를 가리켜 '젖은 등'이라고 불렀다. 이는 멕시코에서 건너온 미등록 이주민을 멸시하는 표현이다. 멕시코와 텍사스주는 강으로 경계선이 나뉜다. 그래서 멕시코 사람이 텍사스에 밀입국하려면 강을 헤엄쳐 건너와야 했다. 그래서 미등록 이주민을 '젖은 등'이라고 부르는 것이다. 마셜은 멸칭을 사용한 데 불만을 표했고, 렌퀴스트는 남부에서 이런 표현법이 여전히 널리 쓰이고 있어서 자신도 사용했을 뿐이라고 변명했다. 마셜은 예전에는 자기와 같은 사람을 '검둥이'라고 불렀는데, 이런 표현도 널리 쓰였다며 반박했다.[249]

토론 결과 대법관 9명 중 5명은 지방법원의 원심을 유지해야 한다는 의견이었고, 4명은 원심 판결을 뒤집어야 한다는 의견으로 나뉘었다. 윌리엄 브레넌(William Brennan) 대법관이 미등록 이주민의 자녀를 역사적으로 차별받아온 취약계층으로 규정하며 법원에서 텍사스주의 법률에 엄격한 심사 표준을 적용해야 한다는 판결문을 작성했다. 그러나 루이스 파월(Lewis Powell) 대법관은 이 판결문에 서명하기를 꺼렸다. 파월이 서명하지 않으면 원심 판결을 유지하는 데 필요한 다수의견이 형성되지 않는다. 파월은 법원에서 기초교육을 기본권으로 규정하는 것, 미등록 이주민이 헌법상 특별한 보호가 필요한 집단으로 간주하는 것 등에 반대했다. 그는 자신의 가족 3대가 좋은 교육의 수혜를 받았으며 교육의 중요성을 인정하면서도 아무리 중요하다 해도 헌법에 없던 기본권을 법원이 추가해서는 안 된다는 쪽이었다. 그는 판결문이 어린이의 교육 문제에 관해 다뤄야지 수정헌법 14조에 의거한 미등록 이주민 평등 보호 문제로 변질되어서는 안 된다고 주장했다.[250]

10년 전, 파월은 어린이 관련 사건을 판결한 적이 있다. 그가 대법관 다수의견을 대표하여 작성한 판결문에는 불우한 아동에 대한 사랑과 연민이 가득하다. 혼외 출생 자녀의 권익을 지키고자 루이지애나주 법원의 판결을 과감히 뒤집고 관련 차별 법안을 폐지한 사건이었다. 루이지애나주의 한 노동자가 산업재해로 사망한 경우 미성년 자녀가 법에 따라 산업재해 보상을 받게 되었다. 사망한 노동자의 아내는 정신병원에 입원한 상태였고, 두 사람 사이에는 아이가 넷 있었다. 사고가 났을 때 이 노동자는 여자친구와 동거 중이었는데 이들에게도 아이가 1명 있었으며, 노동자의 사망 후에 한 아이가 더 태어났다. 루이지애나주 법에 따르면 결혼생활에서 출생한 아이와 합법적으로 입양된 아이, 법적 절차를 거쳐 승인된 비혼인 관계의 아이는 부모의 산업재해 보상을 우선적으로 받을 수 있다. 법적 절차로 승인받지 못한 비혼인 관계의 자녀는 '기타 가족'으로 분류되어 우선권을 가진 자녀가 수령한 후에 남은 보상금만 받을 수 있었다. 이 사건에서 혼인 상태였던 아내의 어머니, 즉 아이들의 외할머니가 대신 보상금을 수령했다. 혼외 출생자인 두 아이는 아무런 보상도 받지 못했다. 이들의 어머니가 법원에 소송을 제기했는데, 루이지애나주 법원에서 패소했고, 연방대법원에 상고했다.[251]

이 사건의 판결문에서 파월은 부모의 잘못으로 자녀에게 처벌을 부과해서는 안 된다고 강조했다. "혼외 출생자를 기타 가족으로 분류하는 것은 사회가 혼외 성관계를 무책임하다고 폄훼하는 오랜 전통을 반영한 것일 뿐이다. 그러나 이처럼 태어난 아이를 벌하는 것은 합리적이지도 공정하지도 않다. 게다가 혼외 자녀의 법률적 자격을 박탈하는 것은 '법적 부담은 개인의 책임과 잘못에 의한다'는 우리 제도의 기본 이념에 위배된다. 자녀는 자신의 출생에 어떠한 책임도 없으며, 혼외 출생자를 징벌하겠다고 그 부모를 위협하는 것은 효과가 없을 뿐 아니라 정의롭지 못하다. 법원은 불우한 아동을 사회적 비난으로부터 보호하지 못했지만 평등 보호 조항은 우리가 그들의 신분을 차별하는 법률을 폐지할 수 있게 해준다."[252] 당시 판결은 대법관 8명의 찬성을 얻었으며, 유일하게 반대 의견을 낸 사람은 렌퀴스트 대법관이었다.

파월의 지지를 얻으려고 브레넌은 파일러 사건의 판결문을 세 차례나 수정하면서 부모의 잘못을 자녀에게 떠넘기면 안 되며 무엇보다도 부모가 잘못했다고 해서 자녀를 처벌해서는 안 된다는 것을 거듭 강조했다. 또한 판결의 적용 범위를 좁혀서 마지막 수정 원고에서는 교육은 기본권이 아님을 분명히 하고, 그러면서도 보통의 정부 복지와는 다르다고 썼다. 타협의 결과다. 대법원은 사법 부문이자 민주적 기구다. 9명의 대법관 중 다수의견으로 판결문을 구성하지만 소수의견을 낸 대법관이 판결문 뒤에 반대 의견서를 붙인다. 파월은 브레넌이 마지막으로 수정한 판결문에 서명하면서 모든 헌법 교과서에 들어가야 할 훌륭한 글이라고 칭찬했다.[253]

1982년 6월 15일 대법원은 파일러 사건에서 미등록 이주민인 학생을 공립학교에서 추방하게 한 텍사스주 법률이 미국 헌법에 위배되므로 폐지해야 한다고 판결했다. 레이건 대통령이 임명한 지 얼마 되지 않은 오코너 대법관을 포함해 5명의 대법관이 이 판결을 지지했고, 4명은 반대했다. 선고 이튿날 『뉴욕타임스』에 5 대 4의 대법원 판결이 위험했다는 내용의 사설이 실렸다. 만약 대법관 1명이라도 더 반대했다면 이 판결은 '미국의 수치'로 남았을 것이며, 부유한 주인 텍사스가 미등록 이주민의 노동력을 마음껏 사용하면서 정작 그들의 자녀가 교육받을 권리를 박탈하는 기본적인 책임조차 포기하려 했다는 것은 용납할 수 없는 일이라고 주장했다.[254] 대법원의 판결 이후로 40년 동안 수백만 명의 미등록 이주민 자녀가 공립 기초교육을 받았다. 기초교육은 미국 사회에 융합될 수 있도록 이들을 보호했고, 이에 따라 많은 학생이 대학에 진학할 기회를 얻을 수 있었다. 2011년 5월, 텍사스 주지사 릭 페리(Rick Perry)가 미등록 이주민의 자녀가 주립대학에 입학할 경우 텍사스주의 합법적인 주민 자녀처럼 학생에게 제공되는 학비 우대를 받을 수 있는 법안에 서명했다.

평등 보호

연방대법원의 판결문은 수정헌법 14조를 중심으로 하여 미등록 이주민이 이 평등 보호 조항에 따라 보호를 받는지 그 여부부터 따졌다.

수정헌법 14조의 1항은 이렇게 규정하고 있다. "어떤 주도 적법한 절차에 의하지 않고 사람의 생명, 자유 혹은 재산을 박탈할 수 없다. 법률 관할권의 범위 내에 있는 어느 누구에게도 법의 평등한 보호를 거부할 수 없다."[255] 이것이 바로 법조계에서 통칭 '정당한 절차 조항'과 '평등 보호 조항'이라고 부르는 내용이다. 그동안 연방대법원에서는 미등록 이주민이 정당한 절차 조항의 보호를 받지만 평등 보호 조항의 보호를 받는지 여부는 불분명하다고 판결해왔다. 텍사스주 정부는 미등록 이주민은 텍사스주에서 합법적인 신분이 없기 때문에 수정헌법 14조에서 규정한 "법률 관할권의 범위 내에 있는" 사람에 속하지 않으며, 따라서 텍사스 법률의 평등한 보호를 받지 못한다고 보았다. 대법원은 정당한 절차 조항에 관한 판례를 근거로 들며 텍사스주 정부의 변론을 인정하지 않았다. "우리는 이런 논점을 거부한다. 이민법에서 어떤 신분으로 규정되었든 간에 '사람'이라는 단어의 통상적인 의미에서 볼 때 외국인은 분명히 사람이다. 합법적인 신분이 없더라도 법률이 일찍이 인정한 '사람'이므로 수정헌법 5조와 14조에 따라 정당한 절차의 보호를 받는다."[256]

대법원이 인용한 판례 중 약 100년 전에 중국인에 관련한 소송이 세 건 있다. 첫 사건은 1886년의 '이허 대 홉킨스 사건'이고, 두 번째는 1896년의 '황원 대 미합중국 사건', 세 번째는 1898년의 '황진더 대 미합중국 사건'이다.[257] 이허(益和)의 사건에서 대법원은 수정헌법 14조 1항의 원문을 인용하며 "이 조항은 국민을 보호하는 데 국한되지 않는다. (…) 이 조항은 일반적으로 관할 지역 내의 모든 사람에게 적용되며 인종, 피부색 또는 국적에 따라 구별되지 않는다. 또한 법의 평등한 보호가 있어야만 법적 보호의 평등을 보장할 수 있다"고 했다.[258] 또한 황원(黃文)의 사건에서는 수정헌법 5조와 14조에 나오는 '정당한 절차'를 모든 사람에게 적용할 수 있으며 국민에게만 국한되지 않는다고 판결했다. 판결문의 다수의견 외에도 스티븐 필드(Stephen Field) 대법관은 특별히 단독 의견서를 첨부하여 정당한 절차 조항에서 말하는 '사람'의 의미를 확실히 밝혔다. "수정헌법 5조에서 사용한 '사람'이라는 단어는 미국 관할 범위 내의 어떤 사람이든 전부 포함한다. 외국에서 태어난 주민도 국민이 누리는 것과 동등한 법적 보호를 받는다. 그에게 거주국의 법률에 복종할 의무가 있다면, 당연히 거주국 법률의 평등한 보호를 받아야 한다."[259]

1898년의 황진더(黃金德案) 사건에서 대법원은 수정헌법 14조의 첫 문장인 "미국에서 태어나거나 귀화하여 미국의 관할을 받는 모든 사람은 미국 시민이다"를 분석하면서 '미국의 관할을 받는다'는 것이 곧 미국이 관할권 내에 있다는 뜻이라고 했다. 다른 나라의 시민 혹은 신민이 미국에 거주할 경우 미국의 법률에 따른다면 미국 법률의 보호를 받는다는 의미다.[260] 따라서 연방대법원의 판례에 따르면 '미국의 관할을 받는 사람'은 미국에 거주하는 모든 사람이다. 이 조항에서의 '관할 범위'는 주로 지리적 의미로, 시민권 유무와 관련이 없다. 수정헌법 14조의 입법 목적은 각 주의 권한을 제한하는 것으로, 주 정부가 '관할 범위 내'라는 표현으로 인간을 여러 등급으로 나누고 소수 집단을 자신의 관할 범위에서 배제함으로써 '합법적으로' 법적 보호를 제공하지 않는 것을 막기 위함이다. 주 정부가 소수 집단을 관할 범위에서 배제하려 한다면 이는 관할 지역 내에 거주하는 주민에 대한 평등한 보호책임을 회피하는 것이며, "평등 보호 조항은 이처럼 혐

오스러운 사회적 계급에 기반한 모든 입법을 폐지할 수 있다."[261]

파일러 사건에서 대법원은 수정헌법 14조의 입법 역사를 돌이켜보면서 당시 의회에서 조문에 '관할 범위 내'라는 문구를 추가하는 것을 두고 벌인 변론을 보면 각 주의 경계 내에 거주하는 모든 사람을 법적으로 평등한 보호 대상에 포함시키며 각 주의 법률이 이에 상응하는 보호책임을 지도록 규정하는 데 목적이 있다고 판단했다. 당시 의회가 '관할 범위 내의 시민'이라는 표현이 아니라 '관할 범위 내의 사람'이라고 한 데는 수정헌법 14조가 보호하는 대상에 시민 외에 각 주에 거주하는 외국인이 포함되는 것이다. 대법원은 수정헌법 14조의 초안을 의회에 제기한 존 빙엄(John Bingham) 하원의원의 변론을 인용했다.[262]

역사학자들은 존 빙엄을 '수정헌법 14조의 아버지'라고 부른다. 휴고 블랙(Hugo Black) 대법관은 '수정헌법 14조의 제임스 매디슨(James Madison)'이라고 부르기도 했다. 매디슨은 미국 '건국의 아버지들' 중 1명이며 1789년 언론, 결사, 집회, 신앙 등의 자유와 정당한 절차 등을 규정하는 법안을 의회에 제출했다. 2년 후에 이 법안이 미국의 수정헌법 1조부터 10조가 되었다. 따라서 매디슨은 미국 수정헌법의 아버지라고 할 수 있는 사람이므로 블랙 대법관이 빙엄을 수정헌법 14조의 아버지라고 지칭한 것이다. 수정헌법 14조는 수정헌법 1조부터 10조가 그랬듯 남북전쟁 이후의 미국 역사에 중대한 영향을 미쳤다.[263]

미국 수정헌법 1~10조는 흔히 '권리 장전'이라고 불리며 건국 초기 기념비적인 입법으로 평가된다. 남북전쟁은 역사학자들이 '두 번째 건국'이라고 부르기도 하는데, 이 시기의 핵심적인 입법은 수정헌법 14조다.[264] 남북전쟁 이후 미국 남부 지역이 패전하자 노예제는 수정헌법 13조에 의해 폐지되었다. 그러나 헌법이 보장하는 시민의 권리는 여전히 심각하게 침해되었다. 법적으로 노예에서 자유민이 되었으나 사람이 사는 세상은 법률로만 구성된 세계가 아니다. 모든 사람의 권리가 보장되려면 생활하는 세계의 구체적인 입법, 행정, 사법 부문에 의존할 수밖에 없다. 헌법 차원에서 노예제를 폐지했을 뿐 구체적인 법규가 없고 집행이 더디다면 헌법의 조항은 실속 없는 논의에 불과하다. 이런 상황은 남북전쟁 직후의 남부 각 주에서 보편적으로 나타났다. 노예제가 폐지되었지만, 남부 각 주는 여전히 정치, 법률, 사회의 많은 측면에서 노예 시대의 방식을 따랐다. 노예 시대에 형성된 법 집행의 관습, 지방법원의 사법적 전통 등은 그 뿌리가 더욱 깊었다. 남부의 여러 주는 노예제 시대부터 전해진 관습법, 수정헌법 13조를 회피하려고 만든 주법 등을 헌법에서 보장한 주 정부의 권한이라고 주장했다.

위에 헌법이 있다면 아래에는 정책이 있다는 식의 상황에 대처하여 의회는 새로운 수정헌법 조항을 추가해 남부의 흑인에게도 평등한 법적인 보호를 보장하고 주 정부가 정당한 절차 없이 그들의 생명, 자유, 재산을 박탈하지 못하게 했다. 이것이 수정헌법 14조의 입법 목적이다. 다시 말해 평등한 권리를 보장하는 법안이며 시민 일부만 생명, 자유, 재산의 권리를 누리는 것이 아니라 미국 법률의 관할 아래 있는 모든 사람, 즉 외국인을 포함하여 이민자의 신분이 어떠하든 모두 이런 권리를 누릴 수 있다. 존 빙엄이 의회에서 한 발언은 이 점을 분명히 보여준다. 그는 시민이든 이방인이든 각 주의 경계 내에서 모든 사람이 생명, 자유, 재산권에 대해 법의 평등한 보호를 받아야 하며 그래야만 통일된 정부와 통일된 민중이 보장될 수 있다고 강조했다.[265]

수정헌법 14조를 제정하는 데 핵심적인 역할을 한 제이콥 하워드(Jacob Howard) 상원의원은 "이번 헌법 수정안의 마지막 두 조항은 각 주에서 정당한 절차 없이 시민의 생명, 자유, 재산권을 박탈하거나 법의 평등한 보호를 거부하는 것을 금지하며, 또한 각 주가 어떤 사람이든(누구든지) 이런 권리를 누리지 못하게 하는 것을 금지한다. 각 주의 모든 등급제 입법을 폐지하여 사람을 신분과 지위에 따라 구분하여 법을 집행하는 부당한 행위를 방지한다"고 말했다. 그는 수정헌법 14조가 "어떤 주에서든 권력이 미국 시민과 주의 영토 내에 거주하는 모든 사람이 누리는 권리와 대우를 영원히 침해하지 못하게 할 것"이라고 발언했다.[266]"

대법원은 수정헌법 14조의 입법 역사를 살피면서 평등 보호 조항에 나오는 '관할 범위 내'라는 표현이 곧 법률이 모든 사람을 보호한다는 뜻이라고 결론지었다. 누구든지 신분, 지위, 인종, 출신 국가와 관계없이 어느 주의 영토 내에 거주하는 한 그 주의 법률이 정한 대로 평등하게 보호받아야 한다. "어떤 사람이 처음 그 주 혹은 미국 영토에 들어올 때 합법적 신분이 없었으며 이 사실로 인해 추방될 수 있다고 하더라도 그 사람이 주의 영토 내에 거주하고 있다는 간단한 사실을 부정할 수 없다. 따라서 그 사람은 주의 민사 및 형사 법률을 완전히 준수할 의무가 있으며, 그가 자의로든 혹은 미국 헌법과 법률에 의거해 추방되든 주를 떠날 때까지는 모든 주 법률에서 규정한 평등한 보호를 누려야 마땅하다."[267]

미등록 이주민도 수정헌법 14조에서 정한 대로 법률의 평등한 보호를 받는다. 이는 법원에서 미등록 이주민 자녀가 공립학교 입학에서 맞닥뜨리는 법률적 문제를 해결하는 이론적인 전제일 뿐이다. 더 구체적이면서 해결하기 힘든 문제가 있다. 주 정부가 미등록 이주민의 자녀를 교육하는 데 필요한 보조금을 지원하지 않는 것이 수정헌법 14조의 평등 보호 조항을 위반하는지 여부다.

남북전쟁 이후의 세 차례 개헌으로 제정된 수정헌법 13~15조는 모두 노예제가 남긴 후유증인 인종문제에 대한 내용이지만, 미국 사회에 미치는 영향은 노예제와 인종문제 이상이다. 특히 수정헌법 14조가 그렇다. 노예제는 불평등의 극단적인 형태로, 인종은 불평등의 수많은 원인과 표현 방식 중 하나일 뿐이다. 계층, 소득, 출신, 성별, 종교, 출신 국가 등도 불평등의 원인과 표현 방식이 될 수 있다. 수정헌법 14조는 미국 법률 관할권 내의 모든 사람이 법의 평등한 보호를 받도록 보장하며, 이는 의회에서 헌법적 권리의 적용 범위를 확대해온 결과다. 전통적으로 차별받고 불평등한 대우를 받는 사람들이 적어도 헌법 조문에서는 사회의 강력한 계층과 동일한 권리를 얻게 된 것이다.

수정헌법 14조는 사회적 강자와 약자를 모두 보호하고, 누구나 법의 평등한 대우를 받도록 보장한다. 그래서 시대별로 취약계층이 수정헌법 14조의 평등 보호 조항에 근거해 소송을 제기하며 자신의 권익을 보호했고, 사회적 영향력이 강력한 집단도 비슷한 소송을 수없이 제기했다. 예를 들면 2000년 미국 대선에서 아들 조지 부시(George Bush)와 엘 고어(Albert Gore) 사이에서 선거 결과에 대한 분쟁이 벌어졌을 때도 수정헌법 14조의 평등 보호 조항을 내세워 소송을 제기했다.[268] 2020년 대선에서는 도널드 트럼프(Donald Trump)가 부정선거를 고발하면서 60여 건의 소송을 제기했는데, 대부분 소송의 주요 근거로 수정헌법 14조의 평등 보호 조항을 들었다.[269]

문맹은 평생의 장애다

수정헌법 14조의 조문은 비교적 광범위하여 대법원에서 해석할 여지가 많다. 같은 문제라도 시대에 따라 다르게 해석될 수 있는 탓이다. 예를 들어 인종 평등 문제에서 19세기 말의 대법원은 '분리하되 평등하다'면서 인종 분리 정책이 수정헌법 14조를 위반하지 않는다고 판결했다. 그러나 제2차 세계대전 이후에는 인종 분리는 평등하지 않다고 해석해 위헌으로 판결했다.[270] 또한 19세기 후반에는 여성 투표를 금지하는 주 법률을 위헌이 아니라고 판결했지만 지금은 가장 보수적인 대법관조차 그 판결을 지지하지 않는다.[271] 수정헌법 14조의 평등 보호 조항을 적용하는 경계선은 고정적이지 않았다.

문제는 포괄적으로 입법하는 것은 가능하지만 법원이 사건을 심리할 때는 법률을 구체적으로 적용해야 한다는 점이다. 시대별로 사건별로 법원은 각기 다른 사실에 근거해 다른 판결을 내린다. 대법원은 평등 보호 조항이 비슷한 상황에 처한 모든 사람을 동등하게 대우할 것을 요구한다고 해석하지만, 구체적으로 얼마나 비슷한 상황이어야 하는지는 개별 사건에 따라 판단할 수밖에 없다.[272] 법률이 실제 적용될 때는 정부가 한 치의 오차도 없이 집행할 수 없다. 그래서 법원은 수정헌법 14조의 평등 보호 조항이 모든 사람을 동일하게 대우할 것을 요구하지 않는다고 본다.[273] 잣대를 어디에 어떻게 둘 것인지는 입법이든 사법이든 골치 아픈 문제일 수밖에 없다. 법원의 판결이 원칙적인 표준만을 제공하기도 한다. 예를 들어 정부가 시행한 법률과 정책이 불평등한 결과를 초래했다면 정책 목표와 수단이 합리적인지를 살펴야 한다. 합리적인 수단으로 합리적인 목표를 달성하려면 불평등 현상이 불가피한 것인지 따지는 것이다.

다시 말해 수정헌법 14조는 의회의 입법과 정부의 행정 부분에 대하여 판사가 심사하는 것이 아니라 입법과 행정이 기본적인 헌법 원칙을 위반하지 않도록 하는 것이다. 하지만 어떤 법률이 불평등을 초래할 경우라도 불평등의 정도가 다르고 입법자의 목적과 방식도 다르기에 법원은 이를 구별하여 판결해야 한다. 그래서 법원은 수정헌법 14조를 근거로 제기된 소송의 사법 심사 기준을 점점 더 세분화했다. 특정 법률이 시민의 선거권을 제한하는 등 헌법에서 보장하는 기본권을 침해하는 경우라면 법원이 '엄격한 심사 기준'을 적용한다. 이럴 경우 위헌 결정의 문턱이 낮다. 특정 법률이 사람을 인종이나 성별 등으로 나누어 등급화하고 차별 대우한다면, 법원은 이런 사안을 '의심스러운 분류'라고 부르며 역시 엄격한 심사 기준을 적용한다. 헌법의 기본권 침해와 의심스러운 분류에 해당하지 않는 사건이라면 일반적으로는 이 법률이 합리성에 기초해 입법되었는지를 살핀다.[274]

그렇다면 법원에서 미등록 이주민 자녀의 교육에 관련한 사건을 심리할 때는 어떤 기준을 적용해야 할까? 이는 기초교육이 미등록 이주민 자녀의 기본권인지, 기초교육 영역에서 미등록 이주민 자녀를 별도로 구분하는 행위가 '의심스러운 분류'에 속하는지 살펴야 한다. 미국 남부의 국경지대는 이민 규정이 느슨하다. 미국의 생활 수준과 임금이 멕시코보다 높으므로 많은 멕시코인과 라틴아메리카 주민이 허가 없이 국경을 넘어 미국으로 들어온다. 피일리 사건이 소송하던 시기에는 미국에 거주하는 미등록 이주민 수가 약 300만~600만 명에 이를 것으로 미국 정부가 추정한 바 있다. 그들은 합법적인 신분이 없었으므로 언제든지 추방될 수 있지만 미국 정부는 이런 미등록 이주민을 본국으로 송환할 능력도 의지도 없다. 이들은 대부분 미국에서 오랫동안 생활하며 거대한 '그림자 인구'를 형성한다. 이들이 법률의 그늘에서 생활하며 사실상 '천민층'을 형성했다. 합법적인 신분이 없으므로 저소득의 간단한 일을 할 수밖에 없고, 자녀의 교육 수준도 낮아 다음 세대 역시 부모 세대와 동일한 운명에 처한다. 법원에서는 "법률적 평등의 원칙을 고수하는 것을 자랑스러워하는 국가에 이들 하위 계층이 몇 가지 난제를 던진다"고 판단했다.[275]

이전의 대법원 판결에서는 공교육을 헌법상 기본권으로 보지 않았다. 표현의 자유, 종교의 자유 등은 헌법에 명시된 기본권이지만 교육권은 이에 포함되지 않는다. 남북전쟁 이후에 공립 기초교육이 점차 보편화되었지만 연방대법원의 대법관 대부분이 이를 기본권으로 보지 않는다.[276] 또한 파일러 사건에서 대법원은 미등록 이주민을 다른 사람과 분류하여 차별 대우하는 것을 '의심스러운 분류'에 해당한다고도 보지 않았다. 외국인이 허가 없이 미국에 입국하는 것 자체가 불법이다. 법적으로 불법 행위자를 분류하고 차별하는 것은 합리적인 정부 행위에 속하며, 인종이나 성별에 따라 차별하는 것과 같은 상황으로 볼 수 없다. 따라서 연방대법원은 미등록 이주민 자녀의 공립학교 입학에 관한 사건에 '엄격한 심사 기준'을 적용하지 않으며, 주 정부의 법률이 합리적인 근거를 가지고 있는지 심사하면 된다고 판단했다.[277]

그러나 연방대법원에서는 미등록 이주민 자녀는 불법 이민 집단의 특별한 구성원임을 강조했다. 부모는 자의로 불법 입국을 선택했지만 아이들은 성인과 같은 의지나 능력이 없어 부모의 의사에 따라 미국에 왔을 뿐이다. 그러므로 아이들의 불법 신분을 자의에 의한 범죄의 결과로 볼 수 없다. 저스티스 판사의 연방지방법원 판결문이 그랬듯 브레넌이 쓴 연방대법원 판결문도 웨버 사건을 인용했다. 아이는 부모의 행동에 책임을 질 능력이 없으며, 부모가 잘못을 저질렀을 때 법률로 아이를 처벌하는 것은 미국 법률에서 범죄와 그 책임을 일치시킨다는 원칙, 공정성의 원칙에 위배된다. 텍사스가 제정한 법률은 미등록 이주민의 아이들을 대상으로 하는데, 이들의 불법 신분은 아이들 스스로 결정할 수 있는 것이 아니라 부모가 저지른 불법 행위의 결과이므로 대법원은 텍사스 정부에서 아이들을 대우하는 방식이 불합리할뿐더러 법적 근거도 없다고 보았다.[278]

법률로 무고한 사람을 처벌하는 것은 공정성 원칙에 어긋나고 헌법에 부합하지 않을 뿐 아니라 일반법의 오랜 전통에도 위배된다. 또한 브레넌 대법관은 판결문에서 어린이가 학업을 중단하게 될 경우 돌이킬 수 없는 결과를 가져올 수 있으며 사회가 막대한 대가를 치르게 된다고 강조했다. 그는 1923년의 마이어(Meyer) 사건을 인용하면서 "미국인은 항상 교육과 지식 습득을 중요한 과제로 여겼다"고 말했다.[279] 개인적 측면에서 어린이의 교육 기회를 박탈하면 평생 회복할 수 없는 부정적인 영향을 미친다. 거시적인 측면에서 보더라도 기초교육이 민주주의 제도를 유지하고 사회적 가치를 계승하는 데 얼마나 중요한지는 더 말할 필요가 없다. 이런 인식에 기반하여 대법원은 주 정부가 저소득층 의료 시스템 등의 복지에서 미등록 이주민을 배제하는 법을 제정하는 것은 가능하지만 아동 교육은 어린이의 현재뿐 아니라 일생에 영향을 미치기 때문에 일반 복지와 다르다고 보았다. 교육을 받지 못할 경우 어린이와 부모 모두가 평생 그 대가를 치러야 하고, 국가 역시 더 큰 사회적 대가를 치르게 될 터이기 때문이다.

1972년 연방대법원은 "우리가 자유와 독립을 유지하고자 한다면, 시민이 개방적인 정치 시스템에 효과적이고 현명하게 참여할 수 있도록 반드시 일정 수준의 교육을 제공하여야 한다"라고 판결한 바 있다.[280] 수준 높은 교육을 받은 개인은 수입이 증가하고 생활의 질이 향상된다. 그러나 이로 인한 긍정적인 영향은 개인뿐 아니라 사회 전체가 누린다. 대법원에서는 공교육은 기본권이 아니지만 "건강한 사회를 유지하는 기초가 된다. 법률이 특정한 집단을 따로 분류한 뒤 사회적 가치를 흡수하고 생계유지의 기술을 습득할 경로를 빼앗는다면, 우리는 국가가 이에 대해 치러야 할 막대한 대가를 무시할 수 없다"고 여겼다.[281] 수정헌법 14조의 입법 목적 중 하나는 정부가 개인의 발전을 해치는 불합리한 장애물을 폐지하는 것이다. 교육은 인간에게 자립, 자주, 자족 능력을 길러준다. “사회적으로 소외된 집단의 어린이에게서 교육마저 박탈하는 것은 이들의 계급 상승과 주류 편입의 길을 차단하는 것과 같다.” 대법원은 나아가 문맹을 장애라고 정의했다. “문맹은 평생의 장애다.”[282]

이런 부분을 고려하여 연방대법원은 아동 공교육에 관련된 사건을 심사할 때는 법원의 추상적인 심사 기준 외에도 기초교육의 기회를 박탈하는 것이 어린이에게 어떤 해를 끼치는지, 국가가 어떤 대가를 치러야 하는지를 고려해야 한다고 여겼다. 앞서 언급한 바와 같이 공교육은 기본권이 아니고, 미등록 이주민을 분류하는 것은 ‘의심스러운 분류’가 아니다. 따라서 대법원이 엄격한 심사 기준을 채택할 수 없으므로 텍사스주 정부는 공립학교에서 미등록 이주민 학생을 거부하는 법률을 변호할 때 대단한 이유를 제시하지 않아도 된다. 단지 이 법률이 합리적인 근거를 가지고 있음을 증명하기만 하면 되는 것이다. 아동의 학업 중단이 문맹으로 이어질 경우 평생의 제약을 발생시켜 중대한 공적 비용을 유발한다는 점에서 공교육과 일반 복지는 구별된다. 이에 텍사스주는 본 법률의 합리성을 주장함에 있어 법률로부터 기대되는 단기적 이익이 아동 학업 중단으로 인한 장기적 손실 및 국가 부담을 초과함을 증명할 책임이 있다.

텍사스주 대리인은 한정된 교육 재정은 합법적 거주자에게 우선 배분되어야 한다고 변론하였다. 그러나 대법원은, 미등록 이주민 자녀에 대한 보조금 중단이 단기적으로 지출을 감축한다 하더라도 문해력 결손 등으로 인한 장기적 국가 부담을 고려할 때 그 절감 효과는 경미하다고 판단하였다. 게다가 미등록 이주민의 자녀가 성인이 되어서도 텍사스에 계속 거주한다는 보장이 없다. 그들이 학업을 중단하게 된다면 그로 인해 발생하는 문제는 텍사스에 국한되지 않고 다른 주와 미국 전체에 영향을 미친다. 이런 관점에서 보면 텍사스의 법률이 개인과 국가에 미치는 장기적인 피해가 주 정부의 지출 절감으로 얻는 단기 이익보다 훨씬 크다. 따라서 법률의 합리적인 근거가 부족하여 수정헌법 14조의 평등 보호 조항을 위반한다고 판결했다.[283]

하층민을 만들어내다

브레넌 대법관이 쓴 판결문 외에도 판결에 동의하는 다른 대법관 4명이 각각 찬성 의견을 작성했다. 그들은 판결 결과를 지지하지만 그 이유가 브레넌의 판결문과 완전히 일치하지는 않았다.

마셜 대법관은 공립 기초교육은 개인의 기본권이라 주장했다. 이는 다른 대법관의 견해와 다르다. 그는 헌법에서 교육권을 명확히 규정하지 않았더라도 교육이 미국 사회에서 특별한 위치를 차지하고 있고 중요한 헌정 가치와 떼려야 뗄 수 없는 관계라고 보았다. 그는 아동 교육에 대한 평등 보호 조항을 다루는 사건에 경직된 사법 심사 기준을 적용하는 것에 반대했다. 사안의 중요성과 학업 중단이 개인의 일생에 미치는 돌이킬 수 없는 손실을 고려해 사법 심사 기준을 유연하게 활용해야 한다는 것이다. 마셜은 정부가 특정 집단에 공립 교육을 제공하지 않는 행위 자체로 수정헌법 14조의 평등 보호 조항을 위반한 것이 되며, 이런 법률에 합리적 근거가 있는지 분석할 필요조차 없다고 주장했다.[284]

찬성 의견 중 해리 블랙먼(Harry Blackmun) 대법관은 기본권과 관련 있는지에 따라 엄격한 심사 기준을 적용하는 대법원의 심사 방식을 조정해야 한다고 제안했다. 그는 먼저 대법원의 판시들이 수정헌법 14조의 평등 보호 조항을 해석하고 적용할 때 서로 다른 견해를 가지고 있다는 점을 언급했다. 주류 의견은 연방법이나 주법이 기본권을 침해한 혐의가 있을 경우 대법원에서 엄격한 심사 기준을 채택하여 정부가 반드시 '압도적인 이익'을 얻을 때만 권리를 침해하는 법안이 정당화된다고 보는 것이다. 블랙먼은 이런 사법 심사 행위가 법원을 **입법 기관**으로 만들어버릴 우려가 있다고 경고했다. 그는 1969년 존 마셜 할란(John Marshall Harlan) 대법관의 판결을 인용했다. "입법 내용은 거의 모두 중요한 권리에 영향을 미친다. (…) 이처럼 권리에 영향을 미치는 모든 법안에 압도적 이익의 원칙을 적용한다면 연방대법원이 슈퍼 입법 기관이 되고 만다."[285] 한편 정부의 입법이 기본적인 헌법 권리를 침해하는 자체로 위헌이므로 수정헌법 14조의 평등 보호 조항에 따라 이런 법률의 입법 목적이 무엇인지, 의심스러운 목적으로 사람을 등급화하였는지 등을 엄격히 심사할 필요가 전혀 없다는 견해도 있다.[286] 또 다른 급진적인 의견으로는 기본권 침해 여부에 대한 관점에서 평등 보호 조항을 분석하는 데 완전히 반대하고, 침해된 권리가 기본권이든 다른 권리든 모두 법의 평등의 원칙에 위배된다는 견해도 있다.

연방대법원이 '슈퍼 입법 기관'이 되는 것을 피하고, 나아가 기본권의 경계선을 명확히 하기 위해 1973년 대법원에서 기본권을 명확히 정의하려 한 적이 있다. 이때 대법원은 기본권을 '헌법이 명확히 보장하거나 암시한 권리'라고 주장했다.[287] 이런 정의에 따르면 법원이 심사 기준을 적용할 때는 정부의 입법이 침해할 가능성이 있는 권리가 중요한지, 얼마나 중요한지를 더 이상 고려하지 않아도 된다. 단지 해당 권리가 헌법에 명시적으로 보장된 것인지, 헌법 조문에서 내포한 의미에 포함되는지만 판단하면 되는 것이다. 이런 방식은 헌법의 권력 견제 원칙만 고려한다. 법원은 사법 권력이지 입법 권력이 아니다. 기본권을 늘리는 권한은 의회에 있지 법원에 있지 않다. "법의 평등 보호를 보장한다는 명목으로 헌법에 명시된 기본권을 새로 만드는 것은 법원의 권한을 넘어선다."[288]

이처럼 다양한 견해를 살펴본 후 블랙먼 대법관은 1973년 '샌안토니오 독립 교육구 대 로드리게스(San Antonio Independent School District v. Rodriguez) 사건'의 연방대법원 판결에서 활용한 방식이 가장 좋다고 판단했다. 그 방식은 기본권의 범위를 명확히 정의함으로써 일반화의 위험을 피하는 한편, 법률이 헌법상 명시적 또는 묵시적 권리를 침해할 경우 엄격한 사법 심사 기준 적용 여부와 무관하게 수정헌법 14조 등 헌법 규정에 기초하여 위헌 판단을 할 수 있게 한다. 또한 기본권을 침해한 것으로 볼 수 없는 법률의 경우에는 이른바 '의심스러운 분류'에 해당하더라도 엄격한 사법 심사 기준을 경솔히 적용하지 않을 수 있다.

블랙먼은 어떤 권리는 헌법에서 명시적으로 보장하지 않지만 법원이 평등 보호 조항을 해석할 때 특별한 지위를 가지고 있다고 주장했다. 그는 투표권을 예로 들었다. 주 내 선거에서 "투표권 자체는 헌법이 보호하는 권리가 아니다." 하지만 투표권을 침해하는 입법이 이루어졌다면 연방대법원이 엄격한 심사 기준을 적용해야 한다. 왜냐하면 투표권 행사는 헌법이 보장하는 기본권을 행사하는 데 필수적인 요소이기 때문이다. 투표권이 없으면 헌법에 명시된 개인의 권리, 정치적 권리 모두 공허할 뿐이다.[289] "다시 말해 투표권은 특별한 대우를 받는다. 평등 보호의 용어로 설명하자면 특수한 권리다. 한 시민이 남보다 못한 정치 참여권을 가진다면, 그는 개인적이고 정치적인 권리의 평등을 실현할 수 있다는 희망을 가질 수 없다. 만약 누군가가 법률에 의해 투표권을 박탈당한다면 2등 시민의 지위로 떨어지는 것과 같다."[290]

블랙먼은 교육권과 투표권을 비교하며 설명했다. "교육권을 박탈하는 것은 투표권을 박탈하는 것과 비슷하다. 어떤 의미에서 전자는 개인을 2등 시민의 지위로 몰아넣고, 후자는 개인을 영구히 정치적 열세로 몰아넣는다."[291] 따라서 어린이의 교육받을 권리를 빼앗는 법률은 투표권을 박탈하는 문제를 어떻게 처리했는지 참조할 수 있다. 교육권은 헌법에 명시된 기본권은 아니지만 특별한 권리로서, 교육받을 권리를 박탈하는 것은 평등의 이념을 위반할 뿐 아니라 심각한 결과를 초래한다. 학교를 다니지 못한 어린이는 평생 극복할 수 없는 사회적 열세에 처하게 되며, 이는 인위적으로 '하위 계층'을 만드는 것과 같다. 따라서 아동 교육은 저소득 주민을 위해 정부가 제공하는 무상 의료 시스템, 저렴한 주택 등의 복지와 다르다. 정부가 이런 복지제도를 시민 및 합법적 신분을 지닌 주민에게만 제공하는 것은 가능하다. 그러나 수정헌법 14조 평등 보호 조항은 정부가 입법을 통하여 열등 집단을 창출하거나 그와 같이 인위적으로 형성된 계급·지위상의 불평등을 합법화·영속화하는 행위를 허용하지 아니한다.[292]

수정헌법 14조와 사법 심사 기준 외에도 블랙먼은 헌법이 텍사스주 정부에 이민법을 해석하고 집행할 권한을 부여하지 않는다고 지적했다. 이민법의 해석 및 집행 권한은 연방정부에 전속한다. 그런데도 텍사스주가 학생을 이민 여부에 따라 분류하고 미등록 이주민 자녀에 대한 교육 제공을 거부하면서 주된 근거로 그들이 추방 대상이라는 점을 드는 행위는 연방정부를 대행한 이민법의 해석·집행에 해당하므로 허용될 수 없다. 따라서 연방정부와 주 정부의 법률 관할권이라는 관점에서 볼 때 텍사스주 정부에는 미등록 이주민의 자녀를 별도의 집단으로 분류하여 그들에게 공교육을 제공하지 않을 권리가 없다.[293]

찬성 의견 가운데 가장 눈길을 끄는 것은 파월 대법관의 의견이다. 그는 법원이 기본권을 확장하는 데 반대했다. 그와 동시에 불평등을 조장하는 법률을 법원이 방임하는 태도에도 반대했다. 온건한 중간노선을 취하고자 했던 것이다. 그는 법원에서 개별 사건의 특수성을 중시해야 한다고 지적하며 웨버 사건에 대한 자신의 의견을 다시 검토했다. 그러고는 파일러 사건과 다른 평등 보호 조항에 관련된 사건의 차이점이 미등록 이주민 자녀는 죄를 짓지 않았다는 점이라고 여겼다. 이 아이들은 자의로 법을 어긴 것이 아니라 "다양한 상황의 상호 작용에 떠밀린 피해자"라는 것이다. 그러나 텍사스 주법은 아이들에게 부모가 저지른 불법 행위의 결과를 부담시켰다. 파월은 아이들이 이런 처지에 처하게 된 현실적인 원인을 분석했다. 미국과 멕시코는 2천 마일에 이르는 국경을 맞대고 있다. 법 집행이 느슨하기에 수백만 명의 미등록 이주민이 미국에 와서 생계를 잇기 위해 일하고 있다. 헌법은 의회에 이민을 규제할 수 있는 권한을 부여했지만 의회가 이를 효과적으로 행사하지 못했다. 파월은 부정할 수 없는 현실 중 하나로 미등록 이주민 중 많은 수가 영원히 미국에 남아서 사실상 각 주의 주민이 될 것임을 예로 들었다. 따라서 정부는 그들의 자녀가 문맹자가 되도록 해서는 안 된다.[294]

미등록 이주민의 자녀는 합법적인 신분이 없으므로 파월은 그들의 처지를 그가 판결한 1972년 웨버 사건의 혼외 자녀와 비교하며 미등록 이주민 자녀의 교육권 박탈은 혼외 자녀의 상속권 박탈과 같다고 주장했다. 부모가 법을 어겼다고 해서 아이를 처벌하는 것은 비논리적이고 공정하지 않으며 미국의 제도와 법률 원칙에 어긋난다. 법률의 정당성 원칙에 의하면 잘못이 있어야만 처벌할 수 있고, 무고한 자를 처벌하면 법적 불의다. 파월은 주 정부가 복지 제한에 관한 입법권을 가짐을 인정하고, 미등록 이주민을 주 내의 합법적 주민이 누리는 혜택에서 제외하는 것도 지지했다. 미등록 이주민 본인은 자신의 위법 행위가 먼저 발생했고, 자의에 따라 위법 행위를 했으므로 그로 인한 결과 역시 감수해야 한다. 그러나 그들의 자녀는 불법 이민이라는 행위를 결정할 수 없었기 때문에 미등록 이주민 중의 미성년자는 특별한 집단으로 보아야 하며, 부모와 동일시해서는 안 된다. 특히 교육 문제에 있어서는 더욱 그렇다.

> 이 사건에서 법률은 해당 아동 집단을 분류하고 그들의 신분을 이유로 다른 아동들이 누리는 교육 기회를 박탈했다. 이들이 합법적인 신분을 얻지 못한 것은 오로지 그들의 부모가 법을 어겼기 때문이다. 이런 법은 아이들에게 평생 이어질 처벌을 내린다. 이처럼 법으로 주민을 분류하면 미래의 '하위 계층'을 만들어낼 위험이 있으며, 수정헌법 14조의 기본 목표에 부합하지 않는다. 이런 특수 상황에서 법원은 정부의 입법으로 실질적인 이익이 발생해야 하며 정부 행위와 이익 사이에 분명한 연관성이 있어야 한다고 적절히 요구할 수 있다.[295]

파월은 텍사스주 정부가 교육 예산을 규제하여 실질적 이익을 얻는다는 점을 부정하지 않았다. 하지만 문제는 텍사스주 정부가 취한 수단이다. 미등록 이주민 자녀의 교육권을 박탈하는 수단과 주 정부의 이익 보호 사이에는 실질적인 연관성이 없다. 파월 대법관은 브래너핸 대법관의 판결문에 찬성하였다. 텍사스주에서 미등록 이주민 자녀의 교육 제공을 중단하더라도 교육 재정이 절감된다거나 교육의 질이 향상되지는 않는다. 또한 그들 자녀의 다수는 장차 미국 시민이자 텍사스주의 합법적 거주자가 될 가능성이 높다. 따라서 그는 교육권 박탈은 문맹 증가를 초래하여 텍사스뿐 아니라 연방 전체에 관련 비용 부담을 야기할 것이라고 여겼다. 교육 수준이 낮을수록 실업률과 범죄율은 높아지고, 정부의 복지에 기대어 생활하는 경우가 늘어난다. 텍사스주가 제정한 법률은 실제로 이런 상황을 야기하고 있으며, 법률이 가져올

심각한 결과에 비해 텍사스주가 절약하는 교육 예산은 미미할 따름이다.[296]

플라톤식 보호자

파일러 사건에서 판결 결과에 반대한 대법관은 4명이다. 워런 버거 대법원장이 반대 의견을 작성했다. 그는 텍사스주의 이 법률이 의심할 여지 없이 불공정하지만 정부가 만든 법률을 고치는 일은 법원의 역할이 아니라고 주장했다. 법원의 역할은 정부가 입법한 내용이 헌법에 위배되는지 판단하는 것이며, 불공정한 법률이라고 해서 무조건 위헌인 것은 아니다. "만약 우리의 직무가 국가를 위해 사회 정책을 수립하는 것이라면 나는 주저하지 않고(판결문에) 동의할 것이다. 문명화된 사회에서 어린이(미등록 이주민을 포함한)의 기초 교육을 거부하는 것은 터무니없는 일이다. 나는 언어가 통하지 않는 문맹자로 구성된 사회 계층을 만들어내는 정책을 용인하는 것이 우매하고 잘못된 일이라는 데 전적으로 동의한다. 그러나 헌법은 우리를 플라톤식 보호자로 만들지 않았고, 우리가 추구하는 사회 정책의 기준에 부합하지 않는 법률이 **현명하지 않거나 상식적이지 않다**는 이유로 이를 폐지할 권한도 주지 않았다." 법원에서 이런 식의 권한을 행사한다면 사회 정책을 수립하는 것과 같으며, 입법 기관의 권한을 침해하고 헌법에 정한 권력 분립의 원칙을 위반하는 것이다.[297]

미국 헌법은 정부 권력을 입법, 행정, 사법으로 나눈다. 이민 관련해서는 헌법이 의회에 입법권을, 연방정부에 행정권을 부여한다. 주 정부는 미등록 이주민의 입국을 금지할 권한도, 관할 구역 내의 미등록 이주민을 자국으로 송환할 권한도 없다. 연방정부가 책임을 소홀히 하여 불법 이민을 통제하는 데 실패했는데 미등록 이주민 자녀를 교육하는 예산 부담은 주 정부가 진다. 원칙적으로 연방정부의 직무 소홀로 인한 추가 교육 비용은 연방정부가 부담해야 하는데 실제로는 각 주 정부, 지방 정부의 재정 부담이 된 것이다. 비록 버거 대법원장이 원고와 그 부모를 송환하는 것이 본 소송의 최종 해결책이라고 명확히 밝힌 것은 아니지만, 그가 작성한 반대 의견은 연방정부가 미등록 이주민의 신원을 확인하고 그들을 자국으로 송환할 능력이 있음을 가정하고 논지를 전개했다. 연방정부가 미등록 이주민을 송환하지 않은 것은 선택적 직무 유기가 된다.[298]

버거는 수정헌법 14조의 평등 보호 조항이 미등록 이주민에게도 적용된다는 점을 인정하면서도 텍사스 정부의 입법 내용을 번복하는 데는 동의하지 않았다. 정부가 제한된 교육 예산을 집행할 때 미등록 이주민과 합법 거주자를 구분하여 다르게 대우할 권한이 있다는 관점이다. 이렇게 하는 것은 텍사스 정부의 권한이며 수정헌법 14조의 평등 보호 조항을 위반하지 않는다. 대법원은 이미 교육권이 기본권에 속하지 않으며 미등록 이주민을 별도로 분류해 차별적으로 대우하는 것이 '의심스러운 분류'에 속하지 않는다고 명확히 판결한 바 있다. "의심스러운 분류인 듯하면서 기본권인 듯한 조각을 모아서 이런 안건에 대한 사실에 맞춘 논리를 짜냈는데 (…) 이 사건은 법원이 아무런 걱정 없이 결과만을 지향하여 판결을 내리게 하려 한 전형적인 사례다"라고 여겼다.[299]

12쪽에 달하는 반대 의견에서 버거는 대법원의 다수의견을 조목조목 반박했다. 우선 그는 법원이 미등록 이주민 자녀를 지나치게 무고하다고 강조한다고 비판했다. 그들의 불법적인 신분은 부모의 불법 행위로 발생했고 어린이 자신이 결정할 수 없었다는 것이 무고함의 이유다. 그러므로 텍사스 정부가 이들을 처벌하는 식의 입법행위를 한다면 법원에서 수정헌법 14조를 근거로 특별히 관심을 기울일 만하다. 버거는 파월의 의견을 특히 비판하며 다음과 같이 밝혔다. 법률로 무고한 어린이를 처벌한다는 것은 애초에 합리성을 운운할 여지조차 없는 일이다. 버거의 관점에서 보면 대상이 무고한지 여부를 두고 수정헌법 14조를 분석하는 것은 법률적 근거가 없다. 오히려 수정헌법 14조의 평등 보호 조항은 자신의 처지에 통제력을 갖지 못한 사람을 분류하고 차별 대우하는 입법을 금지하지 않는다. 버거는 다음과 같은 예시를 들었다. 어린이는 자신의 건강 상태, 정부를 향한 복지 신청, 거주지 등을 결정할 때도 통제력이 없지만 주 정부는 심리적으로 건강한 아이와 정신질환이 있는 아이를 구분하여 다르게 대우하는 법을 만들 수 있으며 이는 헌법의 평등 보호 조항을 위반하지 않는다. "평등 보호 조항은 독단적이고 비이성적인 분류, 편견과 적대감에서 비롯된 노골적인 차별을 금지한다. 그러나 이 조항이 무소불위의 **등화기(等化器)**는 아니며, 당사자가 **책임**질 수 없는 모든 분류를 제거하도록 설계되지 않았다."[300]

이 사건에서 버거는 미등록 이주민의 자녀가 자신의 불법 신분에 대한 결정권이 없고 그들의 부모의 불법 행위 때문에 발생한 문제라고 해도 텍사스의 법률은 이 아이들의 부모가 지닌 불법 신분 때문에 그들의 입학을 거부한 것이 아니라 아이들 자신의 불법 신분에 의한 것이므로 아이들이 무고한지 아닌지에 관계없이 그들의 신분은 위법적이라고 주장했다. 텍사스주에서 이 아이들의 입학을 거부한 것은 멕시코 혈통 때문이 아니다. 반대로 수정헌법 14조에 따르면 이 아이들의 동생 중 미국에서 태어난 아이는 모두 미국 시민이기에 텍사스주의 무료 공립교육을 누리고 있다. 텍사스주에서 아이들의 교육권을 박탈한 것은 인종, 혈통, 출신 국가가 아닌 불법적인 신분이 원인이다. 마찬가지로 합법적인 신분을 가진 어린이의 경우에도 자신이 어느 학군에 거주할지 결정할 능력이 없지만 주 정부가 거주지가 아닌 학군에서 학교를 다닐 수 없게 금지하는 법을 제정할 권한이 있다. 사실상 가난한 학군의 아이들이 부유한 학군에서 진학하는 것을 금지하고 있다. 예전에 샌안토니오 독립 학군에 관한 사건 판결에서 대법원은 주 정부의 이러한 학군별 학생 차별 행위가 헌법에 위배되지 않는다고 판단한 바 있다.[301]

버거는 또한 연방 법률에 따라 미등록 이주민의 자녀가 무고함 때문에 송환에서 제외되거나 이민법에 의거한 '처벌'을 면제받지 못한다고 강조했다. 법원 역시 연방정부가 그들을 국외 송환하는 것이 불합리하거나 수정헌법 14조의 평등 보호 조항을 위배한다고 여기지 않는다. 그는 미등록 이주민 아동의 불법 신분은 그들이 '유죄냐 혹은 무죄냐 같은 공허한 개념'에 의해 결정되지 않는다고 지적하면서, 법원에서 그들의 불법 신분에 대해 논란이 없으며 주 정부가 그들을 차별하여 대우할 때 불법 이민 아동이 무죄냐 아니냐를 고려할 필요가 없다고 썼다. 버거는 브레넌과 파월이 미등록 이주민 자녀와 혼외 자녀를 비교한 데 대해서 "매우 오도하는 방식"이라고 여겼다. 그는 혼외 자녀는 자신의 출생 때문에 차별을 받지만 텍사스주는 미등록 이주민 자녀의 출생을 이유로 그들을 차별하는 것이 아니라 불법으로 입국한 행위에 따라 그들을 차별한다고 판단했다. 다시 말해 버거의 관점에서 혼외 자녀의 무고함과 미등록 이주민 자녀의 무고함은 법적으로 동일하지 않다.[302]

브레넌이 연방대법원을 대표해 작성한 판결문에서는 교육권이 헌법에 보장된 기본권이 아니지만 정부가 제공하는 일반적인 복지와는 다르다고 봤다. 버거는 이러한 발언이 '모호하다'고 표현하면서 불법 이민 아동에게 무료 교육을 허용하지 않는 법률이 위헌인지를 판단하는 일과 관련 없다고 지적했다. "법원에서는 이 문제에 대한 의견이 무슨 뜻인지 한 번도 명확히 설명한 적 없다." 버거는 교육이 중요한 문제라는 데 동의하면서도, 연방대법원의 기존 판례를 보면 정부가 제공하는 행정 서비스가 아무리 중요하더라도 그 중요성만으로 해당 서비스를 기본권으로 전환할 수 없다는 점을 거듭 천명해왔다고 지적했다. 파월이 1973년에 판결한 샌안토니오 독립 학군 사건 역시 이런 주장을 펼쳤다.[303] 버거는 당시의 판결문을 인용하면서 연방대법원은 입법 기능을 수행할 권한도 능력도 없다고 하며 다음과 같이 썼다. "하지만 오늘날 법원이 바로 이런 일을 하고 있다."[304] 버거는 두 사건의 판결에서 파월 대법관이 모순된 의견을 제시했다고 암시하는 것이다.

이처럼 교육권은 기본권이 아니고 불법 이민 아동을 차별 대우하는 것이 '의심스러운 분류'에 속하지 않는다는 점을 명확히 밝힌 후, 버거는 연방대법원은 텍사스 법률이 채택한 수단과 달성하려는 정책 목표 사이에 합리적인 연관성이 있는지만 판단하면 된다고 주장했다. 주 정부의 가용 예산은 제한적이므로 공립 교육 자원을 사용할 규범을 정하는 것은 말할 것도 없이 합리적인 입법 목표다. 다수의견을 낸 브레넌과 나머지 4명의 대법관 역시 텍사스 정부의 입법 목표가 합리적이라고 여겼다. 다만 불법 이민 아동의 교육권을 박탈하는 수단을 사용하는 것이 불합리하다는 것이다. 이 부분이 버거 대법관이 대법원의 다수의견에 동의하지 않는 주요 쟁점이다. 그는 텍사스주에서 미등록 이주민의 자녀에게 학비를 내도록 요구하는 것은 합리적인 근거가 있다고 여겼다. 그의 견해에 따르면, 주 정부가 주민에 대해 지는 책임에는 합법적 주민과 미등록 이주민 사이에 우선순위가 있다. "근본적인 정의(定義)부터 따지자면, 미등록 이주민은 이 지역에 거주할 권리가 없다. 주 정부는 당연히 합법적 주민이 관련 비용을 부담하지 않도록 합리적이고 합헌적으로 정부 서비스를 제공하지 않는 선택을 할 수 있다."[305]

버거는 연방정부가 공공 서비스나 복지에서 미등록 이주민을 배제한 사례를 열거했다. 미등록 이주민에게 무료 식권, 노인 복지 서비스, 어린이 보조금, 장애인 보조금, 저소득층 보조금, 저소득층 무료 의료 서비스 등을 제공하지 않는 것 등이다. 연방정부가 미등록 이주민을 행정 서비스에서 배제하는 것이 불합리하지 않다면 주 정부도 이런 방식을 사용할 수 있다. 또한 버거는 미등록 이주민의 자녀를 교육하는 데 합법적인 주민의 자녀를 교육할 때보다 비용이 더 든다는 주 정부 측 변호사의 주장에 동의했다. 불법 이민 아동의 모국어는 영어가 아니므로 특수 교육이 필요하기 때문이다. 주 정부는 미등록 이주민이 이런 교육 비용을 직접 지불하게 하고, 절약한 예산으로 학교 교육의 질을 향상시킬 수 있다. 버거의 견해에 따르면 주 정부의 이런 행위에는 불합리한 점이 없으며 헌법에 위배되지 않는다.[306]

버거는 파일러 사건의 판결 내용을 비판하며 "법원이 의회의 공백을 메우는 **효과적인 리더십**을 발휘하려는 의도를 숨기지 않았다"고 썼다. 그는 국경선이 길어서 법 집행이 어려운 점, 행정부의 소극적인 대응 등 여러 요인이 더해져 미등록 이주민이 계속 유입되었고 현재 '사회경제적 문제'를 형성했다는 사실은 인정하면서도 연방대법원에는 입법 및 법 집행의 기능이 없기에 의회가 행정부가 포기한 권한과 책임을 대신할 수 없다고 주장했다. 사법부의 월권행위에 대한 비판도 계속 제기되고 있다. 버거는 이런 비판이 정당하며, 파일러 사건의 판결은 의회의 입법 실패 혹은 늦장 입법에 대하여 '일률적으로 효과가 빠른 약'을 처방하는 것과 같다고 여겼다. "법원이 수정헌법 14조를 남용하여 전지전능하고 완전무결한 문제 해결자 노릇을 하려고 한다. 법원이 이런 태도를 보이는 동기는 고귀하고 양심적이지만, 헌법의 기능을 왜곡하여 다른 권력의 무능함을 보완하고 있다는 사실은 변하지 않는다." 버거는 법원의 월권행위에 "깊은 불안감을 느낀다"고 표현했다.[307]

그러나 법률적인 분석을 마친 후 버거는 자신이 텍사스주가 공립학교에서 미등록 이주민 아동을 받아주지 않는 방식에 동의하지 않는다고 솔직히 밝혔다. "만약 내가 입법자라면 미등록 이주민 아동에게 무료 교육을 제공하기를 거부하지 않을 것이다. 동정심 때문이 아니다. 지금 공립학교에서 학생을 내쫓으면 나중에 (어른이 된) 그 학생을 교육하는 비용이 훨씬 더 많이 들기 때문이다. 다만 이런 점은 본 사건에서 다룰 문제가 아니다. 올바른 정책 입안을 추구하는 차원에서 텍사스주의 입법을 반대할 수 있으나 그렇다고 해서 헌법에 위배된다는 뜻은 아니다. (…) 헌법은 모든 사회적 병폐에 대한 처방전을 제공하지 않으며, 판사에게도 모든 사회문제를 해결하라는 사명을 부여하지 않는다. 불법 이민 문제를 해결하는 것은 입법부와 행정부의 책임이며, 판사가 자신의 권한 범위 밖에서 입법 혹은 행정의 직무를 대행한다면 의회와 정부가 권한을 행사할 기회를 빼앗는 것과 같다. 헌법이 의회와 정부에 부여한 직권을 그들이 행사하지 않는다면 '그 권력은 사용하지 않는 근육이 그렇듯 점차 위축될 것이다.'" 이런 관점에서 버거는 연방대법원의 이번 판결이 사실상 입법부와 행정부의 기능을 약화한다고 여겼다.[308]

버거의 반대 의견을 보면 동정심이 없거나 공정함이 부족해서 그런 것이 아니라 동정심 혹은 공정함이 법과 제도를 대체할 수 없다는 점을 강조하려는 의도에서 비롯된 것임을 알 수 있다. 불법 이민 아동에게 교육받을 기회를 주지 않으면 미래에 영구적 천민 계층을 형성할 위험이 있음을 인정하면서도 이는 불법 이민의 여러 문제 중 하나이며 문제를 해결할 수 있을지는 법원이 아니라 입법부와 행정부에 달려 있다고 여겼다. 버거는 의회가 불법 이민 문제를 해결할 수 있다고 확신했다. "의회가 불법 이민 가정을 국외 송환하지 않으면서 그들의 자녀에게 교육을 제공하지 않는 식의 자멸적인 결과를 장기적으로 용인하리라고는 믿기 어렵다. 그러나 법원은 정치의 진행 과정이 비록 조금 지연되더라도 그들 자신의 궤도로 흘러가도록 놔두지 않았다. 오히려 법원은 의회를 대신해 일하며 그들의 무능을 보상하려고 시도했다. 정치권력에 사법부 쪽으로 공을 넘기라고 독려하는 셈이 되었다고 해도 과언이 아니다." 버거의 결론은 이러했다. "몇몇 사람에게 받아들이기 어려운 일이 될 수도 있겠지만, 이처럼 풀리지 않는 문제는 정치적인 진행 과정에 맡겨 해결해야 한다."[309]

확실히 파일러 사건의 판결 결과에서 보듯 연방대법관 중 5명은 버거의 주장을 받아들이지 않았고 3명의 대법관만 그를 지지하며 반대 의견을 썼다.

두 가지 정의(正義)

버거 대법원장이 의회와 행정부에 보여준 신뢰 역시 그저 공상에 그치지 않았다. 파일러 사건의 판결이 내려지고 4년 후, 연방의회에서 '이민 개혁 및 통제 법안'이 통과되었고 레이건 대통령이 법안에 서명하여 발효되었다. 이민 제한을 강화하는 동시에 미등록 이주민을 대거 사면했다. 미국 내 수백만 명의 미등록 이주민이 합법적인 신분을 얻었다. 불법 이민 문제는 일시적으로 해결되었으나 그 후 수십 년 동안 더 많은 미등록 이주민이 미국에 들어오면서 미등록 이주민 수가 1천만 명을 넘었다.[310] 의회는 여전히 이를 내버려두고 있으며, 행정부에는 미등록 이주민을 송환할 능력이 없다. 만약 파일러 사건에서 브레넌과 다른 4명의 대법관이 다수의견으로 판결을 내리지 않은 상태로 의회와 행정 당국의 조치에 의존했다면 많은 불법 이민 아동이 교육 기회를 잃었을 것이다. 또한 미국 사회에 문맹자로 구성된 거대한 천민 계층이 형성되었을 것이다. 이런 점에서 볼 때 버거 대법관이 문제 해결을 전부 입법부와 행정부에 맡겨야 한다고 주장한 것은 시야가 좁았던 듯하다.

1986년 레이건 대통령이 '이민 개혁 및 통제 법안'에 서명한 후 파일러 사건의 원고였던 아이들과 그들과 비슷한 상황에 놓였던 아이들이 합법적인 신분을 얻었다. 이듬해 고등학교를 졸업한 로라 알바레즈는 테일러의 학교에서 보조교사로 일했다. 로라가 학업을 마칠 수 있었던 힘은 '이민 개혁 및 통제 법안'이 아니라 저스티스 판사가 1977년 9월 9일 새벽에 서명한 법원 명령, 1978년 9월 14일에 내린 판결, 1982년 6월 15일에 나온 연방대법원 판결이었다. 1986년까지 의회의 사면 입법을 기다렸더라면 로라는 9살에 학교를 그만둔 뒤 9년째가 된다. 저스티스 판사는 파일러 사건을 심리할 때 이미 이런 상황을 예견한 바 있다.

> 논쟁의 여지가 없는 증거가 보여주듯, 이미 불리한 위치에 있는 아이가 교육 기회마저 빼앗기면 그들은 영원히 직업의 사다리에서 최하층에 머물러야 한다. 주 정부가 이들을 교육하는 일을 거부한다면, 설령 나중에 의회에서 사면을 의결하더라도 과거의 불법 신분으로 인해 영원히 회복할 수 없는 낙인이 찍히는 것이다. 이처럼 돌이킬 수 없는 결과가 발생할 것을 고려하면 (교육 기회 박탈은) 특별히 가혹한 처벌이 된다. 어쩌면 잔인하고 일반적이지 않은 처벌일지도 모른다.[311]

1994년 10월 로라 알바레즈는 26살이었다. 『로스앤젤레스 타임스』 기자가 로라를 찾아와 파일러 사건에 대해 인터뷰했는데, 이날 로라는 오래전 법원의 긴 의자에 앉아 졸던 새벽이 로라의 운명을 바꿨을 뿐 아니라 수많은 불법 이민 아동의 운명도 달라지게 했음을 알았다. 이 인터뷰는 캘리포니아주에서 1975년 텍사스주의 방식대로 불법 이민 아동이 공립학교에 다니는 것을 금지하는 법을 제정하려 했기 때문이었다. 캘리포니아주는 경기 침체로 정부 예산이 부족했고 주지사인 피트 윌슨(Pete Wilson)은 정치적으로 위기 상황이었다. 재선에 성공하고 싶었던 피트 윌슨은 "우리의 학교를 구하자"라는 캠페인을 벌였다. 그는 주지사 선거에 주민투표를 추가해 불법 이민 아동에게도 공립 기초 교육을 제공할지를 결정하자고 했다. 투표 결과는 부정적 응답이 압도적으로 높았다. 다음 날 연방대법원은 캘리포니아주 정부에 투표 결과의 집행을 중단하라고 명령했다. 주민투표 결과가 파일러 사건의 판례를 위반한 것이며, 최종적으로 연방대법원에서 위헌으로 판단해 폐지되었다.[312]

1996년 일부 연방의회 의원이 파일러 사건의 판결을 번복하는 법을 제정하려고 시도했다. 그들은 불법 이민 아동이 공립학교에 입학할 수 있도록 허용할지를 각 주 정부가 결정하도록 권한을 주고자 했다. 당시 대통령이었던 클린턴은 명확히 반대했고 텍사스주의 상원의원 2명도 지지하지 않았다. 당시 텍사스 주지사였던 조지 부시(아들 부시) 역시 반대 의견을 표명했다. 양당 모두와 민중의 반대 속에 해당 법안은 흐지부지되었다.[313]

몇 년에 한 번씩 의회는 불법 이민 문제를 논의하지만, 매번 흐지부지된다. 버거 대법관은 의회에 기대를 걸며 파일러 사건에서도 법원이 입법 기능을 대신 행사하면 안 된다고 비판했다. 그가 지적한 법관들 역시 입법은 의회의 기능이라는 점을 분명히 알고 있었다. 실제로 저스티스 판사는 의회가 불법 이민 아동 문제를 다뤄야 한다는 논리에 대해 잘 알고 있었다. "의회가 영어를 못하는 가난한 아이들의 교육 문제에 관심을 갖는 이유는 크게 두 가지다. 첫째, 아이들에게 기회를 주면 그들이 다른 아이들이 그렇듯 장점을 드러내고 재능을 발전시킬 수 있다. 둘째, 현대 사회에서 교육받지 못한 성인은 중대한 열세에 처한다."[314] 그러나 의회는 끝없이 토론만 하기에 법원이 공립학교에서 불법 이민 아동을 내쫓는 것을 막지 않는다면 많은 학생이 학교에 다니지 못하게 되어 그들 개인은 물론 미국 사회에도 돌이킬 수 없는 손실을 입히게 된다. 저스티스 판사는 법원이 헌법에 따라 그런 상황이 발생하지 않도록 막을 책임이 있다고 믿었다.

파일러 사건에 나타난 버거 대법원장과 브레넌, 파월 등 다섯 대법관의 논쟁은 오랫동안 이어진 법률과 공정 문제에 대한 의견 차이를 보여준다. 이런 의견 차이는 서구 법률사만큼이나 오래되었다. 기원전 4세기 초 아리스토텔레스는 『니코마코스 윤리학』에서 공성함을 이용해 법을 교정하자는 주장을 폈다. "정의(正義)와 공정함은 다르지 않고, 둘 다 좋다. 다만 공정함이 단순한 정의보다 낫다. 문제는 공정함 역시 정의지만 법률적 정의는 아니라는 점이며, 공정함은 법률적 정의를 바로잡을 수 있다."[315] 아리스토텔레스가 법적 정의의 바깥에서 공정함이라는 개념을 제시한 이유는 두 가지 상황에서 법적 정의에 문제가 생기기 때문이다. 첫째, 법은 완벽하지 않으므로 새로운 상황이 벌어지면 이를 처리할 수 없다. 둘째, 법은 보편적인 기준을 설정하지만 구체적인 사실은 사안마다 다르기에 하나의 법률을 어떤 사건에 적용하면 공정하지만 다른 사건에 적용하면 공정하지 못할 수 있다. 이와 같은 두 가지 경우에 법관은 공정함의 원칙에 따라 법률을 보완 혹은 수정해야 한다.[316]

아리스토텔레스는 이런 상황이 법의 잘못도 입법자의 잘못도 아니며, 인간 행위의 성격에 의해 결정된다고 보았다. 인간의 행위는 다양하며 명확히 정의 내리기 어려운 사실이 존재한다. 입법자 역시 모든 구체적인 상황을 다 예측해 법을 만들 수 없다. 그래서 근본적으로 말해 인간 행위의 복잡성과 예측 불가능한 면 때문에 공정함의 원칙이 필요하다. 아리스토텔레스는 공정함의 원칙으로 법률을 대체하려는 것이 아니라 공정함을 이용해서 법률을 교정하려 한다. 정의롭지 않은 법률은 없지만, 법률에는 어쩔 수 없이 비어 있는 부분이나 부족한 부분이 존재한다. 그러므로 공정함으로 법률을 보완하고 교정하자는 것이다.[317]

영미법은 이념, 절차, 사법기구 등에서 아리스토텔레스의 이러한 사상에 큰 영향을 받았다.

14세기 말부터 영국 왕실은 국왕의 일반법원 바깥에 '형평법원(Court of Chancery)'을 두었고, 17세기 초에는 형평법원의 지위가 일반법원보다 높아졌다. 미국은 영국 식민지 시기에 영국의 사법제도 모델을 따랐고, 독립 후에는 각 주가 일반법원과 형평법원을 병행하거나 일반법원에서 형평법원의 기능을 대행하는 두 가지 방식 중 하나를 선택했다. 또한 의회는 새로 설립한 연방법원에 형평법원의 원칙과 절차에 따라 관련 사건을 심리할 권한을 부여했다. 19세기 중반부터 미국 각 주는 형평법원의 기능을 주 항소법원과 주 대법원에 통합해 형평법원의 전통을 새로운 형태로 계승하였다. 연방법원 체제에도 비슷한 상황이 벌어졌다. "1938년 『미국 연방 민사 절차 규칙』에서는 법률과 형평의 통합 과정을 '**형평법이 일반법에 승리했다**'고 표현했다."[318]

형평법원을 설치하는 것 혹은 형평 절차를 병행하는 것은 공정함의 원칙에 따라 법을 해석하는 전통이다. 일반법과 성문법은 법관이 정해진 절차와 판례에 따라 법률을 해석하고 사건을 심리할 것을 요구한다. 반면 형평법은 판사가 공정함이라는 관점에서 경직된 사법 행위가 초래할지 모르는 불공정한 결과까지 균형 있게 고려하도록 요구한다. 역사적으로 판사와 법학자는 일반법과 형평법 사이에서 균형점을 찾으려 노력했으며, 대체로 공정함의 원칙을 운용할 때 아리스토텔레스가 주장한 것처럼 법률의 결함을 '교정'하는 범위 내로 제한했다. 예를 들어 18세기 후반~19세기의 영미법에 큰 영향을 준 윌리엄 블랙스톤(William Blackstone)은 다음과 같이 주장했다. "모든 사건을 공정함이라는 관점으로 심리하는 방식을 너무 과도하게 적용해서는 안 된다. 그렇지 않으면 모든 문제를 법관 마음대로 결정하게 되므로 법률 자체를 훼손하는 결과를 낳을 수 있다. 적어도 공공복지 문제에 대해서는 공정함의 원칙 없는 법률이 딱딱하고 불편하더라도 법률 없는 공정함보다 낫다. 후자는 모든 법관을 입법자로 만들 것이다."[319]

아리스토텔레스에서 블랙스톤까지 법률과 공정함을 둘러싼 논쟁이 파일러 사건에 대한 연방대법원 판결에 반영되었다. 간단히 말해, 법률을 엄격하게 해석하는 것은 사법의 기초이자 출발점이고 이와 동시에 공정함의 원칙을 통해 법적 정의를 교정하고 보완하는 것은 서구 법체계, 특히 영미법의 오랜 전통이다. 저스티스 판사와 연방대법원의 다섯 대법관은 이 전통을 계승하여 로라와 같은 세대의 불법 이민 아동을 구했다. 2017년 로라 알바레즈는 48살이 되었고 아이를 낳아 기르는 어머니가 되었다. 『아메리칸 퍼블릭 미디어*American Public Media*』의 인터뷰에서 로라는 "내 아이는 자신이 누리는 모든 것이 당연하다고 여긴다. 그러나 나는 이 사건이 무엇을 의미하는지 알게 되었을 때 교육이 얼마나 소중한 선물인지 깨달았다. 누구에게나 줄 수 있는 최고의 선물이다. 교육이 없었다면 나는 지금의 내가 되지 못했을 것이다"라고 말했다.[320]

2007년 제임스 파일러는 82세의 노인이 되었다. 그는 은퇴 후에 삼대가 한 집에서 생활하며 노년을 편안하게 보내고 있었다. 그의 손자 세대에는 멕시코 혈통의 아이도 있었다. 그는 『에듀케이션 위크 *Education Week*』와의 인터뷰에서 당시 주 정부가 불법 이민 아동의 보조금을 중단하는 바람에 학군 운영을 위해 어쩔 수 없이 내린 결정이었다고 말했다. 소송에서 졌을 때 그는 내심 기뻐했다고 한다. "나는 교육자이고, 그 아이들에게 교육이 필요하다는 것을 알고 있었다. 나는 학교가 그 아이들을 받아주고 주 정부에서 교육 예산을 받을 수 있어서 기뻤다. 그것이 우리가 해야 할 일이었다."[321] 파일러는 2016년 향년 91세로 세상을 떠났다.

윌리엄 저스티스 판사는 2009년 10월 13일 오스틴에서 별세했다. 텍사스주 부지사였던 빌 하비(Bill Hobby)는 "저스티스 판사는 텍사스를 20세기로 나아가게 했으며 하느님의 가호를 받았다. 그는 환영받지 못했지만 끝까지 올바른 일을 했다"고 평가했다. 하비는 과거에 저스티스 판사의 여러 판결에 반대한 바 있다. 말년에 저스티스 판사는 약 40년에 걸친 자신의 법관 생애를 돌아보며 자신의 많은 판결 중에서도 파일러 사건이 사람들에게 기억되기를 바란다고 했다.[322]

7장 역사와 신화

스페인어로 꾸는 아메리칸드림은 없다. 앵글로-개신교 사회가 세운 아메리칸드림만 있을 뿐이다. 멕시코계 미국인은 영어로 꿈을 꾸어야 그 꿈과 꿈꾸는 사회를 누릴 수 있다.

—새뮤얼 헌팅턴(Samuel Huntington)

현대 민주주의가 역사적으로 서구 기독교에 뿌리를 두고 있다는 것은 의심할 여지가 없다. 이것은 새로운 관점이 아니다. 토크빌과 헤겔, 니체 등 여러 사상가가 현대 민주주의란 사실상 기독교의 보편적 교리가 다양한 방면에서 세속적인 버전으로 나타난 것임을 발견했다. 그러나 현대 민주주의가 특정한 역사적 언어 환경에서 기원했다는 사실이 그 후에 보편성을 가질 수 없음을 의미하지 않는다. 민주주의가 전파되는 이유는 통치자가 책임을 지는 효과적인 방법이기 때문이며, 고귀한 문화적 원류를 갖고 있어서가 아니다.

—프랜시스 후쿠야마(Francis Fukuyama)

1950~1960년대에 연방대법원에서 수정헌법 14조 관련 판결이 여러 건 내려졌고 의회에서는 민권법안이 통과되었다. 민권운동가들의 조직적인 가두시위와 언론을 통한 끊임없는 호소 등을 거쳐 인종문제에 관한 미국 사회의 인식과 인종 간 관계에 전례 없는 변화가 생겼다. 이런 변화의 부산물 중 하나가 1965년 의회에서 이민법을 수정해 1924년 이후로 시행되었던 인종 할당량을 폐지한 일이다. 그 후로 수많은 동유럽, 남유럽, 아시아, 라틴아메리카 출신의 유색 인종 이민자가 합법적으로 미국에 정착해 미국 시민이 되었다. 동시에 미국 내 미등록 이주민 수는 계속 증가했다. 미국 역사상 몇 차례나 나타났던 이전의 이민 물결이 그랬듯 다양한 국가, 인종, 문화적 배경을 지닌 새로운 이민자들이 몰려들었고, 이에 대한 반동으로 미국에서 이민 반대 세력이 부상했다. 정계와 학계, 그리고 일반 민중 사이에서 여러 가지 이민 반대의 이론과 실천이 지속적으로 이어졌다. 반세기가 넘는 세월이 흘렀지만 이런 현상은 여전히 미국의 정치 분쟁에서 가장 눈에 띄는 풍경이다.

단어의 노예

2017년 7월 18일 평론가인 카를로스 로자다(Carlos Lozada)는 『워싱턴 포스트*The Washington Post*』에 실은 칼럼에서 미국 대통령 트럼프를 "죽은 정치학자의 노예"라고 표현했다. 그가 언급한 죽은 정치학자는 바로 새뮤얼 헌팅턴(Samuel Huntington, 1927~2008)이다. 로자다는 당시 트럼프 정부의 미국은 "더 정확히 말해 헌팅턴의 미국"이었다고 여겼다.[323] 트럼프는 실용만 중시하고 이론을 믿지 않는다고 말했다. 그가 헌팅턴의 책을 읽었다는 징후도 없다. 그렇다면 트럼프는 어떻게 헌팅턴의 노예가 되었을까? 이렇게 말하면 다소 신비롭거나 억지 논리처럼 들리지만 최근의 역사에서는 이런 '신비' 현상이 반복적으로 나타난 바 있다. 이런 '신비' 현상을 관찰한 학자 역시 한두 사람이 아니다. 일찍이 1936년에는 경제학자 존 케인스(John Keynes)가 "실무를 중시하는 사람 가운데 일부는 자신이 이론의 영향을 받지 않는다고 믿지만 그들은 종종 한물간 경제학자의 노예다. 대권을 쥔 광인은 자신이 하늘의 부름을 받았다고 여기는데, 그들은 그저 몇 년 선의 삼류 학자에게서 자신의 광기를 추출했을 뿐이다"라고 말했다.[324]

헌팅턴이 만년에 선전했던 두 가지 개념은 '문명의 충돌'과 '앵글로-개신교의 미국'이다. 이 두 가지 개념은 19세기 말에서 20세기 초까지 서구 학계와 정계에서 유행했고, 민중에게도 다양한 버전으로 널리 퍼졌다. 그러나 제2차 세계대전 이후 미국 학계에서는 정치적 충돌을 문화적으로 설명하는 방식이 더는 성행하지 않았다. 정치와 문화를 분리하는 경향이 생겨났고, 국제 갈등이든 국내 갈등이든 정치는 정치로, 문화는 문화로 분석했다. 정치 충돌을 설명할 때는 구체적인 국가 이익이 상충되거나 이념적 대립으로 해석했다. 그러나 교회를 배후에 둔 세력이나 신학적 색채를 지닌 우익 이론가는 계속해서 미국은 '앵글로-개신교' 국가라고 주장했다. 심지어 그들은 미국이 '기독교 국가'이며 다른 국가와 갈등을 빚는 것을 '문명의 충돌'이라고 불렀다. 미국에서 이런 이론을 수용하는 사람들은 주로 복음주의자나 우익 성향의 유권자다. 헌팅턴은 만년에 100년 전의 옛 이론을 발굴하여 민중 버전의 '앵글로-개신교' 전설이나 '문명의 충돌' 개념으로 다시 학술화하는 데 주력했다. 그는 학계에서의 지위와 대중 매체를 이용해 이런 내용을 널리 전파했으며, 트럼프가 대통령으로 재임하는 동안에 정치적으로 강화되었고 부분적으로는 실천되었다.

'앵글로-개신교' 개념의 역사적 기원을 거슬러 올라가면 미국에서 오랫동안 유지된 두 가지 정치적이고 문화적인 전통을 발견할 수 있다. 미국 전역 대부분의 시간대에서 주류였던 자유, 민주, 평등, 개방, 헌정 질서 내의 혁신이 그중 하나다. 다른 하나는 이와 병행된 계급주의, 인종주의, 배타주의, 종교적 종말론의 색채가 짙은 수구적 전통이다. 전자를 첫 번째 전통이라고 한다면 후자를 두 번째 전통이라고 하겠다.

뮈르달은 첫 번째 전통을 '미국적 신조'라고 표현하면서 이를 정통적인 미국 역사와 문화라고 여겼다. "미국인은 출신 국가, 계급, 지역, 종교, 피부색과 관계없이 하나의 공통점을 가진다. 일종의 사회정신이자 정치적 신조다. **미국적 신조**는 내부에 전혀 다른 요소들이 모여 있는 이 위대한 국가 구조의 접착제다. 미국적 신조를 이해하면 요란한 소음 같았던 이 나라가 조화로운 선율로 느껴질 것이다. 이로써 사람들은 한 발짝 나아가 또 다른 현상을 보게 될 것이다. 서구 여러 국가와 비교할 때, 미국은 인간관계에서 탐지되는 보편적이고 이상적인 체계가 가장 뚜렷하게 드러나는 나라임을 알 수 있다. 이 이상적인 체계는 세상 어느 곳의 유사한 이상적 체계보다도 폭넓은 이해와 인정을 받았다. 미국적 신조는 다른 국가들과 달리 정치 및 사법 질서를 운영하는 숨겨진 배경일 뿐이다. 물론 미국의 정치적 신조는 현실의 사회에서 만족스럽게 실현되지 못한다. 하지만 모든 미국인은 이 신조를 실현해야 할 원칙으로 인지하고 있다."[325]

미국 역사와 문화를 다룰 때, 토크빌이든 뮈르달이든 학자들은 대부분 첫 번째 전통을 주제로 서술한다. 이런 서술 방식은 두 번째 전통을 미국 역사와 문화에서 부분적인 삽화, 사회와 정치적 관례의 예외로 간주한다. 1990년대 이후로 일부 학자들이 이런 단일적인 서술 방식을 반성했고, 두 번째 전통 역시 미국에서 뿌리 깊다고 여기게 되었다. 계급주의, 가부장제, 인종주의, 종교적 광신, 배타성 등은 미국 내 특정한 지역과 특정한 시기에 매우 강력했으며 첫 번째 전통을 능가하기도 했다.[326] 이 두 가지 전통은 모두 '앵글로-개신교'라는 개념에 기원을 두는데, 두 가지 전통이 함께 미국 역사와 문화의 정상 상태를 형성했다. 심지어 한 사람의 정신세계에서도 두 가지 전통이 공존한다. 헌팅턴의 '문명의 충돌', '앵글로-개신교의 미국'이라는 개념을 통해 미국에 존재하는 두 가지 전통이 서로 보완하고 투생하며 얽혀 있는 현상을 명확히 발견할 수 있다.

인문, 정치, 사회 분야에서 "우리는 단어의 노예다."[327] 학자들은 특정 집단의 시대 정서를 표현하는 간단하고 기억하기 쉬운 단어를 찾아내고, 이 단어는 언론 매체를 통해 전파되어 누구나 알게 된다. 대중은 이렇게 전파된 개념이 실제로 성립되는지를 자세히 따져보지 않는다. 그들은 현실에서 어떤 문제에 맞닥뜨리면 사실에 근거하여 스스로 생각하기보다는 "단어의 노예"가 되어 '문명의 충돌'이나 '앵글로-개신교의 미국' 같은 기존의 개념을 복잡한 현실 사회에 곧바로 적용한다. '문명의 충돌', '앵글로-개신교의 미국'이라는 말에 담긴 생각은 미국의 전통에 깊이 뿌리박고 있으면서 자유, 민주, 평등의 전통과 대립하고 보완하는

'두 번째 전통'이다. 그러므로 트럼프가 헌팅턴의 책을 읽지 않았더라도 헌팅턴이 내세운 이론의 노예가 되는 것이 가능하다. 좀 더 정확히 말하자면 트럼프와 만년의 헌팅턴은 모두 미국의 '두 번째 전통'의 노예다. 트럼프의 지지자와 헌팅턴의 독자 중 많은 수가 두 번째 전통이 반영된 '문명의 충돌', '앵글로-개신교의 미국' 같은 단어의 노예다.

새뮤얼 헌팅턴

헌팅턴은 학문적 연구 활동의 마지막 15년 동안 3권의 책을 출간했다. 『제3의 물결』, 『문명의 충돌』, 『미국, 우리는 누구인가?』이다. 그의 제자인 프랜시스 후쿠야마(Francis Fukuyama)는 이 3권이 사실상 하나의 책이고 "문화로 정치 현상을 해석하는 것"이며 핵심적으로 논의하는 문제는 "민주주의가 특정한 문화-종교의 전통에 의존하는지 여부"라고 말한 바 있다. 『제3의 물결』에서 헌팅턴은 1970년대 이후 전 세계적으로 일어난 세 번째 민주화 물결이 남유럽, 동유럽, 라틴아메리카의 가톨릭 혹은 정교회 국가에서 나타났음을 보았다고 말했다. 이런 관찰 결과에 기반해 헌팅턴은 민주주의의 보편성을 의심하는 듯한 조짐을 보였다. 그러나 명확하게 문화-종교 결정론을 주장하지는 않았다.[328]

1993년 헌팅턴이 잡지 『포린 어페어스 *Foreign Affairs*』에 발표한 논문 「문명의 충돌?」에는 제목에 물음표가 붙어 있었다. 그는 '문명의 충돌'을 두고 가설이라고 표현했다. "이것은 나의 가설이다. 신세계에서 갈등의 근본 원인은 더 이상 이념이나 경제가 아니다. 인류의 중대한 분화와 충돌을 주도하는 원천은 앞으로 문화가 될 것이다. 국가는 여전히 가장 강력한 힘일 테지만 세계 정치에서의 주요 갈등은 서로 다른 문명에 속한 국가와 집단 사이에서 일어날 것이다. 문명의 충돌은 전 세계 정치를 주도하게 될 것이고, 문명과 문명을 구분하는 선이 미래의 전선(戰線)이 될 것이다."[329]

3년 후 헌팅턴은 20쪽이 조금 넘는 논문을 300쪽 이상의 책으로 발전시켰다. 책 제목에서는 물음표가 빠졌고 '세계 질서의 재편'이라는 문구도 추가되었다. 문화-종교 결정론에는 이민 문제, 인종, 언어 등의 요소가 포함되었다. 논문과 책은 사실 한 권의 책을 1부와 2부로 나눈 것과 비슷했다. 1부에서는 문화-종교의 차이로 국제 갈등을 해석했고, 2부에서는 문화-종교-인종-언어의 차이로 미국의 국내 갈등을 해석했다. 여기서 가장 핵심이 되는 문제는 냉전 시대가 끝난 후 미국의 국가 정체성이다. 다시 말해 미국이 어떤 국가가 되어야 하는지, 국내외의 여러 문제에 어떻게 대응해야 하는지를 다룬다.[330] 인도 방송국의 인터뷰에서 헌팅턴은 '문명의 충돌'을 두고 자신이 만든 용어라고 말했는데,[331] 그가 쓴 글과 책을 보면 이런 주장은 사실이 아니다. 「문명의 충돌?」에서 헌팅턴은 버나드 루이스(Bernard Lewis, 1916~2018)가 이슬람 극단주의에 관해 쓴 글을 인용했다. "이는 문명의 충돌을 구성하기에 충분하다. 오래된 적수가 우리의 유대교-기독교 전통과 세속화된 사회, 그리고 이 두 가지를 세계적 범위에서 널리 전파하는 일에 대적한다. 그들이 하는 일은 비이성적이지만 절대적으로 역사적인 반응이다."[332] 헌팅턴이 쓴 논문을 보면 버나드 루이스가 1990년 『애틀랜틱*The Atlantic*』 9월호에 발표한 글이 헌팅턴의 '문명의 충돌' 개념을 형성한 직접적인 기원인 듯하다.

헌팅턴이 논의하는 국제적 맥락은 냉전 이후의 세계 구도다. 그의 기본적인 판단은 이러했다. 냉전은 이념으로 경계선을 만들었는데, 한쪽은 사회주의이고 다른 한쪽은 자본주의였다. 탈냉전 시대로 접어들면서 이념은 더 이상 적군과 아군을 가르는 기준이 되지 못했다. 문명과 문명을 가르는 선이 새로운 경계가 될 것이다. 최근의 역사를 두고 헌팅턴의 판단을 살펴본다면 그는 냉전 이후에 세계의 진영 구분이 없어진 것이 아니라 냉전 이전 시대로 회귀했다고 주장하는 셈이다. 왜냐하면 이념이란 제2차 세계대전 이후로 수십 년간 진영을 나누어왔던 기준일 뿐이기 때문이다.

『미국, 우리는 누구인가?』는 『문명의 충돌』의 연장선상에서 충돌의 무대를 국제사회에서 미국 국내로 옮겼다. 충돌의 주체는 '서구사회' 혹은 '기독교 문명'에서 미국의 '앵글로-개신교' 전통으로 바뀌었다. 이에 따라 갈등 국면 속 대립하는 역할도 이슬람교, 유교, 일본 등의 문명에서 스페인어를 사용하고 천주교를 믿는 '라틴계 이민자', 특히 멕시코계 이민자가 되었다. 『문명의 충돌』과 『미국, 우리는 누구인가?』를 같이 읽어보면 문명의 범주가 계속해서 축소되는 사상적 여정을 발견할 것이다. 「문명의 충돌?」을 발표했을 때, 그가 인정한 문명의 범주는 서구 문명이었고, 그가 주목하는 충돌이란 서구 문명이 아닌 여러 문명 중에서도 이슬람 문명과 유교 문명과의 충돌이었다. 『미국, 우리는 누구인가?』를 출간할 때 그가 인정한 문명의 범주는 '앵글로-개신교', '영어만 사용하며 아메리칸드림을 꿈꾸는' 집단으로 축소되었다. "스페인어로 꾸는 아메리칸드림은 없다. 앵글로-개신교 사회가 세운 아메리칸드림만 있을 뿐이다. 멕시코계 미국인은 영어로 꿈을 꾸어야 그 꿈과 꿈꾸는 사회를 누릴 수 있다."[333]

말년의 헌팅턴은 세계를 문명의 핵심 계층 간 대외적 충돌의 과정으로 구상했다. 국제적으로 서구 문명은 다른 문명과 충돌하고, 미국 내에서는 앵글로-개신교 문화가 다른 민족의 문화와 충돌한다는 것이다. 또한 국제적으로 서구 문명은 다른 문명 중에서도 이슬람 문명과 유교 문명을 배척하고 억제해야 하고, 미국 내에서 앵글로-개신교 문화는 다른 민족의 문화 중에서도 라틴 문화를 배척하고 억제해야 한다고 여겼다. 이와 같은 구상은 문명 혹은 문화가 변화할 수 없다는 것을 가정한다. 앵글로-개신교 문화는 현재의 모습 그대로 변화하지 않으며, 이슬람 문명과 유교 문명 역시 서구 문명을 받아들일 수 없다는 것이다. 다시 말해 미국에 거주하는 라틴계, 그중에서도 멕시코계 이민자들 역시 몇 세대가 지나든 미국 문화를 받아들일 수 없다고 주장하는 것이다. 이때 미국 문화란 앵글로-개신교의 역사와 문화 전통을 가리킨다. 이런 시각에는 암울한 세계관이 반영되어 있다. 인간은 각자의 역사와 문화 전통에 묶인 죄수와 같아서 보편적인 가치와 다른 문명의 질서를 받아들일 수 없고, 각자의 영역을 견고히 하면서 각 문명 사이의 경계를 정치적 충돌의 전선으로 만들 운명이라는 생각이다.

헌팅턴의 문명 충돌 이론, 앵글로-개신교 이론은 학계와 정계는 물론 민중에게도 반발을 불러일으켰다. 사회과학 분야에서 어떤 이론에 대한 가장 강력한 반론은 다른 이론이 아니라 역사적인 혹은 현실적인 사실일 때가 많다. 미국 역사든 최근의 세계 역사든 모두 헌팅턴의 가설과 다르다. 미국 역사상 가장 심각한 정치적 충돌은 남북전쟁으로 이는 다른 문명과의 충돌이 아니었다. 남북전쟁은 '앵글로-개신교' 문화의 내부 충돌이다. 남북전쟁의 사망자는 최소 60만 명으로 추정된다. 이는 미국 내에서 벌어진 다른 '문명'이나 '문화'와의 충돌 사건보다 더 참혹했다. 게다가 남북전쟁을 촉발한 인종, 계급, 지역 갈등이 여전히 오늘날 미국 정치를 좌우한다. 세계 역사에서도 지난 100여 년 동안 가장 참혹한 사건은 서구 문명 내부에서 발생한 충돌이었다. 제1차 세계대전도 제2차 세계대전도 서구 문명과 다른 문명의 충돌이 아니었다.

지난 역사를 살펴보면 문명의 차이와 정치적 충돌에는 인과 관계가 없다. 지금의 현실을 살펴봐도 그렇다. 문명의 차이와 정치적 충돌 사이에 몇 가지 사실적인 상관관계가 있긴 하지만, 헌팅턴이 그랬듯 전자를 후자의 주요한 원인으로 여기는 견해는 지나치게 포괄적이고 독단적이며 경솔하다.

여럿으로 이루어진 하나

헌팅턴의 『미국, 우리는 누구인가?』에서 미국의 다원적 문화와 사회의 다원화 추세에 대해 "20세기의 마지막 수십 년 동안 미국의 앵글로-개신교 문화와 그로부터 형성된 신념은 학계와 정계에 만연한 다원문화주의와 다원화 학설의 수많은 공격에 직면했다"라고 말했다. 헌팅턴이 열거한 다원주의 현상에는 인종, 민족, 성별에 기반한 집단 정체성이 국가 정체성을 초월하는 것, 다른 문화권에서 온 이민자가 자신의 전통을 고수하는 것, 2개의 나라에 충성하는 이중 국적 이민자들이 증가하는 것, 미국 내 학계, 재계, 정계의 엘리트 계층에서 세계주의 성향과 초국적 정체성의 비율이 높아지는 것 등이 있다. 이것은 미국 내부의 위협이다. 동시에 외부의 위협도 존재했다. "미국의 국가 정체성은 다른 민족 국가와 마찬가지로 세계화의 도전을 받고 있으며, 세계화로 촉발된 필요성은 작지만 더욱 의미 있는 **혈연과 종교**에 기반한 정체성에서도 도전받고 있다."[334]

헌팅턴은 뮈르달이 사용한 용어인 '미국적 신조'를 차용해 미국의 전통을 설명한다. 뮈르달은 자유, 평등, 행복 추구권으로 대표되는 미국적 신조가 접착제처럼 작용해 서로 다른 국가 출신인 다인종 이민자를 하나로 모아 미국이라는 나라를 형성한다고 생각했다. 그러나 뮈르달의 정의와 달리 헌팅턴은 미국적 신조는 단순히 정치적 원칙이 아니라 앵글로-개신교의 역사적이고 문화적인 핵심이라고 보았다. "대부분의 미국인은 이 신조를 국가 정체성의 핵심 요소로 간주한다. 하지만 이 신조는 미국을 건국한 식민지 개척자들이 지닌 독특한 앵글로-개신교 문화의 산물이다. 이 문화에는 영어, 기독교, 종교적 신앙, 잉글랜드의 법치 관념이 포함되며, 통치자의 책임과 개인의 권리, 개인주의적 개신교의 반대 가치관, 업무 윤리, 인간의 천국을 건설할 능력과 책임에 대한 신념도 포함된다. 역사적으로 수백만 명의 이민자들이 이러한 신조와 그들이 창출한 경제적 기회, 정치적 자유에 이끌려 미국으로 왔다."[335]

뮈르달은 미국적 신조의 근원을 거슬러 올라가면 개신교의 자유를 위한 투쟁과 민주주의 정신, 잉글랜드의 법 정의, 공정성과 평등 원칙, 헌법을 존중하는 미국식 보수주의, 자연법과 미국 청교도 전통이 나온다고 여겼다. 동시에 미국적 신조의 핵심 가치는 계몽 철학에서 말하는 인간 해방이 기원한다고 강조했다.[336] 한편 헌팅턴은 미국적 신조의 인종, 종교, 문화적 기원이 앵글로-개신교라는 특정 인종과 종교의 특정 문화에서 나왔다고 강조했다. 그가 보기에 미국적 신조의 기원이 현재를 결정하고, 과거가 현재를 결정한다. 그러므로 다른 국가에서 온 인종, 문화, 종교가 다른 이민자는 앵글로-개신교 문화 전통을 받아들여야만 미국을 받아들인 것으로 간주된다.

이런 인식을 바탕으로 헌팅턴은 미국이 이민자, 특히 라틴계 이민자의 위협을 받고 있고, 국가 분열의 위험에 직면했다고 여겼다. "미국은 계속해서 단일한 언어와 앵글로-개신교 핵심 문화를 유지하는 국가로 남을 것인가? 이 문제를 무시한다면 미국인이 2개의 문화를 가진(앵글로 문화와 스페인 문화), 2개의 언어를 사용하는(영어와 스페인어) 두 집단으로 나뉘는 결과를 묵인하는 것과 같다." 헌팅턴은 이 문제에 대해 "히스패닉계와 앵글로계의 분열은 흑인과 백인의 인종 분열을 대체하여 미국 사회에서 가장 심

각한 분열 문제가 될 수 있다"고 단언했다.[337]

역사를 돌아보면 헌팅턴이 우려하는 상황이 미국에서 이미 여러 차례 발생했음을 발견하게 된다. 미국 역사에서는 앵글로-개신교 사회가 흑인, 아일랜드계, 독일계, 남유럽계, 동유럽계, 유대계, 중국계의 위협을 받고 있다는 경고가 자주 제기된다. 잉글랜드 이민자를 제외한 거의 모든 대규모 이민자들이 한때 앵글로-개신교 문화 전통을 위협하는 존재로 여겨졌다.[338] 게다가 매번 이민자 위협론이 대두될 때마다 미국을 위협하는 새로운 이민 물결은 미국에 통합된 이전의 이민자들과 다르다고 강조한다. 이전의 이민자들은 통합될 수 있지만 새로운 이민자들은 문화, 종교, 관습, 인종 등의 이유로 미국에 통합될 수 없다는 것이다. 이런 사상과 사회적 정서를 토착주의(nativism)라고 하며, 종종 인종차별과 얽혀 있다.

인종차별이라는 의심을 피하고자 헌팅턴은 『미국, 우리는 누구인가?』에서 이렇게 썼다. "앵글로-개신교 문화의 중요성은 앵글로-개신교 집단의 중요성이 아니다." 그는 또한 미국의 위대함은 이 나라의 국가 정체성이 더는 민족과 인종에 기반하지 않는다는 점이며, 또한 앵글로-개신교 문화와 건국의 신조를 일관되게 고수한다는 점이라고 말한다.[339] 그러나 뮈르달이 제시한 포용력 있는 '미국의 신조'와 달리 헌팅턴의 '앵글로-개신교 신조'는 분명한 인종, 종교, 문화적인 배타성을 보인다. 하지만 현실 세계에서 다른 인종, 종교, 문화적 전통의 미국인이 '미국의 신조'를 받아들이는 것은 가능하지만 그들이 반드시 '앵글로-개신교 문화'를 받아들여야 한다고 말할 수는 없다. 이런 현상은 현대의 정치적 맥락에서 특히 두드러진다. 대부분의 미국 유권자들은 자유, 평등, 민주 같은 '미국의 신조'는 인정하지만, 복음주의 개신교가 보여주는 무관용주의, 가부장제, 신학 정치, 반동성애, 반

낙태, 반과학적인 문화에 동의하지 않는다.

추상적인 의미에서 헌팅턴은 민족과 인종을 기반으로 한 국가 정체성을 비판하고, 다민족 다인종의 미국을 지지한다. 그러나 현실적으로는 특정한 인종, 종교, 문화를 미국이라는 국가 정체성의 핵심이라고 본다. 과거 역사에서도 그랬고 오늘날에도 그랬듯 미국의 앵글로-개신교적 전통은 포용성이 부족하며, 종종 토착주의를 배제하는 이론적 근거로 여겨지기 때문에 사실상 미국의 두 번째 전통의 상징이 되었다.

미국의 두 번째 전통이 지닌 배타적 사다리에는 최소 세 가지 등급이 있다. 최고 등급은 '서구 문명'이다. 서구 문명은 비교적 포용력이 강한 개념이며 가장 넓은 의미에서 볼 때 헌정 제도, 개인의 자유, 권리의 평등, 민주적 선거 등 현대 문명과 거의 같다고 할 수 있다. 그 아래 등급은 기독교(개신교) 문명이다. 개신교는 강한 배타성을 가지고 있으며 가톨릭과 유대교는 배제하려 하고 그 외의 종교와 문명권은 아예 신경 쓰지 않는다. 마지막 등급은 앵글로-개신교 문화다. 종교적으로는 교파를 제한하고 민족도 제한하기 때문에 가장 배타적이다. 헌팅턴은 말년에 이 세 가지 등급을 모두 거쳤다. 그의 배타적 태도는 한 단계씩 하락하여 최종적으로 마지막 저서인 『미국, 우리는 누구인가?』에서는 가장 배타적인 등급에 도달했다. 이 책에는 영어로 말하는 앵글로계 개신교도의 아메리칸드림만 있을 뿐 다른 문화, 다른 종교, 다른 언어의 아메리칸드림은 없다.

헌팅턴이 내놓은 제한을 그대로 따른다면 많은 미국인이 불완전한 형태의 아메리칸드림만 소유할 수 있다. 그들 중 일부는 문화적 혈통이 요구 조건에 부합하지 않을 것이고, 또 다른 일부는 종교적으로 요구 조건에 부합하지 않을 것이다. 혹은 영어 구사력이 기준 미달일 수도 있다. 헌팅턴이 내놓은 것은 이론이나 학설이라기보다 정서에 가깝다. 그가 말하는 순수한 앵글로-개신교의 아메리칸드림은 식민지 시기부터 따져도 미국 땅에서 온전하게 존재한 적이 없다. 200여 년의 미국 역사는 언제나 여러 종교와 교파가 공존했고 여러 민족이 뒤섞여 거주했으며 1세대 이민자들이 모국어를 쓰거나 영어를 포함해 이중 언어를 구사했다. 특정한 인종, 종교, 문화적 정체성이 아닌 '미국의 신조'라는 공동의 아메리칸드림이 서로 다른 인종, 종교, 문화, 언어 사용자를 하나의 국가로 결집하는 것이다.

뮈르달이 미국을 현지 관찰하며 얻은 결론에서 말했듯, 미국의 가치관과 정치 제도에는 잉글랜드의 전통이 뚜렷하게 나타난다. 토머스 제퍼슨이 「독립선언문」에서 표현한 '미국의 신조', 다시 말해 모든 사람은 생명, 자유, 행복 추구의 권리를 평등하게 누린다는 것은 종교, 인종, 문화, 언어를 초월한 모든 미국인의 공통된 재산이자 강한 포용력을 가지는 개념이다. 미국이 건국될 때 확립된 표어인 '여럿으로 이루어진 하나(e pluribus unum)'는 이런 포용성에서 나왔다. '미국의 신조' 아래서 각 주와 민족, 종파가 통일된 국가를 구성한 것이다. 게다가 다양한 이민자들이 몰려들면서 신선한 피가 계속 수혈되었고, 미국은 '앵글로-개신교-아프리카-가톨릭-아메리카 원주민-독일-아일랜드-유대인-이탈리아-슬라브-아시아' 사회를 형성했다.[340] 인종이나 민족만 그런 것이 아니라 종교와 문화의 의미에서도 마찬가지다.

토착주의

19세기 중반부터 20세기 초반의 미국 역사를 살펴보면 이민 물결이 밀려올 때마다 토착주의가 부상했다. 그리고 토착주의는 언제나 앵글로-개신교를 배타성의 기치로 삼았다. 1840년대에는 아일랜드 이민자들이 미국 인구의 10퍼센트에 이르렀다. 그러자 반아일랜드 이민의 감정이 고조되었는데, 아일랜드 이민자가 가톨릭을 믿기 때문에 반가톨릭 운동이 전국적으로 벌어졌다. 일부 산업은 가톨릭 신자를 배척했다. 미국 연방대법원을 예로 들자면, 일찍이 1836년에 가톨릭 신자인 로저 타니(Roger Taney)가 대법원장으로 임명된 사례가 있음에도 불구하고 아일랜드 이민 유입으로 반가톨릭 운동이 시작된 후로는 거의 60년간 가톨릭 신자가 대법관에 임명되지 못했다. 1920년대까지도 KKK단이 전국적으로 반가톨릭 운동을 벌였다.

1890년대에는 이민자가 미국 인구의 14.8퍼센트를 차지했다. 이후 미국 역사상 이민자 비율은 그 당시의 기록을 깨뜨리지 못했다. 헌팅턴이 라틴계 이민 위협론을 내세웠을 시절에는 이민자가 미국 인구의 11.2퍼센트에 불과했다. 1896년 프랜시스 워커(Francis Walker)가 월간지 『애틀랜틱』에 기고한 글에는 이런 내용이 있다. "동유럽과 남유럽의 무지하고 거친 농부들이 몰려와 미국 시민의 질을 떨어뜨렸다." 그가 생각하는 더 큰 문제는 이민자 중에 수백 명의 "농인, 정신병자, 맹인, 바보, 미치광이, 거지, 범죄자"가 있다는 점이었다. 워커는 앵글로 색슨계 인종이 아닌 사람은 미국의 시민 자치 및 민주 선거 제도에 적합하지 않다고 여겼다. 그러므로 이들의 수가 점점 많아지면 미국의 가치관과 제도가 파괴될 터였다.[341]

아일랜드, 동유럽, 남유럽 이민자들의 경험은 유대인에게로 이어졌다. 연방대법원을 예로 들어보자. 1916년 윌슨 대통령이 유대인인 루이스 브랜다이스를 대법관으로 지명했을 때 미국변호사협회와 전 대통령 태프트, 여러 연방법원 판사, 수십 명의 상원의원이 반대했다. 반대 이유 중 하나는 그가 유대인이라는 점이었다. 브랜다이스는 하버드 로스쿨 역사상 가장 우수한 학생 중 1명으로, 그의 졸업 성적은 60년이 지나서야 깨질 정도였다. 당시 미국 사회에는 정치적 올바름에 대한 인식이 높지 않은 데다 하버드 로스쿨의 교수들조차 공개적으로 반유대주의를 표명했다. 학교 식당에서 그의 옆에 앉은 한 교수가 브랜다이스를 향해 "돼지와 새가 한자리에 앉아 밥을 먹지 않는다는 걸 모르는가 보군요"라고 말하자 브랜다이스가 "그렇다면 내가 날아가지요"라고 답한 적도 있다.[342] 브랜다이스가 대법관이 되자 그가 유대인이라는 이유로 연방대법원의 판사들이 그가 공식 행사에 참석하는 것을 거부하기도 했다.

1세기 넘는 세월이 흐른 뒤 아일랜드, 남유럽, 유대인 이민자 및 가톨릭 신자에 대한 편견은 더 이상 미국 주류 사회에서 받아들여지지 않게 되었다. 현재 미국 연방대법원의 대법관 9명 중 6명이 가톨릭 신자이고 2명은 유대인이며 겨우 1명만 앵글로-개신교로 분류할 수 있다. 트럼프 정부에서 기용된 관료 중 많은 수가 과거 프랜시스 워커가 미국의 제도를 수용할 능력이 없다고 여긴 동유럽과 남유럽 이민자의 후손이다. 아일랜드인, 이탈리아인, 유대인이 미국 사회에 융합되기까지는 오랜 시간이 걸렸다. 그들은 약 50년이 지나서야 미국 사회에 실질적으로 받아들여졌고, 약 100년 후에야 완전히 미국인으로 융합되어 더 이상 타자로 간주되지 않았다. 몇몇 이민자 집단은 미국 사회를 변화시키기도 했다.

2021년 4월 애덤 서워(Adam Serwer)는 『애틀랜틱』에 기고한 글에서 '앵글로-색슨'에 대해 "일종의 유구한 비과학적 학술 경향이며, 19세기에서 20세기로 넘어가는 시기의 미국에서 동유럽과 남유럽 이민 물결에 반대하기 위해 유행했다. 토착주의자는 폴란드, 러시아, 그리스, 이탈리아, 유대 이민자들이 이전의 이민자들과 어떻게 다른지, 왜 그들이 오면 위험한지 설명해야 했다."[343] 당시 민중의 집단 심리와 사회적 정서에 부응하고자 이론가들은 미국 문명의 앵글로-색슨 기원론을 발명했고, 미국의 가치관과 정치 제도가 고대의 북유럽 부족으로 거슬러 올라간다고 주장한 것이다.

『아메리카 소사이어로지컬 리뷰*American Sociological Review*』 1938년 4월호에는 「미국의 앵글로—색슨 신화」라는 기사가 실렸다. 미국 학계와 정계에서 왜 이런 주장이 유행했는지 정리한 글로, 영국 학자 몇 사람의 견해를 인용하면서 미국에서 유행한 앵글로-색슨 이론이 영국사에 부합하지 않을 뿐 아니라 미국 독립 이전의 식민지 역사에도 부합하지 않는다고 주장했다. 미국에서 유행한 이유는 반이민 풍조와 19세기 말에서 20세기 초 미국에서 우생학이 대두한 것과 관련이 있다. 미국판 우생학은 대체로 앵글로-색슨이 가장 우월한 인종이라고 주장하면서 이들이 미국인들 중에서 지배적인 위치를 차지해야 한다고 했다. 이런 사조가 사회, 문화, 정치, 법률 등 각 방면에 널리 퍼졌다. 1924년 미국은 역사상 가장 인종주의 색채가 짙은 이민법을 통과시켜 아시아 이민자를 거의 차단하고 남유럽과 동유럽 이민자 수도 이민법 제정 이전에 비해 현저히 줄였다.[344]

영국 역사학자 리처드 토니(Richard Tawney)는 미국을 방문한 짧은 기간 동안 들은 '앵글로-색슨'이라는 말이 영국에서 반평생 살면서 들은 것보다 많았다고 감탄했다. 영국 작가 길버트 체스터턴(Gilbert Chesterton)도 같은 의견을 내놓았다. "우리 영국인에게는 브리튼인, 로마인, 게르만인, 덴마크인, 노르만인, 피카르디인의 혈통이 섞여 있다. 앵글로족과 색슨족의 혈통이 얼마나 포함되어 있는지는 망상을 즐기는 골동품 애호가나 관심이 있을 것이다. 미국으로는 스웨덴인, 유대인, 게르만인, 아일랜드인, 이탈리아인이 폭포수처럼 쏟아져 들어갔다. 이 포효하는 인종 소용돌이 속의 영국인에게 희석된 앵글로-색슨 혈통이 얼마나 남았는지 따지는 것은 정신병자나 관심 가질 일일 것이다."[345]

100년 전으로 거슬러 올라가도 흔적을 찾을 수 있는 앵글로-색슨 인구는 미국 인구 분포에서 소수였다. 1920년의 인구 조사 기록을 보면, 백인과 라틴계 백인이 미국 인구의 87.1퍼센트였다. 이 중에서 조상이 영국과 북아일랜드 출신인 인구를 모두 합치면 백인 인구의 41.4퍼센트였다. 영국인 중에서도 스코틀랜드인과 웨일스인은 앵글로-색슨계로 간주되지 않는다. 스코틀랜드인과 웨일스인이 1920년의 인구 조사에서 차지하는 비율은 별도로 집계되지 않고 모두 영국인으로 분류되었다. 1790년 미국의 첫 번째 인구 조사에서 스코틀랜드인과 웨일스인은 영국계 인구 중 약 5분의 1을 차지했다. 1820년 이후 영국계 이민자 가운데 이 두 민족의 비율은 5분의 1 이상이었다. 다시 말해 지금으로부터 100년 전 미국 인구 중에서 앵글로-색슨의 후손으로 간주할 수 있는 인구의 최대 추정치는 36퍼센트도 되지 않는다. 스코틀랜드인과 웨일스인을 제외하면 앵글로-색슨계의 비율은 미국 인구의 3분의 1 미만이다.[346]

1920년부터 지금까지 100년 동안 남유럽계, 동유럽계, 라틴계, 아시아계 이민자 수가 잉글랜드 이민자를 훨씬 초과했으니 앵글로-색슨계 인구의 비율은 더욱 줄어든 셈이다. 게다가 다른 민족과의 결혼 등을 고려하면 순수 앵글로-색슨인이 미국 인구에서 차지하는 비중은 확인하기 어렵다. 1920년대 우생학에 열광하던 유행이 지나간 후 더는 이런 문제에 관심을 기울이는 진지한 학자가 없다.

앵글로-색슨 신화

역사학자 로라 버넷(Lora Burnett)은 국회도서관에서 각 시대의 간행물 자료를 조사해 미국 독립 이후의 50년 동안 '앵글로-색슨'을 언급한 사례가 거의 없다는 사실을 발견했다. '앵글로-색슨'이라는 말이 신문과 잡지에 등장하는 빈도가 급증한 것은 1836년 이후부터다. 당시 노예제도 폐지 논쟁에서 백인, 특히 앵글로-색슨 혈통의 백인은 우등한 인종이지만 흑인은 자치 능력이 없다는 이론은 남부가 노예제도를 유지하는 주요 근거로 사용되었다.[347] 여기서 알 수 있듯 앵글로-색슨 우월론이 미국에서 급부상한 흐름은 역사적 산물이라기보다 정치적 산물이라고 해야 옳다.

제1차 세계대전이 끝난 뒤 프랭크 핸킨스(Frank Hankins)는 유럽과 미국에서 인종적 순수성을 추구하는 사상과 운동이 일어난 데는 격동의 시기에 단결을 추구하려는 국민의 정치적 노력이 원인으로 작동했다고 보았다. 기본 논리는 이러했다. 자신의 인종은 우월하다. 우월한 인종은 우월한 문화와 종교를 만들어내므로 인종적 순수성을 유지해야 한다. 따라서 다른 인종으로부터 오염되어서는 안 되며, 다른 종교의 침입을 허용할 수 없다. "우리는 전쟁 이전의 독일과 전쟁 기간 중의 독일에서 이런 현상을 명확히 관찰했다. 전후 미국의 KKK단 운동에서도 같은 논리를 보았다. 본질적으로 앵글로-색슨의 미국이 태생적으로 우월하다는 것을 확인하고 다양한 사람들에게 호전적인 방식으로 '이곳은 우리의 국가이며, 우리가 통치할 것이다'를 알리는 것이었다."[348]

이처럼 인종적 순수성을 추구하는 감정은 일부 개신교 교파의 광적인 인종차별주의에서도 드러났다. 1925년 7월 2일 조지 맥기네스(George McGuinnis) 목사는 어느 신문에 모든 앵글로-색슨인은 콜로라도에 모이라고 호소하는 글을 실었다. 그는 "앵글로-

색슨인은 사라진 이스라엘의 10대 후손"이며 "하느님이 선택한 육지와 바다를 지배하는 인종"이라고 주장했다.[349]

프랭크 핸킨스는 미국의 앵글로-색슨주의 선전가 다수가 독일에서 수학했다는 점에 주목했다. 그는 또한 독일 학계에서 피히테와 헤겔의 게르만 인종 우월론이 한때 성행했음을 지적했다. 이 사상은 문명 혹은 문화의 우월성을 특정 인종과 동일시했으며, 그 극단적 표출이 '단일 인종 국가' 이념으로 이어졌다. 당시 미국 학계의 거물 존 버제스(John Burgess)는 독일에서 유학하고 돌아와서 『정치학과 비교 헌법학』이라는 책을 출간해 독일에서 영향을 받은 인종 및 문화 이론을 전파했다. 다만 독일에서 내세운 게르만 인종 우월론을 미국의 앵글로-색슨 인종 우월론으로 대체했다. 그가 보기에 국가는 "같은 인종이 같은 지리적 지역에 거주하는 것"이었다. 그의 견해에 따르면, 독일은 아직 국가의 최종 형태를 갖추지 못한 상태였다. 왜냐하면 많은 게르만족이 독일 국외에 거주하고 있었고, 동시에 다수의 슬라브인, 왈롱인(Walloon), 프랑스인, 리투아니아인이 독일 내에 거주하기 때문이다. 그렇다면 미국에서는 어떻게 해야 하는가? 단일 인종 국가를 유지하려면 통일성을 해치는 이민자를 제한하고 배척해야 한다.[350]

핸킨스는 버제스의 단일 인종 국가론을 비판하며 "인종 측면에서 볼 때, 독일이 튜턴족 국가라고 말하는 것이나 영국이 앵글로-색슨족 국가라고 말하는 것은 모두 사실에 위배된다. 시적이고 낭만적인 의미가 아닌 인류학적 의미에서 미국은 결코 앵글로-색슨 인종의 국가가 아니다."[351]

핸킨스보다 조금 늦게 프레더릭 뎃와일러(Frederick Detweiler)가 앵글로-색슨족이 다른 인종보다 민주주의를 더 사랑한다는 견해는 역사적 사실이 아니라고 지적했다. "이 나라는 잉글랜드인의 토양에서 세워졌다. 아마 5분의 3이 잉글랜드인과 웨일스인일 것이다." 그러나 미국이 독립하기 전에 존 애덤스(John Adams)는 식민지 인구의 3분의 1이 독립에 반대하며, 영국 왕실을 섬기려 한다고 추산했다. 그들 대부분이 영국 이민자이거나 영국 이민자의 후손이었다. 반면 네덜란드계, 프랑스계, 북유럽계는 왕좌에 대한 콤플렉스가 없었다. 이런 현상은 앵글로-색슨이 아닌 다른 민족이 군주가 없는 헌정 민주주의를 더 선호한다는 것을 의미하지 않는다. 마찬가지로 앵글로-색슨계가 다른 민족보다 군주 없는 민주주의를 더 자연스럽게 여기고 지지한다는 것을 의미하지도 않는다.[352]

미국은 남북전쟁 이전부터 인종 분리 시대까지 남부의 백인이 북부의 백인보다 인종과 문화면에서 우수하다고 주장했다. 역사학자 해밀턴 엑켄로드(Hamilton Eckenrode)는 1923년에 출판된 『제퍼슨 데이비스: 남부 대통령』이라는 책에서 노예제 시대의 남부 백인을 "열대의 북유럽인"이라고 부르며 정통성 있는 앵글로-색슨의 후예라고 주장했다. 그는 남부를 아테네, 북부를 스파르타에 비유하기도 했다.[353] 제임스 애덤스(James Adams)는 1934년 출판된 『미국의 비극』에서 남부 사람들 사이에서 농업을 낭만적인 전원생활로 표현하는 것이 유행이었음을 발견했다. 북부에서 노예제에 대한 비판이 거세지자 앵글로-색슨족이라는 개념을 이용해서 자신들의 가치를 높이고 미국 남부 백인은 순수한 북유럽 인종이므로 통치 능력 역시 북부의 백인보다 강하다고 주장하려는 것이었다.[354]

뮈르달이 미국에서 연구하던 1940년대에 그가 만난 남부 사람 중 많은 이들이 그 시대를 그리워하고 있었다. 남부 사람들은 앵글로-색슨계 귀족의 후손이지만 북부 사람들은 영국 하류 계층의 후손이라고 믿었다. 이런 믿음은 분명히 역사적 사실에 부합하지 않는다. 학자들은 좀 더 역사적 사실에 들어맞는 이론을 개발해 남부의 인종 우월론을 뒷받침해야 했다. 제2차 세계대전 이전에 널리 퍼졌던 앵글로-색슨 우월론은 남부가 북부보다 이민을 적게 받아들였다는 점을 근거로 든다. 그 결과 남부 주민들이 더 순수한 앵글로-색슨 혈통을 지녔다는 것이다. 당시 사람들이 말하는 '이민자'는 아일랜드인, 이탈리아인, 동유럽인, 유대인 등이었다. 가톨릭, 정교회, 유대교 출신의 이민자들이 미국의 앵글로-개신교 제도와 전통을 위협하고 미국인의 질을 떨어뜨리며 미국을 아일랜드, 이탈리아, 폴란드, 러시아와 같은 나라로 만들 위험이 있다고 여겼다.[355]

이처럼 앵글로-색슨계를 추앙하는 인종적, 종교적 '신화'는 정치적 필요에 따라 만들어진 이론이었으므로 역사적으로 국제 정치와 국내 정치를 위해 복무했다. 이 신화에 따르면 앵글로-색슨족은 북유럽의 부족에서 기원했으며 혈연적으로 독일 북부의 게르만족과 가까운 친척 관계다. 사실 미국 독립 이후 제1차 세계대전 이전까지 독일어는 미국에서 영어 다음으로 사용 인구가 많은 언어였다. 각지에 독일어 학교, 독일어 신문, 독일어 교회, 독일어 사용 공익 단체가 있었다. 제1차 세계대전이 일어난 후 미국과 독일의 관계가 악화하자 독일 이민자와 독일계 미국인이 배척 대상이 되었고 독일어도 타격을 입었다. 심지어 일부 국회의원이 연방 교육 보조금을 받는 주에서는 영어 외에 다른 언어를 가르치는 것을 금지하자고 제안하기도 했는데, 이는 명백하게 독일어를 겨냥한 것이었다. 제1차 세계대전을 전후로 미국에서는 최소 14개 주가 공립학교와 사립학교에서 독일어를 가르치지 못하게 되었다.

1919년 네브래스카주는 공립학교, 사립학교, 교회에서 독일어 교육을 금지하는 '시먼법(Siman Act)'을 제정했다. 루터교 학교의 독일어 교사였던 로버트 마이어(Robert Meyer)는 10세의 4학년 학생에게 독일어 성경 읽기를 가르쳤다가 순회 중이던 카운티 검사에게 기소되었다. 카운티 법원은 마이어에게 유죄를 선고하고 벌금 25달러를 부과했다. 마이어는 연방대법원에 상고했다. 그의 변호사는 아일랜드계 이민자 후손으로, 법정에서 '시먼법'은 "세계대전으로 촉발된 증오와 국가적 편집증 및 인종 편견의 산물"이라고 주장했다. 주 정부는 시먼법이 모든 주민을 "100퍼센트의 미국인"으로 만들기 위한 것이라고 변론했다.[356]

연방대법원은 이 사건의 판결문에서 자유민이 행복을 추구하기 위해서는 몇 가지 기본 권리가 필수적이라고 지적했다. 헌법은 국민의 신체적 자유를 정부의 임의적인 제한으로부터 보호하는 것을 비롯해 국민 각자가 자유롭게 계약을 맺고 생계를 위한 경제 활동 방식을 선택하며, 지식을 배우고 가정을 꾸리고 자녀를 양육하고 종교를 믿을 권리와 자유를 보호한다. 이것이 일반법의 위대한 전통이다. 대법원은 교사가 이민자의 모국어를 가르치는 것, 학생의 부모가 자녀에게 모국어를 배우게 하는 것은 행복 추구에 필수적인 권리이자 자유라고 주장했다. "독일어를 익히는 것 자체가 해롭다고 여기는 것은 불합리하다. 반대로 사람들은 일반적으로 독일어를 배우면 유익하다고 여긴다. 학교에서 언어를 가르치는 것은 원고의 직무다. 원고가 독일어를 가르칠 권리와 학부모가 원고에게 자녀를 가르칠 권한을 줄 권리는 수정헌법 14조가 보호하는 자유다."[357]

대법원의 판결은 독일어로 아메리칸드림을 꿀 수 있도록 헌법이 독일계 미국인의 권리를 보호한 것이라고 하겠나. 80년 후, 헌팅턴은 영어로만 이루어진 앵글로-개신교 전통의 아메리칸드림만 있을 뿐 스페인어로 된 아메리칸드림은 없다고 주장했다. 1923년의 연방대법원은 미국의 첫 번째 전통을 지켰지만 헌팅턴은 말년에 미국의 두 번째 전통으로 회귀한 것이다.

보수주의와 문화적 편집증

2020년 미국 대선에서 트럼프가 패배한 후 공화당 하원의원인 마저리 그린(Marjorie Greene)과 몇몇 극우 정치 동료가 앵글로-색슨 정치 전통을 널리 알릴 정책 결정단을 구성하려 했다. 이 사실이 언론에 보도되자 하원 공화당 대표인 케빈 매카시(Kevin McCarthy)는 그들의 행동을 "토착주의 개들을 불러들이는 호각소리"라고 강하게 비판했다. "미국은 모든 사람이 평등하고 정직하며 근면하게 성공을 거둘 수 있는 이념 위에 세워진 것이지 신분, 인종, 종교 위에 세워진 것이 아니다. 공화당은 링컨의 정당이며, 모든 미국인에게 더 많은 기회를 제공하기 위한 정당이지 토착주의 개를 불러 모으는 정당이 아니다."[358]

광범위한 비난을 받고서야 의회의 극우 단체가 앵글로-색슨의 정치 전통을 선양하려는 계획은 무산되었다. 이들의 실패는 헌팅턴이 말년에 선전했던 것처럼 인종, 종교, 문화적으로 강한 배타성을 가진 이론은 현실적으로 지지를 얻을 수 없다는 것, 공화당 내 우파 사이에서도 지속적으로 밀고 나가기 어려운 감정적 표출에 지나지 않는다는 점을 보여준다. 이런 사회적, 정치적 분위기 때문에 일부 앵글로-개신교 이론의 선전가들은 '보수주의'라는 더 포괄적인 개념을 사용해 자신의 성향을 드러내는 것을 좀 더 선호한다.

미국의 '급진주의'와 '보수주의'는 모두 미국적 신조 아래 존재할 때만 정상 궤도를 벗어나지 않는다. 미국적 신조는 국민이 신뢰하는 이상(理想)이고 국가가 국민에게 한 약속이다. 미국적 신조라는 이상과 약속의 핵심은 「독립선언문」에서 말했듯 모든 사람이 평등하게 생명, 자유, 행복 추구의 권리를 누리는 것이다.

공동의 '미국적 신조' 아래서 급진주의란 그 약속을 빨리 이행하려는 성향이고, 보수주의란 무리한 정책을 펼치지 말고 현실적인 조건에 맞춰 질서 있게 한 걸음씩 실현하려는 성향이다. 미국 역사에서 다른 종교, 인종, 문화 전통을 가진 이민자의 유입이 이런 이상과 약속을 훼손한 적은 없다. 오히려 미국적 신조를 더욱 포용성 있고 강력하게 만들었다. 이것이 미국의 첫 번째 전통이다.

미국의 첫 번째 전통에 따르면 「독립선언문」의 건국 이념은 보수파와 급진파 사이의 공통 인식이다. 현실과 이상은 거리가 멀고 서로 주장하는 옳고 그름도 다르지만, 그럴수록 '미국적 신조'에 드러나는 건국 이념을 고수해야 할 필요가 있다. 뮈르달은 이에 관해 세심하게 관찰한 바 있다. "때때로 사람들은 타협하지 않고 숭고한 이상을 지키는 일과 모든 것이 일률적으로 진행될 수 없는 현실 사이의 괴리감을 느낀다. 미국 사람들은 여전히 조직적인 질서가 부족한 이 젊은 국가에서 현실을 이상으로 만드는 일이 어렵다는 것을, 다시 말해 미국 어디에나 이와 같은 **오류**가 존재한다는 것을 체험하고 있다. 국가의 신조리는 숭고한 기준으로 이런 **오류**를 평가한다면 도달하고자 하는 이상이 더욱 두드러진다. 미국은 끊임없이 영혼을 위해 몸부림친다. 이런 사회 윤리의 원칙은 간단하고 기억하기 쉬운 공식으로 단련되었다. 모든 정신적인 소통 방식을 동원해 국민 각자의 정신에 미국적 신조를 각인한다. 학교에서 가르치고, 교회에서 설교한다. 법원은 법률 용어로 이 신조를 공표하도록 판결한다."[359]

동시에 미국의 두 번째 전통은 시대 변화에 따라 기복이 있다. 두 번째 전통은 「독립선언문」의 이상을 단계적으로 질서 있게 실현하거나 약속을 빠르게 이행하려는 것이 아니며, 건국 이념이라는 이상과 약속을 반대한다. 모든 사람의 평등이 아닌 재산 규모, 인종, 종교 그리고 선착순에 따라 인간을 등급화한다. 미국적 신조에 따라 질서 있게 불합리한 현실을 개선하려는 것이 아니라 다양한 등급과 불평등을 고착화하려 한다. 다른 인종, 종교, 문화, 문명에서 온 사람들을 개방적인 마음으로 대하지 않고 그들이 올바른 정치 질서를 추구하는 것을 거부하며 기원(起源) 결정론을 주장한다. 헌팅턴이 말년에 선전한 것은 바로 이런 전통이다.

프랜시스 후쿠야마는 헌팅턴이 말년에 두 번째 전통으로 회귀한 것을 여러 차례 비판했다. "현대 민주주의가 역사적으로 서구 기독교에 뿌리를 두고 있다는 것은 의심할 여지가 없다. 이것은 새로운 관점이 아니며, 토크빌과 헤겔, 니체 등 사상가들이 여러 방면에서 현대 민주주의가 사실상 기독교의 보편적 교리가 세속적인 버전으로 나타난 것임을 발견했다. 그러나 현대 민주주의가 특정한 역사적 언어 환경에서 기원했다는 사실이 그 후에 보편성을 가질 수 없음을 의미하지 않는다. 민주주의가 전파되는 이유는 통치자가 책임을 지는 효과적인 방법이기 때문이며, 고귀한 문화적 원류를 갖고 있어서가 아니다."[360]

후쿠야마는 또한 미국의 현실이 헌팅턴이 말년에 제시한 내용과 일치하지 않는다는 것도 발견했다. 예를 들어 헌팅턴은 앵글로-개신교의 직업윤리를 존중했다. 하지만 오늘날 미국에서 가장 힘들게 열심히 일하는 사람들은 앵글로-색슨계 개신교도가 아니라 아시아와 라틴아메리카 출신의 1세대 이민자들이다. 기회가 있고 희망이 있는 곳이라면 그들은 꿈을 이루려고 노력하며 열심히 일할 것이다. 미국에는 여전히 열심히 일하는 앵글로-색슨계 개신교도도 있지만, 이 집단에는 일하는 데 관심이 없고 고등 교육을 받을 동기도 부족하며 이민자 등을 대상으로 배타적 입장을 취하는 주요 세력이 되는 이들이 많다. 그들이 대변하는 것은 미국적 신조가 아니라 인종과 종교적 특색을 가진 토착주의이며, 이런 토착주의로 미국적 신조가 계승되는 것을 가로막고 있다. 확실히 헌팅턴은 말년에 이런 토착주의 정서의 학술 대변인이 되었다. 그러나 이처럼 과거로 회귀하려는 정서는 미국의 미래를 대표할 수 없고, 미국인들이 생각하는 국가 정체성이 될 수도 없다.

책은 지식의 보고이지만 편견도 준다. 헌팅턴의 저서도 지식과 편견을 둘 다 제공한다. 그의 이론은 오늘날 세계와 미국의 현상에 대해 일정 수준의 해석 능력을 제공한다. 그러나 종교, 인종, 국가의 기원에 기반한 편견 역시 내포하고 있다. 역사적 관점에서 볼 때 말년의 헌팅턴이 제시한 논제는 미국의 두 가지 전통이 계속해서 서로 충돌하는 현상이다. 각 세대는 자신이 직면한 사회문제와 도전이 전례 없는 일이라고 생각하기 쉽지만, 역사를 살펴보면 그렇지 않다는 사실을 알게 될 것이다. 미국의 역사는 길지 않다. 그러나 지금 드러나는 문제들이 어느 날 갑자기 생겨난 것은 아니다. 어떤 문제 때문에 자극받아 표출된 반응 역시 이전에 유사한 사례가 있었다. 말하자면 새 신을 신고 옛길을 걷는 것과 같다. 로자다와 케인스의 표현을 빌려 말하자면, 트럼프 시대에 헌팅턴과 같은 미국 정계의 '노예'가 미국 안팎에서 자신의 정치적 비전을 실현하려 했고, 그 결과로 세계는 전에 없는 대립을 겪었으며 미국 국내에서도 전에 없는 분열을 경험했다.

예측이 가능한 가까운 미래에는 '앵글로-개신교'라는 역사적이고 문화적인 핵심 개념이 계속해서 생명력을 유지하겠지만, 미국은 이런 핵심 개념만으로 충분하지 않다. 서로 다른 인종, 문화 전통, 종교 신앙의 사람들을 하나의 국가로 강력하게 결집할 수 없기 때문이다. 뮈르달이 도출해낸 '미국적 신조'는 헌팅턴이 추동하여 탄생한 '앵글로-개신교'라는 신조보다 훨씬 더 포용력이 강하고 광범위하며 응집력이 있다.

8장 아직 이뤄지지 않은 구원

남부는 연방정부와 너무 많은 갈등이 있다. 남북전쟁 이후 남부를 재건하는 동안 남은 상처는 아직도 아물지 않았다. 양키 자본가들의 횡포와 간섭, 거들먹거리며 우리를 손가락질하는 행태에 남부 사람들은 민감하게 반응한다. 시간이 이런 일들을 차차 정리해주겠지만, 변화에는 시간이 필요하다.

— 스트롬 서먼드(Strom Thurmond)

우리는 관념의 세계에 살고 있지 않으며, 좋든 나쁘든 삶의 세계에서 생활하고 있다.

— 아치볼드 매클리시(Archibald MacLeish)

미국 남부는 단순한 지리적 개념이 아니다. 남부 토박이에게 '미국 남부'란 생활 방식, 문화적 전통 그리고 정체성 인식을 의미한다. 여기에는 남북전쟁의 패배, 북부에 대한 해묵은 원한, 반란을 일으키고 싶은 충동과 슬픔, 역사적 원죄와 힘겨운 자기 구원 등이 뒤섞여 있다. 북부 사람들에게 남부는 인종차별, 복음주의, 폐쇄적 후진성, 그리고 스트롬 서먼드(Strom Thurmond, 1902~2003), 오발 포버스(Orval Faubus, 1910~1994), 조지 월리스(George Wallace, 1919~1998), 아들 조지 부시(George Bush, 1946~) 등 논란이 많은 정치인으로 정의된다.

스트롬 서먼드

스트롬 서먼드는 사우스캐롤라이나주 출신으로, 100세까지 장수하면서 48년간 미 연방의회의 상원의원으로 재직했다. 그는 인종차별, 주권(州權) 수호, 남부식 생활의 정치적 상징이었으며, 생전에 미국 전역을 뒤흔든 전설적 '업적'을 여러 차례 일궈냈다. 55세 때 민권법안 통과를 저지하고자 상원에서 24시간 18분 동안 연설했고, 61세 때 텍사스 상원의원과 레슬링으로 정치적 분쟁을 해결하기로 하고서 의사당에서 상대방을 제압했다. 66세 때는 22살의 '미스 사우스캐롤라이나'와 결혼하여 4명의 아이를 낳았다.

2003년 6월 서먼드 상원의원이 세상을 떠났다. 얼마 후 그의 생전에는 알려지지 않았던 혼혈 딸 에시 메이 워싱턴-윌리엄스(Essie Mae Washington-Williams)가 자신의 신분을 밝혔다. 2년 후 에시 메이는 『친애하는 상원의원님*Dear Senator*』을 출간했다. 이 책은 에시 메이가 아버지와 60여 년간 비밀스럽게 연락을 주고받은 내용을 담았다. 이들 부녀의 애환 섞인 이야기를 살펴보면 남부의 온정과 떳떳하지 못한 관계, 편견, 무력감, 책임감과 애착, 쉽게 말하기 힘든 삶의 비밀, 암묵적인 규칙, 현대인에게는 이제 낯설게 느껴지는 '충성심'을 느끼게 되고, 한편으로는 역사의 냉혹한 흔적을 엿볼 수 있다.[361]

서먼드는 22살 때 16살의 흑인 소녀 캐리 버틀러(Carrie Butler)와 연애했다. 당시 서먼드는 사우스캐롤라이나주 에지필드 카운티(Edgefield County)에서 중학교 교사로 일하고 있었다. 캐리 버틀러는 그의 아버지 집에서 가정부로 일했다. 1925년, 버틀러는 혼혈 딸을 낳고 아이에게 에시 메이라는 이름을 지어주었다. 에시 메이는 펜실베이니아주에 사는 캐리 버틀러의 언니 집에서 자랐다. 에시 메이가 초등학교에 다닐 때, 마을의 백인 여성이 강간당하는 사건이 발생했다. 당시 에시 메이는 강간이 무엇인지 몰랐지만 온 마을의 흑인이 하늘이 무너진 듯 공포에 떨고 있다는 것은 알 수 있었다. 경찰은 곧 흑인 용의자를 체포했고, 마을의 백인들은 재판을 기다릴 것 없이 당장 처형해야 한다고 주장했다. 수천 명의 백인이 총을 들고 감옥을 습격했다. 마을의 흑인들도 총을 들고 모여서 감옥을 지켰다.

에시 메이의 이모부는 독실한 기독교인이었으나 역시 총을 들고 나섰다. 이모가 지금 감옥에 가면 돌아오지 못할 거라면서 이모부를 말렸다. 이모는 나중에 백인들이 몰려와서 남겨진 가족들도 다 죽일 거라고 울부짖었다. 이모부는 눈물을 흘렸지만 결국 총을 가지고 나갔다. 다행히 마을에서 신망 높은 보안관이 급히 현장에 도착했기에 백인과 흑인이 무장한 채 대치했지만 총을 쏘는 일은 벌어지지 않았다. 경찰은 조용히 용의자를 다른 카운티의 교도소로 이송해 신변을 지켰다. 며칠 후 경찰이 진짜 범인을 잡았다. 범인은 백인이었다. 어떠한 전통이든 야만적인 집단 무의식의 충동을 내포하고 있게 마련이며, 사회적 갈등은 종종 각종 편견으로 표출된다.

어린 시절 에시 메이는 이모부와 이모를 친부모로 알고 자랐다. 13살이 되어서야 생모인 캐리 버틀러를 만났지만 그때도 여전히 아버지가 누군지는 몰랐다. 16살 때 에시 메이는 처음으로 어머니와 같이 출생지로 돌아가 친척의 장례식에 참석했다. 장례식 다음 날 아침, 어머니가 에시 메이에게 '아버지를 만나러 가자'고 했다. 두 사람은 가장 좋은 옷을 입고 부유한 백인 지역으로 향했다. 에시 메이는 아버지가 백인 부자의 집에서 집사로 일할 거라고 상상했다. 두 사람은 '서먼드 앤드 시먼드 변호사사무소'라는 간판이 달린 건물에 도착했다. 에시 메이는 아버지가 변호사님의 운전기사로 일할 거라고 추측했다. 흑인 남자 하인이 나와 문을 열어주었다. 에시 메이는 그 사람이 자기 아버지라고 생각했다. 하지만 남자 하인은 아무 말도 하지 않고 그들을 거대한 사무실로 데려갔다. 몇 분 후, 잘생긴 백인 남자가 들어왔다. 연한 파란색 정장을 입은 그는 에시 메이를 한참 바라보더니 어머니에게 말했다. "네 딸은 정말 귀엽군." 어머니는 에시 메이에게 "얼른 아버지께 인사느려"라고 말했다.[362]

에시 메이는 잠시간 '아버지'와 눈앞의 백인 변호사를 연결하지 못했다. 어떻게 불러야 할지 몰랐던 에시 메이는 '서먼드 앤드 서먼드'라는 간판을 떠올리곤 "안녕하세요, 서먼드 씨"라고 인사했다. 서먼드가 사우스캐롤라이나가 마음에 드느냐고 물었다. 에시 메이는 고향과 너무 다르다고 대답했다. 서먼드가 말했다. "여기가 네 고향이야." 그는 다시 라틴어로 'Quis Separabit'가 무슨 뜻인지 아느냐고 물었다. 에시 메이가 라틴어를 배운 적 없다고 하자, 그는 뜻을 추측해보라고 했다. 옆에 있던 어머니가 "네 아버지는 예전에 학교 선생님이셨어"라고 말했다. 서먼드는 에시 메이의 어깨를 쓰다듬으며 말했다. "그 라틴어는 '누가 우리를 갈라놓을 수 있느냐'라는 뜻이란다."[363]

헤어질 때 서먼드가 캐리 버틀러에게 "네 딸은 정말 귀여워. 광대뼈가 내 여동생을 닮았어"라고 말했다. 에시 메이는 그날 아버지가 '우리 딸은 정말 귀여워'라고 말하길 기다렸다고 회상했다. 집에 돌아오는 길에 에시 메이는 어머니에게 물었다.

"아버지가 어머니를 사랑하나요?"

"그러길 바라지…. 나는 그 사람이 나를 사랑한다고 생각한단다."

"어머니는 아버지를 사랑해요?"

"사랑해."

"아버지는 결혼했어요?"

"아니."

"우린 어떻게 하죠?"

"무슨 방법이 있겠니? 여긴 사우스캐롤라이나인데."[364]

캐리 버틀러가 에시 메이에게 변호사사무소 간판에 적힌 첫 번째 '서먼드'는 할아버지인 존이고 두 번째 '서먼드'가 아버지인 스트롬 서먼드라고 설명했다. 존 서먼드는 사우스캐롤라이나주의 연방검사와 주 대법원 판사를 역임했고, 앞으로 주지사 선거에 출마할 계획이었다. 그러던 어느 날 그는 정적과 사무소 앞에서 마주쳤고, 언쟁을 벌이다 남부인의 방식으로 문제를 해결해버렸다. 상대방을 총으로 쏴 죽인 것이다. 재판에서 배심원이 그의 정당방위를 인정해 무죄를 선고했지만, 정치적으로는 앞길이 막힌 셈이었다. 그는 아들 스트롬 서먼드에게 "모든 일을 세 번 생각하고 행동하며, 의심이 든다면 행동하지 마라"라는 편지를 남겼다.[365]

진주만 사건이 일어났을 때 스트롬 서먼드는 39세였다. 주 순회 법원의 판사로 재직하고 있었으므로 징집 대상자가 아니었지만, 그는 자원입대했다. 전쟁은 많은 사람의 운명을 바꾸었고, 미국 사회의 흑인 및 기타 인종에 대한 태도도 달라졌다. 진주만 사건 당일, 한 흑인 병사가 일본 전투기를 격추하여 영웅이 되었다. 도리스 밀러(Doris Miller)는 전함 웨스트버지니아호에서 조리병으로 일했다. 전투 인원이 아니라서 방공 무기 훈련도 받지 않았다. 그러나 일본 전투기가 공습을 감행하며 벌어진 혼란 속에서 도리스 밀러는 전투 위치로 달려가 기관총을 15분간 연사했고, 적어도 한 대의 적기를 격추했다. 전함 웨스트버지니아호가 어뢰에 맞아 침몰하기 전에 그는 여러 전우의 탈출을 도왔다. 이 전공으로 밀러는 미국 해군의 최고 영예 훈장인 십자훈장을 받았다. 1943년 일본군과의 전투에서 그가 탄 함정이 침몰했고, 밀러 역시 전사했다. 냉전 기간 중 미국 해군은 그의 이름을 딴 호위함을 운용했다. 2020년에는 곧 건조될 핵 추진 항공모함의 이름이 '밀러호'라고 발표했다. 현재 미국 해군은 총 열한 척의 현역 항공모함을 보유하고 있는데, 여덟 척은 대통령의 이름을 따서 붙였고, 두 척은 국회의원의 이름이고, 한 척은 해군 제독의 이름이다. 밀러호는 일반 병사의 이름을 딴 첫 번째 항공모함이 될 예정이다.

스트롬 서먼드는 유럽 전장에 파견되어 노르망디 상륙작전에 참가했으며, 글라이더를 타고 착륙하던 중 부상을 입어 퍼플하트 훈장을 받았다. 당시 미국 군대는 인종 분리 제도를 시행했지만 유럽 전장에서 싸우는 미국 육군과 공군 부대에는 흑인 병사가 많았다. 전선의 상황이 긴박할 경우 육군은 종종 흑인 병력을 소대 단위로 백인 연대에 배치해 전투했다. 흑인과 백인 병사가 함께 싸우다 보면 양측의 인종적 편견이 달라지기도 했다. 흑인 병사들의 희생과 용기는 백인 장교나 병사에게 인정받았다. 당시 흑인 소대가 있었던 연대를 대상으로 한 조사에 따르면, 84퍼센트의 백인 장교와 81퍼센트의 백인 병사가 흑인이 전투에서 용감하다고 여겼다.[366] 전쟁 중에 미국 육군은 뮈르달이 쓴 『미국의 난제』를 소책자로 요약해 장병들에게 배포했다. 그들이 전후 민간인으로 돌아왔을 때 새로운 인종 간 관계에 적응할 수 있도록 준비한 것이다. 실제로 참전 병사들이 제대하면서 미국 사회의 인종 관념이 변화했다. 트루먼 대통령이 행정 명령으로 군대 내 인종 분리 정책을 폐지한 것도 자연스러운 일이었다.[367]

서먼드는 퇴역 후 사우스캐롤라이나로 돌아와 정치를 시작했고, 주지사가 되었다. 1948년에는 대통령 선거에 출마하여 남부의 4개 주에서 승리했으나 전국적으로는 트루먼에게 패배했다. 1954년 서먼드는 연방의회 상원의원 선거에서 승리했다. 그는 사망하기 1년 전에야 상원의원직을 내려놓았다. 첫 만남 이후로 에시 메이는 아버지와 종종 만났다. 때로는 대학 캠퍼스였고, 때로는 호텔이었으며, 때로는 상원의원 사무실이었다. 서먼드는 에시 메이의 학업을 격려하고 사우스캐롤라이나의 흑인 대학에 보내주었다. 서먼드는 만날 때마다 에시 메이에게 교육비와 생활비를 지원했다. 에시 메이는 두 사람의 관계를 서먼드가 죽은 뒤 6개월이 넘도록 입을 다물었다. 에시 메이는 이미 78세의 고령이었는데, 언론에 서먼드와의 부녀 관계를 공개하면서 "무거운 부담을 털어내고 완전히 자유로워졌다"고 말했다.[368]

사우스캐롤라이나의 주도인 컬럼비아시 주 정부청사 앞에는 서먼드의 기념 동상이 있다. 서먼드의 장례식이 있고 1년 후에 주 의회는 동상 받침대에 새겨진 서먼드의 자녀 명단에 에시 메이의 이름을 추가하기로 했다. 남부 전통을 수호하는 상징적인 인물로서 스트롬 서먼드의 기나긴 인생 중 한 단락은 더 이상 떳떳하지 못한 대우를 받지 않게 되었다.

남부 생활 방식

남부의 전통적인 서사에서 남북전쟁은 자신의 생활 방식과 주권(州權)을 유지하기 위해 싸운 고귀한 전쟁이다. 패전 후 군대의 굴욕이나 정치, 경제적 어려움은 남부 사람들의 저항 의식과 남부 정체성을 더욱 자극했다. 남부 사람들은 북부가 전쟁을 통해 남부의 경제 구조와 사회 전통을 파괴했으며, 연방정부가 남부를 압박해 북부에서 원하는 바를 남부 사람들에게 강요했다고 믿었다. 이런 믿음과 슬픔이 대대로 남부 사람들을 길러냈다. 지금까지도 많은 남부 사람들이 실패한 전쟁을 자랑스럽게 여기며, 남부군의 깃발이 여전히 그들에게는 자부심의 상징이다.

서먼드가 대통령 선거에서 패배한 후, 에시 메이는 아버지의 인종차별 발언이 흑인들에게 상처를 주었다고 비판했다. 그러나 서먼드는 그것이 남부의 문화이자 관습이며 생활 방식이라고 대꾸했다. "남부는 연방정부와 너무 많은 갈등이 있다. 남북전쟁 이후 남부를 재건하는 동안 남은 상처는 아직도 아물지 않았다. 양키 자본가들의 횡포와 간섭, 거들먹거리며 우리를 손가락질하는 행태에 남부 사람들은 민감하게 반응한다. 시간이 이런 일들을 차차 정리해주겠지만, 변화에는 시간이 필요하다. 네 남편이 처음 만났을 때 너에게 키스하라고 강요했던 일을 예로 들어보자. 그때 너는 싫다고 했겠지. 하지만 그 남자가 너에게 자신을 알아갈 시간을 준다면…. 이것 보렴, 지금 너희는 한 가족이 되지 않았느냐."[369]

남부 사람들은 이웃, 동료 간 관계가 원만한 것을 중요하게 여기며 자주 '가족 같다'는 표현을 쓴다. 남부 사람 특유의 친화력과 온정 때문인데, 대기업의 엄격한 업무 관계나 대도시 사람들처럼 가까운 사이에서도 거리를 두는 것과는 큰 차이가 있다. 노예제도, 인종 분리 시대를 돌아볼 때 전통적인 남부 사람들은 의도적으로나 무의식적으로나 이처럼 정감 어린 태도를 드러낸다. 나쁜 노예 주인도 있지만 좋은 주인이 더 많았고, 대부분 몇 명 혹은 10명 남짓한 노예를 데리고 일하는 작은 농장일 뿐 노예를 수백 명씩 거느린 대지주는 드물다는 것이다. 노예 주인의 후손들이 떠올리는 과거는 전원생활의 따뜻한 색채로 가득했다. 그들은 우리 집에서 일하는 노예는 마치 가족 구성원 같았다고 말한다.

이처럼 온정적인 가부장제는 흑인 노예를 미성숙한 어린아이라고 간주하는 방식으로 노예제도를 옹호한다. 흑인 노예의 생계를 책임지고 신변 보호를 제공하면서 그 대가로 순종을 요구하며, 순종하지 않을 때는 엄중한 처벌을 내린다. 노예제 시대에 남부에서는 노예제도를 가족 관계처럼 묘사했다. 노예 주인은 아버지이고 노예는 아들이다. 흑인 노예는 정신적으로 미숙하기에 독립적으로 생활할 수 없어서 문명인이 관리 감독해야 한다. 남북전쟁 이전에 남부에서는 북부의 산업화를 비판했다. 자본가들은 노동자에 대한 책임감이 없어서 마음대로 해고하는데, 이처럼 노동자들은 의지할 곳 없이 생활하지만 남부의 흑인 노예는 농장의 수확량이 좋든 나쁘든 먹을 것과 잘 곳이 확실히 보장된다고 추켜세웠다.

남북전쟁이 발발하기 직전, 남부의 이론가인 조지 피츠휴(George Fitzhugh)는 『남부 사회학: 자유 사회의 실패』라는 책을 써서 노예 주인이 노예를 데리고 사는 것은 부모가 아이를 기르는 일과 같다고 설명했다. 신의 섭리에 의해 흑인 노예는 영원히 자라지 못하는 어린아이와 같으므로 그는 노예제도가 하층민의 생활고를 덜어주고 노동 효율성을 높이며 사회를 조화롭게 유지하는 힘이라고 여겼다. 따라서 남부에서는 흑인뿐 아니라 백인 하층민을 노예로 삼아도 된다고 했다. 피츠휴의 이론은 남북전쟁 이전의 남부에서 큰 인기를 얻었다. 전쟁이 끝나고 노예제도는 폐지되었지만 가부장제는 대대로 이어졌다.[370]

대부분의 남부 사람들과 마찬가지로 서먼드는 이런 관습 속에서 태어나 자랐다. 몇 세대가 지나며 변화를 겪은 후 그는 미국 정계의 상록수가 되었다. 항상 푸른 잎을 유지하려면 투표를 거쳐야 했고, 투표에서 이기려면 최대공약수의 유권자에게 맞춘 정책을 제시해야 했으며, 뚜렷한 정치적 방향성으로 그들을 정복하고 격렬한 연설로 그들을 동원해야 했다. 정치적 동원은 남부식 온정의 이면이다. 민권운동 시기에 사우스캐롤라이나의 백인 유권자들은 대부분 인종 분리를 지지했다. 서먼드는 그들의 대변인이 되어 그들의 목소리를 고급 정치 언어로 표현하는 일을 선택했다. 남부 사람들은 전통적인 생활 방식을 유지할 권리가 있고, 각 주는 인종 분리 법률을 제정할 권리가 있으며, 남부 사람들이 어떻게 생활할지 연방정부에 개입해 가르쳐줄 필요가 없다.

젊었던 에시 메이는 아버지의 인종 분리 발언을 힘들어했다. 두 사람이 만나게 되면 서먼드는 자신이 선거 운동을 위해 한 발언은 축소하려고 노력했고, 딸 앞에서 문맹 퇴치 운동, 흑인 학교에 대한 투자 확충, 폐교 위기에 처한 흑인 의과내학을 위한 모금, 흑인 내학에 수영장 건설 등 흑인의 상황을 개선하는 '좋은 일'을 최대한 보여주었다. 딸을 슬프게 한 인종차별 발언에 대해서는 이렇게 말했다. "그건 정치일 뿐이다. 치열한 선거전에서는 다른 사람의 말을 왜곡하고 앞뒤 맥락을 잘라내서 떠들곤 하지. 어떤 사람을 평가하려면 그가 하는 말이 아니라 한 일을 봐야 하는 거란다…. 사우스캐롤라이나의 미래에서는 흑인 상황을 개선하는 것이 중요해. 나는 이 주를 사랑한다. 하지만 나한테도 시간을, 기회를 다오."[371]

에시 메이는 아버지가 상투적인 말로 얼버무린다고 느꼈다. "히틀러는 유대인이 열등하다고 말했지요. 아버지는 흑인이 열등하다고 말했고… 흑인이 백인과 같이 있는 것을 원하지 않는 거예요." 딸이 자신을 히틀러에 비유하는 것을 듣자 서먼드는 몹시 슬픈 듯 보였다고 한다. "열등한 게 아니다. 달라! 다르다! 나를 히틀러에 비유하는 말은 선거를 치를 때도 들어보았단다. 무슨 말인들 못 들어봤겠니. 하지만 네가 그렇게 말을 하다니, 그건 달라…. 너는 남부를 바꿀 수 없어." "당신은 바꿀 생각이 없는 거고요, 선생님."

에시 메이가 냉담하게 대응했다. 부녀 관계는 한동안 냉랭해졌다.[372]

전통적인 남부 사람은, 인종 분리에 반대하는 남부 사람까지도 대체로 인종 관계가 너무 빠르게 변하는 것을 원치 않았다. 특히 연방정부의 강제적인 조치를 싫어했다. 연방대법원의 인종 분리 폐지 판결이 나온 뒤 윌리엄 포크너는 『라이프』지에 기고한 글에서 이렇게 썼다. "기다려라, 이제는 기다려라, 멈춰라, 다시 생각하고 행동하라. (…) 미국의 다른 지역 사람들은 남부에 대해 거의 알지 못한다. (…) 상상으로 추측한 남부 상황은 간단하게 보일 것이다. 그저 법령을 이용해 다수 국민의 의지를 지지한다면 하룻밤 사이에 달라질 거라고 복잡하지 않게 생각할 것이다."[373] 그러나 역사의 흐름은 빠르거나 느리다. 세력이 강한 쪽은 변화가 너무 빠르다고 느낄 것이고, 약한 쪽은 변화가 너무 느리다고 느낄 것이다. 서먼드는 평생 남부의 생활 방식을 옹호하고 주권(州權)을 공개적으로 수호하며 급진적인 사회 변화에 반대했다. 이론적으로 막연하게 살펴본다면 서먼드의 주장은 모두 일리가 있다. 문제는 남북전쟁 이전의 남부 생활 방식이 유지되었던 핵심이 노예제도였다는 점이다. 남부 각 주가 자신들의 주권(州權)을 행사할 때 연방정부와 가장 큰 갈등을 겪은 사안이 노예제도의 유지였다. 민권운동 시기에는 남부 생활 방식의 핵심이 흑백 인종차별이었고, 남부 각 주는 인종 분리 정책을 유지하기 위해 연방정부와 갈등했다.

남부 사람들이 전통적인 생활 방식에 대해 가진 따뜻한 기억, 주권(州權)을 둘러싼 정치적 집념이 역사의 잔혹한 내핵을 감싸고 있다. 약 150년 동안 남부는 패전과 항복을 겪었고, 연방정부가 파견한 군대의 통치를 받았으며, 경제가 붕괴했고, 거듭되는 연방대법원 소송에서 연이어 패소했다. 여러 차례의 격동을 겪으며 사선을 넘나들었지만 바뀌지 않은 것은 북부를 향한 대대로 내려오는 원한, 온정, 잔혹함이 한데 얽힌 모호한 감정이다.

"나는 영원히 그 사람을 이해할 수 없을 것이다."

2003년 6월 26일 스트롬 서먼드가 고향에서 세상을 떠났다. 임종을 앞두고 그는 아내 낸시 서먼드에게 조 바이든(Joe Biden) 상원의원에게 장례식 추도사를 맡기라고 당부했다. 서먼드는 생전에 정치적으로 바이든과 내내 대립했다. 두 사람은 각기 공화당과 민주당 의원이었다. 서먼드가 인생의 마지막에 세운 계획은 여전히 그가 생전에 했던 일처럼 독특하고 놀라웠다. 7월 1일 장례식은 사우스캐롤라이나 주도 컬럼비아시 제1침례교회에서 거행되었다. 이튿날 미국의 주요 신문과 사우스캐롤라이나 지역 신문이 AP통신의 보도를 옮겨 실었다. "100년의 긴 인생 거치며 분리에서 화해로 나아가 서먼드는 시대의 변화에 따라 스스로 구원했다. 흑인과 백인, 민주당원과 공화당원이 경의를 표하기 위해 찾아왔다."[374]

바이든은 추도사에서 "이 친구는 너무 복잡합니다. 낸시가 말해주더군요. 그가 델라웨어주에 사는 바이든이라는 녀석을 불러서 추도사를 맡기라고 했다는 겁니다. 복잡하다는 것 외에 이 사람을 어떻게 설명할 수 있겠습니까? 저는 영원히 그를 이해할 수 없을 것입니다…." 바이든은 추도사에서 서먼드가 평생 겪었던 세 가지 다른 시대를 요약해 설명했다. 그가 젊었을 때는 남부의 전통적인 관습이 여전히 당연한 섭리로 여겨졌다. 중년이 되었을 때는 그런 전통 관습이 도전을 받기 시작했고, 인생의 마지막 30년 동안에는 남부의 관습이 타락하고 썩어가는 것을 보았다. 바이든은 서먼드가 남부를 깊이 사랑했고, 의회에서 충실하게 남부를 대변했다고 말했다. 민권운동 당시 서먼드는 신념과 남부의 이익을 위해 민주당을 저버리고 공화당으로 전향하기도 했다.[375]

관념의 세계는 명확성을 추구한다. 옳고 그름이 분명하기를, 흑과 백이 다르기를 바란다. 서먼드의 화려하지만 애매했던 삶은 설명하기 어렵다. 그는 공개적으로 인종 분리 정책을 옹호했지만 그가 주지사를 지내던 시절에 흑인의 사회적 지위를 높이는 정책을 대거 시행했다. 1947년 『뉴욕타임스』의 사설에서 "스트롬 서먼드는 남부의 희망이다"라고 말하며 그가 시행한 정책이 루스벨트 정부의 모범이 될 만하다고 평가했다. 기초 교육 보급, 빈곤 퇴치를 위한 정부 개입, 흑인 학교에 대한 투자 확대 등이 서먼드의 대표적인 정책이었다. "변화에는 시간이 필요하다." 에시 메이는 젊을 적에 아버지가 변화를 거부하려고 둘러대는 상투적인 말이라고 생각했다. 하지만 서먼드의 행동을 보면 그저 틀에 박힌 겉치레 말은 아니었다. 주지사로 재임하는 동안 그는 흑인을 주 정부가 운영하는 병원 이사로 임명해 큰 논란을 일으켰다. 현지 신문은 "서먼드가 흑인을 임명했다!"고 대서특필했다. 그는 상원의원 생활에서 마지막 30년 동안 흑인 직원을 고용했고, 정부의 주요 직책에도 흑인을 추천했다.[376]

에시 메이의 첫 번째 흑인 남자친구인 매슈 페리는 민권운동을 통해 유명한 변호사가 되었고, 전국유색인종발전협회의 사우스캐롤라이나주 수석 변호사를 맡았다. 1962년 흑인 여성 글로리아 블랙웰은 딸을 응급실로 데려가 병원의 백인 대기 구역에 앉혔다가 체포되었다. 매슈 페리가 그녀의 변호사를 맡아 승소했다. 서먼드는 에시 메이에게 "네 남자친구가 아주 훌륭하구나. 언젠가 대법원의 판사가 될지도 모르겠어"라고 말했다. "제가 매슈와 데이트한 것은 어떻게 아셨어요?" 에시 메이의 물음에 서먼드가 대답했다. "에시, 그건 내 본분이야. 아는 것이 힘이지. 네가 그 친구를 좋아했다면 못난 녀석일 리가 없어." "아주 오래 전의 일이에요." "훌륭한 판단력에는 유효기간이 없단다."[377]

1976년 서먼드는 매슈 페리를 미국 군사항소법원의 판사로 추천했다. 상원의 승인을 거쳐 포드 대통령이 임명했고, 페리는 남부 출신으로 첫 번째 연방법원 흑인 판사가 되었다. 3년 후, 사우스캐롤라이나 연방지방법원의 판사 자리가 공석이 되자, 서먼드는 다시 페리를 추천했다. 페리는 사우스캐롤라이나 연방법원의 첫 번째 흑인 판사가 되었다. 대통령에게 흑인을 연방법원 판사로 추천한 것은 남부의 여러 상원의원 중 서먼드가 최초였다. 그는 상원에서 흑인 직원을 고용한 최초의 남부 의원이기도 했다. 레이건 대통령 시절, 그는 마틴 루터 킹의 생일을 연방 공휴일로 지정하는 데 찬성표를 던졌고, 그 일로 남부 주의 몇몇 상원의원과 등을 돌렸다. 결국 2000년이 되어서야 사우스캐롤라이나주 의회에서 이 공휴일이 공식적으로 인정되었다.

바이든은 추도사에서 서먼드에게 찬사를 보냈다. "우리 모두 그렇듯, 서먼드는 그가 속한 시대의 산물입니다. 하지만 그는 민중을 이해하고 배려하며, 진심으로 그들을 돕고자 했습니다. 그는 어떻게 해야 민중을 제대로 아는 것인지, 어떻게 해야 그들을 감동시킬 수 있는지, 어떻게 일을 해낼 수 있는지 잘 알았습니다."[378] 이런 찬사가 그저 나온 것은 아니다. 2020년 사우스캐롤라이나에서 열린 상원의원 선거에서 민주당 후보인 제이미 해리슨은 흑인이었다. 그는 어머니가 고등학교를 졸업할 무렵 일자리를 찾지 못해 고생했던 일을 회고했다. 누군가 해리슨의 어머니에게 지역구 의원을 찾아가라고 말했고, 그녀는 사우스캐롤라이나의 상원의원 2명에게 편지를 보냈다. 얼마 후 서먼드 사무실의 직원이 연락해서 그녀에게 소개해주고 싶은 현지의 직장이 있다고 했다. 해리슨은 어머니가 이 일을 언급했을 때 그가 가지고 있던 서먼드에 대한 인상과 다르다고 생각했다. "어머니, 잘못 기억하신 게 아닙니까? 정말 스트롬 서먼드였나요?" 어머니는 "제이미, 틀림없이 그 사람이야. 그의 직원들은 내가 어떤 인종인지, 어떤 당을 지지하는지 묻지 않았어. 단지 내가 지역 주민이고, 어려움에 처해 도움이 필요하다는 것만 생각했지."[379]

제2차 세계대전 이후 미국 정치권에서 서먼드보다 빨리 남부 민심을 파악한 정치인은 없었다. 그는 남부 사람들의 연방정부에 대한 적개심과 남부 정체성에 대한 인식을 이용해 자신의 정치적 목표를 달성했다. 민권운동이 다시 한번 남부 백인들의 원망과 슬픔을 자극했을 때도 서먼드는 기회를 놓치지 않고 그런 정서를 득표율로 바꿨다. 1968년 대통령 선거에서는 남부 민심을 성공적으로 활용하여 닉슨이 승리하도록 지원했다. 그 이후로 공화당의 모든 대통령 후보가 그가 주도적으로 구축한 '남부 전략'을 답습했다.

용서와 화해

AP통신은 서먼드가 만년에 '자기 구원'을 해냈다고 평가했다. 하지만 서먼드 본인에게도, 그가 대표하던 남부에도 '자기 구원'은 아직 미완성의 여정이다.

서먼드와 더불어 유명한 남부 정치인인 조지 월리스는 정치 경력 말기에 상당한 변화를 겪었다. 1960년대에 그는 앨라배마 주지사로 재직하면서 주립대학에 합격한 흑인 학생의 입학을 저지하려고 직접 나서서 연방 법무부의 사법 집행관과 대치했다. 그의 이런 행동은 남부에서 백인 유권자를 끌어들이려는 전형적인 정치 제스처였다. 월리스는 첫 번째 주지사 선거에서 인종차별을 열렬히 지지하는 후보에게 패배했다. 두 번째로 출마한 주지사 선거에서 그는 경쟁 후보보다 더 열정적으로 인종 분리 정책을 지지하여 승리를 거뒀다. 1963년 1월 14일 주지사 취임 연설에서 월리스는 "지금 분리하는 것을 넘어 내일도 분리해야 하며, 영원히 분리해야 한다"고 발언했다.[380] 하지만 그는 자신이 인종차별주의자라고 인정하지 않았고 "학교를 짓고 도로를 건설하는 정치적 업적을 내세울 때는 아무도 알아주지 않았다. 내가 흑인에 대해 이야기하자 다들 벌떡 일어섰다"고 변명했다.[381] 제2차 세계대전 이전에 뮈르달이 미국을 답사하며 연구할 때도 이미 남부 정치권에서는 인종문제를 카드로 선거에서 승부를 내는 현상이 존재했다.

월리스는 미국 대선에 네 번이나 출마해 매번 인종문제를 선거 전략으로 사용했으나 전부 실패했다. 서먼드처럼 전국적인 정치 무대에 설 기회는 없었지만 남부, 특히 앨라배마주에서는 영향력이 컸기 때문에 "가장 영향력 있는 패배자"라고 불렸다. 1965년 3월, 마틴 루터 킹과 존 루이스 등 민권운동가들이 수천 명의 흑인 무리를 이끌고 앨라배마주 셀마(Selma)에서 주도인 몽고메리

(Montgomery)까지 행진하여 월리스 주지사에게 흑인 투표권을 청원했다. 이 일은 민권운동의 상징적인 사건이 되었다. 월리스는 경찰을 배치하여 길을 따라 경계를 세웠고, 청원 인파가 주도 안으로 들어오지 못하도록 모든 조치를 취하라고 명령했다. 이 사건은 '피의 일요일'을 재현했다. 많은 흑인이 부상을 입고 체포되었다. 청원 인파가 주 정부 청사에 도착했을 때 월리스는 문을 닫아걸고 그들의 청원을 듣지 않으려 했다.

1972년 대통령 선거에서 월리스는 명성을 얻고 싶었던 백인 테러리스트가 쏜 총에 맞아 하반신이 마비되어 휠체어에서 여생을 보냈다. 그는 1987년에 퇴임할 때까지 네 차례 앨라배마 주지사를 역임했다.

1979년 어느 일요일, 월리스 주지사는 사전 연락 없이 몽고메리의 흑인 침례교회를 방문했고, 민권운동 시기의 마틴 루터 킹 목사는 용서와 화해를 설교했다. "용서는 과거의 행동을 무시하거나 악행에 거짓된 꼬리표를 붙여주는 것이 아닙니다. 용서는 과거의 악행이 더 이상 상호 관계에서 장애물이 아니라는 것을 의미합니다. (…) 우리는 인종 분리를 증오하지만 분리주의자를 사랑해야 합니다. 이것이 함께 사랑받을 만한 공동체를 만드는 유일한 길입니다."

그 일요일, 월리스는 휠체어에 앉아 교회를 가득 채운 흑인들에게 말했다. "저는 고통의 의미를 배웠습니다. 이전에는 불가능했던 일입니다. 저는 이제 흑인 민중이 견뎌야 했던 고통을 다소나마 이해하게 되었습니다. 그 고통에는 제가 만든 몫이 있다는 사실을 저도 알고 있습니다. 저는 당신들에게 용서를 빌 수밖에 없습니다." 몇 년 후, 월리스는 텔레비전 방송에서 공개적으로 자신의 과거 인종차별적 언행이 흑인들에게 끼친 고통을 사과했다. 그는 자신의 마지막 주지사 재임 기간에 흑인 대변인을 두었고, 주 정부에 160명이 넘는 흑인 공직자를 임명했으며, 앨라배마주에 속한 67개 행정 구역에서 흑인의 유권자 등록 수를 두 배로 늘렸다.[382]

1995년 3월 10일 월리스는 성베드로교회에서 몽고메리 행진 청원의 30주년을 기념했다. 그의 주변에 당시 청원에 참여했던 200여 명의 민권운동가, 미국 각지에서 온 목사, 관료, 국회의원이 자리했으며, 흑인도 있고 백인도 있었다. 당시 75세인 월리스는 귀가 잘 들리지 않았고, 질병과 부상 등으로 정상적으로 말을 하기 힘들었다. 그래서 그는 어눌하게 "여러분, 사랑합니다"라고 말하는 데 그쳤다. 대신 그의 보좌관이 그의 연설문을 낭독했다. "과거의 감정적인 신념과 과장된 사명감은 우리 모두가 세상을 자신의 책임으로 여기고 수수방관하지 못하게 했습니다. 세월이 흘렀고, 우리는 많은 것을 잃었지만 또 많은 것을 얻었습니다. 길을 걸으며 비틀거리기도 했습니다. 오늘 제가 말씀드리고 싶은 것은, 몽고메리에 오신 것을 환영한다는 사실입니다." 30년 전, 그는 주 전체의 경찰력을 동원해 민권운동가와 시위내가 몽고메리로 들어오지 못하게 막았었다.

현장에 있던 많은 이들이 월리스에게 박수를 보냈다. 그러나 모든 사람이 그를 용서할 수는 없었다. 루퍼스 바나블(Rufus Vanable)은 '피의 일요일'에 부상을 입었다. 그는 월리스의 연설을 듣고 싶지 않아서 교회에서 나왔다. 교회 바깥의 소나무 아래에서 그가 기자들에게 말했다. "나는 그가 무슨 말을 하는지에 관심이 없습니다. 당신도 그날의 일을 직접 겪었다면 나처럼 그의 말에 관심이 없을 겁니다. 자신의 영혼을 편하게 할 수 있을 거라고 믿는다면, 뭐든지 하고 싶은 말을 하겠지요. 나는 그의 얼굴을 보면 너무 많은 기억이 떠오르기 때문에 그를 보고 싶지 않습니다."[383]

교회 안에서 찬송가가 흘러나왔다. "우리는 두렵지 않다, 우리는 오늘 두렵지 않다, 마음 깊은 곳에서 나는 우리가 극복하리라 믿는다. 우리는 외롭지 않다, 우리는 오늘 외롭지 않다, 마음 깊은 곳에서 나는 우리가 더 이상 외롭지 않으리라 믿는다. 진리가 우리를 자유롭게 한다, 진리가 언젠가 우리를 자유롭게 하리라, 마음 깊은 곳에서 나는 우리가 극복하리라 믿는다. 우리는 손 잡고 함께할 것이다, 우리는 언젠가 손을 잡고 함께할 것이다, 마음 깊은 곳에서 나는 우리가 극복하리라 믿는다. (…) 우리는 자유롭게 되리라, 우리는 언젠가 자유롭게 되리라, 마음 깊은 곳에서 나는 우리가 극복하리라 믿는다." 이 찬송가는 20세기 초에 어느 목사가 쓴 곡으로, 민권운동 시위대가 거리에서 합창하던 노래다. 교회 안에서 당시 구타당했던 민권운동가들이 월리스의 손을 잡고 이 노래를 합창했고, 루퍼스 바나블은 교회 바깥의 소나무 아래에서 흘러나오는 곡조에 맞춰 혼자 흥얼거렸다. 3년 후 조지 월리스가 세상을 떠났다.

2015년 7월, 사우스캐롤라이나주 의회는 정부청사에 걸린 남부군 깃발을 떼어내기로 결의했다. 스트롬 서먼드의 아들 폴 서먼드(Paul Thurmond)는 주 의회의 상원의원으로서 이 결의안에 찬성표를 던졌다. 투표하기 전에 주 의회에서는 "나는 우리의 전통을 이해하고 선배들이 우리의 더 나은 삶을 위해 이룬 업적을 존경하지만, 그렇다고 해서 그들의 모든 결정이 옳다고 믿어야만 할 이유는 없다. 살아 있는 동안 나는 노예제도를 지키고자 내전을 벌인 사람을 이해하지 못할 것이다. (…) 나는 그런 전통이 자랑스럽지 않다"고 발언했다. 폴 서먼드는 그의 아버지가 남긴 '자기 구원'의 한 페이지를 다음 장으로 넘겼다.[384]

남부의 여러 주 중에서도 미시시피주는 '최남단의 남쪽'이라고 불린다. 그곳은 남북전쟁의 남부군 깃발을 마지막까지 유지했던 곳이다. 남북전쟁이 끝난 후 남부군의 깃발은 복잡한 상징성을 띠게 되었다. 독립적이고 승리자를 명시하는, 북부에 굴복하지 않고 남부의 전통적 생활 방식을 고수하는 신념의 상징이다. 남부의 전통 생활 방식이라는 데 노예제도가 포함되어 있다고 해도 말이다. 1954년 연방대법원이 공립학교의 인종 분리 정책을 폐지하라고 판결했다. 남부 사람들은 이런 판결이 북부의 뜻을 남부에 강요하는 짓이라고 여겼다. 인종 분리에 반대하는 남부 사람들조차 연방정부의 강제적 조치에는 불만을 품었고, 외부의 압박에 굴하지 않을 것이라는 의견을 밝혔다. 미시시피주의 작가 윌리엄 포크너가 그런 인물이었다. 그는 공개적으로 "나는 인종 분리에 반대한다. 또한 나는 강제적인 인종 융합에도 반대한다. 이런 생각은 첫째로 원칙에서 비롯된 의견이며, 둘째로 이런 방식이 성공할 것이라고 믿지 않기에 반대한다."[385]

윌리엄 포크너의 공개 발언 이후로 남북전쟁의 흔적이 남아 있는 미시시피주 깃발이 60여 년간 휘날렸다. 2020년에 접어들어서도 미시시피주 의회는 주 깃발에서 남북전쟁 당시의 표기를 없애는 문제를 두고 망설이고 있었다. 여름이 되자 조지 플로이드 사망 사건으로 전국적인 항의가 쇄도했다. 각계 인사 역시 인내심을 잃고 미시시피주 정부를 공개적으로 압박했다. 전국대학생체육협회에는 미시시피주가 과거의 주 깃발을 계속 사용할 경우 협회가 주최하는 주요 스포츠 경기에서 미시시피를 보이콧하겠다고 성명을 냈다. 미시시피 주립대학교의 풋볼 스타인 카린 힐(Kylin Hill) 역시 항의를 표시로 경기에 나서지 않겠다고 발표했다. 슈퍼마켓 체인인 월마트는 미시시피주의 모든 매장에 있는 주 깃발을 삭제했고, 보수적인 것으로 유명한 남부 침례교회조차 성명을 발표하고 이것은 전통을 유지하는 문제가 아니라 도덕적 문제라고 표현했다.

2020년 6월 말 미시시피주 의회는 주 깃발에서 남부군 표식을 제거하는 표결을 시행했다. 다음 날 주지사 테이트 리브스(Tate Reeves)가 법안에 서명하여 효력이 발생했다. 주 정부는 새로운 주 깃발 도안을 주민 응모로 디자인하겠다는 계획을 발표했다. 약 2천 개의 도안을 받아 최종적으로 수 안나 조(Sue Anna Joe)가 디자인한 목련꽃 패턴과 다른 디자인 중에서 색상을 선택했다. 수 안나 조는 중국계 미국인으로, 미시시피 삼각지대의 그린우드에서 태어났다. 린궁 가족이 살던 로스틸에서는 겨우 100킬로미터 정도 떨어진 곳이다. 불과 100년 전 로스틸의 공립학교는 린궁의 두 딸과 다른 중국계 학생들을 학교에서 내쫓았다. 당시 미시시피 대법원은 학교의 결정을 지지하며 백인 혈통의 순수성을 보호해야 한다고 주장했다. 연방대법원은 중국계 학생이 백인 학교에 다니는 것을 금지하는 것은 미시시피주의 '주권(州權)'이며 헌법에 위배되지 않는다고 판결했다. 지금은 중국계 미국인이 미시시피의 새로운 깃발을 디자인하고, 그 깃발이 인종차별의 흔적이 남은 옛 깃발을 대체하게 되었다.

2020년 11월 3일, 미시시피는 주민 투표를 거쳐 수 안나 조가 디자인한 새 깃발에 73퍼센트가 찬성했다. 역사의 페이지가 또 하나 넘어갔다. 남북전쟁 후 150년 동안 북풍이 남쪽으로 불어가다 마침내 '최남단의 남쪽'에 도착한 것이다. 남북전쟁의 남부군 유적은 계속해서 지워지고 있다. 누군가는 기뻐하고 누군가는 항의하며, 누군가는 침묵 속에서 실망하거나 울분을 쌓고 있을 것이다. 미국은 「독립선언문」에서 말했듯 "모든 사람은 평등하게 태어났다"는 신념과 약속으로 세워진 나라다. 이 신념은 뮈르달이 이름 붙인 '미국적 신조'이며 남북전쟁 이후에 헌법에 14조가 추가되면서 정치적 신념과 약속이 헌법으로 정한 권리로 변모했다. 역사학자들은 남북전쟁을 '두 번째 건국'이라고 부른다. 소수 민족과 전통적인 취약계층에게 이 '두 번째 건국'은 첫 번째 건국만큼이나 중요하다.[386] 정치적 신념과 약속은 공허할 수 있다. 그러나 헌법이 정한 권리로 바뀐 뒤에는 법률적 실행 가능성이 생겼고, 일반 민중의 일상생활과 직접적인 관계를 맺을 수 있는 통로가 만들어졌다.

백인, 흑인, 중국인, 빈민, 부자, 강자, 약자, 과거의 주인과 노예 등 남부의 역사는 이 땅에서 살고 있는 사람들을 공동으로 형성했으나 개인은 각자 다른 역사적 기억이 있다. 다만 현실 역사의 관념 세계에서처럼 경도와 위도가 분명히 나뉘지 않는다. 미국 작가 아치볼드 매클리시(Archibald MacLeish)가 한 "우리는 관념의 세계에 살고 있지 않으며, 좋든 나쁘든 삶의 세계에서 생활하고 있다"는 말처럼 말이다.[387] 삶의 세계가 지닌 애매함은 종종 관념 세계에서의 갈등보다 더 강하고 날카로우며, 각종 이성적인 변호나 비이성적인 충동을 동반한다. 폭력과 온정, 희망과 절망, 원한과 화해가 끊임없이 사회와 사람들을 달라지게 한다. 남부의 미완성된 '자기 구원'의 여정은 길을 우회하기도 하지만 절대로 멈추지 않는다. 알려지지 않았지만 많은 인물이 이 역사의 증인이고, 역사 발전의 참여자다.

9장 용기는 최고의 보호자

미국에서는 여성의 독립성이 결혼 관계에서 돌이킬 수 없이 상실되고 있다. 그곳의 미혼 여성은 다른 어느 국가보다도 속박이 덜한데, 결혼만 하면 훨씬 엄격한 가정적 의무에 얽매인다. 아버지의 집은 미혼 딸에게 자유롭고 즐거운 보금자리지만 결혼하면 수도원에서 사는 것과 같다. 이처럼 두 가지 서로 다른 생활 형태는 사람들이 생각하는 것처럼 완전히 대립적이지 않다. 미국 여성들은 실제로 전자에서 후자로 자연스럽게 전환된다.

— **토크빌**(Alexis de Tocqueville)

우리 시대의 여성들은 그 투쟁을 기억할 것입니다. 마치 젊은 날의 사랑처럼 말입니다. 지금 생각해보면 똑같은 감정이 아니겠지만 잊지는 않을 겁니다.

— **새러 워딩턴**(Sarah Weddington)

2020년은 미국 여성들이 전국 범위에서 투표권을 획득한 지 100주년이 되는 해다. 11월 3일 치러진 대선에서 여성 유권자들은 트럼프 대통령을 백악관에서 쫓아냈다. 선거 후 치러진 여론조사에 따르면 바이든은 여성 유권자 55퍼센트의 지지를 얻었다. 트럼프보다 11퍼센트포인트 앞섰다.[388] 반면 남성 유권자들 사이에서는 바이든이 트럼프에게 2퍼센트포인트 뒤처졌다. 여성 시민은 미국에서 마지막으로 투표권을 획득한 집단이다. 1870년, 미국 헌법에 15조가 추가되면서 흑인 남성의 투표권이 보장되었고, 그로부터 정확히 반세기가 지난 후 헌법에 19조가 추가되면서 미국 여성 시민의 투표권이 처음으로 헌법에 보장되었다. 그러나 여성 유권자의 투표율은 오랫동안 남성 유권자보다 낮았다. 1980년의 대선에서 여성 유권자의 투표율이 처음으로 남성 유권자를 앞섰다.[389]

수정헌법 14조는 모든 사람이 법의 평등한 보호를 받도록 보장한다. 불평등한 현상을 바꾸는 방법은 두 가지다. 하나는 상향 평등이고, 다른 하나는 하향 평등이다. 취약계층이 사회적으로 더 강력한 계층과 동등한 권리를 얻는 것, 예를 들어 여성에게 투표권이 없다가 나중에 투표권이 생기는 것은 상향 평등이다. 반대라면 하향 평등이다. 문제는 사회적으로 강력한 집단은 종종 상향 평등을 '제로섬 게임'으로 여기며, 취약계층이 그들이 누리던 특권을 빼앗는다고 생각해 변화를 거부한다는 데 있다. 이러한 사회 계층 간 충돌은 취약계층이 권리를 쟁취하는 과정에서 매번 발생하며, 법원이나 국회, 거리 등을 총성 없는 전쟁터로 만든다. 역사적으로 어떤 상향 평등은 국회의 입법 과정에서 이뤄졌고, 또 어떤 상향 평등은 법원 판결을 통해 이뤄졌다. 여성 시민의 투표권 획득이 전자의 경우고, 여성의 낙태권 획득은 후자에 속한다. 법원의 판결이란 법률과 기존 판례에 얽매여 있어서 평등권이 판결에 반영되는 방식은 종종 매우 굴곡진 형태가 된다.

절반의 시민

1860년의 미국 대통령 선거에서 공화당 후보 링컨은 선거운동 중에 그레이스 베델(Grace Bedell)이라는 11살 여자아이가 보낸 편지를 받았다. 그레이스는 아버지가 집에 가져온 링컨의 사진을 보고 얼굴이 너무 말랐다고 생각해 수염을 기르라는 권유를 담아 편지를 보냈다. "저에게 오빠가 4명 있어요. 그들이 당신에게 투표하게 하려면 수염을 기르는 게 도움이 될 거예요. 제가 당신에게 투표하라고 오빠들을 설득할게요. 당신은 얼굴이 너무 말라서, 수염을 기르시면 훨씬 보기 좋을 거예요. 여성들은 다들 수염을 좋아하니, 그들이 자기 남편을 설득해서 당신에게 투표하게 해줄 거예요. 그러면 당신이 대통령이 되겠지요. 우리 아빠도 당신에게 투표할 거예요. 만약 제가 남자였다면 당신에게 투표했을 텐데요…."[390] 링컨은 그레이스의 조언대로 수염을 길렀다. 그렇게 오늘날 사람들이 사진에서 보는 링컨의 이미지가 완성됐다.

그로부터 60년이 지나서야 비로소 미국의 여성 시민이 전국적으로 투표권을 얻는 데 성공했다. 그때 그레이스 베델은 71세였다.

미국 헌법 2조 1항에 따르면, 선거 업무의 규칙과 관리는 각 주의 권한이다. 1797년 뉴저지주 의회는 여성 시민에게 투표권을 부여하는 법안을 제정했지만, 10년 후에 법안을 폐기하여 백인 남성만 투표할 수 있게 되었다. 1870년 2월 미국 헌법에 15조가 추가되면서 흑인 남성의 투표권을 보장했을 때도 여성 시민에게는 투표권이 없었다. 유일하게 와이오밍 지역에서만 여성 주민의 투표를 허용했다. 그러나 당시 와이오밍은 아직 미국의 주로 편입되지 않은 상황이었다. 1890년, 와이오밍이 미국으로 편입되었고, 와이오밍주는 여성 투표권을 보장한 첫 번째 주가 되었다. 그 후 20여 년 동안 서부의 각 주에서 여성 시민에게 투표권을 주었다. 여전히 동부, 중서부, 남부 대부분 주에서 여성 시민은 투표가 금지되었다. 1920년에 헌법 19조가 추가되면서 뉴저지 여성 시민이 113년 만에 투표권을 회복했다.

1831년 토크빌이 미국을 방문했을 때, 그가 관찰한 비에 따라 이렇게 말했다. "미국에서는 여성의 독립성이 결혼 관계에서 돌이킬 수 없이 상실되고 있다. 그곳의 미혼 여성은 다른 어느 국가보다도 속박이 덜한데, 결혼만 하면 훨씬 엄격한 가정적 의무에 얽매인다. 아버지의 집은 미혼 딸에게 자유롭고 즐거운 보금자리지만 결혼하면 수도원에서 사는 것과 같다. 이처럼 두 가지 서로 다른 생활 형태는 사람들이 생각하는 것처럼 완전히 대립적이지 않다. 미국 여성들은 실제로 전자에서 후자로 자연스럽게 전환된다."[391] 여성은 가정에서 남편에게 종속적인 위치에 있다. 사회생활과 정치적인 면에서도 마찬가지다. "미국 여성들은 가정 바깥의 일에 신경 쓰거나 생계를 위해 일하거나 정치에 참여하는 일이 없다. 반면 그들은 힘든 일을 강요받거나 체력을 필요한 노동을 거의 하지 않는다."[392] 당시 미국은 농업 사회였고, 국토는 주로 동부와 동남부에 국한되어 있었다. 그 이후로 반세기가 흐르면서 미국은 서쪽으로 계속 발전해나갔다. 그리고 남북전쟁과 제2차 산업혁명을 겪으면서 미국 사회에 큰 변화가 생겼다. 여성들은 더 이상 남편의 소유물로 사는 데 만족하지 않게 되었고 권리의식에 눈을 떴다.

남북전쟁 이후, 연방정부는 서부 변경 지대로 이주한 가정에 토지를 무상으로 내주었다. 대부분 서부를 개척하러 간 사람들은 가정을 갓 꾸린 젊은이였다. 땅은 넓고 인구는 적었기 때문에 혹독한 환경에 적응하기 위해 많은 여성이 어쩔 수 없이 집 밖으로 나가 남성과 같이 농사를 짓거나 사업을 했다. 서부 여성들은 상대적으로 고착화된 전통 사회에서 벗어나 있었기에 자신의 권리를 확장할 때 저항이 적었다. 정치적인 지위도 점차 높아져서 사회적 기풍을 주도할 기회가 있었다. 환경이 열악한 변방 지역의 지방 정부는 현실을 고려해야만 했다. 젊은 여성들이 이주하지 않거나 오래 머물지 않고 금방 떠나게 된다면 젊은 남성 역시 서부에 와서 살지 않을 터였다. 여성의 권리는 이런 현실적인 고민 끝에 법률로 제정되었다. 일단 어떤 주에서 분위기를 조성하면 인접한 다른 주도 뒤따르게 된다. 자연적 조건이 비슷한 상황에서 어떤 주가 더 많은 권리와 생활 환경을 제공한다면 이주 인구가 늘어나는 것은 당연한 일이기 때문이다. 인구와 노동력이 부족한 상황에서 이주민을 끌어당길 매력이 있다는 것은 경제 발전과 세수 증대 면에서 가장 손쉬운 방법이다. 정부는 아무런 대가도 치르지 않고 사람들을 끌어모을 수 있으며, 토지가 개발될수록 다른 주와 비교해서 경쟁 우위를 차지할 수 있다. 서부는 국토 확장에서 지리적으로 변방이었지만 여성 권리를 확장하는 데는 정치적 전초기지였다.

서부가 빠르게 발전하는 동안 동부와 남부 사회는 전통적인 궤도에서 계속 운영되었다. 대부분의 전통적인 동부 주들(펜실베이니아, 매사추세츠, 뉴저지 등)은 남부의 여러 주가 그랬듯 여성 투표권을 마지막으로 인정했다. 전통의 권력 구조가 안정적이고 낡은 관습이 뿌리 깊은 지역은 변화의 동력이 부족하기 마련이다. 따라서 변혁도 더디게 찾아온다.

1868년 7월 9일, 헌법에 14조가 추가되었다. 모든 사람이 법의 평등한 보호를 받도록 보장하는 약속이다. 일부 여성 시민들은 수정헌법 14조가 여성에게도 남성과 동등한 투표권을 보호한다고 생각했다. 그래서 그해 11월에 치러진 대통령 선거에 뉴저지주의 여성 시민 200여 명이 투표하러 갔다. 그러나 그들이 행사한 표는 무효 처리되었다. 여성 운동가들은 4년 뒤에 다시 오겠다고 다짐했다. 1872년 11월 5일에 치러진 대통령 선거에서는 뉴욕주의 여성 시민 15명이 투표하러 갔다. 2주 후에 투표소를 방문한 여성들이 체포되었다. 법원은 그들에게 500달러의 보석금을 내면 집에 갈 수 있다고 했지만, 수전 앤서니(Susan Anthony)는 보석을 거절했다. 1873년 6월 17일 연방법원에서 수전 앤서니의 불법 투표에 대한 재판이 열렸다. 재판을 방청하러 간 사람 중에 전 미국 대통령 밀러드 필모어(Millard Fillmore)가 있었다.[393]

재판이 끝나고 워드 헌트(Ward Hunt) 판사는 피고의 유죄를 선고했다. 법정의 관례에 따라 판결 전에 헌트 판사가 "피고는 할 말이 있습니까?"라고 물었다. 수전 앤서니는 대답했다. "판사님, 저는 할 말이 많습니다. 왜냐하면 당신의 유죄 판결이 우리 정부의 모든 핵심 원칙을 짓밟았기 때문입니다. 저의 자연 권리, 시민 권리, 정치 권리, 사법 권리가 모두 무시되었습니다. 저의 가장 기본적인 시민 권리를 빼앗아 저를 시민에서 하인으로 강등시켰습니다. 저 한 사람뿐 아니라 저와 같은 성별의 모든 사람이 판사님 당신의 판결 때문에 이른바 정부 형태라는 것 아래서 종속물이 되었습니다."[394]

헌트 판사는 수전 앤서니의 진술을 거듭 방해하면서 법원은 기존 법률에 따라 유죄를 판결한 것이라고 강조했다. 수전 앤서니는 헌트 판사가 끼어들어도 정중하게 끝까지 발언했다. 수정헌법 6조는 '공정한 배심원단의 신속하고 공개적인 재판'을 받을 권리를 약속하고 있다. 이것은 일반법이 1천 년간 유지해온 전통을 계승한 것이다. 13세기 초에 탄생한 '대헌장'에는 "동료들에게 합법적으로 심판받았다"는 표현이 나온다.[395] 미국의 법률 실무 준칙에서는 '공정한 배심원단'을 동등한 사람으로 구성된 배심원단, 즉 피고와 사회적 지위가 유사한 일반 시민으로 구성된 배심원단으로 규정한다.

수전 앤서니가 재판받을 당시 법률은 백인 남성만 법정 배심원으로 허용하고 있었다. 게다가 헌트 판사는 이 사건을 배심원단 심리로 진행하는 것을 거부했다. 수전 앤서니는 이런 재판이 그녀에게 불공평하다고 주장했다. "작년 11월에 제가 체포된 일은 저 개인을 비롯해 투표권을 박탈당한 집단 중의 어떤 사람도 경험한 적 없는, 판사나 배심원단을 상대로 자신을 변호할 수 있는 몇 마디 말을 허락받은 상황입니다. (…) 나를 심판하는 법률은 모두 남자가 제정하고, 남자가 해석하며, 남자가 관리하면서 남자는 중시하고 여자는 천시합니다. 미국 시민이 시민에게 주어진 **투표할 권리**를 행사했는데 판사님께 유죄 판결을 받았습니다. 단지 그 시민이 여자이고, 남자가 아니라는 이유에서요."[396]

1937년이 되어서야 뉴욕주는 여성 시민이 주 법원에서 배심원단을 맡는 것을 허용했다. 1957년이 되어서야 연방의회가 민권법을 통과시켰고 여성 시민이 연방법원에서 배심원단을 맡을 권리를 얻었다. 1975년이 되어서야 연방대법원이 여성이 배심원단을 맡을 권리가 헌법에 따라 보호된다고 판결했다. 수전 앤서니의 재판이 끝난 지 102년이 지난 뒤였다.

헌트 판사는 수전 앤서니에게 벌금 100달러를 선고했다. 수전은 법정에서 벌금을 한 푼도 내지 않겠다고 밝혔다. 당시 법률에 따르면, 범죄자가 벌금 납부를 거부하면 법원은 벌금을 납부할 때까지 금고형에 처한다. 수전 앤서니는 벌금을 거부하고 헌트 판사가 자신을 수감시키기를 기대했다. 그러면 미국 연방대법원에 인신 보호 명령을 신청할 수 있으며, 사건이 대법원의 심리 절차에 들어간다. 그러나 헌트 판사는 수전 앤서니에게 항소할 기회를 주지 않았다. 금고형을 선고하지 않고 벌금형을 집행할 법관을 지명한 것이다. 집행관은 수전 앤서니의 집을 수색한 후 아무런 성과 없이 돌아왔다. 현금은 물론 법에 따라 압수 가능한 물품이나 부동산도 없었다.[397] 벌금 집행은 흐지부지되었다. 법원은 더 이상 수전 앤서니에게 형사 책임을 묻지 않았다. 그래서 연방법원의 절차에 따라 대법원에 상고할 방법도 없었다.

여성이 법원 판결을 통해 투표권을 생취하려 시도한 사례는 수전 앤서니 사건 외에도 여러 건이 있다. 버지니아 마이너(Virginia Minor)는 미주리주 출신이다. 1872년에 버지니아 마이너는 그해 대통령 선거에서 투표하고자 유권자 등록을 했으나 여성이라는 이유로 거부당했다. 마이너는 수정헌법 14조를 근거로 유권자 등록을 담당하는 공무원을 기소했다. 마이너는 주 법원에서 패소했고, 대법원으로 항소했다. 1875년 3월 29일, 연방대법원의 9명 대법관이 만장일치로 헌법이 여성 시민에게 투표권을 부여하지 않았으나 여성 시민의 투표를 금지하지도 않았으므로 구체적인 결정권이 각 주에 있다고 판결했다. 따라서 미주리주가 시행하는 남성 시민에게만 투표를 허용하는 법률은 헌법에 위배되지 않는다. 이 판결에서 대법원은 시민권과 투표권을 구분했다. 마이너는 시민이자 시민권을 가진다. 그러나 시민권에는 반드시 투표권이 포함되지 않으며, 여성은 어린이와 마찬가지로 시민권은 있지만 투표권은 없다.[398]

마이너 사건의 판결은 여성이 투표권을 획득하기 위한 여정에서 사법적 경로는 막혔음을 의미한다. 연방대법원이 여성 투표권 문제는 주 의회와 연방의회의 일이며 대법원이 이를 통제할 수 없다고 분명히 선을 그었다. 1878년, 마이너 사건의 판결로부터 5년이 지난 뒤 한 국회의원이 여성의 투표권을 보호하기 위한 헌법 개정안을 제안했으나 부결되었다. 19세기 말부터 미국 각 주에 기초 의무교육이 보편화하면서 글을 읽을 수 있는 여성 인구가 점점 늘어났고, 인쇄 매체가 미 전역으로 보급되었다. 또한 서부의 여성들이 차례차례 투표권을 갖게 되었지만, 사회는 일부 보수 인사들이 우려했던 것처럼 뒤집히지도 가정이 무너져 가족이 뿔뿔이 흩어지지도 않았다. 서부의 모범 사례는 중서부, 동부, 남부의 여성들도 시민의 권리를 위해 싸우도록 북돋웠다. 여성 투표권 운동의 선구자인 엘리자베스 스탠턴(Elizabeth Stanton)은 "용기야말로 여성에게 최고의 보호자다"라고 말했다. 이 문장에 담긴 진실은 이후 미국 역사에서 끊임없이 검증되고 있다.

법원에서의 패소, 국회에서의 부결 이후로 여성 시민의 항쟁은 거리로 이어졌다. 하지만 거리 시위와 집단 청원은 대법원 소송처럼 평화롭지 못하다. 수많은 단식 저항이 있었고, 구금과 구타, 형사 처벌이 이어졌다. 여성 운동가 중 몇몇은 사회적 관심을 불러일으키려면 일반 민중의 양심을 자극할 필요가 있다고 여겼다. 시위가 격화되자 여성 운동가들이 거리에서 경찰에게 구타당하거나 체포되었다. 단식 농성을 하다 구금되면 교도소에서 강제로 삽관해 식사하도록 했다. 교도관들에게 학대당하기도 했다.[399] 이런 저항 시위와 탄압이 언론에 자주 보도되고 사회적 관심이 높아지자 일반 민중의 양심이 시험대에 올랐다. 많은 이들이 성인인 국민 중 절반을 정치 과정에서 배제한다면 문제가 점점 더 커질 것이라고 여겼다. 미국 여성의 저항도 미국 사회 전반의 양심도 임계점에 도달했다. 점점 더 많은 주에서 여성 투표권을 보장하도록 주 헌법을 개정하게 되었다. 1920년 미국 헌법에 19조가 추가될 때는 절반 이상의 주에서 여성 투표권을 인정하고 있었다.

여성 시민에게 투표권이 있어야 정치 과정에 효과적으로 참여할 수 있고, 그래야 토크빌이 묘사했던 여성이 "정치에 전혀 참여하지 않는" 상황을 바꿀 수 있다. 여성에게 발언권이 없다면 여성 자신과 그들이 낳을 아이의 운명이 오로지 발언권을 가진 사람 손에 달린 셈이다. 그러나 투표권을 얻고 정치적 결정 과정에서 목소리를 내는 것은 자신의 운명을 결정하는 첫걸음에 불과했다. 여성에게 있어서 '자신의 운명을 결정한다'는 의미는 신체적 결정권을 행사할 자유를 포함한다.

제인 로

2017년 겨울, 노마 맥코비(Norma McCorvey)가 임종을 앞두고 있었다. 그녀는 산소 주입기를 콧구멍에 꽂고서 카메라를 향해 힘없이 말했다. "이것은 나의 유언입니다." 노마 맥코비는 숨을 거칠게 몰아쉬었다. 어색하게 웃으면서 돋보기안경을 썼고, 숨을 고르려 했다. 얼마 전 햇빛이 찬란한 오후에 그녀는 누군가가 밀어주는 휠체어에 앉아서 공원을 산책했다. 연못가의 오리를 구경했고, 담뱃불을 붙이고서 맥락 없이 낭송했다. "내일, 내일, 또 다른 내일. 미약한 발걸음으로 시간이 끝나는 순간까지 (…) 무대에 올라와서 한바탕 몸부림쳤지만 아무런 의미가 없었다." 그녀가 읊은 것은 『맥베스』의 5막 두 번째 장면에 나오는 대사다.[400]

노마 맥코비는 미국 사회의 평범한 시민이지만 그렇다고 해서 전혀 알려지지 않은 사람은 아니었다. 그녀의 또 다른 이름인 제인 로(Jane Roe)는 '로 대 웨이드(Roe v. Wade) 사건'으로 유명해졌다.[401] 로 대 웨이드 사건은 20세기에 미국 연방대법원 판결 중 가장 논쟁적인 사건이었다. 노마 맥코비는 그 사건의 원고다. 변호사가 사생활 보호를 위해 기소장에 '제인 로'라는 가명을 썼다. 1970년 1월 노마는 22살이었고, 자신이 임신한 것을 알아차렸다. 노마는 세 번째 임신이었다. 첫 임신에서 낳은 딸 멜리사는 어머니가 키웠다. 두 번째 임신에서 낳은 딸 제니퍼는 댈러스에 사는 변호사 헨리 맥클러스키(Henry McClusky)를 통해 한 부부에게 입양 보냈다. 노마는 세 번째 임신한 후 맥클러스키 변호사를 찾아가 상담했다. 그때 노마는 청소부로 일했는데 수입이 적어서 아이를 키울 능력이 없으니 낙태하고 싶다고 했다. 맥클러스키는 자신이 낙태가 아니라 입양 사건만 처리한다고 말했다.[402]

당시 텍사스 법률은 낙태를 금지했다. 임신부(妊娠婦)의 생명이 위험한 경우에만 의사가 임신 중절을 허용했다. 임신부가 낙태하려면 세 가지 방법이 있었다. 첫째, 텍사스에서 낙태 수술을 해주는 불법 진료소를 찾는 것이다. 이때 수술 비용은 수백 달러에 달했고, 불법 운영이므로 의료 사고도 자주 발생했다. 둘째, 멕시코의 불법 진료소에 가는 것이다. 비용은 대체로 텍사스와 비슷하다. 멕시코 역시 낙태를 금지하지만, 낙태 수술을 하는 의사들이 현지 정부를 구워삶아서 반쯤 공식적으로 낙태 수술을 하기에 텍사스의 불법 진료소보다는 의료 환경이 나았다. 셋째, 임신 중절 수술이 합법인 캘리포니아나 뉴욕주로 가는 것이다. 이 경우 수술 비용과 항공권, 숙박비 등의 비용이 가장 높다. 당시 텍사스의 주요 도시에서 로스앤젤레스로 가는 매주 금요일 항공편에는 임신부들이 많았다. 그들은 캘리포니아에서 수술 후에 일요일 비행기로 돌아오곤 했다.

모든 선택지에 다 돈이 들어간다. 하지만 노마는 돈이 없었다. 맥클러스키는 열성적인 변호사였다. 그는 노마를 여성 변호사인 린다 커피(Linda Coffee)에게 소개해주었다. 맥클러스키와 린다 커피는 중학교 동창이었고, 댈러스에서 변호사로 일하며 서로 잘 알고 지냈다. 맥클러스키는 린다 커피가 텍사스의 낙태 금지 법안에 도전하려고 준비 중이며, 원고가 되어 소송을 제기하기에 적합한 임신부를 찾고 있음을 알았다. 커피는 텍사스 출신으로 어릴 때부터 공부를 잘했고, 휴스턴의 고등학교에 다닐 때는 미국 학생대표단에 선발되어 뉴질랜드에 교환학생으로 가기도 했다. 커피는 학생대표단에서 유일하게 미국 남부 출신 학생이었다. 고등학교를 졸업한 후에는 텍사스 최고의 사립대학인 라이스(Rice)대학교에 합격했다. 대학에서는 독일 문학을 전공했는데, 성적 우수자로 포드 장학금을 받아 독일로 유학을 다녀왔다. 커피는 1965년 대학을 졸업했다. 그러나 텍사스에서 여성이 일할 곳은 많지 않았다. 비서, 사무원, 초등학교나 중고등학교 교사 등 몇 가지 직업만 여성에게 주어졌다. 커피는 타자가 느렸으므로 비서나 사무원이 될 수 없었다. 교사가 되고 싶지도 않았다. 그래서 대학을 우수한 성적으로 졸업했지만 고등학교를 중퇴한 다른 여성들이 그렇듯 햄버거 가게에서 파트타임으로 일해야 했다.[403]

커피는 법학에 관심이 있었지만 당시 법학도 중에 여학생은 거의 없었다. 주된 이유는 두 가지였다. 첫째, 교수와 학생 사이에서 질의응답 방식으로 진행되는 수업이 다른 학과보다 어려웠다. 둘째, 로펌에서 여성 변호사를 고용하는 것을 꺼려서 졸업해도 전망이 밝지 않았다. 그러나 커피는 전공 학문을 바꾸는 것을 두려워하지 않았고, 직업 전망이 밝지 않아도 개의치 않았다. 어떤 직업을 갖든 햄버거 가게의 파트타임 직원보다는 낫기 때문이다. 린다 커피는 텍사스대학교의 로스쿨에 합격했다. 텍사스주에서 가장 좋은 로스쿨에 입학한 것이다. 성적이 좋아서 『텍사스로 리뷰*Texas Law Review*』의 편집자로 뽑히기도 했다. 당시 미국 변호사 사회는 백인 남성의 독무대여서 텍사스대학 로스쿨에 합격한 여학생은 손에 꼽을 정도였다. 커피의 동기생은 남학생 120명에 여학생 5명이었다. 이 5명의 여학생 중에 새러 워딩턴(Sarah Weddington)이 있었다.

졸업 시즌이 되면 전국 각지의 유명 로펌이 신규 채용을 위해 로스쿨 캠퍼스로 몰려든다. 1차 면담이 통과되면 회사에서 항공권과 숙박 비용을 주고 외지에 있는 사무소에 와서 2차 면담을 하자고 제안한다. 남학생에게는 그렇지만 여학생은 동일한 대우를 받을 수 없었다. 여학생은 외지의 법률사무소로 2차 면담을 하러 갈 때 항공권과 숙박 비용을 자비로 처리해야 했다. 여성 졸업생이 겪은 불공정한 대우를 학교 당국이 반영했다. 로스쿨은 여학생에게도 남학생과 동등한 대우를 해야 한다고 통보했으며, 그렇지 않으면 캠퍼스에서 1차 채용 면담을 하는 것을 금지할 거라고 했다. 새러 워딩턴은 텍사스대학 로스쿨 역사상 최초로 외지 법률사무소의 채용 면담에서 보조금을 받은 여학생이 되었다. 2차 면담에서 로펌의 고위 임원이 질문했다. "변호사는 종종 밤늦게까지 일해야 합니다. 하지만 여성은 일찍 귀가해서 저녁 식사를 준비해야 하죠. 당신은 어떻게 둘 다 해낼 생각입니까? (…) 젊은 변호사는 자주 질책을 당합니다. 그래야 베테랑으로 키울 수 있으니까요. 하지만 당신은 여성이라 우리가 강하게 질책하기 어렵습니다. 그렇다면 우리가 어떻게 당신을 좋은 변호사로 훈련할 수 있겠습니까?" 채용 결과가 어땠을지 뻔하다. 워딩턴은 변호사로서 일할 곳을 찾지 못해 졸업 후에도 오스틴에 남아서 로스쿨 교수의 조교로 일했다.[404]

린다 커피 역시 졸업 후에 새러 워딩턴과 비슷한 운명을 맞이했다. 성적이 우수하고 법학 잡지인 『텍사스 로 리뷰』의 편집자라는 경력도 지녔지만 고용하겠다는 회사가 없었다. 커피는 텍사스주 의회의 입법위원회에서 임시직 일자리를 찾았다. 의원들이 법안을 작성하는 것을 돕는 일이었다. 커피의 어머니는 댈러스 침례교회의 회의실 비서로 일했는데, 어느 날 한 변호사를 만났을 때 딸의 취업이 어렵다고 토로했다. 그 변호사가 댈러스 연방지방법원 판사인 새러 휴즈(Sarah Hughes)가 직원을 찾고 있다는 소식을 알려주었다. 새러 휴즈는 텍사스에서 명성이 자자한 유명인이었다. 1935년에 텍사스 법원의 첫 번째 여성 판사가 되었고, 1961년에는 케네디 대통령에게 댈러스 연방지방법원 판사로 임명되었다. 역시 텍사스주의 연방법원에서 첫 번째 여성 판사였다. 1963년 11월 22일 케네디 대통령이 댈러스에서 암살당했고, 다음 날 부통령이던 존슨이 대통령 취임 선서를 했다. 관례에 따르면 대통령 취임식에서는 미국 연방대법원장이 헌법 2조 1항의 맹세를 낭독해야 한다. 그런데 위급한 상황이었기에 존슨은 댈러스 현지에서 헌법을 낭독할 판사로 새러 휴즈를 택했다. 존슨 대통령의 취임 장면이 담긴 사진은 미국 전역의 신문에 실렸고, 휴즈는 연방법원 판사 중 매우 유명한 인물이 되었다.[405]

커피의 어머니가 휴즈 판사의 보좌관 채용 소식을 딸에게 전했다. 커피는 신청서를 제출했고, 채용 면담을 하러 법원으로 오라는 휴즈 판사의 전화를 받았다. 몇 년 후에 커피는 당시 자신의 목소리가 떨리는 것을 느꼈다고 회고했다. 면담 당일 아침에 텍사스주의 변호사 자격시험 결과가 발표되었다. 커피의 성적은 주 전체에서 2위였다. 커피는 휴즈 판사의 보좌관으로 채용되었으며, 그 시기에 법률적 실무 능력이 비약적으로 향상되었다. 커피는 보좌관 일을 좋아했지만 이런 직위에는 1년의 기한이 있었다. 이듬해 4월이 되면 다시 구직 시장에서 직업을 찾아야 했다. 여성 변호사에 대한 법조계의 시각은 그대로였고 그녀를 채용하려는 로펌도 없었다. 커피는 중학교 동창인 헨리 맥클러스키에게 고민을 털어놓았다. 맥클러스키는 댈러스에 있는 인맥을 활용하여 커피의 일자리를 찾아주려 했지만 쉽지 않았다. 얼마 후 댈러스 검찰에서 보조 검사를 채용할 때 커피가 신청서를 제출했다. 맥클러스키는 저녁 식사를 준비하고 부모님과 친구를 초대했다. 그때 온 친구가 댈러스 검사장인 헨리 웨이드(Henry Wade)였다. 맥클러스키의 친구가 웨이드를 찾아와 커피의 일자리를 부탁했다. 웨이드는 커피와 면담을 하고서 좋은 인상을 받았다. 그러나 여성 변호사에게 줄 만한 일은 자녀 양육비를 주지 않는 남성을 찾아가 추심하는 일 정도라고 했다. 커피는 댈러스 검찰에서 일하는 것을 포기하고, 파산 사건을 처리하는 작은 변호사사무소에서 서류 업무를 처리했다.[406]

맥클러스키가 노마를 데리고 커피가 일하는 변호사사무소로 갔다. 처음 만난 두 사람은 어색했다. 노마가 아는 다른 변호사들과 달리 커피는 내성적이고 친화력이 없었으며 외모를 가꾸지 않는 것처럼 보였다. 노마의 회고에 따르면, 커피는 마치 잠에서 깨어난 후 머리를 빗어야 한다는 것을 잊은 사람처럼 보였다. 당시 노마는 배가 상당히 불러 있었는데, 체구가 작아서인지 임신한 사실이 한눈에 드러났다. 커피는 노마에게 소송을 제기하는 것은 가능하지만, 법원의 사건 처리가 매우 느리므로 승소해도 이번 임신은 중도에 끝낼 수 없을 거라고 했다. 그러나 노마의 향후 생활과 낙태 수술이 필요한 다른 여성들에게 큰 영향을 미칠 수 있다고 말했다. 커피가 노마에게 이 소송을 진행할 의향이 있느냐고 물었다. 노마는 소송하는 데 돈이 드는지 궁금해했다. 커피는 낙태 여성에게 법률 지원을 제공할 의무가 있으니 노마가 돈을

낼 필요는 없다고 대답했다. 비용은 노마가 염려하는 유일한 문제였다.[407]

맥클러스키는 커피와 노마를 성공적으로 연결해주었다. 노마는 모든 면에서 완벽한 원고였다. 수입이 적어서 캘리포니아까지 가서 합법적으로 낙태할 돈이 없었다. 학력이 낮아 청소부로 생계를 유지하고 있었기에 낙태 사건의 원고를 담당하더라도 고민할 것이 없었다. 더 중요한 것은 노마가 댈러스에 살고 있어서 댈러스 연방지방법원이 사건의 관할권을 가진다는 점이었다. 다시 말해 새러 휴즈 판사가 이 사건을 맡을 가능성이 큰데, 커피는 휴즈 판사가 낙태 합법화를 지지한다는 사실을 이미 알고 있었다. 이 사건이 텍사스의 다른 도시에 있는 연방지방법원에서 심리된다면 결과가 좋지 않을 수도 있었다. 모든 것이 커피에게 유리한 방향으로 흘러갔다.

원고를 찾았으니 이제 소송을 준비할 때다. 변호사의 직업 윤리상 커피는 노마의 신상을 철저히 비밀로 했다. 사실 커피는 노마를 만나기 전부터 낙태 법안 소송의 원고를 위해 '제인 로'라는 가명을 지어둔 상태였다. 민감한 문제와 관련된 소송일 경우, 미국 법원은 원고가 가명을 사용하는 것을 허용한다. '로' 혹은 '도' 같은 이름은 법원에서 흔히 쓰이는 가명이다. '제인' 역시 영어권에서 흔한 여성 이름이다. 당시 시카고에 여성의 낙태를 지원하는 지하조직이 있었는데, 그들의 단체명도 '제인 집단(The Jane Collective)'이었다. 소송을 준비하기 전, 커피는 파트너를 찾고 싶었다. 휴즈 판사의 보좌관으로 일하면서 연방지방법원의 절차에 익숙했지만, 자신의 약점이나 법조계에서 고립된 상황 등도 잘 알았다. 커피는 로스쿨 동기인 새러 워딩턴을 찾아갔다. 워딩턴은 망설였다. 워딩턴은 연방법원에서 소송한 경험이 없었다. 그때까지 지인을 위해 몇 건의 협의 이혼을 처리했고, 재산이 많지 않은 사람들을 위해 열 건이 조금 넘는 유언장을 썼으며, 친척의 입양 절차를 도와준 것이 전부였다. 낙태 법안처럼 도전적인 의미가 있는 소송은 관련 자료를 공부하는 데만도 많은 시간과 노력이 필요했다. 그래서 커피에게 대형 법률사무소의 전문적인 보조 변호사를 찾으라고 권했다. 하지만 큰 회사는 이런 사안에 전혀 관심이 없었다. 결국 커피와 워딩턴은 짝을 이뤄 소송을 준비하기로 했다.[408]

노마는 댈러스 북쪽 교외의 어느 피자 가게에서 커피를 두 번째로 만났다. 커피를 보자마자 노마는 긴장했다. 그때 워딩턴이 도착했고, 분위기가 달라졌다. 워딩턴은 노마보다 세 살 많았는데, 몇 년 후 노마는 "밝고 명랑하며 카리스마가 있어서 첫눈에 새러가 좋아졌다"고 워딩턴의 첫인상을 회고했다. 2명의 변호사가 노마에게 여성이 낙태할 권리가 있다고 생각하는지 물었다. 노마는 낙태를 하고 싶으니 당연히 여성의 낙태권을 지지했다. 하지만 그녀는 여성의 권리를 쟁취하는 데는 관심이 없었다. 단지 자신이 낙태할 수 있게 되기를 바랄 뿐이었다. 하지만 그것은 노마 앞에 있는 2명의 젊은 변호사에게서 얻을 수 없는 결과였다. 반면 커피와 워딩턴은 노마에게서 원하는 결과, 즉 낙태하고 싶지만 할 수 없는 원고인 제인 로를 얻었다.[409]

새러 워딩턴의 입장에서는 원고 제인 로가 그녀 자신의 그림자를 투영한 것과 마찬가지였다. 이번 건은 노마 맥코비를 대리한 소송이면서 워딩턴 자신을 위한 소송이기도 했다. 로스쿨 마지막 해에 워딩턴은 임신 사실을 알아차렸다. 당시 그녀와 남자친구는 고정된 수입 없이 몇 가지 일을 하면서 학업을 이어가던 상황이었으므로 학교를 그만두고 아이를 낳아 키우고 싶은 생각은 없었다. 그러나 텍사스는 낙태를 금지한다. 한 친구가 멕시코에서 낙태하라고 조언하면서 미국에서 유학한 적이 있는 멕시코의 낙태 의사를 소개했다. 비용은 400달러이고, 현금만 받는다고 했다. 워딩턴은 남자친구와 함께 낙태 비용과 멕시코로 가는 데 필요한 경비를 마련했다. 아버지가 의사인 친구에게서 강력한 진통제 한 팩도 구했다. 낙태를 하다가 문제가 생길 경우 응급처치를 도와줄 현지 외과의사의 전화번호도 받았다. 어느 금요일 아침, 그들은 차를 몰고 오스틴에서 출발하여 텍사스와 멕시코 국경인 이글 패스(Eagle Pass)에 도착했다. 모텔에 체크인을 하고 나서 국경을 넘어 멕시코의 피델라스 니콜라스 마을에 도착했다. 두 사람은 약속한 장소에서 브로커를 만났다. 워딩턴은 자서전에서 흰 셔츠와 갈색 바지를 입은 남자와 함께 모래가 날리는 골목으로 들어가 지붕이 낮은 흰 집 앞에 도착했는데, 그 안에 낙태 진료소가 있었다고 회고했다. 다행히 모든 일이 순조롭게 끝났다.[410]

"당신은 절대 이기지 못할 것이다."

1970년 3월 3일, 노마의 출산 예정일을 3개월 앞두고 커피는 댈러스 연방지방법원에 소장을 제출했다. 30달러의 소송비는 커피가 자기앞수표 두 장으로 지불했다. 당시 커피의 월급은 450달러였다. '로 대 웨이드 사건'이 공식적으로 연방법원 절차에 들어갔다. 피고는 댈러스 검사장 웨이드였지만 진짜 피고로 지목되어야 할 사람은 텍사스주 검찰총장과 주지사다. 커피와 워딩턴은 소송 경험이 없어서 이런 점을 잘 몰랐고, 법원에서도 소장을 접수한 후에 시정하라고 요구하지 않았다. 웨이드는 댈러스에서 공정한 법 집행으로 유명한 인물이었다. 수십 년의 검사 경력에서 그는 많은 주요 사건을 기소했다. 사형을 구형한 사건만 해도 30건에 달했지만 실패한 적은 없었다. 그의 형이 음주운전으로 체포되었을 때 웨이드는 법에 따라 기소했고, 형에게 징역을 구형했다. 케네디 대통령이 댈러스에서 암살되었을 때는 범죄 용의자의 기소를 감독하기도 했다. 텍사스주는 주 검찰총장부터 각 카운티 검사장까지 모두 민선 선거로 선출하는데, 매번 선거에서 웨이드가 높은 득표율로 당선되었다.[411]

개인적인 관점에서 웨이드는 낙태에 반대하지 않았다. 그는 일부 임신한 여성들의 힘든 상황을 동정하고, 아이를 낳고 싶지 않은 임신부에게는 자격을 갖춘 의사가 낙태를 돕는 것이 의사 자격이 없는 사람이 함부로 하는 것보다 낫다고 여겼다. 하지만 검사로서 그는 법률과 동정심 사이에서 가능한 한 균형을 잡아야 했다. 텍사스 법은 합법적인 낙태에 대한 여지를 남기지 않았지만, 낙태 의사를 대상으로 법을 집행할 때 검찰이 기소의 수위를 높이면 많은 임신부의 운명, 특히 가난한 임신부의 운명이 조금은 덜 힘들어질 수 있다. 텍사스 낙태 금지법은 주로 낙태 수술을 하는 의사와 임신부의 낙태를 돕는 사람들을 대상으로 처벌한다. 댈러스 검사장으로서 웨이드는 낙태한 여성을 기소하지 않았다. 비교적 안전한 불법 낙태 병원은 눈감아주었지만, 임신부의 생명을 소홀히 하는 낙태 의사는 법의 심판을 내릴 것이다.

제인 로 사건이 사법 절차에 들어간 후, 제인 로와 노마 맥코비는 분리되었다. 제인 로는 커피와 워딩턴이 지휘하며, 원고로서 연방법원이 정한 궤도를 돌고 있었다. 이 '여성'의 운명은 이제 연방법원의 판사가 결정할 것이다. 노마는 일상으로 돌아왔고, 석 달 후면 출산할 예정이었다. 어쨌든 노마는 어디에서든 합법적으로 낙태할 기회를 놓쳤다. 당장 시급한 것은 태어날 아이를 입양할 가정을 찾는 것이고, 이는 맥클러스키 변호사가 돕기로 했다.

연방법원은 5월 22일에 개정할 예정이었다. 커피와 워딩턴은 법정 변론을 준비하느라 분주히 움직였다. 피고인 웨이드 검사장에게도 변호사가 2명 있었다. 1명은 댈러스 검찰이 이 사건을 위해 특별히 고용한 변호사인 존 톨(John Tolle)이다. 그는 독실한 가톨릭 신자이며 종교적 열정을 변호사 직업에 쏟아 자신이 태어나지 않은 '작은 로'와 무력한 인간의 생명을 위해 변론한다고 여겼다. 그는 이 사건에서 자신이 앞으로 모든 태아의 생명을 보호하는 역할을 한다고 믿었다. 웨이드의 또 다른 변호사는 텍사스주 검찰총장이 파견한 제이 플로이드(Jay Floyd) 검사보였다. 재판이 시작되기 전에 커피와 워딩턴은 진술서에 노마의 서명을 받아야 했는데, 노마의 주거지가 일정하지 않은 탓에 우여곡절 끝에 겨우 노마를 만날 수 있었다. 몇 년 후, 커피의 비서는 노마가 사무실에 서명하러 왔을 때 이미 출산을 앞둔 모습이었다고 회상했다. "마른 여자가 큰 수박을 품에 안고 있는 것 같았다."[412]

5월 22일 오후 2시, 연방지방법원 판사 세 사람의 심리로 법원이 개정했다. 노마는 오지 않았다. 커피가 먼저 절차의 문제를 진술한 후, 워딩턴이 실제 법률적 문제를 진술했다. 두 사람이 변호사가 된 후 처음으로 법정에서 진술한 것이다. 워딩턴은 매우 긴장했다. 목소리가 떨렸고, 고개를 들어 휴즈 판사가 그녀에게 미소를 짓는 것을 보고 나서야 점차 진정되었다. 워딩턴은 법정에서 제인 로가 스스로 임신 중지를 결정할 권리가 있으며, 이는 헌법에 의해 보호되는 사생활에 속한다고 주장했다. 텍사스 법은 낙태를 금지함으로써 제인 로의 헌법적 권리를 박탈한 것이다.[413] 후대의 일부 변호사, 판사 및 법학자들은 여성이 낙태할 권리는 헌법에 의해 보호되는 평등권에 속해야 하며, 이를 사생활 권리에 포함시키는 것은 지나치게 억지스럽다고 주장했다. 하지만 관념 세계의 법리와 현실 세계의 법원 소송은 별개의 문제다. 대체로 미국 법원은 판례의 원칙을 따른다. 헌법은 소수의 몇 가지 권리를 명확히 규정하고 있으며, 연방대법원은 이를 '기본권'이라고 부른다. 기본권의 범위와 적용 여부를 주장할 때 변호사와 법원은 임의로 이를 확장해서는 안 되며, 이전에 상급법원, 특히 연방대법원의 판결에서 전례가 있는지 확인해야 한다.

헌법에는 낙태권이 규정되어 있지 않으므로, 원고가 텍사스의 낙태 금지 법률을 위헌으로 고발하고자 할 경우 헌법에 명시된 기본 권리 중에서 연관시킬 수 있는 권리를 찾아야 하며, 그때까지 나온 대법원의 판례를 인용하여 낙태권이 그 기본 권리에 속한다는 점을 논증해야 한다. 연방대법원에서 낙태권을 지지한 판례가 없었기 때문에, 이 경우 원고 변호사는 소송을 제기할 때 사실관계에서나 법리적으로나 비교할 수 있는 다른 판례에 근거해야 한다. 커피와 워딩턴은 대법원 판례 가운데 낙태 문제와 가장 비교할 만한 것이 1965년 판결한 '그리즈월드 대 코네티컷(Griswold v. Connecticut) 사건'이라는 것을 발견했다. 그 사건에서 대법원은 코네티컷주의 피임 금지법이 원고의 사생활 권리를 침해한다고 판결했다. 대법원은 헌법에 개인의 사생활 권리가 명시되어 있지 않지만, 헌법 1조, 4조, 9조 14조가 사생활 권리 보호를 내포하고 있다고 판단했다. 커피와 워딩턴이 근거로 든 판례가 바로 이것이다.[414]

법정에서 워딩턴은 그리즈월드 사건을 인용하며 텍사스의 낙태 금지법이 제인 로의 사생활 권리를 침해했다고 주장했다. 플로이드 검사보는 제인 로가 기소할 자격이 없다고 항변했다. 텍사스의 낙태 금지법은 임신부가 아니라 낙태 수술을 해주는 의사를 대상으로 하기 때문이다. 사실 피고 웨이드 검사장은 낙태한 임신부를 고소한 적이 없다. 톨 변호사는 제인 로가 낙태할 권리를 가지고 있더라도 태어나지 않은 '어린 로'의 생명권은 임신부의 사생활권보다 더 중요하다고 주장했다. 법정 변론이 끝난 후, 커피와 워딩턴은 불안 속에서 판결을 기다렸다.[415]

6월 17일 연방지방법원은 낙태가 헌법에 의해 보호되는 시민의 사생활에 속하며, 텍사스의 낙태 금지 법률이 위헌이라고 판결했다. 판결이 나오기 2주 전 어느 날 이른 아침, 노마는 여자 아기를 낳고 맥클러스키 변호사의 도움을 받아 입양 가정을 찾았다. 아이가 태어난 지 사흘째 되는 날, 손튼이라는 성을 가진 부부가 병원으로 와 아기를 데려갔다.[416] 태어나지 않은 '어린 로'의 존재는 제인 로 사건에서 논쟁의 초점이었다. 이 아기는 태어나기 전에도 한 인간으로 간주할 수 있는가? 주 정부가 태아를 별개의 생명체로서 보호할 수 있는가? '어린 로'는 세상에 태어난 후 태아에서 영아로 바뀌었고, 노마 맥코비의 몸을 벗어나 자신만의 인생 궤적을 시작했다. 그러나 이 아이의 출생 전에 생명권을 둘러싸고 진행된 논쟁은 원고인 제인 로와 함께 사법 궤도를 계속 달렸다.

미국에는 대체로 평행하게 진행되는 두 가지 법원 시스템이 있다. 하나는 각 주의 법원이고, 다른 하나는 연방법원이다. 연방법원은 각 주의 법률과 관련된 헌법 문제를 관할하지만, 일반적으로는 주의 내정에 과도하게 개입하기를 원하지 않는다. 댈러스의 연방지방법원도 예외는 아니었다. 텍사스 낙태 금지법이 위헌이라는 판결을 내리면서도 법원은 주 정부에 법 집행을 중단하라고 명령하지 않았다. 따라서 현실적으로 텍사스의 각급 법 집행관들이 여전히 '헌법을 위반한' 그 법률을 집행할 수 있었다. 실제로 연방법원의 판결에 대해 피고인 웨이드 검사장은 항소할 의사를 밝히며 불법 낙태 의사를 계속 조사하고 기소할 것이라고 인터뷰했다.[417]

이튿날 『댈러스 모닝 뉴스 *Dallas Morning News*』가 1면 제목으로 "텍사스 낙태 금지법 폐지"를 뽑았다. 닷새 뒤 『휴스턴 포스트 *Houston Post*』가 커피와 워딩턴의 단독 인터뷰를 실었다. "그녀들이 법정에서 거둔 성공이 무엇인가를 증명한다면, 그것은 당연히 온화한 남부 숙녀도 훌륭한 변호사가 될 수 있다는 사실이다." 승소 이후, 커피와 워딩턴은 칭찬도 받았지만 욕설과 협박에 시달리기도 했다. 워딩턴은 협박 편지를 모두 상자에 보관했고, 만약 자신에게 무슨 일이 생긴다면 이 편지를 경찰에 넘겨서 단서를 찾아달라고 동료들에게 부탁했다.[418]

워딩턴은 로스쿨 재학 당시 법리학을 좋아해 최고 성적을 받았다. 그런데 법리학 교수는 급진적인 낙태 반대주의자로 자신이 가르친 학생이 낙태 법안 관련 소송에서 이겼다는 것을 알고 매우 분노했다. 연방법원이 텍사스의 낙태 금지법이 위헌이라고 판결했는데, 그렇다면 텍사스는 법 개정을 고려해야 할까? 주 의회는 이 문제를 무관심하게 넘길 수 없어서 낙태 문제에 관한 청문회를 준비했다. 로스쿨의 법리학 교수는 낙태 반대 측 발언자로 참석했으며, 단상에서 발언할 때 자리에 앉아 있는 워딩턴에게 "당신은 수치심을 느껴야 합니다. 새러 워딩턴 씨, 당신은 절대 이길 수 없습니다. 나는 진작부터 알고 있었지요"라고 말했다.[419]

1975년 10월 커피와 워딩턴이 이 사건을 연방대법원에 상고했을 때, '어린 로'는 생후 4개월이었다. 양부모인 손튼 부부는 아기에게 셸리(Shelley)라는 이름을 지어주었다. 이후 18년 동안 셸리는 생모가 누구인지 몰랐다. 자신이 태어나기도 전에 두 젊은 변호사가 자신의 운명을 둘러싸고 20세기 미국에서 가장 많은 논란을 낳은 소송을 제기했다는 것도, 톨 변호사와 플로이드 검사보가 법정에서 어머니의 자궁에서 셸리의 안전을 보호할 것이라 천명했다는 것도 몰랐다. 물론 태어나기 전과 태어난 후를 통틀어 어머니는 계속해서 셸리를 원하지 않았다는 사실도 몰랐다.

최연소 변호사

1971년 5월 3일, 미국 연방대법원은 제인 로 사건의 항소를 받아들였다. 커피와 워딩턴은 그들의 변호사 경력에서 첫 번째로 제기한 소송이 그렇게 멀리 갈 줄은 전혀 예상하지 못했다. 연방대법원에 매년 7천~8천 건의 항소 사건이 접수되지만, 약 80건의 사건만 심리하기 때문에 기회는 1퍼센트에 불과하다. 많은 베테랑 변호사들이 연방대법원에서 변론하는 것을 평생의 목표로 삼는데, 어떤 이는 수십 년 동안 노력해도 그럴 기회를 얻지 못한다. 커피와 워딩턴이 직면한 다음 문제는 누가 법정에 출석하여 변론할 것인가 하는 점이었다. 똑똑하고 자료 조사를 좋아하며 연방법원 판사 보좌관으로 일한 경험이 있는 커피는 제인 로 사건의 두뇌였다. 하지만 커피는 내성적인 성격이라 공개적으로 나서는 것을 좋아하지 않았다. 언론을 상대하는 것은 더욱 싫어했다. 변론에는 워딩턴이 분명 더 적임자다. 노마가 말한 것처럼 그녀는 밝고 자신감 넘치며, 박력 있고 매력적인 사람이다. 스포트라이트를 받으며 연설하는 것도 좋아했다.

커피는 워딩턴이 법정에 출석하여 변론하고 자신은 막후 역할을 하길 바랐다. 하지만 대법원에서 변론하고 싶은 변호사는 워딩턴만 있는 게 아니었다. 제인 로 사건이 연방대법원으로 올라가자 여성의 낙태권에 관심이 많은 뉴욕의 변호사 로이 루카스(Roy Lucas)가 법정 변론 준비에 깊이 관여하기 시작했다. 그는 대법원에 편지를 써서 자신을 본 사건의 법정 변론 변호사로 지정해달라고 요청했다. 워딩턴은 기회를 내주고 싶지 않았다. 소송을 대리할 사람을 결정할 권리는 당사자에게만 있다. 워딩턴은 오랫동안 노마에게 연락하지 않았지만, 갑자기 노마가 필요해졌다. 노마는 루카스는 알지 못했으니 워딩턴만 믿었다.[420]

1971년 12월 13일, 반년간의 준비 후, 워딩턴은 대법원에 출두하여 제인 로의 낙태권을 변호했다. 그해 새라 워딩턴은 26살이었고, 연방대법원 역사상 법정에서 변론한 변호사 가운데 최연소였다. 커피는 수수한 옷차림으로 방청석에 앉았다. 대법관 2명이 퇴직한 지 얼마 되지 않은 때여서 대통령과 상원은 대법관 임명 절차를 미처 마치지 못했다. 그래서 법정에는 대법관 7명만 앉아 있었다. 그들은 모두 남성 노인들이다. 그때는 레이건 대통령이 최초의 여성 대법관을 임명하기까지 아직 10년이나 남은 시기였다. 클린턴 대통령이 두 번째 여성 대법관을 임명할 때까지는 22년이나 남아 있었다. 대법원에 변론하러 오는 사람도 거의 남자 변호사이고, 변론에 참여한 여자 변호사는 손에 꼽을 정도였다. 그날 워딩턴은 한 시간 전에 연방대법원의 변호사 대기실에 도착했다. 그리고 그곳에 남자 화장실만 있고 여자 화장실은 없다는 점을 알게 되었다. 연방대법원에 2명의 여성 대법관이 존재하고, 점점 더 많은 여성 변호사가 대법원에서 변론할 기회를 얻게 된 1993년이 되어서야 변호사 대기실에 여자 화장실이 설치되었다.[421]

개정 30분 전, 법정에는 이미 빈자리가 없었다. 10시에 재판이 시작되었다. 워런 버거 대법원장이 "워딩턴 부인, 준비되었으면 시작하십시오"라고 말했다. 재판을 기다리며 워딩턴은 매우 긴장한 상태였다. 이름이 불리고 나서 일어나 대법관 앞에서 변론을 시작하자 오히려 평온해졌다. 원고와 피고의 변호사가 각 30분의 변론 시간을 가진다. 변론할 내용에 대해 워딩턴은 매우 잘 알고 있었고, 수없이 반복해서 연습했다. 워딩턴은 담담한 어조와 텍사스 억양으로 제인 로가 낙태를 선택할 수 있는 헌법상의 권리를 주장했다. 하지만 평소 연습하던 때와 달리 대법관들이 가끔 변론을 끊고 질문을 던졌다. 워딩턴은 질문에 대답할 때 자기 텍사스 억양이 좀 더 강해지는 것을 느꼈다. 블랙먼 대법관은 변호사에 대한 인상을 기록하는 것을 좋아하며, 각 변호사의 변론 성과에 점수를 매기곤 했다. 그는 워딩턴에 대해 "숱이 많은 금발에 예쁘고 풍만하다"는 인상을 기록했다. 젊은 여성 변호사의 변론에 대해서는 블랙먼 대법관은 C+를 주었다. 이 점수는 연방대법원에서 변론한 또 다른 여성 변호사 루스 긴즈버그(Ruth Ginsburg)와 똑같았다. 1993년 긴즈버그는 클린턴 대통령의 임명으로 연방대법원 대법관이 되어 블랙먼의 동료가 된다.[422]

다음으로 플로이드 텍사스 검사보가 변론했다. 그는 농담으로 시작했다. "이런 진부한 농담이 있습니다. 한 남자가 아름다운 여성 2명과 논쟁하면, 여성이 항상 이긴다고 말입니다." 그러나 방청석에서 아무도 웃지 않았고, 7명의 대법관 역시 무표정했다. 나중에 일부 평론가들이 플로이드가 한 말은 연방대법원 변론에서 나온 최악의 농담일 거라고 말했다.[423] 사흘 후 플로이드 검사보의 농담이 현실이 되었다. 7명의 대법관 중 텍사스 정부를 지지하는 사람은 2명뿐이고 나머지 5명은 제인 로를 지지했다. 버거 대법원장은 블랙먼 대법관에게 판결문 초안을 쓰는 역할을 맡겼다. 버거와 블랙먼에게는 두 가지 공통점이 있다. 미네소타 출신이고 닉슨 대통령이 임명했다. 하지만 블랙먼 대법관은 버거 대법원장이 갖지 못한 특기가 있었는데, 의료 사건을 전문적으로 처리한 경험이 있다는 점이었다. 1969년 연방대법원 대법관으로 임명되기 전 블랙먼은 메이요 클리닉(Mayo Clinic)의 변호사로 오랫동안 재직했다. 나중에 가족과의 사적인 대화에서 블랙먼 대법관은 자신이 이 사건에 대한 판결문을 작성하기를 희망했다고 언급했다. 이는 직업적인 관심 외에도 당시에는 외부에 알려지지 않았던 개인적인 이유 때문이었다. 5년 전 대학교 2학년이던 블랙먼의 딸이 임신하는 바람에 급히 학교를 그만두고 결혼한 일이 있었다. 결혼 후에 아이는 유산되었고, 부부는 마음이 맞지 않아

곧 이혼했다. 블랙먼은 뜻밖의 임신으로 딸의 인생이 바뀌었다고 여겼다.[424]

워딩턴이 대법원에서 변론한 지 한 달도 채 지나지 않았을 시점에 닉슨 대통령은 2명의 새로운 대법관을 임명했다. 그중 1명이 루이스 파월이었다. 연방대법원은 두 번째 변론을 마련했다. 블랙먼 대법관과 마찬가지로 파월 대법관도 낙태 문제에 대해 피부로 느낀 바가 있었다. 그가 버지니아주에서 변호사로 일할 때, 그의 사무소에 공문서를 배달해줄 19살의 심부름꾼을 고용한 적이 있었다. 이 청년의 여자친구가 임신했는데, 두 사람은 아직 아이를 가질 준비가 되지 않았다. 버지니아주는 낙태를 법으로 금지하고 있었기에 두 사람은 집에서 전통적인 방식으로 유산을 시도했다. 결국 여자친구의 출혈이 너무 심해 병원으로 이송되었지만, 너무 늦었다. 그날 밤 파월은 청년의 전화를 받고 현장에 가서 그 비극의 결말을 목격했다. 주 법률에 따르면 정부는 살인죄로 청년을 기소할 수 있었다. 파월은 이 불쌍한 청년을 기소하지 말라고 검찰을 설득했다.[425]

연방대법원에서 파월 대법관은 보수적이고 헌법에 대한 엄격한 해석으로 유명했지만 동시에 매우 동정적인 사람이었다. 그는 자신이 고용했던 청년과 여자친구의 처지를 보고 법으로 낙태를 금지하더라도 아이를 낳고 키울 준비가 되지 않은 임신부들은 임신을 끝내기 위해 온갖 방법을 동원한다는 것을 깨달았다. 가정형편이 좋고 돈이 있는 사람들은 낙태가 합법적인 주에 가서 수술을 받는다. 가난한 가정의 여성들은 열악한 조건의 불법 병원을 선택하거나, 스스로 유산을 시도하여 장애를 얻거나 사망하는 등의 비극을 피하기 어렵다. 과거의 경험을 바탕으로 파월 대법관은 낙태를 금지하는 법이 여성, 특히 하층민 여성들에게 해를 끼친다고 생각했다. 파월 대법관은 보수적인 가치관을 가졌지만 개인적인 경험과 동정심 때문에 제인 로를 지지했다.

1973년 1월 22일은 월요일이었다. 연방대법원에서 제인 로 사건을 판결했다. 9명의 대법관이 7대 2로 텍사스 낙태 금지법이 위헌이라고 판결했고, 낙태는 제인 로의 사생활 권리이며 헌법의 보호를 받는 기본 권리임도 확인했다. 동시에 대법원은 태아의 생명과 임신부의 건강을 보호해야 할 필요성과 그로부터 얻을 정부의 이익도 인정했다. 여성의 낙태권과 주 정부의 이익을 균형 있게 유지하기 위해 법원은 임신 기간을 세 단계로 나누었다. 임신 초기에는 낙태로 인한 위험이 낮으므로 정부가 여성의 낙태 권리에 어떠한 제한도 가할 수 없다. 낙태로 인한 위험이 커지는 임신 중기부터는 임신부의 건강을 보호하기 위해 정부가 낙태에 대해 합리적인 규제 조치를 취할 수 있다. 임신 말기에는 당시 의료 기술로도 태아가 자궁 밖에서 생존할 수 있으므로 정부가 태아의 생명을 보호하여 얻는 이익이 임신부의 낙태 권리를 초과한다고 보고 낙태를 금지할 수 있다. 임신 지속이 임신부의 생명과 건강을 위협하지 않는 한 말이다.[426]

커피는 차를 몰고 출근하는 길에 라디오에서 연방대법원의 선고 소식을 들었다. 그날 보도된 주요 뉴스에는 또 다른 항목이 있었는데, 전 대통령인 존슨이 사망했다는 것이었다. 사무실에 도착한 커피는 동료들에게서 축하 인사를 받았다. 커피는 워딩턴에게 전화를 걸어 먼저 존슨 대통령의 서거 소식을 전하고 나서 우리가 승소했다고 말했다. 커피의 전화를 받기 전에 워딩턴은 이미 대법원 판결에 대한 소식을 들었다. 워딩턴은 두 달 전 선거에서 텍사스주의 하원의원 자리를 차지했으며, 명성과 지위가 예전과 달라졌다. 워딩턴의 주 의사당 집무실에는 곧바로 꽃과 축전이 쇄도했고, 『뉴욕타임스』와 AP통신, 그 외 여러 방송사 기자들이 인터뷰 요청 전화를 걸어왔다. 거의 모든 언론이 워딩턴을 제

인 로 사건의 변호사로 여겼고, 더 이상 커피의 이름을 언급하지 않았지만 커피는 개의치 않았다.[427]

흩어진 가족

그 월요일 아침, 노마는 아파트 부엌에서 벽지를 바르고 있다가 라디오로 제인 로 사건의 판결을 알리는 뉴스를 들었다. 노마는 동거하는 룸메이트에게 그녀가 원고인 제인 로라고 말했다. 그 전에 그녀는 이 비밀을 부모님을 포함해 그 누구에게도 말하지 않았다. 사흘 후, 노마는 커피에게서 전화를 받았다. 기자가 사건의 원고를 인터뷰하고 싶다고 하면서 자신의 신원을 공개하고 인터뷰에 응할 의향이 있는지 물었다는 것이었다. 커피가 처음 기소할 때 제인 로라는 가명을 사용한 것은 노마의 사생활을 보호하기 위해서였다. 지난 3년 동안 노마는 인생의 밑바닥을 경험했다. '어린 로'를 낳아 다른 집에 보낸 후, 노마는 깊은 우울증에 빠져 두 번이나 자살을 시도했고 손목에 흉터가 남았다. 노마는 더 이상 사생활 보호에 신경 쓰지 않게 되었다. 그녀는 인터뷰에 응해 자기 인생을 이야기하기 시작했다. 커피와 워딩턴은 신문에 실린 노마의 인터뷰를 읽으며 무엇이 진실이고 무엇이 거짓인지 구분하기 어려웠다.[428]

모든 사건이 그런 것은 아니지만 어떤 사건은 연방대법원에서 승소하면 그로 인해 오래된 사회적 규칙이 종말을 맞게 된다. 그 사건과 관련된 성문화된 규칙과 암묵적인 규칙이 차차 사회에서 사라지는 것이다. 반면 어떤 사건은 연방대법원에서 승소했기 때문에 더 지속적이고 강력한 저항을 불러일으킨다. 제인 로 사건은 후자였다. 대법원 판결 이후에 낙태를 둘러싼 논란은 가라앉기는커녕 사회 각계각층에서 계속 불거져 나왔다. 1970년대 이후 선거 때마다 낙태를 지지하거나 반대하는 양 진영의 대립이

치열해졌다. 복음주의 교회와 그들을 지지하는 정치인은 여론몰이를 위해 반낙태 카드를 꺼내 들었고, 그럴 때면 경제 문제나 사회문제를 효과적으로 제쳐두고 선거를 낙태 지지 및 반대의 국민투표로 만들 수 있었다. 미국 사회에서 낙태 문제는 유권자들의 정치적 열정과 종교적 열정을 불러일으키는 가장 큰 흥분점이 되었다고 해도 과언이 아니다.

당연하게도 언론은 이 뜨거운 화제를 그냥 두지 않았다. 1989년 NBC 방송국에서 제인 로 사건을 드라마로 만들어 5월 15일 전국에 방영했다. 이 드라마는 NBC 방송국에서 시청률이 가장 높은 프로그램 중 하나가 되어 1,500만 가구가 시청했다.[429] 이듬해 1월, 드라마에서 새러 워딩턴 역을 맡은 여배우 에이미 매디건(Amy Madigan)이 골든 글로브상을 수상했다. 그때 워딩턴의 경력에는 텍사스 하원의원, 미국 농무부 법률 고문, 카터 대통령 보좌관, 워딩턴 센터 창립자, 여성 권리 활동가 등이 추가되었다. 한편 린다 커피는 여전히 댈러스에 살면서 인생과 직업 양쪽으로 어려움을 겪고 있었다. 1989년 봄, 댈러스 검찰은 린다 커피를 사기 혐의로 기소했다. 유죄 판결을 받으면 변호사 자격증이 보장되지 않을 뿐 아니라 징역형에 처해질 수도 있다. 검찰은 그녀에게 유죄를 인정하면 형량을 낮춰주겠다고 협상을 시도했지만, 커피가 유죄 인정을 거부했다. 법원은 증거 불충분으로 커피에게 무죄를 선고했으나 재판에서 받은 굴욕은 커피의 삶과 변호사 경력의 마지막 방어선을 무너뜨렸다. 커피는 더욱 우울하고 내성적으로 변했다. 커피의 비서가 한 말에 따르면 커피는 "점점 더 과묵해지고 다른 사람을 피하게 되었다." 그 후 몇 년 동안 커피는 변호사 협회의 회비를 체납하여 두 차례 변호사 면허가 정지되기도 했다.

한때 노마는 커피가 그랬듯 힘든 시간을 보냈다. 다만 커피와 달리 외로운 삶에 순응하지 않았다. 드라마 「로 대 웨이드 사건」이 인기리에 방영되던 시기, 노마는 텔레비전 인터뷰에서 셋째 아이를 입양 보낸 것을 후회한다면서 아이가 어디 살고 있는지 알고 싶다고 말했다. 유명인의 가십을 전문적으로 다루는 매체인 『내셔널 인콰이어러*National Enquirer*』에서 노마가 '어린 로'를 찾는 것을 돕겠다고 나섰다. 처음에 입양 절차를 밟았던 변호사 맥클러스키는 노마에게 입양한 부부의 이름을 알리지 않았다. 그 부부에게도 입양한 아이의 생모가 누구인지 말해주지 않았다. 게다가 연방대법원에서 제인 로 사건의 판결이 나온 뒤 얼마 지나지 않아 맥클러스키 변호사가 실종되었고, 며칠 후 댐 아래의 도랑에서 그의 시신을 발견했다. 그의 가슴에 2개의 총탄 구멍이 나 있었다. 커피는 맥클러스키의 장례식에 참석하여 그녀를 도와준 옛 동창을 잃은 슬픔에 잠겼다. 어쨌든 맥클러스키는 '어린 로'의 양부모에 대한 정보를 남기지 않았지만 『내셔널 인콰이어러』의 가족 찾기 담당자는 댈러스의 아기 출생 기록에서 단서를 발견했다.[430]

어느 화창한 봄날, 셸리는 시애틀 거리를 걷고 있었다. 이제 열흘 정도만 지나면 열아홉 번째 생일이 된다. 셸리가 소형 승용차 옆을 지나갈 때였다. 차 문이 열리고 가죽 재킷과 청바지를 입은 낯선 여성이 내리더니 다짜고짜 물었다. "당신이 셸리인가요?" 그 여자는 셸리 생모의 부탁을 받고 찾아왔다고 말했다. 셸리는 깜짝 놀랐다. 오랫동안 헤어져 있던 어머니가 여전히 그녀를 걱정하고 있었다니. 셸리는 눈물을 흘렸다. 그 여자는 셸리의 생모가 누구인지 말해주지 않았다. 이틀 후, 양어머니와 함께 다시 여자를 만난 셸리는 자신의 생모가 제인 로라는 것을 알고 오열했다. 셸리는 노마와 통화하기로 했다. 전화가 연결되었을 때, 셸리는 노마에게 자신의 생부가 누구인지, 그리고 두 언니의 소식을 아는지 물었지만 노마는 그런 주제에 관심이 없었다. 노마는 단지 셸리와 같이 텔레비전에 출연해 모녀의 재회를 다룬 프로그램을 하고 싶을 뿐이었다. 셸리는 방송 출연에는 관심이 없었기에 노마와 만나지 않기로 결정했다.[431]

5년이 지났다. 노마는 다시 셸리에게 전화를 걸었다. 시애틀로 셸리를 보러 가고 싶다는 것이었다. 그때 셸리에게는 이미 3살 난 아들이 있었다. 셸리는 노마를 만나고 싶지 않았으며, 아들에게 외할머니를 만나게 해줄 생각도 없었다. 셸리의 냉담함에 격분한 노마가 말했다. "넌 나에게 감사해야 해." "뭘 고마워하라는 거죠?" "널 죽이지 않은 것에 감사해야지!" 그게 모녀의 마지막 통화였다.[432]

셸리는 노마를 만나지 않겠다고 고집했지만, 헤어진 두 언니는 찾고 싶었다. 『월스트리트저널』의 취재 기자 조슈아 프레이거(Joshua Prager)의 주선으로 세 자매 사이에 연락이 닿았다. 2013년, 셸리는 언니들을 처음 만났다. 세 자매는 같은 어머니에게서 태어났다. 보통 사람 노마 매코비이자 유명인 제인 로. 세 자매는 전부 아버지가 달랐고, 어릴 적에 생모에게서 버림받는 운명을 겪으며 각자의 인생을 살아왔다.[433]

큰언니 멜리사는 술을 많이 마시는 외할머니 손에 자랐다. 멜리사는 어릴 때부터 노마가 자신의 생모라는 것을 알고 있었다. 하지만 어린 시절 가끔 노마를 만날 때마다 그녀가 엄마보다는 언니처럼 느껴졌다. 어른이 된 멜리사는 안정적인 가정을 꾸렸고, 멜리사가 낳은 아이는 그녀 같은 운명을 겪지 않아도 되었다. 2021년 CBS 방송과의 인터뷰에서 기자가 그런 가정환경에서 어떻게 성장했는지를 물었다. "열심히 했지요…. 뭔가 갖고 싶다면 노력해야 합니다." 이제 그녀는 두 세대를 옭아맸던 버림과 버림받음의 굴레에서 벗어나 평범한 어머니로 살고 있다. 더는 타고

난 운명을 반복하지 않게 된 것이다. 기자가 또 물었다. "당신 삶에서 가장 자랑스러운 것은 무엇입니까?" "제 아이들이요." "당신에게는 없었던 그런 어머니가 된 건가요?" 멜리사는 눈물을 닦으며 고개를 끄덕였다.[434]

생모 노마에 관해 이야기하면서 멜리사는 모든 사람이 엄마가 되기에 적합한 것은 아니지만 "누구나 마음속으로 자신의 어머니를 보호하려 할 것"이라고 말했다. 연방대법원 판결 이후 노마가 제인 로라는 것을 알게 된 사람들은 그녀를 '영아 살해자'라거나 '악마'라고 불렀다. 이런 일로 노마는 수많은 태아의 죽음에 책임감을 느끼게 되었고, 노마의 죄책감을 이용하여 이득을 얻으려고 하는 사람들도 생겨났다. 멜리사는 노마를 걱정하며 마음 아파했다. 노마를 보호하고 싶었지만 방법이 없었다. 기자는 "그것이 인간적인 반응입니다. 비록 어머니에게 결점이 있더라도 그 사람이 당신 어머니니까요"라고 말했다. 멜리사는 얼굴을 가리고 흐느꼈다. "너무 어려워요…. 저는 누구도 어머니를 다치게 하지 않기를 바랍니다. 어머니의 마음이 강한 것 같아 보여도 실은 연약하다고 생각합니다."[435]

2017년 초겨울, 노마는 병상에서 비디오카메라로 유언을 녹음했다. "노마 맥코비로서 저는 매우 행복하게 살았습니다. 그러나 사람들은 내가 제인 로라고, 또는 가명으로 제인 로를 썼다는 것을 알고 있습니다. 이것 때문에 그들은 저를 다르게 보게 되었죠. (…) 저는 다른 사람이 어떻게 생각하든 조금도 개의치 않습니다. 이건 내 머리예요. 내가 어떻게 생각하고, 무슨 말을 하고, 무슨 일을 할지 다른 사람들은 관여할 수 없습니다. 그게 제일 중요한 거죠." 노마는 병실의 벽에 예수 그림을 걸어뒀다. 그녀가 카메라를 보며 말했다. "이건 예수 그림입니다. 그는 제 남자친구고요. (…) 여자는 잘못을 저지르고, 남자와 잘못을 저지르는데, 일이 벌어지고 나면 피할 수 없고 분명히 말하지도 못해요."[436]

기자가 물었다. "가족이 그리운가요?" 노마는 잠시 말을 멈췄다가 대답했다. "당신도 아시겠지만, 사람은 가져본 적 없는 것을 그리워하지 않아요…." 노마가 어릴 적 어머니는 술을 많이 마셨고, 취하면 딸을 때렸다. 노마는 10살에 가출해서 오클라호마주를 떠돌았고, 청소년 교화시설에서 15살까지 지냈다. 노마는 16살에 판재 공장 노동자 우디 맥코비와 결혼했다. 18살에는 첫 딸 멜리사를 임신했는데, 그때 남편이 집을 나가서 다시 돌아오지 않았다. 노마는 딸 셋을 낳아서 모두 다른 사람에게 입양 보냈다. 노마에게는 가족이 없다. 노마의 임종은 멜리사가 자신의 두 딸과 함께 지켜봤다. 노마는 가느다란 목소리로 "이제 떠나는구나"라고 말했고, 멜리사가 "알고 있어요"라고 답했다. "정말 떠나는 거야." 노마의 목소리는 더욱 가늘어졌다. 멜리사는 노마에게 "어머니가 떠나는 걸 알아요. 저는 어머니를 사랑합니다. 제 어머니가 되어주셔서 기뻐요. 당신과 함께하면서 무척 즐거웠어요"라고 말해줬다. 노마는 외손녀들을 보며 "너희들 정말 예쁘구나. 둘이 자매처럼 생겼어. 사랑한다"라고 말했다. 그것이 노마의 마지막 말이었다. 2017년 2월 18일, 노마는 텍사스 케이티에서 세상을 떠났다. 향년 69세였다.[437]

셸리는 노마가 만나지 못한 유일한 딸이다. 2021년에 연방대법원의 재판을 앞두고 태어나 입양된 '어린 로'는 이미 51세가 되었다. 그해 셸리는 처음으로 방송국과 인터뷰했다. 그러고는 열아홉 생일이 되기 며칠 전, 자신의 생모가 노마라는 것을 알게 되었을 때 심리적으로 큰 충격을 받았다고 회상했다. 그때까지 셸리는 낙태에 대해 생각해본 적이 없었다. 그녀가 자란 환경은 대가족이었다. 만약 어떤 친척이 아이를 낳아도 양육할 능력이 없다면, 다른 친척이 입양할 것이다. 셸리는 그러는 것이 자연스럽다고 느꼈다. 낙태 문제에 대해서 셸리는 자신의 입장이 여론의 초점이 되는 것을 피하고 싶어 했다. 그녀는 단지 평온한 삶을 살고 싶을 뿐이다. 30여 년이 지났지만, 셸리는 여전히 낙태에 대한 자신의 견해를 공개적으로 말하지 않으려 했다. 무엇보다 생모인 노마와 달리 낙태를 지지하거나 반대하는 어느 쪽에도 이용당하고 싶지 않았다. 노마는 평생 사회 밑바닥에 살면서 다양한 세력 사이에서 고군분투했다. 노마에게는 의지할 곳이 없었고, 삶의 기회와 문제에 맞닥뜨렸을 때 거리의 지혜와 교활함에 의지해 이용하고 이용당하는 삶을 살았다. 셸리는 노마의 삶을 반복하고 싶지 않았다. 노마를 용서했느냐는 질문에 그녀는 "아니요"라고 대답했다.[438]

후회와 미련

노마는 평생 여러 차례 자신의 이야기를 세상에 들려주었다. 다른 시간, 다른 장소에서 다른 사람들과 마주할 때마다 이야기가 달라졌다. 무엇이 진실이고 무엇이 거짓인지 알 수 없었다. 수십 년이 지나면서 사람들은 노마의 이야기를 더 이상 진지하게 받아들이지 않았다. 그러나 한 가지 문제가 세상을 괴롭혔다. 1995년에 노마는 갑자기 낙태 반대 진영에 합류했다. 급진적인 낙태 반대 인사이자 목사인 플립 벤햄(Flip Benham)의 주선으로 공개적으로 세례를 받고 복음주의 신자가 되었다. 녹화된 유언에서 노마는 연기를 좋아한다고 말하며, 인생은 연극과 같다고 했다. 『맥베스』에 나온 배우처럼 "무대에 올라와 몸부림쳤지만 아무런 의미가 없었다"고 말했다. 낙태를 반대하는 목사들에 관해 이야기하면서 노마는 약간 흥분했다. "나쁜 놈들이에요. 그 사람들은 신이 복음을 전하러 자신을 보낸 것처럼 연기하고 있어요." 노마는 여성에게 낙태 여부를 결정할 권리가 있다고 말하면서 목사가 그 문제를 결정하게 해서는 안 된다고 했다. 인생의 마지막 순간에 노마는 세상에 진정한 노마 맥코비를 보여주려 했다.[439]

그 당시 노마를 '돌아온 탕아'로 만든 사람은 전형적인 복음주의 목사인 로버트 솅크(Robert Schenck)다. 그는 자신의 직업적 본능은 인간의 약점을 발견하는 것이라고 말했다. 왜냐하면 약점이 큰 사람일수록 더 쉽게 개종하기 때문이다. "우리는 노마를 겨냥했다. 그녀는 보호해줄 가족도 없고 돈도 없었다. 아주 쉽게 알아차릴 수 있다. 특히 우리 같은 목사들에게는 말이다. 우리는 이런 인간을 아주 잘 알고 있다." 낙태 반대 진영의 목사가 어떤 의도였는지 노마도 잘 알았다. 기자가 물었다. "그들이 당신을 전리품으로 이용했다고 생각하나요?" "물론이죠. 나는 아주 큰 물고기였습니다." "그들이 당신도 그들을 이용했다고 말할까요?" "우린 서로를 이용했어요. 당신도 알겠지만, 나는 그들에게 돈을 받았고, 그들은 나를 카메라 앞에 세우고 해야 할 말을 하게 했어요. 그렇게 된 일이었습니다."[440]

낙태 반대 종교 단체는 노마의 강연을 주선하고, 미리 그녀에게 어떻게 말해야 할지 가르쳐주었다. 노마의 연설 길이까지 엄격히 통제했다. 노마가 말실수라도 할까 봐 강연에서는 간단히 그녀를 소개한 다음 주로 목사가 발언했다. 매번 강연이 끝나면 누군가 접시를 가지고 청중석을 돌며 기부금을 걷었다. 그렇게 모은 돈은 대부분 종교 단체가 가져갔고, 일부만 노마에게 분배해주었다. 솅크 목사는 이렇게 말했다. "낙태 반대 진영의 여러 세력에서 노마에게 수표를 줬다. 나는 그녀에게 얼마를 지불해야 할지 영원히 알 수 없었다. 돈은 사람들의 관계를 긴장시킨다. 노마는 받은 돈이 너무 적다고 불평했고, 그녀의 불평이 많을수록 줘야 할 수표가 많아진다. 매번 몇백 달러에서 몇천 달러까지 다양했다. 우리는 그 수표를 자선 선물이라고 부른다. 노마에게 줄

돈이 부족하면 낙태 지지 진영으로 돌아갈 것이라는 우려도 있었다. (…) 우리는 노마에게 어떤 말을 해야 할지 가르쳤지만, 태아의 생명권을 보호하는 문제에 있어서 노마의 태도가 분명하지 않을까 봐 걱정했다."[441]

노마에게 세례를 준 벤햄 목사는 낙태 반대 운동을 계속해왔다. 그는 사람들을 모아 낙태 수술을 하는 병원에 가서 의사를 괴롭힌 혐의로 여러 차례 체포된 적이 있다. 노마의 유언 영상을 본 그는 노마에게 돈을 준 적 없다고 했다. 기자가 그에게 노마를 이용했느냐고 물었다. "그렇게 말할 수 있겠지요. 노마는 이용당하겠다고 스스로 선택했습니다. 노마는 일을 한 것이고, 일을 했다면 임금을 받는 겁니다." 벤햄 목사는 기자에게 반문했다. "당신도 이용당하고 있지 않습니까? 누가 당신을 이용합니까? 누가 당신에게 이 일을 하라고 하는 거죠? 바로 그 사람이 당신을 이용하는 것이고, 당신도 그 사람을 이용하는 게 아닙니까? 결국 누가 누구를 이용하는 걸까요?" 말을 마친 벤햄 목사는 성경을 펼쳐서 입을 가렸다.[442]

말년에 솅크 목사는 이전의 행동을 후회한다고 말하며 『복음서』에 나오는 예수의 말을 인용했다. "세상을 얻었지만 영혼을 잃는다면 어떤 이점이 있는가? 우리가 노마에게 했던 그런 짓을 하면, 사람은 영혼을 잃습니다." 노마가 세상을 떠난 후, 솅크 목사는 "노마는 평생을 몸부림치며 자신의 실제 이야기를 들려주려고 노력했다. 하지만 실제로 그렇게 해본 적은 없었다. 나는 노마가 죽은 후에 소원을 이루기를 바란다"고 말했다. 그는 교회의 낙태 반대 운동 지도자들이 노마를 조용히 떠나게 해주기를, 장례식에서 그녀를 진심으로 추모하며 반성할 수 있기를 기대했지만 그들은 계속해서 노마를 자신들이 추구하는 운동의 얼굴로 써먹으며 진정한 인간으로 대하지 않았다. 솅크 목사는 노마의 장

례식이 그녀를 낙태 반대 운동의 전리품으로 삼아 공개적으로 이용한 마지막 사건이었다고 말했다.[443]

노마가 사망한 후 5년 동안 미국의 낙태 반대 운동은 많은 성과를 거두었고, 대법원에서도 낙태에 반대하는 보수적인 대법관이 다수파가 되었다. 제인 로 사건의 판결이 뒤집히는 것은 시간 문제처럼 보였다. 2~3년 전에 새러 워딩턴은 『텍사스 먼슬리 *Texas Monthly*』와의 인터뷰에서 "나중에 사람들이 나의 부고를 쓸 때, 도입부는 분명히 로 대 웨이드 사건에 관한 이야기일 것이다. 나는 낙태 여부를 정하는 것은 여성의 권리라는 점을 사람들이 받아들일 거라고 믿었다. (…) 그러면 낙태를 둘러싼 논란은 영화의 마지막 장면 연출처럼 점점 시야에서 벗어날 것이고, 우리는 다른 화제에 관심을 쏟게 될 거라고 말이다. 내 생각이 틀렸다"라고 말했다.[444]

2021년 8월, 텍사스주 의회에서 '심장박동법'이 통과됐다. 이 법률은 사실상 낙태를 금지하는 시점을 임신 6주차까지로 앞당겼으며, 대법원이 제인 로 사건의 판례를 위반한 이 법안의 시행을 긴급 중단하는 것도 거부했다. 2021년 12월 1일, 연방대법원에서 미시시피 낙태 사건에 대한 변론이 열렸다. 그 사건과 관련된 미시시피주 법은 합법적인 낙태 기간을 임신 15주로 앞당긴 것이었다. 솅크 목사는 "내가 얼마나 더 살 수 있든, 살아 있는 동안 나의 과거 행동과 여러 낙태 반대 운동 지도자의 행동으로 인한 상처를 보상하기 위해 최선을 다할 것이다. 나는 한때 로 대 웨이드 사건의 판결이 뒤집히지 않을 것이라고 믿었다. 지금은 그 판결이 뒤집힐 가능성이 있다고 생각한다. 그 결과는 혼란과 고통일 것이다. 그런 위기를 여성에게 강요한다는 것이 몹시 두렵다"고 말했다.[445]

2021년 크리스마스 다음 날, 미국 주요 언론은 새러 워딩턴이 텍사스 오스틴의 자택에서 사망했다고 보도했다. 워딩턴과 커피가 댈러스의 피자 가게에서 노마를 만난 지 이미 50년이 흐른 뒤였다. 생전에 예언한 대로 워딩턴의 부고 첫 구절은 "새러 워딩턴은 변호사이자 여성 선택권 운동가로, 기념비적인 로 대 웨이드 사건에서 노마 맥코비를 대리했다"라고 시작된다. 새러 워딩턴의 이름은 이미 제인 로 사건과 연결되어 있다. 26살의 그 소송이 미국을 변화시켰고, 그녀의 인생을 형성했다. "우리 시대의 여성들은 그 투쟁을 기억할 것입니다. 마치 젊은 날의 사랑처럼 말입니다. 지금 생각해보면 똑같은 감정이 아니겠지만 잊지는 않을 겁니다."[446]

린다 커피는 아직 살아 있지만 이미 79세다. 지난 50년간 커피는 아무런 소식 없이 조용히 살았다. 개인 이력서에는 제인 로 사건에 대한 언급조차 없다. 2001년 댈러스의 변호사 사무소를 폐업하고 은퇴했다. 유명한 소송을 치른 변호사들은 많은 경우 돈방석에 앉지만, 커피는 돈을 벌지 못했다. 커피는 댈러스와 테일러 사이에 있는 작은 마을로 이사했고 에어컨과 난방기가 없는 집에서 살며 연금과 정부의 배식 쿠폰으로 생계를 유지하고 있다. 마을에서는 손가락이 변형되고 헝클어진 백발을 한 왜소한 여성이 '제인 로'의 창조자라는 것을 알지 못한다. 그러나 반세기 전에 제기한 그 소송은 수많은 미국 여성의 운명을 바꿨다.[447]

2021년 12월 초 『댈러스 모닝 뉴스 *Dallas Morning News*』의 한 기자가 우여곡절 끝에 린다 커피의 집을 찾았다. 커피는 제인 로 사건과 여성의 낙태권에 관해 이야기하면서 "막막하다"고 말했다. 그녀는 젊었을 때와 마찬가지로 내성적이었고, 자주 말을 멈추고 적절한 단어를 찾곤 했다. "저는 결국에는 변화가 일어날 것이라고 믿지만, 아마도 시간이 오래 걸릴 것 같군요."[448]

변화는 결국 일어날 것이지만, 역사의 발전 과정에는 우여곡절

이 많다. 많은 일들이 나아지기 전에 오히려 더 나빠지거나 사람들이 이미 가지고 있는 권리를 도로 잃는 일이 벌어진다. 2022년 6월 24일, 미국 연방대법원은 '돕스 대 잭슨 여성 보건 기구(Dobbs v. Jackson Women's Health Organization) 사건'의 판결에서 '로 대 웨이드 사건'의 기존 판례를 뒤집고 헌법이 여성 낙태권을 보호한다는 해석을 폐기했다.[449]

10장 심판

여러분은 증인석에 앉은 45명 증인의 증언을 실제로 들으셨습니다. 하지만 46번째 증인이 있습니다. 이 증인은 여러분이 법정에 나오기 전부터 증언하고 있었습니다. (…) 이 증인은 여러분이 배심원실로 돌아가서 평의할 때도 여러분에게 말하는 유일한 증인입니다. 신사 숙녀 여러분, 이 증인은 바로 상식입니다.

— 제리 블랙웰 변호사

이 사건은 이미 정치화되었습니다. 여러분은 각종 정치적 스펙트럼을 가진 평론을 읽게 되겠지만, 그런 평론의 대부분은 아무것도 모르는 사람이 쓴 것입니다.

— 브루스 슈뢰더 판사

2020년 대선이 치러진 그해는 미국 역사에서 하나의 분기점이라 할 만큼 일련의 사건이 집중적으로 터져 나온 해였다. 프리즘을 통과한 빛처럼 미국이라는 국가의 제도와 영혼이 다양한 색깔의 스펙트럼을 드러냈다. 스펙트럼에는 낡고 끈질긴 프로그래밍, 선악이 뒤섞인 강력한 역사적 관성, 정당과 정치인이 끊임없이 탐색해온 마지노선, 국민의 비이성적 정치 충동, 사법적 책무를 준수하는 법원의 무력감, 변호사의 직업윤리와 법률 연금술, 밑바닥 인생의 생존상태와 운명, 기독교 근본주의가 촉발한 정치와 종교적 광신 등이 포함되었다. 국가는 국가를 구성하는 국민 각자가 그렇듯 선량하고 아름다우며 밝은 면이 있지만 동시에 사악하고 추하며 어두운 면도 있다. 1861년 3월 4일, 링컨은 남북전쟁 직전에 대통령에 취임했다. 남북 간의 해결하기 어려운 분열에 직면한 상황에서 그는 국민에게 "본성 속의 선량한 천사"를 따를 것을 촉구했다.[450] 4년간의 처절한 내전 끝에 60만 명이 넘는 국민의 목숨이 희생되었다. 링컨은 다가올 평화를 앞두고 다시 한번 대통령으로 취임해 "누구에게도 악의로 대하지 말고 모든 사람에게 자애로 대하라"고 말했다.[451] 그로부터 힘겨운 두 번째 건국이 시작되었다. 그 후 150년이 흘렀고, 뮈르달이 보았던 것처럼 미국은 "자신의 영혼을 위해 끊임없이 발버둥쳤다."[452]

조지 플로이드

2020년 5월 25일은 미국의 전몰장병 기념일이다. 그날 저녁, 17살의 고등학생 다르넬라 프레이저(Darnella Frazier)는 사촌 여동생 주디아와 함께 간식을 사러 거리로 나갔다. 주디아는 막 아홉 번째 생일을 맞이한 아이로, 가슴에 큰 글씨로 'LOVE'가 쓰여 있는 초록색 티셔츠를 입고 있었다.[453] 집에서 멀지 않은 시카고 대로와 38번가 길목에 있는 가게에는 빨간 차양과 '컵 푸드(Cup Foods)'라고 적힌 같은 색의 간판이 있었다. 이 패스트푸드 가게는 다양한 풍미의 간식과 식사, 음료를 팔았다. 주인은 마흐무드 아부마얄리(Mahmoud Abumayyaleh)라는 중동계다. 친화력이 좋은 사람이라 단골은 그를 '마이크'라고 불렀다. 종업원은 대부분 다르넬라와 나이가 비슷한 젊은이였다. 컵 푸드는 미니애폴리스(Minneapolis)시의 남쪽 교외에 있었다. 치안이 좋지 않은 지역이라 마흐무드는 권총을 차고 일했다. 가게 주인이자 경비원인 셈이었다.[454]

다르넬라는 자주 컵 푸드를 사 먹었다. 10개월 후 다르넬라는 법정에서 배심원들을 향해 "수백 번, 아마도 수천 번" 사 먹었을 거라고 진술했다. 컵 푸드에는 조지 플로이드(George Floyd)라는 흑인 단골이 있었다. 그는 거구에다 거칠게 생겼다. 마흐무드와 종업원이 전부 그를 알고 있었고, '커다란 테디 베어'라는 별명도 붙여준 터였다. 기념일 저녁에 마흐무드는 일찍 가게를 떠났다. 잠시 후 플로이드가 담배를 사러 가게에 왔다. 19세 직원 크리스토퍼 마틴(Christopher Martin)은 돈을 받은 후 그가 20달러 위조지폐를 사용했다고 의심해 당직 매니저에게 보고했다. 매니저는 경

찰에 신고했다.[455]

몇 분 후, 경찰은 차를 몰고 현장에 도착했다. 거리의 한 자동차에서 플로이드를 발견한 경찰은 그에게 차에서 내리라고 명령했다. 경찰이 플로이드에게 수갑을 채우고 컵 푸드 입구에 주차된 경찰차 쪽으로 데려갔다. 플로이드는 경찰차에 들어가지 않으려고 발버둥쳤다. 2명의 경찰관이 그를 운전석 쪽 뒷문으로 밀어 넣었다. 플로이드는 차 안에서도 계속 몸부림쳤다. 경찰관 셋이 조수석 쪽 뒷문으로 플로이드를 끌어냈고, 그를 엎드린 자세로 제압한 후 무릎으로 그의 목과 등을 눌렀다. 이때가 저녁 8시 21분이었다. 다르넬라와 사촌 여동생은 경찰차와 컵 푸드 사이의 인도를 걸어가고 있었다. 다르넬라는 사촌 여동생을 가게 안으로 들여보내고 경찰차 옆으로 다가와서 휴대전화기로 경찰이 플로이드를 제압하는 장면을 영상 촬영했다. 플로이드는 경찰관 3명에게 깔린 채 꼼짝도 못 하고 "숨을 쉴 수가 없어요…"라고 되뇌었다. 행인들이 모여들었다. 몇 분 후, 그들은 플로이드가 "엄마, 엄마, 엄마…"라고 외치는 것을 들었다. 그의 엄마는 2년 전 텍사스주 휴스턴에서 세상을 떠났다.[456]

마흐무드는 집으로 돌아가는 길에 전화를 받았다. 여자 종업원이 전화 너머에서 경찰이 가게 앞에서 사람을 죽이고 있다고 울부짖었다. 무슨 일이냐고 물었지만, 종업원은 단지 "그들이 그를 죽이고 있다, 그들이 그를 죽이고 있다"라고만 외쳤다. 마흐무드는 종업원에게 경찰에 신고하고 현장을 촬영하라고 시켰다.[457] 플로이드는 더 이상 소리를 내지 않고 엎드려 있었다. 딱딱한 길바닥과 경찰관의 무릎 사이에 그의 목이 끼어 있었다. 누군가가 경찰을 향해 소리쳤다. 그를 놓아줘라. 이러다가는 그 사람이 죽을 것이다. 길가에 서 있는 한 여성이 경찰에게 자신이 소방관이라고 말했다. 그 사람이 곧 죽을 것 같으니 즉시 풀어주고 맥박을

측정해야 한다고 외쳤다. 그녀가 나중에 법정 증인석에서 회고한 바에 따르면, 경찰관 중 1명이 그녀에게 "당신이 정말 소방관이라면 쓸데없는 일에 참견하지 말아야 한다"라고 말했다는 것이다.[458]

구급차가 현장에 도착한 후, 구급대원은 경찰에게 플로이드를 풀어달라고 요청했다. 그때까지 플로이드는 이미 9분 29초 동안 바닥에 깔려 있었다. 경찰은 무릎을 플로이드의 목에서 떼어냈다. 구급대원은 플로이드가 맥박이 없고 동공도 확대되어 생명 징후를 잃었음을 확인했다. 그날 밤, 사람들은 뉴스에서 그의 목을 무릎으로 누른 경찰의 이름이 데릭 쇼빈(Derek Chauvin)이라는 것을 알게 되었다.[459]

다르넬라는 휴대전화를 집어넣었다. 그리고 사촌 여동생이 뒤에 서 있는 것을 발견했다. 아이가 방금 발생한 장면을 목격한 것이다. 사촌 여동생을 데리고 집에 돌아온 후, 다르넬라는 페이스북에 영상을 올렸다. 사건 발생 다음 날, 미니애폴리스 경찰서는 성명을 통해 40대 남성이 위조지폐를 사용한 혐의를 받았으나 체포를 거부하다가 제압되었으며, 경찰관이 그의 발병 징후를 발견하고 구급차를 불러 병원으로 이송했지만 사망했다고 발표했다. 그러나 다르넬라의 현장 영상이 이미 소셜미디어에 퍼졌고, 수많은 분노한 시민들이 거리로 나와 항의했다. 미니애폴리스 경찰서는 새로 발견된 증거를 바탕으로 사건을 조사하고 있다고 정정 성명을 발표했다. 곧바로 사건에 연루된 경찰 4명이 해고되었다. 같은 날, 미국 법무부와 연방수사국은 공동 성명을 발표하여 플로이드 사건에 대한 조사에 착수했다.[460]

시민들의 시위와 항의는 빠르게 확산되었다. 2천 곳 이상의 도시에서 시위가 벌어졌다. 퓨 리서치 센터(Pew Research Center)가 2020년의 6월 12일 발표한 조사 결과에 따르면, 미국 전역에서 시위에 참여한 인원이 1,500만 명을 넘어 민권운동 이후 최대 규모의 시위가 되었다고 추정된다. 카이저 가족 재단(Kaiser Family Foundation)은 시위에 참여한 시민이 2,600만 명에 이를 것으로 추정한다. 일부 도시에서는 평화적인 시위가 폭력 소요로 변질하였다. 시위는 수도 워싱턴에서도 이어졌다. 트럼프 대통령은 '반란법'을 발동하여 군대를 파견하고 안정을 유지하겠다고 위협했으며, 이 법안은 국방부 고위 관계자들의 공개적인 반대에 부딪혔다.[461]

미네소타 검찰은 세 가지 혐의로 쇼빈을 기소했다. 첫 번째 혐의는 2급 살인이다. 1급 살인과 달리 2급 살인은 피해자를 죽이려는 의도는 없었지만 다른 중범죄를 저지르는 과정에서 사망에 이르게 한 것을 말한다. 따라서 2급 살인은 '의도하지 않은 살인' 또는 '중범죄 살인'이라고 불린다. 2급 살인죄로 기소하려면 쇼빈에게 플로이드를 살해할 동기가 있다는 점을 증명할 필요는 없다. 플로이드를 폭행하여 다치게 했다는 것만 증명하면 된다. 상해는 중범죄이기 때문에 상해죄를 범하는 과정에서 플로이드가 사망하게 되면 2급 살인죄가 성립된다. 두 번째 혐의는 3급 살인이다. 2급 살인과 마찬가지로 3급 살인 역시 살인 동기를 증명할 필요는 없고, 범죄 성립 기준이 2급 살인보다 낮다. 검찰은 쇼빈이 중범죄를 저질렀다는 것도 증명할 필요가 없으며, 오랫동안 무릎으로 목을 누르면 치명적일 수 있다는 것을 알고 있음에도 불구하고 폭력을 행사하여 플로이드의 생명을 무시했음만 증명하면 된다. 세 번째 혐의는 2급 과실치사다. 즉 피고의 심각한 과실로 사람을 사망에 이르게 한 것이다.

정식 기소된 후, 쇼빈은 검찰과 유죄 인정 협상을 시도했다. 그는 3급 살인죄를 인정하고 10년 동안 감옥에 갈 의향이 있다고 밝혔다. 조건 중 하나는 법무부가 연방법에 따라 그를 다시 기소하지 않는 것이고, 다른 하나는 연방 교도소에서 복역하는 것이다. 연방 교도소의 조건이 각 주의 교도소보다 훨씬 좋다. 현지 지방정부는 쇼빈이 자발적으로 유죄를 인정하고 조속히 사건을 종결하여 거리의 혼란을 진정시키기를 바랐다. 유죄 인정 조건은 연방법과 관련이 있기에 유죄 인정 협상은 법무부의 승인을 받아야 했다. 윌리엄 바(William Barr) 법무부 장관은 쇼빈의 유죄 인정 협상안을 승인하지 않았다. 당시 미국은 전국적으로 시위가 벌어지는 상황이었다. 법무부 장관은 주 정부가 쇼빈을 기소한 지 얼마 지나지 않은 때여서 연방 검찰의 조사가 제대로 시작되지 않았는데도 유죄 인정 협상이 진행되어 가벼운 형을 선고받을 것을 걱정했다. 이는 시민의 분노를 진정시키기는커녕 오히려 기름을 붓는 격이다. 사건 관할지인 헤네핀(Hennepin) 카운티 검사가 사건을 주 검찰로 넘겼으니 법무부 장관은 주 검사가 다시 유죄 인정 협상을 할지 여부를 결정하도록 했다. 미네소타주 검찰은 사건을 넘겨받은 후, 쇼빈과 유죄 인정 협상을 하지 않기로 하고, 세 가지 혐의에 대해 재판을 준비했다. 법무부와 연방수사국도 연방법에 의거해 이 사건을 계속 수사했다.[462]

여름 내내 미국 각지에서 시위가 간헐적으로 이어졌고, 시위대와 경찰 간에 많은 충돌이 발생했다. 대통령 선거 운동과 시위가 서로 얽혀 있어 양 후보 모두 플로이드 사건을 이용해 유권자들의 지지를 얻으려 했다. 그러나 대선이 가까워질수록 대중은 선거에 관심을 기울였다. 대선 이후 트럼프는 패배를 인정하지 않았고, 미국 사회의 거의 모든 관심은 대통령 권력 이양에 집중되었으며, 플로이드 사건은 점차 잊혔다.

대중의 관심이 대선에 집중된 지 반년이 넘는 시간 동안, 미네소타주 검찰은 사건의 증거를 수집하고 목격자와 전문가 증인을 찾기 위해 분주히 움직였다. 쇼빈의 변호인은 전국적으로 전문가를 찾아다녔다. 플로이드가 쇼빈의 상해로 사망한 것이 아니라 심장마비와 약물 남용으로 사망했음을 증명하기 위함이었다.

9분 29초

2021년 3월, 법원이 재판 준비 작업을 시작했다. 그 첫 단추는 배심원단을 구성하는 것이다. 미국 대부분의 주에서 그렇듯 미네소타주 역시 형사 사건 재판의 배심원단은 12명이다. 법원은 헤네핀 카운티 주민 중에서 300명 이상의 후보자를 무작위로 선택했다. 양측 변호사가 이 가운데 정식 배심원과 후보 배심원을 고른다. 12명의 정식 배심원은 흑인 남성 3명, 흑인 여성 1명, 다인종 혼혈 여성 2명, 백인 여성 4명, 백인 남성 2명으로 구성되었으며 나이는 20대부터 60대까지 다양했다.[463]

형사 사건에서는 12명의 배심원이 만장일치를 이뤄야 피고에게 유죄 판결을 내릴 수 있다. 따라서 배심원단을 고르는 일이 검사와 변호사에게 매우 중요하다. 배심원 중 1명만 반대해도 쇼빈은 유죄 판결을 받을 수 없다. 따라서 검찰은 명백하게 인종차별 견해가 있거나 무조건적으로 경찰을 지지하는 배심원 후보자를 배제해야 하고, 쇼빈의 변호인은 경찰을 증오하거나 '흑인의 생명도 소중하다(Black Lives Matter)'를 무조건 지지하는 후보자를 배제해야 했다. 코로나 팬데믹 기간에 법원은 시민의 재판 방청을 허용하지 않았다. 주심 판사인 피터 카힐(Peter Cahill)은 허가된 매체를 통해 재판 전 과정을 생중계하도록 했다. 다만 생중계를 맡은 매체는 재판이 진행되는 동안 배심원의 신원을 비밀로 유지해야 하며, 중계 시 배심원석을 촬영해 송출해서는 안 된다.[464]

피터 카힐은 헤네핀 카운티 법원에서 14년간 판사로 재직했다. 판사가 되기 전에는 형사 사건의 변호사, 검사를 역임했다. 3월 29일, 재판이 시작되었다. 카힐 판사가 배심원을 향해 배심원의 역할은 사실을 판단하는 것이라고 강조했다. 법정에서 증인의 증언을 주의 깊게 들어야 하고, 법정 밖에서 얻은 정보는 배제해야 하며, 검사와 변호인 양측이 제시한 증거를 완전히 상식에 따라 판단하라고 요청했다. 매일 심리가 끝날 때마다 카힐 판사는 배심원에게 "안녕히 주무시고, 뉴스를 보지 마십시오"라고 말했다.[465]

검찰은 네 사람을 법정에 보냈다. 그중 2명은 검사인 에린 엘드리지(Erin Eldridge)와 매슈 프랭크(Matthew Frank)다. 이들이 일부 증인을 신문하는 일을 책임진다. 재판에서 중요한 역할을 맡을 다른 2명은 현직 검사가 아니라 미네소타주 검찰총장이 이 사건을 위해 임명한 특별 검사다. 특별 검사 중 한 사람은 스티브 슐레이처(Steve Schleicher)였다. 그는 현재 개인 변호사로 일하지만, 일찍이 13년 동안 연방 검사를 역임했다.[466]

슐레이처는 주요 증인을 신문하는 것 외에 특히 중요한 역할인 최후 변론을 맡았다. 그는 1시간 43분에 걸친 최후 변론에서 이번 재판의 피고는 플로이드도 경찰도 아니며, 범죄 혐의를 받는 전 경찰관 쇼빈이라고 강조했다. 쇼빈이 기소되어 재판받게 된 이유는 "그의 신분이 아니라 행동 때문"이다. 쇼빈은 플로이드의 목을 딱딱한 땅에 대고 무릎으로 눌러 질식사시켰다. 이런 행동은 "법 집행이 아니라 상해"다. 슐레이처는 형사 사건에서 유죄 판결의 법적 기준인 "합리적인 의심 배제"를 설명하고, 이것이 법률이 정한 가장 엄격한 기준이라고 말했다. 그러나 법률은 '모든 의심'이나 '비합리적인 의심'을 배제해야만 쇼빈에게 유죄 판결을 내릴 수 있다고 말하지 않는다고도 했다. 슐레이처는 배심원을 향해 "부당한 의심은 상식이 아니라 허황한 생각에 근거한 의심을 말한다. 법은 당신들에게 터무니없는 생각을 받아들이라고 요구하지 않는다"라고 말했다. 그는 배심원들에게 상식적인

판단을 내려달라고 호소했다.[467]

특별 검사 중 다른 한 사람은 흑인 변호사인 제리 블랙웰(Jerry Blackwell)이었다. 그는 이 사건에서 의무적인 업무를 담당하며, 재판의 개정 진술, 핵심 증인에 대한 질의, 피고 변호인의 최후 변론에 대한 반론을 맡았다. 말하자면 검찰과 변호인 간의 법정 싸움이 블랙웰의 발언으로 시작하고 그의 발언으로 끝난다는 것이다. 개정 진술에서 블랙웰은 검찰의 기조를 '9분 29초'로 잡았다. 쇼빈이 플로이드의 목을 무릎으로 누른 시간이다. 블랙웰은 배심원단에게 말했다. "여러분은 그 9분 29초 동안 무슨 일이 일어났는지 보게 될 것입니다. 이 재판에서 여러분이 듣게 될 가장 중요한 숫자는 바로 929입니다." 변호인 측 최후 변론을 반박할 때는 배심원에게 이렇게 말했다. "누군가 여러분에게 플로이드가 죽었다고 말해줬습니다. 그의 심장(heart)이 너무 컸기 때문에 죽었다고 말했지요. (…) 이제 여러분이 보고 들은 증거로 진실을 알게 되셨을 겁니다. 사실이 말해주고 있습니다. 조지 플로이드가 죽은 것은 쇼빈 씨의 마음(heart)이 너무 작았기 때문입니다."[468]

검찰 측의 면면이 강력한 데 비해 쇼빈의 변호인단은 빈약했다. 에릭 넬슨(Eric Nelson)과 그의 보조인 에이미 보스(Amy Voss) 단 2명뿐이었다. 넬슨은 형사 전문 변호사로, 다른 10여 명의 현지 변호사와 함께 미네소타경찰협회의 법률변호기금에서 법률 고문을 번갈아 맡고 있었다. 위법 행위 및 기율 위반 혐의를 받는 경찰에게 필요한 법률 업무를 처리해주는 업무였다. 쇼빈은 부자가 아니기에 큰돈을 써서 유명 변호사를 고용할 수 없었다. 3월 8일 법정에서 배심원을 신발한 날부터 4월 20일 선고에 이르기까지, 닐슨은 법정에서 고군분투했다. 보조 변호사는 증인 신문이나 최후 변론에 참여하지 않았다. 4월 19일 마지막 재판에서 닐슨은 직접 3시간 동안 최후 변론을 하며 배심원들에게 영상 등

표면적인 증거와 검찰 측 전문가들에게 오도되지 말라고 경고했다. 모든 증거를 종합적으로 고려하여 플로이드가 쇼빈의 법 집행 행위가 아니라 심장마비와 마약 때문에 사망한 것으로 판결해 달라고 요청했다.[469]

검찰은 현장 목격자, 관련 분야 전문가, 구급대원, 소방관, 경찰 등 38명의 증인을 소환했는데, 그중에는 플로이드의 동생과 여자친구도 포함되어 있었다. 가장 어린 목격자는 겨우 아홉 살이고, 가장 나이가 많은 목격자는 예순한 살이었다. 피고는 전직 경찰, 검시관, 의학 전문가 등을 포함한 7명의 증인을 소환했다.[470]

증인으로 관련 전문가를 소환하여 증언하게 한 검찰의 목적은 쇼빈이 오랫동안 무릎으로 플로이드의 목을 누른 것이 사망의 중요한 원인임을 증명하기 위함이었다. 법률에 따라 기소한 세 가지 범죄 혐의가 성립하려면, 검찰이 쇼빈의 행동이 플로이드 사망의 유일한 원인이 아니라 중요한 원인임을 증명하면 된다. 법정에서 검찰 측 전문가들은 배심원들에게 플로이드의 사망 원인이 심장에 산소가 부족했던 탓이라고 설명했다. 산소 부족은 쇼빈이 플로이드의 목을 땅에 대고 무릎으로 눌러 숨을 쉴 수 없게 만들었기에 벌어진 일이다. 반대로 쇼빈 측이 소환한 전문가는 법정에서 플로이드가 심장마비와 마약으로 사망했음을 증명해야 한다. 전문지식과 말솜씨 외에도 상식에 호소하여 배심원단을 설득해야 한다. 쇼빈이 소환한 전문가들이 검찰 측 전문가들보다 분명히 더 어려운 임무를 맡았다.[471]

사실 이 재판에서 깊은 인상을 남긴 것은 양측의 전문가 증인이 아니라 몇몇 평범한 목격자들이었다. 특히 사람들에게 오래 기억된 것은 이들이 배심원단을 마주했을 때 보여준 인성이었다. 아무리 훌륭한 법률과 사법 제도라도 정상적으로 운영되려면 참여자의 올바른 인성과 진실을 추구하려는 마음에 의존해야 한다.

두 번째 재판일에 법정에 나와 증언한 증인 중 4명은 사건 당시 미성년자였고, 그중 2명은 증언할 때도 여전히 18세가 되지 않았다. 판사는 미디어의 재판 중계에서 4명의 증인을 화면으로 내보내는 것을 금지했다. 방송에는 증인의 목소리만 나갔다. 또한 검사와 변호인도 미성년 증인에게 질의할 때는 그들의 성을 숨겨야 하며, 성별을 파악할 수 있는 호칭인 '미스터', '미즈' 등도 쓸 수 없었다. 오로지 증인의 이름만을 불러야 했다.

블랙웰이 다르넬라에게 질의하는 역할을 맡았다. 그는 사건 발생 당일 밤의 CCTV 영상을 재생했다. 화면에는 경찰관 3명이 플로이드를 길바닥에 짓누른 장면이 나왔다. 다르넬라가 사촌 여동생을 컵 푸드 건물 안에 들여보내고 나서 현장으로 돌아와 휴대전화를 꺼내 영상을 찍는 모습도 담겼다. 블랙웰이 다르넬라에게 왜 그랬냐고 물었다. 다르넬라는 경찰의 행위가 이상하다고 느껴서 기록하고 싶었지만, 사촌 여동생에게 폭력적인 장면을 보여주고 싶지 않았다고 대답했다. 그녀는 평소 내성적이고 사람들과 사귀기를 꺼렸지만, 바닥에 깔린 사람이 고통스럽게 발버둥 치는 모습을 보고 저도 모르게 영상을 찍어야겠다는 생각이 들었다고 솔직히 말했다. "저는 그 사람에게서 제 아버지를 보았고, 제 형제와 사촌을 보았습니다. 그들은 모두 흑인입니다. 그들이 경찰에게 깔린 채 허우적대는 사람이 될 수도 있었어요." 블랙웰이 플로이드가 뭐라고 했는지 물었다. 다르넬라는 그가 살려달라, 숨을 쉴 수 없다고 말했으며 엄마를 불렀다고 대답했다. 다르넬라는 배심원단을 향해 진술을 마친 후 오열했다. "저는 여러 날 동안 잠을 이루지 못하고 플로이드 씨에게 계속 용서를 빌었습니다. 좀 더 행동하지 못한 것을 후회했습니다. 그날 경찰을 제지했더라면 플로이드 씨의 목숨을 구할 수 있었을지도 몰라요." 다르

넬라는 현장을 목격한 다른 사람들과 마찬가지로 이 부분에서 눈물을 흘리며 말을 잇지 못했다.[472]

목격자 증인 중에서 9살인 주디아의 말투가 가장 냉정했다. 사건 당일, 다르넬라는 주디아를 컵 푸드 건물에 들여보냈지만, 사촌 언니 혼자서 바깥에 있는 것이 싫었기 때문에 다른 손님들과 같이 거리로 나왔다. 주디아는 배심원단에게 말했다. "저는 슬프고 화가 났습니다. 그 아저씨를 괴롭혔어요, 숨을 쉴 수 없게 만들었어요." 블랙웰이 경찰이 언제 플로이드를 풀어주었느냐고 물었다. 주디아는 구급차가 와서 구급대원이 경찰에게 "그를 놓아주시오"라고 말했을 때야 비로소 풀어주었다고 대답했다.[473]

세 번째 재판일에 검찰은 찰스 맥밀리언(Charles McMillian)을 증인으로 소환했다. 질의를 담당한 사람은 에린 엘드리지 검사였다. 맥밀리언은 61세로, 목격자 중 가장 나이가 많았다. 그의 학력은 초등학교 3학년에서 끝났기 때문에 9세였던 주디아와 다를 것이 없었다. 플로이드가 고통스러워하며 '엄마'를 부르던 모습을 증언하던 노인은 증인석에서 울음을 터뜨리며 "너무 무력하다"고 말했다. 눈앞에서 사람이 죽는 것을 보고도 그는 아무것도 할 수 없었다. 그는 지역 사회의 오래된 주민이라 쇼빈 경찰관을 알고 있었고, 가끔 그가 차를 몰고 순찰하는 것을 마주치면 인사도 했다. 그는 사건 당일 구급차가 플로이드를 태우고 떠난 후 쇼빈에게 말했던 바를 회상했다. "5일 전, 나는 당신이 퇴근하고 안전하게 집에 돌아가기를 기원했소. 다른 사람을 만났을 때도 그가 무사히 집에 돌아가기를 기원해주었지. 하지만 오늘 보니 당신이야말로 쓰레기로군."[474]

사건 당일 20달러 위조지폐를 신고한 19살의 종업원 크리스토퍼 마틴은 법정에서 자신이 어머니와 함께 같은 거리의 건물 위층에 살고 있으며, 사건이 벌어진 후 제일 먼저 어머니에게 전화를 걸어서 아래층으로 내려오지 말라고 말했다고 증언했다. 플로이드가 질식하는 장면을 본 그는 두 손으로 머리를 감싸 쥐고 어찌할 바를 몰랐다. “믿을 수 없었습니다. 그리고 죄책감이 들었습니다.” 매슈 프랭크 검사가 물었다. “왜죠?” 마틴은 “만약 내가 그 20달러 지폐를 받지 않았다면, 이 모든 일을 피해갈 수 있었을 겁니다”라고 말했다. 당시 마틴은 위조지폐라고 확신한 건 아니었다. 가게에서는 위조지폐를 수령했을 경우 돈을 받아준 종업원이 배상해야 했다. “조금 의심스러웠지만 전 그 지폐를 받았습니다. 만약 정말로 위조지폐라면 제가 물어내면 된다고 생각했어요. 그런데 받고 나서 생각하니 아무래도 의심스럽더라고요.” 증인석에서 마틴은 말을 많이 하지 않았다. 그가 격정을 다스리려고 애쓰는 것이 보였다. 법정을 나온 마틴은 기자들 앞에서 더는 참지 못하고 눈물을 흘렸다. 그는 자신의 실수가 플로이드를 죽음에 이르게 한 도미노의 한 블록이 되었다고 자책했다.[475]

법률은 단지 법 조항과 사법 절차만을 의미하지 않는다. 전문적인 이론만으로 성립되는 것도 아니다. 법정 심리에서는 상식이 이론보다 더 설득력이 있고, 보통 사람의 증언이 전문가의 지식보다 더 배심원단의 마음을 움직이기도 한다. 최후 변론에서 블랙웰은 배심원들에게 45명의 증언을 들었지만 가장 중요한 것은 상식이라고 강조하며 상식은 법정에 나오지 않은 ‘46번째 증인’이라고 말했다. “여러분은 증인석에 앉은 45명 증인의 증언을 실제로 들으셨습니다. 하지만 46번째 증인이 있습니다. 이 증인은 여러분이 법정에 나오기 전부터 증언하고 있었습니다. (…) 이 증인은 여러분이 배심원실로 돌아가서 평의할 때도 여러분에게 말하는 유일한 증인입니다. 신사 숙녀 여러분, 이 증인은 바로 상식입니다.”[476]

증인석에 앉았던 모든 목격자가 죄책감에 시달렸다. 전 연방

검사인 글렌 키르슈너(Glenn Kirschner)는 쇼빈이 저지른 만행의 피해자는 플로이드만이 아니라고 평론했다. 쇼빈의 행동 때문에 다른 양심적인 시민들, 특히 현장을 목격한 이들이 피해를 보았다는 것이다. 목격자의 두려움, 충격, 죄책감이 바로 이런 상처를 드러낸다.[477]

재판이 열리는 동안 '컵 푸드' 식당은 다시 한번 대중과 언론의 주목을 받았다. 재판이 2주차에 접어들었을 때, CNN 방송국 기자가 이 가게에서 미니애폴리스 주민 트레이시 코원(Tracie Cowan)을 만났다. 고장 난 휴대전화를 고치러 온 코원은 컵 푸드에서 생선튀김 1인분을 먹으며 전화기 수리를 기다리던 중이었다. 그때 컵 푸드 식당에 설치된 텔레비전에서 재판을 중계하고 있었는데, 플로이드가 식당 앞 거리에서 짓눌려 있던 마지막 몇 분의 영상이 방영되었다. 생선튀김을 먹으면서 텔레비전을 보던 코원이 "사람이 다른 사람에게 이런 짓을 할 수 있다는 게 너무 슬퍼요, 정말 슬프네요"라고 말했다. 그렇게 말하며 코원은 눈물을 흘렸다.[478]

보통 사람들의 말속에 드러나는 인간의 선량한 본성이야말로 그 사회의 궁극적인 희망이다. 제도와 전통은 올바른 사회를 유지하는 데 매우 중요한 요소지만, 정상적인 인성이 없다면 어떤 제도와 전통도 작동하지 않을 것이다. 이 재판의 증인들과 지켜보던 많은 사람은 시끄러운 정치적 충돌에 가려진 소중한 인간 본성을 간직하고 있었다.

4월 19일, 검찰과 변호인 양측이 최후 변론을 마치자 판사가 배심원단에 평의하라고 선언했다. 오후 4시부터 배심원단은 비밀 평의를 시작했다. 이처럼 사회적인 영향이 중대한 사건에서는 기소된 세 가지 범죄 혐의가 전부 중요하다. 지금까지의 사례를 살펴보면, 배심원단이 증거를 검토하고 각각의 혐의에 대해 쇼빈의 유죄 여부를 판단하는 데 며칠 정도 걸릴 수 있다는 추측이 나왔다. 동시에 미니애폴리스는 선고 후 발생할지 모를 시위와 소요 사태에 철저히 대비했다. 시 정부는 경찰력을 강화했고, 주지사는 군대를 동원해 거리를 순찰했다. 긴급 상황이 벌어지면 인접 주의 경찰력을 투입할 수 있는 권한도 허가했다. 그러나 많은 사람의 예상과 달리, 다음 날 오후 3시에 배심원단의 결정이 나왔다는 소식이 전해졌다. 배심원 평의는 예상보다 훨씬 빠른 10시간 정도에 완료되었다. 1시간 후 배심원 법정이 다시 열릴 예정이었다.

법원에서 10킬로미터도 채 떨어지지 않은 '컵 푸드' 식당 앞에 수백 명의 사람이 모였다. 현장에 있던 『볼티모어 선*The Baltimore Sun*』의 기자는 누군가 외치는 소리를 들었다. "조용! 이제 선고한다!" 카힐 판사는 배심원의 평결을 낭독했다. 쇼빈의 2급 살인, 3급 살인 그리고 2급 과실치사 혐의가 모두 유죄로 인정되었다. 유죄 판결이 내려질 때마다 군중은 환호와 더불어 울음을 터뜨렸다. 낭독을 마친 판사가 판결문이 배심원들의 판단인지 질문했다. 배심원들은 1명씩 일일이 "예"라고 대답했다. 판사는 배심원들에게 감사를 표하며, 그들이 미네소타주를 위해 시민의 역할뿐 아니라 "중량급 배심원의 역할"도 잘 수행했다고 칭찬했다.[479]

컵 푸드 앞에 모인 사람들 가운데 제니퍼 토드라는 여성이 『볼티모어 선』 기자에게 "지금은 상처를 치유할 때다. 회개, 문책, 존중. 회개하지 않으면 상처는 아물기 어렵다"라고 말했다.[480] 공정한 사법 심판은 상처를 치유하는 출발점에 불과하다. 사법 심판이 계기를 제공할 수는 있지만 역사적으로 볼 때 의도적이었든 무의식적이었든 여러 차례 계기를 놓친 적이 분명히 있다. 경찰의 과도한 폭력 사용과 구조적 차별은 미국에서 오래된 문제다. 오늘날 명문화된 법률과 정치적 차원에서 쉽게 해결할 수 있는 문제는 대부분 해결되었거나 해결 과정 중에 있다. 그러나 해결하기 어려운 문제를 해결하려 들라치면 그 난이도가 조금도 낮아지지 않았음을 알게 된다. 지난 70여 년간 법률과 정치에서 제도적 차별은 대부분 폐지되었으나 사회 전반에 스며든 구조적 차별은 여전히 뿌리 깊다. 말로 설명하기 힘든 관습, 편견, 암묵적 규칙이 법을 집행하는 이들의 행동에 영향을 미친다. 미국이 인종차별 법률을 개정한 지 거의 100년이 흘렀지만, 사회적 생활 차원에서 이런 풍조를 바꾸려면 더 오랜 시간이 걸릴 것이다.

이 재판이 시작되기 전에 다르넬라는 막 18번째 생일을 보냈다. 선고가 내려진 후, 다르넬라는 페이스북에 판결 결과를 기다리는 1시간이 너무 긴장되었다고 썼다. 유죄 판결을 듣고 나서 다르넬라는 통쾌하게 울어버렸다. "정의가 마침내 실현되었다." 판결 이후에 사람들은 이 사건의 앞뒤를 돌아보며 묻지 않을 수 없었다. 다르넬라가 영상을 찍지 않았다면 결과가 어땠을까? 어쩌면 쇼빈은 지금까지 미니애폴리스의 경찰관일지 모른다.[481]

형사 사건의 재판에서는 법적인 승패가 존재하지만, 이미 발생한 폭력에는 승자가 없다. 피해자에게 법의 정의는 언제나 너무 늦게 온다. 살인 사건에서 법원이 공정한 판결을 내리더라도 생존자만이 정의가 실현되었다고 환호할 수 있다. 법정은 유죄 판결 후 몇 주 내에 쇼빈에게 형량을 선고하게 된다. 세 가지 죄목이 모두 성립되었지만 동일한 사실에 기반하기 때문에 양형할 때는 여러 죄를 합치지 않고 형량이 가장 높은 2급 살인죄에 대해 양형한다. 미네소타주의 양형 기준에 따르면 2급 살인은 12년 6개월의 징역형을 선고할 것이 권장되지만, 이 사건의 구체적인 상황을 고려할 때 최고 40년까지 선고할 수 있는 상황이었다.

2021년 6월 25일은 법원이 형량을 판결하는 날이었다. 관례에 따라 카힐 판사가 쇼빈에게 할 말이 있는지 물었다. 쇼빈은 판사에게 감사를 표하는 한편, 방청석을 향해 돌아서서 플로이드의 가족에게 애도를 표하고 싶다고 말했다. 앞으로의 과정이 그들의 마음에 평안을 가져다주기를 바란다고 덧붙였다. 쇼빈의 발언이 끝난 후, 카힐 판사는 그에게 22년 6개월의 징역형을 선고했다. 20페이지에 달하는 양형서에서는 형량이 미네소타 양형 기준에서 권장되는 12년 6개월보다 10년 많은 이유를 설명했다. 카힐 판사는 법정에서 두 가지 점을 강조했다. 첫째, 쇼빈은 경찰로서 법을 집행하며 국민을 보호하는 것이 임무인데 이 직무를 이용해 사람을 죽였다. 둘째, 쇼빈이 무릎으로 플로이드의 목을 9분 29초 동안 눌렀던 범행 수법은 너무나 잔인했다.

형량 선고를 마친 카힐 판사는 고통스러운 재판이었다고 언급했다. "모든 가정, 특히 플로이드의 가족이 깊고 큰 고통을 겪고 있음을 알고 있다. 우리의 연민을 받아주시길 바란다. 나는 당신들이 겪는 고통을 들을 수 있고 또 알고 있다. 헤네핀 카운티, 미네소타주, 나아가 이 나라 전체가 이런 고통을 겪고 있다. 그러나 가장 중요한 것은 우리가 플로이드 가족의 고통을 알고 있다는 사실이다."[482]

생명의 색

조지 플로이드의 죽음은 장기적이고 전국적인 저항을 불러일으켰다. 일부 도시에서는 시위가 폭력 사태로 번졌다. 여름에 접어들면서 코로나 팬데믹과 시위는 언제든지 다양한 방향으로 발전할 가능성이 있었고, 이런 상황은 다양한 유권자 그룹의 표심에 영향을 미쳤다. 매일 발표되는 코로나 감염자 수, 사망자 수, 거리의 불길과 총성, 불난 집에 부채질하는 트럼프의 언행에 이르기까지 시민들의 감정은 끊임없이 자극받았다. 철학자 데이비드 흄(David Hume, 1711~1776)은 이성은 격정의 노예라고 말했다. 그러

나 사람을 움직이는 정치 행위에서는 이성보다 감정이 더 직접적이고 강렬하다.[483]

2020년 위스콘신주 케노셔(Kenosha)시의 한 흑인이 경찰의 체포 시도를 거부하고, 자신의 차에 타려고 했다. 경찰은 등 뒤에서 연속으로 일곱 발을 쏘았다. 그중 네 발이 이 흑인에게 명중했다. 그는 중상을 입고 병원으로 이송되었다. 사후에 사건 당사자들은 구체적인 사건 발생 과정을 저마다 다르게 설명했다. 사건 당일, 누군가 총격 영상을 소셜미디어에 게시했고, 대규모 항의를 불러일으켰다. 플로이드의 죽음으로 촉발된 전국적인 시위가 점차 진정되고 있을 때였는데, 시위의 불길이 다시 타오른 것이다. 케노셔는 시위의 새로운 진원지가 되었고, 시위는 빠르게 소요 사태로 이어졌다.

케노셔 소요 사태의 초점은 17살 소년 카일 리튼하우스(Kyle Rittenhouse)였다. 리튼하우스는 고등학교를 중퇴하고 어머니와 함께 일리노이주 북쪽 끝의 작은 마을 안티오크(Antioch)에 살고 있었다. 안티오크에서 북쪽으로 2킬로미터만 더 가면 위스콘신주가 나온다. 주 경계를 넘어 북동쪽으로 30마일을 가면 지역 최대 도시인 케노셔다. 작은 마을의 소년이 으레 그렇듯 리튼하우스는 도시에 가서 노는 것을 좋아했다. 케노셔 거리에도 여러 번 온 적 있었다. 소요 사태가 발생하기 한 달 전, 거리에서 젊은이들이 싸움을 벌였다. 그중에 리튼하우스가 있었다. 그는 누군지 모르는 여자를 뒤에서 주먹으로 가격했다. 소요 사태 일주일 전, 케노셔 정부는 리튼하우스가 무면허에다 과속 운전을 했다고 기소했다. 리튼하우스는 어릴 때부터 경찰이 되고 싶었고, 14살에는 지역 경찰서의 청소년 연수 프로그램에 참여해 경찰차를 타고 경찰관의 법 집행을 지켜보기도 했고, 총기 사용법도 익혔다. 최근 몇 년간 경찰 지지 구호인 '푸른 목숨도 소중하다(Blue Lives Matter)'가 대중적으로 유행했는데, 리튼하우스는 페이스북에 이 구호를 반복적으로 게시했다. 파란색은 경찰을 대표하는 색깔이다.[484]

2013년 미국에서는 흑인을 겨냥한 법 집행의 폭력에 항의하는 '흑인 목숨도 소중하다(Black Lives Matter)'라는 운동이 일어났다. 2014년 12월 20일 뉴욕 경찰 두 사람이 흑인의 총에 맞아 사망한 사건이 벌어졌다. 사망한 경찰 중 1명은 32세의 중국계 경찰 류원젠(劉文健)이었다. 류원젠은 12살에 부모님을 따라 중국 광둥에서 뉴욕으로 이민을 왔다. 그 시절 중국에서 태어난 많은 아이처럼 류원젠은 집안의 외아들이었다. 살해될 때 류원젠은 결혼한 지 갓 두 달 지난 상태였다. 뉴욕 경찰이 살해된 데 전국의 법 집행관이 분노했다. 법 집행 기관 중 몇몇 곳에서 '푸른 목숨도 소중하다'라는 구호를 외치며 법 집행관을 대상으로 한 범죄 역시 증오 범죄에 포함시키는 연방 법안을 제정해야 한다고 요구했다.[485]

흑인의 목숨도 소중하고, 경찰의 목숨도 소중하다. 그리고 나중에 등장하게 될 '백인의 목숨도 소중하다(White Lives Matter)'까지, 이런 구호들은 미국 사회의 엇갈린 인종, 좌우, 계층 갈등을 보여주는 프리즘이 되었다. 몇 사람의 개인적이고 병적인 문제나 우연히 저지른 실수가 광범위하게 정치화한 것이다.

뉴욕 경찰을 살해한 범인은 자질구레한 절도나 무임승차 등으로 몇 번 체포된 적 있지만 평소 정치적인 요구 사항은 없었다. 그는 중학교를 중퇴한 후 시간제 근로자로 일하면서 가수와 영화배우가 되기를 꿈꿨다. 그러나 현실은 차가웠다. 계속되는 실패로 우울했던 그는 볼티모어에 사는 전 여자친구의 집에 가서 권총을 꺼내 자살을 시도했다. 전 여자친구의 만류로 자살을 포기했지만, 오히려 총구를 전 여자친구에게 돌렸다. 총을 쏜 뒤 현장을 벗어난 그는 장거리 버스를 타고 뉴욕으로 향했다. 그의 바지와 신발에 피가 묻어 있었다. 뉴욕으로 가는 도중에 그는 소셜미디어에 "나는 돼지에게 날개를 달아줄 것이다. 그들이 우리 중 하나를 죽이면 나는 그들 2명을 죽일 것이다"라는 글을 올렸다. 뉴욕 브루클린에 도착한 뒤, 거리에 세워둔 경찰차 안에 경찰 두 사람이 타고 있는 것을 발견했다. 그는 가까이 다가가 총을 쏜 후 지하철역으로 향했고, 그곳에서 자살했다. 사건이 일어나기 몇 분 전, 뉴욕 경찰서는 볼티모어 경찰서에서 보낸 팩스를 받았다. 살인을 저지른 범인이 뉴욕으로 가서 복수할 것이라고 경고하는 내용이었다.[486]

극단적 사건은 극단적인 정치를 조장한다. 뉴욕 경찰이 살해된 사건으로 미국 전역의 법 집행관들이 분노했고, 미니애폴리스와 케노셔의 흑인 피살 사건은 흑인들의 분노를 불러일으켰다. 성난 군중은 극단적 정치의 온상이다.

고등학교를 중퇴한 리튼하우스가 경찰관이 될 가능성은 적었다. 그러나 그는 경찰 업무에 대한 열정을 숨기지 않았고, 자신이 자경단이라고 떠들어댔다. 반면 자경단에서는 그를 구성원으로 인정하지 않았다. 나이가 들수록 리튼하우스는 정치에 큰 열정을 보였다. 2020년 1월 30일, 리튼하우스는 막 17번째 생일을 보낸 참이었다. 그는 400마일 떨어진 아이오와주 디모인(Des Moines)시에서 열린 트럼프 지지자 집회에 참석했다. 그는 단상 아래 첫 줄에 섰다. 리튼하우스는 트럼프의 확고한 지지자들이 보이는 전형적인 특징을 가지고 있었다. 백인 남성, 낮은 교육 수준, 저소득, 총기 애호, '푸른 목숨도 소중하다'와 '검은 목숨도 소중하다'는 명제는 결코 양립할 수 없다는 믿음까지.

리튼하우스에게는 두 살 많은 누나가 있다. 리튼하우스와 누나는 모두 그들 어머니와 함께 살았다. 어머니는 독신으로 요양원에서 간호조무사로 일했으며, 적은 수입으로 아들과 딸을 부양

하느라 생활이 쉽지 않아 2년 전 파산을 신청했다. 리튼하우스는 누나와 함께 중학교에 다닐 때 친구들에게 괴롭힘을 당하기도 했다. 어머니는 경찰에 도움을 청해 두 아이를 보호해달라고 요청했다. 리튼하우스는 결국 16살에 고등학교를 중퇴했다.[487]

2020년 3월, 코로나19가 확산되면서 미국 경제는 심각한 타격을 입었다. 3월 27일에 트럼프 대통령은 어려움에 빠진 기업과 개인을 구제하기 위해 2조 2천억 달러 규모의 경제 부양 법안에 서명했다. 4월 초부터 미국 재경부는 연 소득 7만 5천 달러 이하의 국민에게 성인은 1인당 1,200달러, 17세 이하의 국민은 1인당 500달러 수표를 보내주었다. 연방정부는 동시에 팬데믹으로 인한 실업자들에게 매주 600달러의 보조금을 추가 지급했다. 리튼하우스는 2003년 1월에 태어났으므로 막 17세가 되었기에 1,200달러의 팬데믹 보조금을 받았다. 팬데믹 이전에 그는 기독교청년회(YMCA)에서 아마추어 구조대원으로 일했으며, 팬데믹 중에 실직하여 연방정부로부터 매주 600달러의 실업 수당을 받았다. 실업 수당은 그가 기독교청년회에서 임시직으로 일할 때보다 높았다.

리튼하우스는 여윳돈이 생기자 가장 먼저 총을 샀다. 하지만 위스콘신주에서는 18세 미만의 미성년자가 총기를 구매하는 것이 법적으로 허용되지 않는다. 당시 리튼하우스의 누나는 케노셔에 사는 도미닉 블랙(Dominick Black)과 데이트를 하고 있었는데, 블랙은 리튼하우스보다 두 살 위였다. 합법적으로 총을 살 수 있는 나이였다. 리튼하우스는 그에게 돈을 주면서 자기 대신 총을 사달라고 했다. 블랙 역시 리튼하우스처럼 케노셔에서 어머니와 함께 거주하고 있었다. 그는 스미스 웨슨 AR-15 반자동 소총을 구입하여 자기 의붓아버지 집에 보관했다. 블랙은 사냥철이 되면 함께 북부로 가서 사냥하자고 말했다. 위스콘신주의 법률에 따르

면 18세 미만의 미성년자는 사냥할 때만 총을 휴대할 수 있다.[488]

케노셔 소요 사태 중에 일부 상점이 강도를 당했고 자동차가 불태워졌다. 시 정부는 통행금지를 발표했다. 주 정부에서는 지역 경찰의 질서 유지를 돕기 위해 법 집행관을 파견했다. 이와 동시에 시민 중 일부가 소요 사태가 발생한 도심으로 총을 들고 모였다. 8월 25일 아침, 블랙은 리튼하우스를 의붓아버지 집으로 데려가서 AR-15 소총을 꺼냈다. 두 사람은 차를 몰고 시내로 향했다. 블랙은 의붓아버지에게 전화를 걸어 시위대가 남긴 낙서를 지우고 예전에 일했던 정비소를 지키러 도시로 간다고 말했다. 의붓아버지는 가지 말라고 말렸지만 블랙은 그 말을 듣지 않았다. 블랙은 리튼하우스를 자동차 정비소에 데려갔고, 각자 무장한 상태로 정비소를 지켰다. 그곳에 그들이 처음 보는 민병대원이 몇 명 도착했다. 그들은 페이스북에서 '케노셔 경비대'라는 조직이 호소하는 내용을 보고 정비소를 지키러 왔다고 했다. 전날 밤, 이 정비소에서 멀지 않은 주차장에서 방화가 발생했기 때문이다. 블랙과 리튼하우스는 '케노셔 경비대'의 일원이 아니었고, 어떤 조직인지도 전혀 몰랐다. 민병대원에게 물어보기는 했지만, 조직에 대해서는 아무것도 알아내지 못했다.[489]

밤이 되자 블랙은 지붕 위에 올라가 총을 들고 거리를 내려다보았다. 멀지 않은 곳에서 경찰 장갑차가 시위대를 해산시키고 있었다. 리튼하우스는 1층에 있었는데, 혼란한 상황 중에 블랙의 시야에서 사라졌다. 거리에서 총소리가 울렸다. 블랙은 경찰이 최루탄을 쏘는 줄 알았다. 그때 그의 휴대전화가 울렸다. 전화 너머에서 리튼하우스가 당황한 목소리로 "내가 사람을 쐈어, 사람을 쐈어"라고 말했다. 블랙의 시야에 리튼하우스가 다시 들어왔을 때는 그가 양손을 들고 경찰 장갑차 쪽으로 걸어가고 있었다. 한 여성 경찰관이 장갑차에서 멀리 떨어지라고 손짓했다. 리튼하우스는 정비소로 돌아와 블랙에게 말했다. "내가 총을 쏘지 않았으면 벌써 죽었을 거야." 블랙은 두 사람이 큰 사고를 쳤다는 것을 깨달았다. 그는 리튼하우스에게서 총을 빼앗아 트렁크에 넣고는 이곳을 떠나자고 했다. 안티오크로 차를 몰고 가는 길에 블랙이 리튼하우스에게 말했다. "너보다는 내 문제가 클 거야. 너는 정당방위니까. 어쨌든 넌 그 총을 갖고 있으면 안 돼. 그 총은 내 명의로 산 거잖아."[490]

집에 도착한 리튼하우스는 어머니에게 자신이 사람을 죽였다고 털어놓았다. 어머니가 "빨리 도망치든지, 자수하든지 하라"고 하자 리튼하우스는 자수하기로 했다. 다음 날 두 사람은 경찰에 자수하러 갔다. 블랙은 그를 심문한 법 집행관에게 "왜 그랬는지 모르겠다. 그때 그 애가 아직 18세가 되지 않았던 것을 분명히 알고 있었으니 내가 멈췄어야 했다. 그런데 총을 주지 않았다면 그 애가 화를 낼 게 뻔했다"고 대답했다. 블랙은 미성년자에게 치명적인 무기를 제공하여 사람을 사망에 이르게 한 혐의로 기소되었나. 리튼하우스는 두 건의 살인죄와 한 건의 살인미수죄, 불법 무기 소지죄로 기소되었다.[491]

법률의 이름으로

텔레비전 방송에서 사건이 보도되고, 소셜미디어에서도 관련 내용이 전파되면서 리튼하우스는 하룻밤 사이에 유명인이 되었다. 여론은 빠르게 양쪽으로 나뉘어 대립했다. 한쪽은 그를 법과 질서를 유지하려 한 시민 영웅으로 여겼고, 다른 쪽은 불법 총기 소지 범죄자로 간주했다.

유럽 국가들과 비교하면 미국에는 유구한 '민간 정의(正義)'의 전통이 있다. "유럽에서는 도주 중인 범죄자가 경찰 등 법을 집행하는 공직자를 맞닥뜨려 체포되면 범죄자 스스로 운이 없었다고 여긴다. 이 체포 과정에서 민간인은 방관자다. 그런데 미국에서 도주 중인 범죄자는 전 인민의 공적(公敵)이라서 사람들이 떼를 지어 범죄자를 공격한다."[492] 이는 토크빌이 유럽의 '관청 정의'와 미국의 '민간 정의'를 비교하면서 발언한 것이다. 당시는 1830년대였다. 200년이 지나면서 토크빌이 관찰했던 몇 가지 현상이 사라지기도 했고, 여러 미국적 전통이 천지가 개벽하는 수준의 변화를 겪었으나 일부는 여전히 남아 있다. 예를 들어 민간 정의는 예전과 좀 다른 모습일 뿐 오늘날에도 존재한다. 지금도 미국 사회는 민간인이 사법 정의를 실현하는 데 비교적 관용적이다. 아마 가까운 미래에도 이런 전통은 여전히 계속될 것이다. 문제는 민간인이 사적으로 법을 집행할 경우 불법 행위와 정의로운 행동 사이의 경계가 모호하다는 데 있다.

린 우드(Lin Wood)라는 조지아주 변호사는 자신이 소유한 재단을 통해 리튼하우스의 변호를 돕겠다는 명목으로 모금 활동을 벌였다. 리튼하우스의 변호사로서 언론 인터뷰까지 했다. 그러나 우드는 형사 사건의 변호 경험이 없고, 위스콘신주나 일리노이주의 변호사 자격도 없었다. 그는 조지아주의 변호사 자격만 가지고 있었다. 얼마 지나지 않아 로스앤젤레스의 민사 소송 변호사인 존 피어스(John Pierce)가 합류하여 리튼하우스의 어머니와 함께 언론에 나서서 모금을 진행했다. 피어스 역시 우드가 그랬듯 형사 사건을 맡은 경험이 없었다. 그뿐만이 아니었다. 그와 그가 일했던 법률사무소는 캘리포니아에서 진행된 여러 민사 소송의 피고였고, 빚을 갚지 않은 혐의로 기소된 바 있었다. 피어스는 일리노이주에서 리튼하우스를 위스콘신주로 보내 재판받게 하려는 계획을 막으려고 했으나, 법원에서 거부되었다. 리튼하우스는 위스콘신 법원으로 송환되어 재판을 받았으며, 법원은 변호사의 정당방위 주장을 기각하고 살인 및 살인 미수 혐의로 재판을 진행한다고 결정했다. 법원은 리튼하우스에게 200만 달러의 보석을 허가했고, 우드와 피어스는 그동안 받은 기부금으로 보석금을 지불했다.[493]

2020년 11월에 대통령 선거가 끝나자 케노셔 사건에 대한 열기도 식었다. 사회적 관심은 대선 결과를 둘러싼 논란으로 옮겨갔다. 우드가 운영하는 재단은 리튼하우스의 명의로 수백만 달러를 모금했다가 트럼프를 위한 소송으로 모금 목적을 바꿨다. 우드는 언론에서 재단의 주요 임무가 대통령 선거 결과를 뒤집는 것으로 전환되었다고 발표했으며, 리튼하우스의 재판과 관련해서는 앞으로 직접 피어스 측에 기부해달라고 부탁했다.[494]

위스콘신주 검사는 피어스가 받은 기부금을 신탁 계좌에 리튼하우스의 변호사 비용으로 입금하고 유용을 방지하도록 명령해달라고 법원에 요청했다. 피어스가 채무에 시달리고 있으므로 피고를 변호하는 데 사용할 기부금을 자기 빚을 변제하는 데 써버릴 가능성이 있다는 것이다. 고객이 선지급한 변호사 비용을 신탁 계좌에 입금하는 것은 각 주의 변호사 업계에서 아주 기본적인 요구 사항이다. 우드와 피어스가 비영리 기금 형식으로 모금한 돈에 대해서는 규제가 제한적이다. 피어스가 위스콘신주에서 피고인 리튼하우스의 변호사로 계속 일하려면 이 기부금을 선지급된 변호사 비용으로서 신탁 계좌에 입금해야 한다. 피어스는 이런 규정을 준수하기를 원하지 않았기에 형사 사건 변호인 자리에서 물러났지만, 여전히 리튼하우스 모자가 진행하는 민사 사건 변호사라고 주장했다.[495] 2021년 2월, 리튼하우스 모자는 피어스와 의뢰인 변호사 관계를 중단했다고 언론에 알렸고, 피어스가 그들 모자의 명의로 모금한 돈을 유용했다고 비난했다.[496]

2021년 11월 1일, 케노셔 카운티 순회 법원이 개정되었다. 브루스 슈뢰더(Bruce Schroeder) 판사가 카일 리튼하우스 사건을 심리했다. 배심원단을 선정하는 과정에서 자진 사퇴하는 후보도 있었다. 자신은 평소 수정헌법 2조를 적극적으로 지지해왔기 때문에 이번 사건에서는 편향되지 않게 판단할 자신이 없다면서 말이다. 슈뢰더 판사는 그 배심원 후보에게 "수정헌법 2조에 대한 당신의 의견은 개의치 않는다. (…) 나는 이 사건이 케노셔의 위대함과 공정함을 반영하기를 바랄 뿐이며, 이 사건이 다른 문제로 비화하는 것을 원치 않는다"고 말했다. 슈뢰더 판사는 배심원들에게 정치와 언론의 간섭을 배제하고 법정에 나온 증거만 보라고 지시했다. "이 사건은 이미 정치화되었습니다. 여러분은 각종 정치적 스펙트럼을 가진 평론을 읽게 되겠지만, 그런 평론 대다수는 아무것도 모르는 사람이 쓴 것입니다."[497]

배심원 선정 때부터 일부 전문가와 학자가 나서서 슈뢰더 판사가 피고를 감싼다고 비판을 쏟아냈다. 재판 과정에서 이런 비판은 점점 더 거세졌다. 특히 슈뢰더 판사가 법정에서 검사와 말다툼을 벌인 후로는 더욱 그랬다. 검사는 슈뢰더 판사가 거부한 증거를 제시하려고 시도하다가 법정에서 질책당했고, 핵심 증인 중 몇 사람의 증언은 검찰 측에 불리했다. 사건 당시 현장에 있었던 사진 기자는 리튼하우스가 쏜 총에 맞아 사망한 첫 번째 사람이 리튼하우스를 추격하는 모습을 봤다고 증언했다. 리튼하우스가 쏜 총에 맞았지만 목숨을 건진 사람 역시 자신이 총을 들고 리튼하우스를 뒤쫓아간 사실을 인정했다. 리튼하우스는 증인석에서 검사와 자신의 변호사 양쪽으로부터 몇 시간씩 신문 받았다. 그는 그 당시 총을 빼앗길까 봐 두려웠고 쫓아오는 사람에게 맞아 죽을 것 같았다고 거듭 증언했다. 리튼하우스는 대체로 의연했으나 몇 가지 세부 사항을 설명할 때는 울먹였다. 그의 어머니는 방청석에서 눈물을 훔쳤다.[498]

재판은 2주간 진행되었다. 11월 15일 재판이 끝나고 배심원단은 사흘간의 평의를 거쳐 검찰이 기소한 여섯 가지 범죄 혐의가 모두 성립되지 않는다고 판결했다. 법원은 리튼하우스에게 무죄를 선고했다.

법정 바깥의 심판

재판이 끝난 후 논쟁은 법정에서 언론으로 옮겨갔다. 법원은 법률과 증거로써 피고를 심판하지만, 평론가는 자신이 지지하는 이념으로써 반대하는 이념을 심판한다. 대중은 자신이 좋아하는 구호로 좋아하지 않는 구호를 심판한다. 사회적 관심이 집중된 사건은 언제나 이런 식이다. 다만 악마는 '디테일'에 존재하며, 신 역시 '디테일'에 존재한다. 하나의 판결 결과에 결정적인 역할을 하는 것은 종종 평론가나 대중이 관심을 두지 않는 사건의 '디테일'이다.[499]

슈뢰더 판사는 분명히 리튼하우스를 동정했다. 판사의 태도가 배심원단의 판단에 영향을 미칠 수도 있다. 그러나 이것이 판결의 결정적 요인이라고 보기는 어렵다. 검찰이 기소한 혐의 중 세 가지 중범죄는 유죄 판결을 받지 않았다. 핵심 증인의 증언과 증거로 볼 때 이런 결과는 놀랍지 않다. 그런데 세 가지 경범죄 혐의에 대해서도 무죄가 선고된 것은 판사와 배심원의 동정심이 작용한 것이 분명했다. 배심원단의 눈에 리튼하우스는 불행한 가정 출신의 소년으로 보였을 것이다. 어릴 때부터 경찰이 되기를 꿈꿨으니 어른들 사이에 벌어지는 갈등 상황에서 자신을 경찰에게 조력하는 인물로 상상하면서 사유 재산을 보호하고자 총을 가지고 나섰을 것이다. 많은 소년이 정의로운 힘으로 법 집행을 돕는 모습을 상상하곤 한다. 다만 그 소년들은 리튼하우스보다 운이 좋아서 책임감 있는 부모를 두었고 고등학교를 무사히 졸업할 만한 환경에서 자랐을 뿐이다. 리튼하우스와 다른 소년들의 차이가 바로 여기에 있다.

카일 리튼하우스 사건의 재판은 끝났지만, 누나의 남자친구 블랙의 사건은 아직 진행 중이었다. 사건 당일 블랙이 한 말처럼 리튼하우스보다 블랙의 문제가 더 컸다. 블랙은 미성년자에게 불법적으로 총기를 제공한 혐의로 기소됐다. 2021년 8월, 검사와 블랙의 변호사는 리튼하우스의 사건 판결이 내려진 뒤에 재판 일정을 잡는 데 동의했다. 언론은 블랙 사건에 큰 관심이 없었다. 블랙 역시 모금을 통해 변호사를 고용하고자 했지만 몇백 달러의 기부금만 모였다는 보도가 나왔다. 리튼하우스가 무죄 판결을 받았더라도 블랙이 미성년자에게 불법으로 총기를 제공한 혐의는 그와 상관없이 유죄다. 2022년 1월 8일, 블랙은 검찰의 유죄 인정 협상에 합의했다. 감옥에 가지 않는 대신 2천 달러의 벌금을 받아들인다는 조건이었다.[500]

사람들은 도덕적 이념과 정치적 입장에 따라 리튼하우스 사건과 비슷한 상황을 쉽게 정치적으로 확장한다. 하지만 법원은 한 개인을 심판하므로 구체적인 기준이 있는 법률, 제한된 시간과 장소에서 이루어진 구체적인 사실에 근거해야 한다. 재판부는 이념을 심판하지 않으며, 또한 추상적 이념에 따라 피고인을 심판하지도 않는다. 무죄 판결을 받은 후, 카일 리튼하우스는 폭스 TV에 출연해 자신이 인종차별주의자가 아니라고 밝혔다. 그는 "흑인의 목숨도 소중하다"는 사회적 요구에 동의하고 평화 시위를 지지하지만, 거리에서 불을 지르는 방식에는 찬성하지 않는다고 말했다. 또 그는 시간을 되돌릴 수 있다면 다시는 총을 들고 거리로 나가는 일을 하지 않을 것이라고 말했다. 인터뷰에서 리튼하우스는 자신의 전임 변호사인 존 피어스와 린 우드가 다른 꿍꿍이를 가지고 그를 이용했다고 공개적으로 비난했다.[501]

피어스와 우드는 리튼하우스의 법정 보석금을 놓고 갈등을 빚었다. 2021년 9월 22일, 법정을 떠난 지 두 달도 채 되지 않아 지역 신문 『밀워키 저널 센티널 *Milwaukee Journal Sentinel*』은 재판이 끝난 후 피어스가 200만 달러의 보석금을 자신의 계좌로 이체할 것을 법원에 요청했으며, 우드는 보석금을 자기 계좌로 반환할 것을 요구했다고 보도했다.[502] 재판이 끝나면 위스콘신주 법률에 따라 법원이 30일 이내에 보석금을 돌려준다. 리튼하우스가 무죄 판결을 받은 다음 날, 그의 변호사인 마크 리처즈(Mark Richards)는 CNN과의 인터뷰에서 재판을 기다리는 동안 리튼하우스를 워싱턴포스트와 인터뷰하게 했다며 우드를 '멍청이'라고 비난했다. 리처즈는 피어스와 우드가 "이 아이를 가지고 돈을 버는 데" 온통 신경이 쏠려 있다고 말했다.[503]

우드는 리처즈에게 이메일을 보내 그가 지적한 것이 사실이 아니라고 주장했다. 리튼하우스가 『워싱턴 포스트』와 인터뷰한 것은 모두 피어스의 아이디어였고 그와는 무관하다고 했다. "당신은 CNN 인터뷰에서 공개적으로 내가 바보라고 말했다. 아니, 그렇지 않다. (…) 여기서 당신이 즉시 그 발언을 철회하고 나에 대한 허위 사실을 정정할 것을 정식으로 요구한다." 우드는 리처즈에게 그의 요구를 무시하면 고소하겠다고 경고했다.[504]

미국 법조계는 여러 성향의 법조인이 뒤섞여 있다. 마크 리처즈는 법률적 능력으로 사건을 처리하는 전문 변호사, 린 우드나 존 피어스 등은 정치적 사건과 정치인의 명의를 빌려 축재하는 변호사다. 인터뷰에서 리처즈 변호사는 피어스가 리튼하우스의 이름으로 모금하는 동시에 식사 시간을 포함한 시간당 1,200달러의 '변호사 비용'을 그 모금액에서 공제했다고 폭로했다. 피어스는 형사 사건의 변론 경험이 없고 심지어 위스콘신주의 변호사 자격증이 없는데도 말이다. 이 사건의 사회적 영향에 대해 질문을 받았을 때, 리처즈 변호사는 자신이 해야 할 일을 충실히 하고 있으며, 그것은 피고를 변호하는 것이라고 말했다. 다른 사람들이 어떻게 이 사건을 정치적으로 확장할지에 관해서는 신경 쓰지 않으며 관심도 없다고 했다. 그는 단지 언론의 스포트라이트 아래에서 하루빨리 사라지고 싶고, 여론의 소용돌이에서 빠져나와 자신과 리튼하우스가 정상적인 삶을 회복할 수 있기를 바란다고도 말했다.[505]

리튼하우스 사건의 발생부터 판결에 이르기까지 미국 사회에서는 두 세력이 계속해서 싸웠다. 한 세력은 리튼하우스를 법과 정의를 수호하는 영웅으로 묘사하며, 판결 결과가 정의를 드러낸다고 생각했다. 다른 세력은 리튼하우스를 폭력 성향의 살인자로 묘사하며, 판결 결과가 법과 정의를 모욕한다고 생각했다. 재판은 끝났지만, 논쟁은 계속되었다.

제리 블랙웰 변호사는 플로이드 사건의 재판에서 배심원들에게 상식적인 판단을 호소하며 상식을 "출석하지 않은 증인"이라고 불렀다. 리튼하우스 사건을 둘러싼 논쟁에서 부족한 것은 바로 성숙한 시민의 상식인 듯하다.

성인 중 일부의 행동 때문에 총을 든 소년이 법과 정의의 이름으로 거리로 나가게 됐고, 소년은 살인을 하고 말았다. 어떤 이유에서든 어른들은 피할 수 없는 죄를 지었다. 거리의 소요 사태에서 어른이라 해도 복잡한 상황을 완전히 이성적으로 처리하기는 어려운데, 하물며 17세 소년이 그럴 수 있었을까? 비극이 일어나는 것 외에 또 무슨 결과가 가능할까? 결국 무죄 판결을 받았더라도 소년 시절 거리에서 살인을 경험하고 기소와 재판까지 가게 된다면 평생 그늘과 상처가 남는다. 무책임한 어른들이 빚어낸 밑바닥 젊은이들의 비극이다. 이 사건에서 가장 심판받아야 할 사람은 이 아이를 거리로 내몰고, 속여서 총을 쏘게 한 성인들이다. 하지만 그들은 법의 테두리 밖에 있다.

11장 법률의 총격전

만약 우리 미국인이 절망적인 우리의 문화 속에서 아이들을 살해하는 지경에 이르렀다면, 어떤 이유에서든, 어떤 피부색이든, 우리는 생존할 자격이 없으며, 아마도 생존하지 못할 것이 분명하다.

— 윌리엄 포크너

누구에게도 자신의 행복을 추구하기 위해 타인을 해칠 권리는 없다. 타인을 보호하기 위해 우리는 엄숙한 계약을 체결했다. (…) 이것은 익히 알려진 담론이며, 사람은 문명사회에 진입할 때 국가의 복지를 얻는 대가로 자연 상태의 자유를 일부 포기한다. 솔직히 말해서, 그러한 자유를 법과 정의의 혜택으로 바꿔가는 것이다.

— '그린 대 비들 사건' 판결문

다른 선진국과 달리 미국에서는 '총'이 정치·사회적으로 독특한 이슈로 다루어진다. 총격 사건이 빈번하게 발생하며, 이 소식은 언론 보도와 소셜미디어를 통해 전파되어 종종 사회에 큰 파장을 일으킨다. 여론도 양분된다. 총기 소지 지지자와 반대자가 각자의 의견을 고집한다. 반대자들은 총격 사건을 줄이기 위해 정부에 총기 규제를 엄격히 할 것을 요구한다. 지지자들은 총기를 엄격히 통제하더라도 범죄자들이 총기를 얻을 수 있는 경로를 완전히 없애지 못하면 오히려 일반 대중만 자기 방위의 수단을 잃게 된다고 우려한다. 한편 정당과 정치인은 이 이슈를 유권자 확보를 위한 기회로 활용한다.

약 반세기 동안 총은 미국의 종교, 정치, 문화적 보수파가 내세우는 토템이자 공화당 후보가 지지자를 단결시키는 깃발로 기능했다. 정부의 총기 통제에 반대하는 보수 유권자들은 어떤 선거든지 수정헌법 2조에 대한 국민투표로 변질시키곤 한다. 총기 소지를 지지하는 이들이 공화당의 가장 안정적인 지지층을 형성한다. 대부분의 민주당 후보들은 총기 규제를 지지하지만 구체적인 조치와 정책은 종종 가볍게 다루고 넘어가기 마련이다. 그렇지 않으면 많은 중도 유권자들의 지지를 잃게 될 것이기 때문이다. 미국에서 총은 단순한 무기가 아니다. 많은 국민이 자기 정체성과 국가 정체성의 상징으로, 심지어 개인 자유의 상징으로 여기고 있다.

수정헌법 2조

현대 미국에서 총기 소유권은 종종 '수정헌법 2조의 권리'라고 불린다. 미국 수정헌법 2조에는 "잘 관리되는 민병대는 자유주(自由州)의 안전을 보장하기 위해 필요하며, 국민의 무기 소유 및 소지 권리가 침해되어서는 안 된다"는 문장이 있다. 거의 반세기 동안 이 문장은 미국 법학계와 정치계의 첨예한 논쟁 주제 중 하나였다. 법학계에서는 불과 수십 년 사이에 발표된 수정헌법 2조를 해석한 논문이 이전 200년의 총합보다 많고, 정치계에서는 수정헌법 2조를 둘러싼 열기가 법학계보다 더 높다.

2010년, 오바마 대통령은 엘레나 케이건(Elena Kagan)을 연방대법원 대법관으로 지명했다. 대법관 지명은 상원의 승인이 필요하다. 80명이 넘는 민주당과 공화당 상원의원들이 그녀를 찾아와 질문을 던졌다. 가장 많이 받은 질문은 케이건이 수정헌법 2조에 대해 어떻게 생각하는지, 총을 가져본 적이 있는지, 사냥을 해본 적이 있는지였다. 케이건은 대법관으로 임명된 뒤 대법원의 사냥 고수인 안토닌 스칼리아(Antonin Scalia) 대법관에게 사냥을 가르쳐 달라고 부탁했다. 두 사람은 정치적 성향과 법적 관점이 다르다. 케이건은 자유파로 스칼리아는 보수파로 유명하다. 스칼리아 대법관은 2016년 2월에 사망했는데, 생전에 여러 차례 케이건 대법관을 데리고 오리 사냥을 갔다. 와이오밍주의 산에서 케이건은 생애 처음으로 사슴을 사냥했다. 그녀는 사냥을 배웠지만 수정헌법 2조에 대한 견해를 바꾸지 않았고, 수정헌법 2조에 대한 스칼리아의 해석에 찬성하지도 않았다. 다만 케이건은 수정헌법 2조와 총기 문제가 미국 정치 및 법률문제에서 차지하는 위치와 일반 미국 시민에게 미치는 영향을 분명히 충분히 인식하고 있었다.[506]

수정헌법 2조는 1791년 12월 15일에 제정됐다. 역사적으로 2조는 법학계와 정치계에서 오랫동안 잊힌 헌법 개정안이었다. 19세기와 20세기 전반기에 이 개정안을 해석한 법학 논문은 손에 꼽힐 정도였으며, 연방법원의 관련 판결도 거의 없었다. 헌법학자 애덤 윙클러(Adam Winkler)는 수정헌법 2조가 오늘날 미국 법학계와 정치계에서 인기를 끌게 된 것은 1960년대에 시작된 총기 소유 운동과 관련이 있다고 여긴다. "지금 미국인에게 익숙해진 총기 소유 운동은 상대적으로 새로운 현상이다. 비록 개인의 총기 소유권은 우리의 가장 오래된 헌법 권리 중 하나이지만 말이다."[507] 미국의 제도적 틀 안에서 정치 및 문화 운동이 자신들의 요구사항을 규범으로 바꾸려면 관련된 헌법 도구를 사용해야 한다. 수정헌법 2조가 바로 총기 소유 운동이 빌린 헌법 도구였다.

2008년까지 연방법원은 수정헌법 2조를 연방정부가 각 주의 민병대를 무장 해제하는 것을 금지하는 조항으로 해석했다. 역사적으로 법학계에서 이러한 해석에 대해 거의 논란이 없었다. 변화는 1960년대에 시작되었다. 전국소총협회(The National Rifle Association)의 목표는 대중의 총기 사용 기술 향상, 사냥 촉진 등이었는데 이때부터 정부의 총기 규제 반대로 전환되기 시작했으며, 그들의 주요 전략 중 하나가 수정헌법 2조를 다시 해석하는 것이었다. 1965년, 미국 변호사 협회는 "수정헌법 2조에서 말하는 국민의 총기 소유 및 소지 권리를 어떻게 해석할지"에 대한 논문을 모집했다. 여기서 시카고 변호사인 로버트 스프레처(Robert Sprecher)가 제출한 논문이 뽑혔다. 그가 논문에서 주장한 요지는 수정헌법 2조의 본래 의미를 되찾자는 것이었다. '국부'들이 수정헌법 2조를 제정할 당시 각 주의 무장 민병대뿐만 아니라 시민 개인이 총을 소지하고 스스로 방위할 권리를 보호하려는 목적이 있었다는 것이다. 그때만 해도 몹시 참신한 견해였다. 1971년 닉슨 대통령이 스프레처를 연방법원 중 제7순회법원의 판사로 임명했다.[508]

스프레처의 논문이 『미국 변호사 협회 학술지*ABA Journal*』에 발표된 후, 몇몇 법학자와 변호사들이 그를 뒤따라 수정헌법 2조를 개인의 총기 소유 권리를 보호하기 위한 것으로 해석했지만, 1960~1970년대 주류 법학계는 이러한 이론적 '혁신'을 받아들이지 않았다. 전환점은 20세기의 마지막 20년 동안 발생했다. 그 20년 동안 수정헌법 2조를 논의하는 법학 논문이 125편이나 발표되었으며, 대부분이 수정헌법 2조가 개인의 총기 소유 권리를 보호한다고 주장했다.[509] 그때까지 잘 알려지지 않았던 법학자 중 몇몇은 이와 같은 이론 혁신 운동의 총아로 떠올랐다. 글렌 레이놀즈(Glenn Reynolds)가 그중 1명이다. 1995년, 레이놀즈는 "지난 5년 동안 발표된 수정헌법 2조에 대한 논문이 의심의 여지 없이 이전 200년보다 많았다"고 회고했다.[510] 전국소총협회는 수정헌법 2조의 학술 연구에 대한 자금 지원을 피하지 않았으며, 관련 논문을 발표한 변호사 중 일부는 아예 협회에 고용했다.[511]

21세기에 들어서면서 수정헌법 2조에 대해 200년 동안 인정받았던 전통적인 해석은 이제 개인 총기 소유권 보장이라는 새로운 해석으로 대체되는 중이다. 이 같은 이론 혁신에 반대하는 '보수적인' 목소리는 점점 약해지고 있다. 기묘한 일이지만 수정헌법 2조를 해석할 때 이처럼 급진적인 이론 혁신을 이룬 학자들은 자신을 "보수주의자"라고 부르며, 헌법 해석의 "원리주의"를 고수한다는 말로 자신을 변호한다. 원리주의는 여러 방법론 중 하나로, 헌법을 해석할 때 입안자의 '원래 의도'를 찾아야 한다고 주장하는 견해를 말한다. 1970~1980년대 원리주의 이론의 기수는 학계·정계·법조계에 두루 발을 걸친 안토닌 스칼리아였다. 1982년에 레이건 대통령은 스칼리아를 연방 항소법원 판사로 임명했고, 4년 후에는 미국 연방대법원 대법관으로 임명했다.

여기서 짚고 넘어가야 할 점은 수정헌법 2조를 개인 총기 소유권으로 해석하는 변호사와 학자들이 모두 보수주의자는 아니라는 것이다. 돈 키츠(Don Kates)는 민권 변호사로 자유주의 성향의 사람들 중 수정헌법 2조를 새롭게 해석하는 것을 지지하는 인물이다. 그는 민권 소송 경험을 통해 폭력에 노출된 취약계층은 총기가 있어야만 자신을 보호할 수 있다는 사실을 알게 되었다. 민권운동이 고조되던 1963년 여름, 키츠는 예일대학교 법학부 1학년 학생이었다. 그는 여름 방학 동안 노스캐롤라이나주에서 지역 변호사의 민권 소송을 도왔다. 당시 한 흑인 여성 고객이 KKK단의 위협을 받고 있었는데, 현지 경찰이 KKK단의 불법 행위를 눈감아주었기 때문에 그 여성은 경찰에 신고할 엄두를 내지 못했다. 총을 가지고 있었던 키츠가 밤마다 M1 소총과 리볼버 권총을 들고 그 여성의 집 앞을 지켰다. 그 경험 덕분에 키츠는 총기 소유와 자기 방위가 헌법적 권리가 되어야 하며, 이 권리가 수정헌법 2조의 보호를 받아야 한다고 믿게 되었다.[512]

1983년 키츠는 『미시건 로 리뷰』에 「권총 금지법 및 수정헌법 2조의 원래 의미」라는 논문을 발표했다. 이 논문은 미국 독립 이후 각 주에서 총기 소유권을 어떻게 보호해왔는지 그 역사를 추적했고, 수정헌법 2조를 개인 총기 소유권의 관점에서 해석했다. 그는 헌법 조문에서 언급된 '국민의 권리'란 각 주가 민병대를 조직할 수 있는 집단적 권리일 뿐 아니라 시민 각자의 개인적 권리라고 여겼다. 키츠의 주장은 수정헌법 2조를 재해석하는 기본

논리를 확립했으며, 이후 여러 관련 논문의 이론적 기초가 되었다. 25년 후 연방대법원이 판결한 '컬럼비아 특별행정구 대 헬러(District of Columbia v. Heller) 사건'의 법리적 기초를 마련했다.[513]

그러나 논문 발표 후 몇 년 동안 키츠의 견해는 주류 법학계에서 그다지 반향을 일으키지 못했다. 1989년 『더 예일 로 저널*The Yale Law Journal*』은 저명한 법학자 샌퍼드 레빈슨(Sanford Levinson)의 논문 「난처한 수정헌법 2조」를 실었다. 이 논문은 엘리트 법학계가 수정헌법 2조에 대한 키츠의 해석을 무시하고 있다고 비판하며, 수정헌법 2조는 1조와 마찬가지로 개인의 권리 보호를 포함한다고 주장했다. 레빈슨의 견해에 따르면, 수정헌법 2조가 개인의 총기 소유권을 보호한다고 인정하는 일은 총기 소유 지지자들에게 헌법적 피난처를 제공하는 것을 의미하지 않는다. 수정헌법 1조가 개인의 표현의 자유를 보호한다고 해서 세상의 모든 발언이 합헌임을 의미하지 않는 것과 같다. 그는 법률을 통해 헌법에 의해 보호되는 개인의 총기 소유권과 공공 안전 사이에서 균형을 찾아야 하며, 법원이 총기 소유권 사건을 심리할 때도 이러한 균형을 이루어야 한다고 주장했다.[514] 키츠와 마찬가지로 레빈슨 역시 법학계에서 자유파로 여겨진다. 20세기 말에 이르기까지 개인의 총기 소유권 관점에서 수정헌법 2조를 해석하는 데 있어서 좌익 진보파 중 일부는 여러 우익 보수파와 같은 길을 걸었다.

2003년이 되자 수십 년간 학술 논리와 사회적 여론 준비를 거친 총기 소유 운동이 사법 소송을 제기할 시기가 무르익었다. 총기 관련 조직은 충분한 자금을 모은 뒤 직합한 변호사를 찾아냈다. 또 수도인 워싱턴 D.C.에서 6명의 원고를 선정해 특별행정구 당국의 총기 규제 법률이 수정헌법 2조를 위반했다며 연방법원에 소송을 제기했다. 당시 워싱턴 D.C.는 전국에서 가장 엄격한 총기 제한 조치를 시행하고 있었다. 시민들이 권총을 소유하는 것과 휴대하는 것 모두 금지했다. 원고 6명 중 1명은 딕 헬러(Dick Heller)라는 법원 경비원으로, 그는 근무 중에 권총을 휴대해야 하지만 법적 제한 때문에 퇴근 후 집에서는 권총을 소유할 수 없다. 그는 집에 권총을 보관할 수 있게 해달라고 시청에 요청했지만 받아들여지지 않았다. 이런 것을 보면 총기 소유를 옹호하는 측에서 원고와 피고를 선택하는 데 노력을 많이 했음을 알 수 있다.

앞서 언급했듯이 수정헌법 2조에 대한 전통적인 해석은 각 주 민병대의 총기 소유권을 보호한다는 것이며, 이는 개인의 권리가 아닌 집단의 권리이다. 2008년 6월 26일 미국 연방대법원은 '워싱턴 D.C. 컬럼비아 특별행정구 대 헬러 사건'을 판결했다. 연방대법원은 판결문에서 수정헌법 2조에 대해 전통적인 해석과 다른 판단을 내렸다. 수정헌법 2조가 민병대의 집단적 총기 소유권뿐 아니라 국민 개인의 총기 소유권도 보호한다는 것이다.[515]

이 판결문은 스칼리아 대법관이 작성했는데, 주로 두 가지 측면에서 수정헌법 2조의 원래 의도를 소급하여 다뤘다. 첫째, 문법에서 시작하여 해당 헌법 조문의 문자 의미를 분석했다. 둘째, 역사를 돌아보며 입법자의 원래 의도를 탐구했다. 수정헌법 2조의 조문은 2개의 구절로 구성된다. 하나는 "잘 관리되는 민병대가 자유주의 안전을 보장하기 위해 필요하다"라는 부분으로 다음 절을 이끄는 역할을 한다. 나머지 하나는 "국민이 무기를 소유하고 소지할 권리를 침해해서는 안 된다"는 부분으로, 구체적인 내용을 적시하는 절이다. 첫 번째 절을 다음에 나올 절을 이끄는 역할에 한정해 해석한다면, 전체 문장에서 가리키는 것은 민병대의 무장이다. 반대로 첫 번째 절이 뒤따라오는 내용에 국한되지 않는다고 해석하면, 문장 전반부는 민병대의 집단 권리이고 후반부는 개인 권리를 말한다고 볼 수 있다.[516]

전통적으로 법학자, 판사, 변호사 등은 수정헌법 2조의 전반부와 후반부를 한정적인 관계로 해석했다. "국민이 무기를 소유하고 소지할 권리"는 민병대의 경우를 가리키는 것으로 개인을 말하는 것이 아니라고 여겼다. 그러나 총기 소유 운동이 부상하면서 일부 법학자와 변호사들이 수정헌법 2조의 두 구절을 비한정적 관계로 해석하기 시작했다. 그들은 "잘 관리되는 민병대"라는 표현은 총기 소유권을 보호해야 할 이유를 설명한 것일 뿐 총기 소유권의 범위를 제한하지 않는다고 주장했다. 따라서 문자적 의미에서 앞에 나오는 절이 뒤에 나오는 "국민이 무기를 소지하고 소지할 권리"라는 핵심 내용을 제한하지 않는다고 본다. 헬러 사건의 판결은 위의 비한정적 관계라는 문장 해석을 채택하여 "국민이 무기를 소유하고 소지할 권리"에서 말하는 '국민'은 민병대뿐 아니라 모든 사람을 포함한다고 판단했다.[517] 이 해석은 수정헌법 2조가 탄생한 지 217년 만에 최초로 연방대법원이 민중의 총기 소유권을 헌법에 의해 보호되는 개인의 권리로 확인했음을 의미한다.

여기서 '권리'를 대략적으로나마 변별해 분석해야 한다. 현대 중국어가 서양 언어를 학습할 때 '권리'는 적어도 다음과 같은 몇 가지 의미를 내포한다고 본다. 첫째, 정치 이론 또는 법리로서 '자연적 권리'다. 서양의 전통에서는 자연 이성 또는 천부 권리에 해당한다. 둘째, 정치적 선언 및 협약의 '정치적 권리'다. 이는 정치적 이성 또는 정치적 상상의 범주에 속한다. 셋째, 법률 및 규정에서 사용하는 '법정(法定) 권리'다. 이 권리는 법률 기술에 속하거나 에드워드 코크(Edward Coke)의 용어로 '인공적 이성'의 범주에 속한다.[518] 헬러 사건의 판결로 사실상 새로운 헌법 권리인 '개인의 총기 소유권'을 창조해낸 셈이다.

왜곡된 거울

헬러 사건의 판결문은 40쪽이 넘는 방대한 분량이다. 수정헌법 2조의 문법과 의미론을 분석할 뿐 아니라 많은 역사적 사실을 열거하여 이 비전통적인 해석을 뒷받침한다. 대법관 중 존 스티븐스(John Stevens)와 스티븐 브레이어(Stephen Breyer)는 판결문보다 훨씬 긴 분량의 반대 의견을 써가며 조목조목 반박했다.[519] 특히 스티븐스의 반대 의견은 스칼리아가 언급한 역사적 사실과 상반된 역사적 사실을 열거할 뿐 아니라 완벽히 상반되는 결론을 도출했다는 점에서 주목할 만하다. 미국 역사상 모든 중요한 입법은 지지자와 반대자의 치열한 논쟁을 거쳤다. 양측은 항상 자신의 주장에 유리한 증거와 이론을 찾아냈다. 또한 미국은 주마다 처한 상황이 다르고 동일한 문제를 처리하는 방식도 다르다. 그래서 역사적 사실로 근거를 삼고자 하면 현재의 해석이나 방법을 지지하든 반대하든 상관없이 많은 역사 자료를 찾아낼 수 있다.

총기 소유권과 관련해 대중적으로 널리 인정되는 역사적 관념에는 각종 전설적 일화가 뒤섞여 있다. 역사적 사실 외에 사람들이 역사에 관해 상상하는 내용까지 얽혀 있다는 점에서 문제는 더욱 복잡해진다. 예를 들어 남북전쟁 이후 연방군이든 남부군이든 많은 수의 퇴역 군인이 서쪽으로 진출해 생계를 꾸렸다. 이 시기는 총기 관련 기술이 비약적으로 발전한 시대로, 새뮤얼 콜트(Samuel Colt)는 리볼버 권총의 설계와 제조 공정을 크게 개선했다. 콜트는 총기 기술자이자 제작자인 것을 넘어 마케팅 천재이기도 했다. 그는 리볼버 권총을 일반 대중이 정의를 수호하기 위해 꼭 가져야 할 필수품으로 만들었다. 개인별 체격과 힘의 차이를 없애주는 리볼버 권총이 독립적이고 구속받지 않는 개인주의의 상징이 된 것이다. "하느님이 사람을 만드셨고, 새뮤얼 콜트가 사람을 평등하게 했다"는 말이 유행했다. 카우보이가 활약하는 광활한 서부는 미국인이 그들의 국가를 상상할 때 없어서는 안 될 장면이 되었고, 여러 문학과 예술 작품에서 언제까지나 환영받는 소재가 되었다.[520]

'아메리칸드림'이라는 용어를 만든 역사학자 제임스 애덤스(James Adams)는 미국 민중의 국가 이미지 중에서 '아무것도 무서워하지 않는 자유'가 가장 미국적 특색을 지녔다고 보았다. 법이 없는 황량한 서부에서 카우보이는 자신의 리볼버 권총을 법률로 삼아 정의를 수호했다. 이런 자주적이고 독립적인 영웅은 이후 미국인들의 문화적 정체성에서 중요한 의미를 차지한다.[521] 대중문학, 언론 매체 그리고 나중에 등장한 영화, 라디오 및 텔레비전 방송은 개인의 자유와 총기 사이에 긴밀한 문화적 유대를 구축했다. 이런 역사적 상상력에서 생겨난 것이 서부의 자유로운 총기 소유를 향한 대중적 인식이다. 총기 소유에는 제한이 없고, 누구나 총을 가지면 정의 또한 자기 손에 쥘 수 있다는 것이다.

하지만 역사에 대한 상상과 역사는 다르다. 오늘날 미국인이 상상하는 것과 달리 그 시대의 서부에는 미국에서 가장 엄격한 총기 규제 법률이 존재했다. 애리조나주의 '묘비 마을'을 예로 들어보자. 그 마을은 '서부에서 가장 사악한 곳'이라고 불리며 대중문화에서 무법천지의 대명사로 쓰인다. 하지만 역사적 사실은 이 마을의 자치 정부가 관할 구역 내에서 엄격한 총기 규제 법령을 시행했다는 것이다. 주민들은 총기를 휴대한 채 거리로 나가는 것이 금지되었고, 위반하면 25달러의 벌금을 물어야 했다. 25달러는 당시 서부에서 적은 돈이 아니었다. 묘비 마을과 비슷하게 100여 년 전의 서부 여러 도시는 총기 규제 방식에서 오늘날 미국의 어느 지역보다 더 엄격했다.[522] 서부에서 총기에 기반한 폭력이 만연했다는 것도 사실이 아니다. 카우보이는 사회의 하층계급 남성이 주로 담당했던 직업이다. 매일 가축을 관리해야 하는 카우보이는 총격전을 거의 본 적이 없었다. 자신이 직접 총을 쏘는 것은 더 말할 것도 없다. 역사학자 리처드 솅크먼(Richard Shenkman)은 "할리우드 서부영화에서 죽는 사람이 진짜 서부에서 죽은 사람보다 많다"고 말했다.[523]

서부 개척 시대에는 총기 규제 조치가 수정헌법 2조를 위반했다며 비판하는 변호사나 법학자가 없었다. 헌법을 제정한 '국부'들이 총기 규제에 반대했다고 진지하게 주장하는 출판물 역시 없었다. 사실 총기 규제 법률은 북아메리카 대륙이 식민지이던 시대에 이미 존재했다. 미국 독립혁명의 직접적인 도화선은 영국이 식민지 주민의 총기를 압수한 것이었다. 혁명의 결과로 미국은 영국의 통치에서 벗어나 독립국이 되었다. 독립 이후에 미국 각 주는 총기 관리 및 민간인의 총기 소유에 대한 규제를 강화하는 법을 제정해 민병대가 보유한 총기는 모두 등록하게 하고 화약을 안전한 장소에 보관하도록 했다.[524]

당시 미국 연방의회는 민병대 문제를 겨냥해 헌법 수정안을 만들었다. 이는 당시의 사회 분위기와 입법자들의 정치적 심리를 반영한다. 각 주는 영국의 통치가 어땠는지 생생하게 기억하고 있었기에 연방정부가 강력한 군대를 동원하여 국민을 탄압하고 각 주의 민병대가 보유한 무기를 압수하지나 않을까 우려했다. 이런 우려 때문에 의회는 연방정부가 소규모 정규군만 유지하도록 했고, 각 주의 무장한 민병대 권리를 보장한 것이다. 오랫동안 주류 법학계에서 수정헌법 2조의 입법 취지를 위와 같이 인정해 왔다. 하지만 현실은 생각보다 험난했다. 1812년 영국 군대가 미국을 침공했다. 소규모의 연방군과 훈련이 부족한 민병대는 순식간에 무너졌다. 수도 워싱턴은 불타버렸다. 이 전쟁은 민병대에 국가 수호 임무를 맡긴다는 것이 얼마나 황당무계한 생각이었는지를 증명한 셈이었다. 의회는 연방정부가 1만 명에 달하는 정규군을 창설하도록 새로운 법을 제정했다. 수정헌법 2조를 추가한 지 불과 20여 년만이었다.

그러니 법학계나 정계에서 수정헌법 2조를 오랫동안 유명무실하게 여긴 것도 당연하다. 그 조항은 성공적인 헌법 수정안이 아니었다. 1812년의 전쟁으로 수정헌법 2조가 달성하고자 했던 입법 목표가 실패했음이 드러났다. 해당 조항이 거부했던 강력한 연방군 창설이 현실화되었고, 연방정부에 각 주의 민병대 지휘권이 돌아갔다. 역사는 수정헌법 2조의 입법 의도가 실패했을 뿐 아니라 현대 미국의 현실을 반영하지 못했음을 증명했다. 하지만 사람들의 관념은 종종 역사적 사실이 아니라 역사에 대한 상상력으로 형성된다. 오늘날 총기 소유 운동은 민중의 역사적 상상력에 기반해 잊혔던 수정헌법 2조를 발굴해냈다. 법학자의 이론적 혁신을 거쳐 새로운 생명을 얻은 이 조항은 헬러 사건의 연방대법원 판결로 전에 없던 헌법 규범으로 자리잡았다.

레빈슨과 윙클러를 비롯한 법학자들은 수정헌법 2조를 개인의 총기 소유 이슈와 정부의 합리적 규제가 헌법 내에서 조화를 이룰 수 있는 것으로 본다고 생각했다. "이 나라를 세운 사람들이 총기 소유권을 수정헌법 2조에 새겨두었지만, 그들 역시 총기 소유를 규제하는 법을 지지했다. 그 법률은 몹시 엄격해서 지금의 미국인에게 지지를 얻기 어려울 것이다. (…) 미국에서 총과 총기 규제의 역사는 수정헌법 2조보다도 오래되었다."[525]

미국 역사상 총기 규제의 입법과 집행은 각 주에서 행사한다. 자동 무기가 점점 소형화하고 자동차 보급과 전국적인 도로망 개통으로 여러 주를 넘나드는 범죄가 증가했다. 이제 범죄자의 화력이 지방 경찰보다 더 강력한 경우가 생겼고, 범행 후에는 신속하게 다른 주로 달아날 수 있다. 그러나 경찰이 다른 주에서 법을 집행하는 데는 많은 장애물이 존재한다. 그렇기에 의회가 전국적으로 통일된 총기 규제 법률을 제정하고 연방정부에 집행을 위임하기 시작했다. 그러나 미국에서는 주마다 상황이 달랐기에 연방에서 제정하는 총기 규제 법률은 타협의 산물일 수밖에 없다. 기껏해야 국민의 총기 소유에 대한 기준을 설정할 수 있을 뿐이다. 이런 최저 기준 위에서 각 주는 여전히 각자의 총기 규제 법률을 제정하고 또 시행하고 있다.

일반적으로 대도시는 치안이 나쁘고 총기 관련 범죄 건수도 많다. 따라서 인구가 밀집된 주에서 총기 규제가 엄격해지는 경향이 있다. 반면 농촌과 소도시 거주자가 많은 주에서는 치안이 큰 문제가 되지 않으며, 총기 규제 법률도 비교적 느슨하다. 하지만 총기 옹호와 총기 규제 사이의 논쟁에서는 단지 치안만 이슈가 되는 게 아니다. 오늘날 미국의 총기 규제 문제는 인종 갈등, 이념, 정당 정치, 종교적 광신 등과 얽혀 있고 정치계, 학계 및 종교계 일부 인사들에 의해 극단화된다. 총기 문제의 극단화는 헬러 사건을 해석하는 데도 반영됐다. 총기 옹호파와 총기 규제파 양측은 판결문에서 각자 필요한 내용만 취했다.

헬러 사건 이전에는 미국인의 총기 소유권이 각 주의 법률로 보호되었고, 이는 대체로 일반법에서 비롯한 개인 권리였다. 헬러 사건으로 총기 소유권이 일반법 권리에서 헌법 권리로 바뀌었지만, 대법원 판결 역시 총기 규제의 합법성을 모두 부정하지는 않았다. 단지 총기 규제 법률이 개인의 총기 소유권과 자기 방위의 헌법 권리를 존중해야 한다고 요구할 뿐이다. 헬러 사건을 곧 사법 원리주의의 승리로 규정하거나, 사법 원리주의와 보수주의를 동일시하는 판단은 재고할 필요가 있다. 역사적 텍스트의 원래 의미를 준수한다고 해서 반드시 보수적인 것은 아니다. 반대로 역사적으로나 현실에서나 급진적 종교 운동과 정치 운동은 종종 원래의 의미를 준수하자는 주장을 내놓는데, 이것이 이른바 원리주의다. 법학이나 사법 절차를 밟는 과정에서 원래 의미를 찾아 과거로 거슬러 올라가게 되면 전통적인 판례를 뒤집는 급진적 판결이 나오기도 한다. 급진적인 판결은 때로 진보적 색채를 띠고, 때로 답보 혹은 퇴보의 색채를 띠기도 한다.

헬러 사건의 판결은 퇴보라고 말하기 어렵지만, 스칼리아 대법관이 주장하는 원리주의와도 맞아떨어지지 않는다. 심지어 저명한 보수파 법학자이자 연방 항소법원 판사인 리처드 포스너(Richard Posner)는 헬러 사건을 "가짜 원리주의"라고 평가했다. 그는 보수 성향의 잡지 『더 뉴 리퍼블릭*The New Republic*』에 논평을 실었다. "이 판결은 방법과 결과 모두 문제다. 연방대법원이 헌법 사건을 판결할 때 재량권을 마음대로 행사하고, 과도한 이념적 조미료를 첨가한다는 사실을 증명한다." 그는 수정헌법 2조에 대한 전통적인 해석을 고수했다. 입법자의 의도는 연방정부로부터 각 주가 가진 무장 민병대의 권리를 보호하려는 의도이며, 시민 개인의 총기 소유 및 자기 방위권 보호와는 관련이 없다고 주장했다.[526] 스칼리아 대법관이 쓴 판결문에 담긴 수정헌법 2조에 대한 해석이 '원리주의'라는 명목으로 헌법에 사적인 견해를 추가하고 헌법 조항의 원래 의미에는 없는 내용을 덧붙였다는 의미다.

포스너는 그가 비판한 '가짜 원리주의' 대신 포용성 있고 개방적인 원리주의를 제안했다. 헌법을 해석하려면 건국 당시 입헌의회의 본래 취지를 이해해야 한다. 즉 헌법을 살아 있는 텍스트로 삼아 끊임없이 변화하는 사회 환경에 따라 헌법 조문을 현실에 맞게 해석해야 한다는 주장이다. 법관이 입헌자의 본래 취지를 옹호하는 것이 진정한 원리주의다. 미국의 공적 제도 설계를 보면 입헌자가 사법권을 법원에 위임했는데, 이는 판사가 헌법을 해석하기를 기대한 것이지 헌법 조문을 그대로 암기하라는 의도가 아니다. 헌법을 제정할 당시 미국은 인구가 희박한 농업 사회였다. 입헌자들은 강력한 총기 살상력, 대도시의 총기 범죄, 대규모 총기 난사 사건 등 현대 미국의 모든 문제를 예견할 수 없었다. 200여 년 전 입헌자들이 가졌던 총과 사회 관리에 대한 견해를 가지고서 오늘날 미국이 직면한 총기 문제를 해결하기를 기대한다면, 이는 명백히 터무니없는 일이다.[527]

내가 보기에 헬러 사건의 판결은 원리주의의 산물도 아니며, 포스너 판사가 비판한 것처럼 "마음대로" 해석한 것도 아니다. 차라리 연방대법원이 경직된 헌법을 구제하려는 필사적인 노력을 보여줬다고 해야 한다. 이러한 사법적 노력은 현대 미국에서 이미 상당한 수준의 사회 문화적 토양을 가지고 있을 뿐 아니라 최근 수십 년간 법학계의 논쟁을 거쳐 이론과 방법에 관한 준비도 갖추었다. 수정헌법 2조의 초기 입법 의도인 각 주의 민병대가 연방군에 맞서도록 보장하는 것은 이미 현실과 완전히 동떨어졌으나 미국 국민의 개인 총기 소유에 대한 열정은 시대의 흐름에 따라 사라지지 않고 오히려 뜨거워졌다. 그래서 헬러 사건은 수정헌법 2조를 현대 미국의 사회적 토양에 이식하려고 시도한 결과물로 보아야 한다.

법률사학자 로렌스 프리드먼(Lawrence Friedman)은 법을 사회의 거울에 비유했다. 미국 국민의 4분의 3은 총기 소유권이 헌법에 의해 보호되는 개인의 권리라고 믿는다. 5분의 1도 안 되는 국민만이 총기 소유가 민병대의 집단 권리라고 생각한다.[528] 동시에 대부분의 시민이 정부가 총기 소지를 합리적으로 규제하는 것을 지지한다. 다만 어떻게 규제해야 '합리적'인지에 대해서는 의견 차이가 크다.[529] 헬러 사건은 이러한 의견 차이를 해소할 수 없었다. 단지 지난 반세기 동안 대부분의 미국 국민이 총기 소유권에 대해 갖게 된 태도를 사법 판결 방식으로 규범화했을 뿐이다. 헬러 사건으로 연방대법원은 원칙적으로 개인의 총기 소유권은 수정헌법 2조에 의해 보호받고 있음을 확인했다. 동시에 정부는 헌법이 허용하는 범위 내에서 총기 소유를 입법에 따라 규제할 권리가 있음도 명확히 보여주었다.

미국인의 총기 소유를 향한 열정이 식지 않는 한 민간, 정계 및 법학계에서 총기 소유권을 둘러싼 논쟁은 계속될 것이다. 헬러 사건의 판결이 옳은지 그른지는 법리 논쟁으로 쉽게 결판나지 않는다. 끝내 관점의 문제로 귀착된다. '어진 사람은 어진 사람을 보고, 지혜로운 사람은 지혜로운 사람을 본다'라고 말할 수밖에 없다. 하지만 한 가지는 매우 명확하다. 이 판결은 이미 시대에 뒤떨어진 수정헌법 2조를 현대 미국 사회와 연결하여 낡은 헌법 조항에 어느 정도 새로운 생명을 불어넣었다. 적어도 이 점에서 스칼리아 대법관은 성공했다. 그러나 각주구검(刻舟求劍)과 같은 사법 원리주의의 승리는 아니다. 사실 헬러 사건은 원리주의를 명분으로 삼아 사법 능동주의를 반영하고 있다고 보아야 한다. 수정헌법 2조의 원래 의미나 입헌자의 초기 의도가 아니라 재해석을 통해 오늘날 미국 사회의 현실을 반영한 새로운 의미와 의도를 헌법 조문에 주입한 것이다. 프리드먼의 거울 비유를 빌려 말하자면 헬러 사건의 판결은 "현대 미국 사회의 거울이라고 말할 수 있다. 그것이 비록 왜곡된 거울일지라도 말이다."[530]

2021년 말

반세기 넘게 지속된 법률 총격전이 계속해서 치열해지고 있다. 미국은 학교에서 총기 난사 사건이 빈번히 발생하는 나라다. 지난 20년 동안 각 주에 설립된 298개의 학교에서 총 29만 2천 명의 학생들이 수업 중에 총격 사건을 겪었고, 157명의 학생과 교사가 총에 맞아 사망했으며, 350명의 교사와 학생이 부상을 당했다.

2021년 한 해에만 34건의 학교 총기 난사 사건이 발생했는데, 이는 역대 최대 수치였다.[531] 특히 2021년 말 미시간주에서 발생한 옥스퍼드 중학교 총격 사건은 다시 한번 미국을 충격에 빠뜨렸으며, 이 사건으로 촉발된 논쟁은 총기 소유와 규제라는 기존의 논점을 훨씬 넘어섰다.

매년 11월의 마지막 목요일은 미국에서 중요한 날인 추수감사절이다. 다음 날은 연중 가장 바쁜 '쇼핑 데이'라서 상점은 붐비고 거리에는 차량이 넘친다. 질서를 유지해야 하는 경찰들은 이를 '블랙 프라이데이'라고 부른다. 이날 크리스마스 선물을 사기 위해 온 가족이 출동하는 미국인이 많다. 상점은 큰 폭의 할인율로 고객을 끌어들인다. 이때 가장 미국적인 판매자가 바로 총을 파는 상점일 것이다. 블랙 프라이데이는 총기 상점이 연중 최고의 매출을 올리는 때이기도 하다.

미시간주 디트로이트시 북쪽에 옥스퍼드라는 작은 마을이 있다. 디트로이트 시내에서 차로 한 시간도 채 걸리지 않는 곳이다. 2021년의 블랙 프라이데이에 이 마을에 사는 크럼블리(Crumbley)라는 성을 가진 부부가 16살 된 아들 이선(Ethan)을 데리고 총기 상점에 가서 권총을 샀다. 아들에게 주는 크리스마스 선물이었다. 총에는 3개의 탄창이 달려 있으며, 각각 15발을 장전할 수 있다. 미국 아이들만 받을 수 있는 크리스마스 선물이다. 이선 크럼블리는 매우 흥분하여 소셜미디어에 자기 크리스마스 선물 사진을 올렸다. 9mm 구경의 시그 사우어(SIG SAUER) 반자동 권총을 말이다. 그는 사진 밑에 "오늘 얻은 미인, 시그 사우어 9mm. 질문받는다."[532]

다음 날, 이선의 어머니 제니퍼 크럼블리는 아들을 데리고 사격 연습장에 갔다. 집에 돌아온 후에는 소셜미디어에 글을 올렸다. "오늘 엄마는 아들과 함께 크리스마스 선물을 테스트하러 다녀왔다. 아이는 처음 9mm를 쏴보았는데도 과녁을 명중시켰다."[533] 제니퍼는 부동산 중개인으로, 2016년 11월 11일에 트럼프 대통령 당선인에게 공개서한을 쓴 적이 있다. 그 편지에서 자신이 10살 된 아들의 어머니라고 말하며, 트럼프 씨가 "진실하고 겸손하다"고 칭찬했다. 특히 트럼프가 수정헌법 2조를 존중하여 그녀가 총기를 소유할 수 있도록 권리를 허용해준 데 감사의 뜻을 표했다.[534]

여성으로서 제니퍼는 트럼프 씨의 여성 모욕 발언에 대한 자신의 감정도 특별히 언급했다. "당신이 말한 '여자들의 음부를 잡는다'는 유명한 말이 저를 모욕하는 것일까요? 아니요." 또한 편지에서 제니퍼는 미등록 이주민 아이들이 학교에 공부하러 오는 게 아니라 복지 혜택을 얻으러 온다고 비난했으며, 학교 선생님들이 법을 준수하는 시민의 아이들을 제대로 가르치지 않는다고 비난했다. "제 아들은 매일 고군분투하고 있어요. 학교 선생님은 저에게 자신들이 아이들을 가르치는 일을 싫어하지만 어쩔 수 없이 하고 있다고 말했습니다. 그들은 빌어먹게 어리석은 시험 성적에 따라 임금을 받아야 한다고 합니다." 편지의 서명은 "근면하고 법을 준수하는 중산층 시민의 한 사람이며, 남에게 당하며 사는 데 지칠 대로 지쳤으니 차라리 음부를 잡히는 게 나은 사람"이었다.[535]

제니퍼가 그 편지를 썼을 때 아들 이선은 아직 초등학교에 다니고 있었고, 2021년 추수감사절에는 옥스퍼드 고등학교 2학년 학생이었다. 트럼프 씨에게 보내는 편지에서 제니퍼는 적어도 한 가지 옳은 말을 했다. 그녀의 아들은 "매일 고군분투하고 있다."

추수감사절 후 월요일, 이선은 학교에서 수업을 듣던 중 휴대전화를 만지작거렸다. 선생님은 이선이 총알 구매를 확인하고 있음을 알아차렸다. 선생님이 학교에 보고하자, 상담 교사가 이선을 불러 물었다. 이선은 어머니가 그를 사격장에 데려갔으며, 가족들이 사격 스포츠를 좋아한다고 말했다. 상담 교사가 어머니인 제니퍼에게 전화를 걸었지만 연결되지 않아 음성 사서함에 메시지를 남겼다. 또한 아들이 학교에서 부적절한 행동을 했음을 알리는 이메일을 보냈다. 제니퍼는 학교의 통지를 무시하는 한편 아들에게 메시지를 보냈다. "하하하, 나는 전혀 화가 나지 않았다. 다음에는 다른 사람에게 잡히지 않도록 해라." 그날 밤, 이선은 다음 날 학교에 가서 친구를 죽일 거라고 말하는 영상을 찍었다.[536]

화요일, 옥스퍼드 고등학교의 잔디밭은 얇은 눈으로 덮여 있었다. 운동장의 양지바른 곳은 눈이 녹기 시작하여 검붉은 트랙이 드러났다. 추수감사절부터 크리스마스까지는 미국의 '명절 기간'으로, 학교에서는 학부모가 학생에게 어떤 크리스마스 선물을 준비했는지 알고 있을 정도로 축제 분위기가 조성된다. 이선은 평소처럼 학교에 왔다. 평소와 다른 점은 가방에 부모님의 크리스마스 선물인 9mm 구경의 반자동 권총과 총알이 가득 든 탄창 3개가 들어 있었다는 사실이다.

수업 시작 후 얼마 지나지 않아 이선은 종이에 그림을 그렸다. 권총, 총알, 그리고 총에 맞아 피를 흘리는 시체의 그림이었다. 이선은 그림 옆에 "도와주세요, 이런 생각을 멈출 수가 없어요. 여기저기 피투성이… 나는 쓸모없는 사람입니다. 세상이 죽었어"라고 썼다. 피 흘리는 시체 아래에는 웃는 얼굴의 이모티콘도 그렸다. 선생님은 이선의 책상 위에 있는 이 그림을 보고 이상한 느낌을 받아 즉시 교장과 상담 교사에게 보고했다. 지도교사는 이선에게 가방을 챙기라고 한 후, 사무실로 데려가 피비린내 나는 그림에 관해 물어보았다. 이선은 상담 교사에게 자신의 꿈이 게임 디자이너이며, 그 그림이 컴퓨터 게임을 디자인한 것이라고

말했다.[537]

상담 교사가 크럼블리 부부에게 전화를 걸어 면담을 요청했다. 학부모를 기다리는 동안, 상담 교사는 계속해서 이선과 대화를 나눴다. 이선이 몇몇 숙제를 끝내지 못한 상황이어서 상담 교사는 그에게 사무실에서 숙제를 하라고 했다. 1시간 반 후, 크럼블리 부부가 학교에 도착했다. 상담 교사는 그들에게 이선이 그린 그림을 보여주며, 48시간 내 이선을 데리고 심리 상담을 받으라고 요구했다. 그렇지 않으면 학교는 미성년자 보호 기관에 개입을 요청할 것이라고도 했다. 동시에 상담 교사는 부부에게 아들을 집으로 데려가라고 요구했지만 두 사람은 이를 거절했다. 이선이 학교에서 징계 처분을 받은 전력이 없었기 때문에 상담 교사는 이선을 교실로 돌려보내 수업을 듣도록 조치했다. 그때가 오전 10시 30분쯤이었다.[538]

12시 50분에 이선은 가방을 메고 화장실에 들어갔다. 1분 후에 총을 들고 화장실에서 나온 이선은 복도에서 학생들에게 총을 쐈다. 학교 풋볼팀의 데드 바이어(Tate Myre)라는 학생이 그를 막으려다 총에 맞아 쓰러졌다. 미국 학교에서는 소방 훈련처럼 정기적인 총격 대응 훈련을 한다. 옥스퍼드 고등학교도 예외는 아니다. 교실에 있던 학생들은 총소리를 듣자 즉시 문을 잠그고 책상과 의자를 겹쳐서 문 앞에 쌓은 뒤 교실 구석에 숨었다. 일부 남학생들은 범인이 문을 열면 맞서 싸우려고 컴퓨터와 가위를 준비했다. 복도에 있던 학생들은 화장실로 도망쳐 문을 잠그고 숨었다.

2분 이내에 경찰로 100여 통의 신고 전화가 걸려왔다. 옥스퍼드 고등학교에는 경찰이 파견한 상주 경비원이 있다. 12시 57분에 경비원과 함께 출동한 경찰이 복도에서 이선 크럼블리를 발견했다. 그때 이선은 20발 이상의 총알을 발사한 상태였는데, 경찰을 보자 무기를 버리고는 순순히 체포되었다. 총 탄창에는 7발의 총알이 남아 있었다. 복도에서 학생과 교사 여러 명이 총에 맞아 쓰러져 있었다. 구급차가 아직 도착하지 않았는데 거의 죽어가는 테드 마이어를 발견한 경찰은 그를 경찰차에 태우고 병원으로 달렸다. 병원에 도착했을 때는 테드 마이어가 이미 숨을 거둔 상태였다.[539]

옥스퍼드 고등학교에 총기 난사 사건이 발생했다는 소식이 빠르게 퍼졌다. 1시 22분 제니퍼 크럼블리는 아들에게 메시지를 보냈다. "이선, 그렇게 하지 마." 이선은 이미 경찰에 붙잡힌 뒤였다. 1시 37분 제임스 크럼블리가 경찰에 전화를 걸어 자기 집 총이 없어졌다고 신고하면서 학교에서 총을 쏜 사람은 그의 아들일 것이라고 말했다. 크럼블리 부부는 경찰서로 달려왔다. 그들은 경찰이 이선을 심문하는 것을 막았다. 법에 따르면 피의자는 묵비권을 갖는다. 그날 밤 경찰이 언론에 사건 진행 상황을 통지했으나 범인의 신원은 공개하지 않았다.[540]

미시간 법에 따르면, 용의자가 체포된 후 24시간에서 48시간 이내에 검찰이 용의자를 법원에 데려가 체포 사유를 명확히 밝히고 공식적으로 기소해야 한다. 코로나 팬데믹 동안에는 법원 현장 출석을 온라인 영상으로 대체하는 것이 일반적이었다. 12월 1일 법원은 화상으로 이선을 소환했으며, 검찰에서는 그를 테러 활동으로 인한 사망, 1급 살인, 살인 미수 등 24개 범죄 혐의로 기소했다. 비록 이선이 15살밖에 되지 않았지만, 법률은 그를 성인과 같이 기소하고 재판할 수 있도록 허용했다. 재판을 기다리는 동안에는 보석이 불가능했다. 미시간주에는 사형이 없으므로 유죄가 확정되면 종신형에 처할 것이다. 법정 심문 때 크럼블리 부부도 온라인으로 참석했다. 그들은 아들의 변호사를 선임하는 데 돈을 쓰려고 하지 않는 것 같았다. 이선은 변호사를 고용할 능력

이 없었기에 법원에서 무료 국선 변호사를 지정하게 된다.[541]

소년 시절의 가장 큰 불행이 부모의 존재인 아이들이 있다.

불행한 아이들

12월 3일, 검찰은 네 가지 과실치사 혐의로 크럼블리 부부를 기소했다. 경찰이 체포하러 갔을 때 두 사람은 이미 집에서 사라진 뒤였다. 그들이 방금 은행 계좌에서 4천 달러를 인출했음도 밝혀졌다. 경찰은 공식적으로 수배령을 내리고 두 사람의 사진과 차량을 공개했으며, 1만 달러의 현상금도 걸었다. 미시간 북부는 캐나다와 인접해 있으므로 캐나다 경찰 역시 국경 일대에서 크럼블리 부부를 수색하는 데 적극적으로 협조하겠다고 밝혔다. 크럼블리 부부는 캐나다가 아니라 남쪽으로 내려갔다. 다음 날 새벽, 디트로이트의 어느 창고 근처에서 수배령에 명시된 자동차를 봤다는 신고가 들어왔다. 경찰은 창고 건물에 있는 화실(畫室)에서 자고 있던 크럼블리 부부를 찾아냈고, 체포한 부부를 사건 발생지인 오클랜드 카운티(Oakland County) 경찰에 인계했다.[542]

당일 오후 4시, 오클랜드 카운티 지방 법원은 온라인 화상 회의로 크럼블리 부부를 법정 소환하기로 했다. 부부는 카운티 교도소의 감방에 각각 수감되어 있었다. 같은 교도소에 아들 이선도 갇혀 있었다. 재판이 열리자 판사는 먼저 제니퍼가 기소된 네 가지 과실치사 혐의를 하나씩 낭독했다. 판사가 각 혐의를 이해하는지 물었을 때 제니퍼는 "이해한다"고 답했다. 판사가 그녀에게 유죄를 인정하는지 물었을 때는 "인정하지 않는다"고 답했다. 판사는 제임스에게도 같은 혐의를 설명하고 같은 질문을 했으며, 그 역시 "유죄를 인정하지 않는다"고 대답했다. 제니퍼는 계속 고개를 숙인 채 울먹이는 목소리로 대답했고, 제임스는 냉혹한 어조로 무뚝뚝한 표정을 지었다.[543]

크럼블리 부부는 미시간의 유명 변호사인 섀넌 스미스(Shannon Smith)와 그녀의 파트너에게 변호를 맡겼다. 스미스의 전문 분야는 성범죄 사건의 형사 변호인데, 몇 년 사이 유명한 피고인 몇 사람을 대리해 소송한 경력이 있었다. 그중에는 미국 여자 체조 대표팀의 팀 닥터였던 래리 나사르(Larry Nassar)도 포함되어 있다. 나사르는 미성년 체조 선수를 여럿 성추행한 혐의로 기소되어 각기 다른 사건 발생지 법원에서 재판을 받았으며, 여러 건의 혐의가 인정되어 각지 법원에서 총 360년의 징역형을 선고받았다. 2018년 한 언론 인터뷰에서 섀넌 스미스는 "저는 큰 게임을 좋아한다. 특히 내 고객에게 횡포를 부리는 체제를 탈출하도록 돕는 것을 좋아한다"라고 말했다. 최근 몇 년 동안 스미스는 미시간 법조계에서 매우 공개적으로 피고가 유죄 판결을 받을 경우 종신형을 선고받게 될 사건만 맡겠다고 발언한 바 있다. 미시간 법에 따르면, 크럼블리 부부가 기소된 과실치사죄의 최고 형량은 15년이다.[544]

형사 사건에서 법원이 피고인을 소환하여 해결해야 할 주요 문제 중 하나가 보석으로 풀려날 수 있는지 여부다. 검찰은 크럼블리 부부의 보석에 반대하지 않았지만, 피고인 두 사람이 각각 법원에 50만 달러의 보석금을 납부하라고 제안했다. 검찰이 고액의 보석금을 요구한 이유를 밝히자 제임스는 계속해서 고개를 갸우뚱거렸다. 스미스 변호사는 크럼블리 부부가 도망갈 계획이 전혀 없었고, 원래는 경찰에 자수할 생각이었다며 반박했다. "의심할 여지 없이, 내 고객은 반드시 자수했을 것이다." 다만 해결해야 할 후방 지원 문제가 남았다. 스미스 변호사는 2명의 피고가 도주할 위험이 없다고 주장하며, 보석금을 최대 10만 달러를 넘지 않도록 각 5만 달러로 설정할 것을 요청했다.[545]

검찰과 변호인 양측의 진술을 듣고 나서 판사는 크럼블리 부부가 과실치사 혐의로 기소되었으므로 심각한 범죄에 해당한다고 판단했다. 그들이 경찰에 수배를 받고 나서야 체포된 점을 고려할 때 도주 위험과 공공 안전에 대한 위협도 중대하다고 여겼다. 결국 판사는 검찰이 제안한 50만 달러의 보석 금액을 받아들였고, 피고인이 보석을 기다리는 기간 동안 전자 추적 장비를 착용해야 한다고 판결했다. 보석금을 내지 못한 크럼블리 부부는 법정 심리가 끝난 후에 다시 감옥에 수감됐다.[546]

12월 14일 법원에서 첫 번째 예심이 열렸다. 부부는 감옥에서 법정으로 이송되었다. 두 사람 모두 수갑과 족쇄를 찼다. 제임스는 짙은 파란색 남자 죄수복을, 제니퍼는 갈색 여자 죄수복을 입고 있었으며 2명의 변호사가 그들 사이에 앉았다. 그들은 열흘 전 법정에 출두했을 때보다 평온해 보였다. 법원은 원래 다음 심리일을 크리스마스 전으로 계획했지만, 검사와 피고인 변호사 모두 피해자 가족이 여전히 슬픔에 잠겨 있어 명절 기간에 증거를 수집하기 어렵다는 이유로 다음 심리를 연기해달라고 요청했다. 판사는 쌍방의 건의를 받아들여 이듬해 2월 8일로 잡았다. 재판이 막바지에 이르렀을 때 변호인은 일어나 판사석으로 가서 판사에게 말을 걸었다. 그때 제임스는 옆으로 돌아앉아 작은 목소리로 의자 2개 너머에 앉은 아내에게 "사랑한다"라고 말했다.[547]

검찰이 크럼블리 부부를 기소하자 학교에서도 총격 사건으로 세상을 떠난 학생 4명의 신원을 공개했다. 매디슨 볼드윈(Madisyn Baldwin)은 17세 여학생으로 고등학교 졸업을 앞둔 상태였다. 이미 여러 대학에 합격했는데, 대학교에서 전액 장학금을 제공하기로 했다. 매디슨은 그림 그리기, 독서, 글쓰기를 좋아하는 학생이었고, 형제 중 맏이로 2명의 여동생과 1명의 남동생이 있다. 매디슨이 사망한 후 외할머니가 페이스북에 "이 아름답고, 똑똑하며, 사랑받는 아이를 우리 곁에서 한순간에 빼앗아 가고 우리 마음속

에는 커다란 공백을 남겼다"는 글을 올렸다.[548]

저스틴 실링(Justin Shilling)은 17세 남학생으로, 부상을 당한 후 병원에서 사망했다. 생전에 사회에 장기를 기증하기로 한 바 있다. 매디슨처럼 저스틴 역시 대학에 합격해 전액 장학금을 받기로 했다. 부모님은 저스틴이 어릴 때부터 부지런해서 학교에 다닐 때도 교외에 가서 세 가지 아르바이트를 했다고 밝혔다.[549]

테드 마이어는 16세 남학생으로, 학교 풋볼팀의 주력 선수다. 병원으로 향하던 경찰차에서 사망했다. 팀원들이 그의 이름을 따서 학교의 풋볼 경기장 이름을 지어달라고 학교에 요청했다. 이 청원은 그가 사망한 밤 이미 2만 개가 넘는 지지 서명을 받았다.[550]

한나 줄리아나(Hana Juliana)는 희생자 중 가장 어린 여학생으로 겨우 14세였다. 한나는 학교 농구팀의 선수다.[551]

자유를 남용한다면

미국 민간인이 보유한 총기가 얼마나 되는지 정부와 민간단체 모두 정확한 통계가 없다. 다만 확실한 것은 총기가 인구수보다 많다는 사실이다. 제네바에 있는 '소형무기 조사센터'의 추정에 따르면, 미국 민간인이 보유한 각종 총기의 수는 3억 9,300만 정에 달한다. 2020년 미국 인구 조사에서 전국 인구는 3억 3,000만 명이다.[552] 하지만 미국의 총기 보유량은 인구에 따라 균등하게 분배되어 있지 않다. '퓨 리서치 센터'의 조사에 따르면, 약 30퍼센트의 성년 미국인이 총기를 보유하고 있다. 이는 총기를 보유한 인구 중 평균적으로 한 사람당 네 자루를 보유하고 있다는 것을 의미한다. 이 그룹이야말로 미국의 총기 규제에 반대하고 수정헌법 2조의 완화된 해석을 지지하는 가장 강력한 세력이다.[553]

청소년과 아동의 총기 범죄, 특히 학교 총기 난사 사건의 상황을 보면 범인은 대부분 합법적으로 총을 소유할 나이가 아니며, 그들이 범행에 사용한 총기는 대부분 부모에게서 나왔다. 연방 법률과 각 주의 법률을 살펴보면 합법적으로 권총을 구매할 수 있는 최저 연령은 21세이기 때문이다. 그러므로 법이 성인에게 책임을 지운다면 대부분의 학교 총기 난사 사건을 피할 수 있을 것이다. 하지만 기존 법률로는 아이가 부모의 총으로 사람을 죽였을 때 부모에게 형사 책임을 묻기 어려웠다. 지난 20년 동안 발생한 수백 건의 학교 총기 난사 사건 중 약 80퍼센트의 범인이 부모나 그 외 어른들로부터 범행에 사용한 총기를 받았다. 그러나 단 4건에서만 이 어른들이 형사 책임을 추궁받았다. 게다가 처벌이 경미해서 가장 무거운 형을 선고받은 경우라야 징역 29개월이었다. 아이가 부모의 총을 가지고 사람을 죽였을 때 부모의 살인죄가 인정되려면 부모가 아이의 살인 행위를 예상하고도 그냥 내버려두었다는 점을 증명해야 한다. 미시간 검찰에서 이선 크럼블리의 부모를 네 가지 과실치사 혐의로 기소한 것은 전례 없는 일이었다.[554]

2008년 미국 연방대법원의 헬러 사건 판결에 따르면, 총기 소유는 수정헌법 2조에 의해 보호받는 개인의 권리다. 하지만 이런 권리는 절대적이지 않다. 총은 치명적인 무기이기 때문에 어린이의 손에 들어가는 것은 매우 위험하며, 성인은 자신이 소유한 총에 대해 법적인 책임을 져야 한다. 그러나 이런 극히 상식적인 인식이 현재의 미국 정치 구도에서는 합의를 이루기 어려운 실정이다. 2021년 4월 켄터키주의 공화당 하원의원 토머스 매시(Thomas Massie)가 연방법상 합법적으로 권총을 구매할 수 있는 연령을 21세에서 18세로 낮추는 법안을 내놓았다. 미시간주에서 학교 총기 난사 사건이 발생한 지 나흘째 되는 날에 매시 하원의원은 트위터에 크리스마스트리 앞에 선 자기 가족사진을 게시했는데, 놀

랍게도 매시 부부와 5명의 아이들 모두 돌격 소총을 들고 있었다.[555]

전국이 미시간의 학교 총기 난사 사건 희생자들을 애도하는 중에 매시 하원의원의 이런 행동은 비난을 불러일으켰다. 일리노이주 공화당 소속인 애덤 킨징어(Adam Kinzinger) 하원의원은 "나도 수정헌법 2조를 지지한다. 하지만 이건 총기 소유권을 지지하는 것이 아니다. 나는 총기 애호가일 뿐이다"라고 논평했다. 2018년 플로리다주의 학교 총기 난사 사건으로 딸을 잃은 한 아버지가 딸의 생전 사진과 묘비 사진을 소셜미디어에 올리며 말했다. "나도 우리 가족 사진을 공유했으니 내 것도 좀 보시오. 미시간 학교 총기 난사 사건의 범인과 그의 부모도 당신처럼 그런 사진을 찍은 적 있지." 이 아버지는 나중에 기자에게 전국적으로 학교 총기 난사 사건을 방지하기 위해 그 부모의 책임이 중요하다고 논의되는 상황에서 이런 사진을 올린 매시의 행동은 특히 악랄해 보인다고 언급했다. "사람들은 이런 사진을 올린 것을 보면서 어떤 하원의원이 총기를 소유한 사람들에게 '이건 멋진 일이고 전혀 문제가 없다'고 말한다고 느낄 겁니다. 그러나 이런 행동으로 인해 누군가가 목숨을 잃게 될 겁니다." 미시간 주민 중에는 거리로 나와 피해를 입은 학생을 추모하는 사진을 게시하며 "이 사진을 봐. 우리 고향 사람들은 지금 애도하고 있다"고 썼다.[556]

1999년 컬럼바인(Columbine) 고등학교 총기 난사 사건에 대한 다큐멘터리를 만든 마이클 무어(Michael Moore) 감독은 자신의 홈페이지에 글을 올렸다. "15살이면 아직 어린애다. 우리는 이 아이에게 어떤 세상을 만들어준 건가? 출구가 어디에 있나? 나는 이 질문을 20년간 하고 있다. (…) 이제는 질문하기도 지친다. 지난 화요일에 사건이 벌어진 후 나는 계속 침묵했다. 만약 이런 비극이 계속 반복되기만 한다면, 내 영혼이 '무슨 의미가 있나?'라고 물을 것이다."[557]

미시간 학교 총기 난사 사건 당일, 주지사인 그레첸 휘트머(Gretchen Whitmer)는 담화를 발표했다. 옥스퍼드 고등학교 총기 난사 사건으로 몹시 마음이 아프다고 밝히며 총기 폭력은 미국 특유의 문제로 떠올라 공공 안전을 위협하고 있다고 말했다. 희생된 학생과 아이를 잃은 부모에 대해 이야기할 때, 휘트머 주지사는 여러 번 목이 메었다. 이틀 후 휘트머는 옥스퍼드 고등학교를 방문해 사망 학생들에게 꽃을 바쳤다. 미시간주 검찰총장은 지방 검사들이 사건을 조사하는 데 적극적으로 협조하겠다고 밝히면서 총기 폭력을 통제하는 법을 제정할 것을 촉구했다. 미시간주 상원의원 중 1명은 학교 총기 난사 사건에 대해 듣고서 할 말을 잃었다고 하면서, 더 이상 '사랑과 기도' 같은 말은 듣고 싶지 않다고 했다. "난 체제 내 다양한 직책에 있는 모든 사람이 내 의견에 동의하기를 바란다. 아이들이 쉽게 무기를 얻어 다른 아이들을 죽일 수 있도록 허용하는 세상에 사는 것은 용납할 수 없다. 우리는 이런 상황을 바꾸기 위해 모든 노력을 아끼지 말아야 한다."[558]

하지만 변화가 쉬울까? 몇 년 전, 영국의 정치 평론가 대니얼 호지스(Daniel Hodges)가 이렇게 탄식한 적이 있다. "다시 생각해보니 샌디훅(Sandy Hook)은 미국의 총기 규제 논쟁의 종말을 상징한다." 일단 미국이란 나라가 아이들이 총에 맞아 죽는 것조차 참고 받아들일 수 있다고 결정했다면, 그 논쟁은 이미 끝난 것이다. 샌디훅이란 2012년 코네티컷주에서 발생한 초등학교 총기 난사 사건을 말한다. 그 참사는 크리스마스 전에 발생했으며, 20명의 초등학생과 6명의 교사가 학교에서 총에 맞아 사망했다. 희생된 학생들의 나이는 6세에서 10세 사이였다.[559]

미시간 학교 총기 난사 사건이 발생한 후, 언론은 9년 전에 벌어진 샌디훅 학교 총기 난사 사건을 다시 언급했다. 범죄학자 조너선 메츨(Jonathan Metzl)은 학교 총기 난사 사건이 많은 경우 범인의 부모와 관련이 있지만, 그중에서도 크럼블리 부부의 행동이 매우 이례적이라고 말했다. 샌디훅 초등학교 총기 난사 사건에서 범인의 어머니만이 크럼블리 부부와 비교할 수 있을 거라고도 했다. 다만 샌디훅 사건 범인의 어머니는 기소되기 전에 죽었다는 게 다를 뿐이다. 샌디훅 사건에서 범인이 소지한 총은 모두 그의 어머니 명의로 되어 있었다. 그중에 시그 사우어 9mm 반자동 권총도 있었다. 범인은 어머니와 같이 살았고, 어릴 때부터 심리 질환이 있어 행동이 이상했지만 어머니는 그가 자신의 총을 사용하도록 내버려두었을 뿐 아니라 직접 사격장에 데려가 사격 연습도 시켰다. 범인은 학교에 가서 총격 사건을 저지르기 전에 먼저 자기 어머니를 쏘아 죽였다.[560]

샌디훅 사건은 한때 미국 사회에 큰 충격을 주었고, 총기 규제 법률을 제정해야 한다는 목소리가 전례 없이 높아졌다. 물론 총기 규제 반대 세력도 집결했다. 사건이 벌어지고 얼마 지나지 않아 소셜미디어에서는 코네티컷 총기 난사 사건이 오바마 정부의 음모라는 음모론이 퍼지기 시작했다. 그 아이들은 죽지 않았고, 슬픔에 잠긴 부모들은 모두 총기 규제를 입법화하고 수정헌법 2조를 파괴하기 위해 연기하고 있다는 주장이었다. 일부 광신적인 우익 활동가들이 피해 아동의 부모를 괴롭히기 시작했다. 아들을 잃은 한 아버지는 여러 차례 이사해야 했고, 아들을 잃은 다른 아버지는 자살했다. 음모론을 만들고 전파하는 데 참여한 사람들은 사회의 하층계급만이 아니었다. 그들 중에는 대학교수와 유명한 라디오 프로그램 진행자도 있었다.[561]

언론은 옥스퍼드 중학교 총기 난사 사건을 보도하면서 2018년 이후 가장 많은 사상자를 낸 학교 총기 난사 사건이라고 언급했다. 2018년 5월, 텍사스주 휴스턴시 남부 교외의 산타페(Santa Fe) 고등학교에서 17세 학생이 총을 쏴 8명의 학생과 2명의 교사를 살해하고, 13명의 교사와 학생이 부상을 당했다. 사건 발생 후, 텍사스 주지사 그레그 애벗(Greg Abbott)은 텔레비전에 출연해 담화를 발표했다. 주 의회와 협력하여 관련 입법을 추진할 것이며, 앞으로 유사한 비극이 다시는 발생하지 않도록 하겠다는 내용이었다. 그 담화는 애벗 주지사가 텍사스주의 대규모 총기 난사 사건 발생 후 9개월이 채 되지 않는 기간 동안 세 번째로 텔레비전에 출연해 발표한 것이었다.[562]

애벗 주지사가 방송에서 그 담화문을 발표한 다음 해, 텍사스 국경 도시 엘 파소(El Paso)에서 대규모 총격 사건이 발생했다. 반이민 백인 우월주의자가 월마트 슈퍼마켓에서 총격을 가해 23명이 사망하고 23명이 부상당했다. 그해 애벗 주지사는 공립학교의 심리 상담과 안정 보장을 위한 보조금을 늘리는 법안에 서명했다. 하지만 2021년 6월에 애벗 주지사는 또 다른 법안에 서명했다. 권총 소지에 대한 면허 제한과 훈련 요구사항을 취소하는 법안이었다. 이로써 만 21세가 된 텍사스 주민은 범죄 기록이 없을 경우 훈련 이수 혹은 면허 취득 없이 자유롭게 권총을 소유할 수 있게 되었다. 주 의회의 일부 의원들과 애벗 주지사는 이 법이 텍사스 주민들의 헌법적 권리를 회복시킨다고 주장했다.[563]

2022년 5월 24일 오후, 텍사스에서 다시 학교 총기 난사 사건이 발생했다. 18세의 범인은 유밸디(Uvalde)의 롭(Robb) 초등학교에 난입하여 19명의 초등학생과 2명의 교사를 총으로 쏴 죽였다. 잠시 민심이 들끓어 총기 규제의 목소리가 높아졌다. 민주당은 의회의 상원과 하원에서 총기 구매자의 배경 심사를 강화하고, 반자동 소총을 구매할 수 있는 합법적인 나이를 18세에서 21세로 높이며, 폭력 범죄 기록이 있는 사람의 총기 취득을 금지하는 법안을 발의했다. 이 법안은 온건한 공화당 의원들의 조건부 지지를 받았다. 그러나 총기 규제에 반대하는 의원들은 대규모 학교 총기 난사 사건을 수정헌법 2조에서 보장한 권리를 침해하는 구실로 삼아서는 안 된다고 주장했다. 그들은 지금까지의 대응 방식과 마찬가지로 학교 교사들에게 총기를 지급하고 학교의 안정 보장을 위한 경찰력을 강화할 것을 제안했다.

최고이자 최악의 요람

컬럼바인 고등학교, 샌디훅 초등학교, 롭 초등학교, 옥스퍼드 고등학교 등 빈번히 발생하는 학교 총기 난사 사건으로 수백 명의 아이가 목숨을 잃었다. 이 사건들은 포크너가 반세기 전 격분하여 했던 말을 떠올리게 한다. "만약 우리 미국인이 절망적인 우리의 문화 속에서 아이들을 살해하는 지경에 이르렀다면, 어떤 이유에서든, 어떤 피부색이든, 우리는 생존할 자격이 없으며, 아마도 생존하지 못할 것이 분명하다."[564]

매번 학교 총기 난사 사건이 발생할 때마다 사람들은 슬픔과 분노 속에서 연방의회나 주 의회가 총기 규제를 입법하리라는 희망을 품지만, 그때마다 실망하며 끝난다. 금세 다양한 정치적 소란과 일상적인 무관심 속에서 비극은 잊히고, 다음에 같은 비극이 다시 발생한다. 어떤 사람들은 정부가 이처럼 법적 책임을 포기하는 방식을 두고 '자유 수호'라고 부르며, 심지어 이것이 보수주의의 원칙이라고 칭송한다. 하지만 기본적인 역사적 사실을 살펴보면, 이것은 영국 보수주의의 전통도 아니고, 미국 보수주의의 전통도 아니다. 영미법은 이론에서 실천에 이르기까지 천성적인 본능 충동을 문명인의 '자유'나 '권리'로 방임한 적이 없다. 영미법의 일관된 목표는 질서 속에서 자유권을 행사하고 행복을 추구하는 것이다. 자연 상태에서 벗어난 문명사회에서 행복을 추구하는 데는 개인의 권리뿐 아니라 공적 책임도 포함한다. 이러한 의미에서 윌리엄 블랙스톤은 행복을 추구하는 것을 '윤리'와 '자연법'의 기초라고 부른다. 이성을 활용하여 자연법 질서를 정립하고, 문명사회에서 법과 정의를 유지하고 이에 복종하는 것이 자유인의 덕성이다.[565]

일찍이 1823년에 미국 연방대법원은 '그린 대 비들(Green v. Biddle) 사건'에서 명확히 주장했다. "누구에게도 자신의 행복을 추구하기 위해 타인을 해칠 권리는 없다. 타인을 보호하기 위해 우리는 엄숙한 계약을 체결했다. (…) 이것은 익히 알려진 담론이며, 사람은 문명사회에 진입할 때 국가의 복지를 얻는 대가로 자연 상태의 자유를 일부 포기한다. 솔직히 말해서, 그러한 자유를 법과 정의의 혜택으로 바꿔가는 것이다."[566] 1923년 판결된 '마이어 대 네브래스카 사건'에서도 연방대법원은 헌법이 보장하는 자유와 권리를 설명하면서 "자유인은 질서 있게 행복을 추구해야 한다"고 강조했다.[567] 1967년 '러빙 대 버지니아 사건'에서는 연방대법원이 헌법이 보호하는 것은 "자유인이 질서 있게 행복을 추구하는 데 필수적인 개인의 권리"라고 다시 한번 강조했다.[568] 이것이 미국 연방대법원의 전통이다.

유밸디 참사가 발생한 지 한 달 후, 양당은 마침내 의회에서 합의에 도달했다. 미국에서 약 30년 만에 최초로 총기 규제 법안이 통과된 것이다. 폭력 전과자가 총기를 구매하는 것을 엄격히 제한하고, 21세 이하 총기 구매자의 경우에는 배경 조사를 강화하며, 법원이 폭력 성향이 있는 자의 총기를 압수할 수 있는 권한을 법 집행관에게 부여할 수 있게 되었다. 분명히 말해서 이 법안은 양당 간 타협의 산물이다. 그러나 의회가 국민의 총기 소유권과 정부의 총기 규제권을 균형 있게 유지하려고 시도한 결과물이기도 하다.[569]

30여 년 전 나이폴은 '행복 추구'라는 개념이 다양한 의미와 풍부한 유연성을 지니고 있어 전 세계의 다양한 문화적 배경과 종교 신앙을 가진 사람들을 끌어들이고 있다고 칭찬한 바 있다. 계몽 운동 이후로 사람들은 더 이상 신, 조상, 정치적 권위가 그들의 운명을 지배하도록 내버려두지 않고 스스로 어떤 방식으로 살아갈지를 선택하려 한다. 또한 개인의 행복을 다음 생애에 이루겠다고 미뤄두거나 공허한 이념에 의존해 이루려고 하지 않고 현실 세계에서 실현할 수 있는 행복을 자신만의 방식으로 추구한다. 미국 법률에 따르면, '행복 추구'는 개인의 자유와 필수적인 권리를 의미한다. 또한 자율성과 시민 책임을 의미하며, 나아가 법률이 모든 사람을 평등하게 보호하는 것을 의미한다.[570] 과거의 약속과 꿈이 오늘날에 이르러 일상이 되자 더 많은 사람이 자유로운 생활 방식을 당연하게 여기게 되었다. 익숙하다 못해 이런 자유에 대해 무감각해지게 했고, 심지어 자유를 남용하여 천성적인 본능을 방임하게 되었다. 행복 추구라는 관념도 왜곡되었다. "만약 오늘날 행복을 추구하는 것이 공허하거나 너무 추상적으로 보인다면, 이는 우리가 국민으로서 즐거움을 추구하려는 욕망을 잃었기 때문이 아니다. 오늘날 가장 유행하는 **행복**에 대한 이해가 18세기 철학자가 말하는 순간적인 쾌락과 같을 뿐 더는 **진실하고 의미 있는** 행복이 아니기 때문이다."[571]

200년이 넘게 진행된 제도의 발전과 영혼의 몸부림, 뒤늦게 찾아온 정의, 반복적인 위반 속에서 겨우 이루어낸 약속까지, 미국 사회는 여전히 관념과 꿈의 요람으로 남아 있다. 최고의 것과 최악의 것, 새로운 것과 낡은 것, 창조와 파괴, 행복과 불행, 추구와 상실, 질서와 혼돈의 씨앗은 여전히 이 요람 속에서 뒤얽혀 잉태되고 싹트고 자라고 있다. 미래는 미지로 가득 차 있으며, 옳고 그름을 나누기 힘든 일 앞에서 사람들은 비관적이기도 하고 낙관적이기도 하다. 그러나 자유인의 존엄성과 평등에 대한 열망은 죽지 않을 것이다. "질서 있게 행복을 추구한다"는 신조는 '자유'가 그렇듯 세계에서 제일 많은 다양성을 보유한 인구 집단인 미국을 하나의 정치 공동체로 결집시키는 접착제다.

12장 분쟁과 공통 인식

차별이든 격려든 혹은 다른 모든 것이든 인생 경험에 속한다. (…) 인종차별을 극복하는 것을 예로 들면, 한 학생이 그로부터 어떤 것을 얻고자 한다면 그 학생 본인의 용기와 결심에 긴밀히 연관되어야 한다.

— '학생 공정입학 단체 대 하버드 사건'의 대법원 판결문

대법원이 인종에 기반한 평등권 조치를 금지한 후, 대학 입학을 둘러싸고 다음 단계의 민권 전쟁이 에너지를 축적하고 있다.

—『월스트리트 저널』

미국 연방대법원에서 논란이 되는 사건의 중대한 판결을 내리는 일은 '벙커에서 수류탄을 던졌더니 곧이어 사방에서 총성이 울리는 상황'과 같다. 총알이 날아가는 데는 시간이 필요하다. 시간이 지나야 총알이 과녁을 맞혔는지, 빗나갔는지, 조준을 잘못했는지, 아예 하늘로 총을 쏜 것인지 알 수 있다. '학생 공정입학 단체 대 하버드(Students for Fair Admissions v. Harvard) 사건'의 판결 이후에도 총알이 이리저리 날아다니는 장면이 재현되었다.[572] 연방대법원 판결 이후 크고 작은 언론이 앞다투어 법원에서 형평성을 위한 조치를 위헌으로 판단했다고 보도했다.[573] 온갖 종류의 논평이 난무했다. 대법원 판결을 지지하는 사람들은 공평성이 차별을 이겨냈다고 환호했고, 판결에 반대하는 사람들은 차별이 공평성을 짓밟았다고 한탄했다. 몇 시간이 지난 후 바이든 대통령이 텔레비전에 출연해 이번 대법원은 정상이 아니라고 말했다.[574]

총소리가 점차 잦아들면서 사람들은 마음을 가라앉히고 판결문에 무엇이 적혀 있는지, 구체적으로 어떤 정책을 부정하고 어떤 새로운 정책을 위한 공간을 마련했는지 자세히 읽어보기 시작했다. 대법원의 판결문에는 부정적인 면만 있는 것이 아니다. 낡은 정책은 폐지되었으나 현실의 문제는 여전히 존재하므로 반드시 새로운 정책으로 대체해야 한다. 이 사건의 판결문은 대법관 몇 명의 찬반 의견을 합쳐 237페이지에 이른다. 주목할 점은 이전의 대법원에서 내린 '평등권 조치(affirmative action)' 관련 판결과 달리 존 로버츠(John Roberts) 대법원장이 쓴 판결문에는 평등권 조치에 대한 언급 없이 하버드의 '인종 의식 입학 정책'이 수정헌법 14조의 평등 보호 조항을 위반했다고만 표현한 것이다. 헌법 위반의 근거는 해당 입학 정책이 수험생을 인종에 따라 차별한다는 것이었다. 판결문은 또한 평등권 조치를 지지하는 이전의 판례를 명확히 뒤집지 않았으며, 오히려 대법원이 학교가 수험생을 인종으로 차별하는 것을 허용하지 않음을 강조했다.

평등권 소송의 50년

애비게일 피셔(Abigail Fisher)는 내성적인 백인 소녀로 2008년에 고등학교를 졸업했다. 가장 이상적인 상황은 텍사스대학교 오스틴 분교에 입학하는 것이었다. 그 학교는 텍사스 최고의 주립대학교이자 그녀의 아버지와 언니가 다녔던 곳이었다. 피셔는 성적이 좋은 편이지만 아주 뛰어나다고 할 수는 없었다. 당시 오스틴 분교는 신입생 모집에 '상위 10퍼센트 규칙'을 시행하고 있었다. 텍사스주의 모든 고등학교에서 수업의 질을 따지지 않고 성적 상위 10퍼센트의 졸업생이 자동으로 이 학교에 입학하게 되며, 입학 신청서를 낸 학생은 남은 정원에 국한해 선발한다. 피셔는 고등학교에서 상위 12퍼센트에 속했기 때문에 텍사스대학교 오스틴 분교에 입학하려면 남은 자리를 놓고 경쟁해야 한다. 결과적으로 많은 신청 학생들과 마찬가지로 그녀는 입학을 거절하는 답

장을 받았다. 그러나 그녀는 포기하고 싶지 않았다.[575]

피셔의 부모님에게는 텍사스주에서 매우 유명하며 법원 소송을 통해 각종 평등권 조치를 폐지하는 데 전념하는 에드워드 블럼(Edward Blum)이라는 친구가 있다. 오해와 모호함을 피하기 위해 여기에서 '평등권 조치'라는 용어에 대해 간단히 설명하고자 한다. 'affirmative action'을 중국어로 번역할 때 흔히 '평등권 법안(平權法案)'이라는 용어를 쓰지만, 사실상 미국 법률에 이런 '법안(Act)'은 없다. 1964년 의회는 민권법안을 통과시켜 취약계층에 대한 차별, 특히 인종차별을 금지했다. 1960년대 내내 연방정부는 행정 명령 등을 통해 모든 정부 부서와 기관 및 정부 프로젝트를 수행하는 회사가 고용 측면에서 모든 인종과 민족을 평등하게 대우하는 '적극적인 조치(affirmative action)'를 취하라고 요구했다. 그 후 수십 년 동안 사람들은 정부, 대학, 기업에서 전통적인 취약계층의 공정한 기회를 보장하기 위해 주도적으로 취한 일련의 조치를 통칭하여 'affirmative action(약칭 AA)'이라고 부르는 것에 점차 익숙해졌다.[576] 이 책에서는 이 용어를 '평등권 조치(平權措施)'라고 부르고자 한다.

블럼 역시 오스틴 분교를 졸업했다. 그는 변호사가 아니지만 법률 소송을 조직하고 진행하기 때문에 스스로 '아마추어 소송가'라고 불렀다. 그는 평등권 조치와 역사적인 인종 분리 정책을 비교하며, 둘이 '사악한 쌍둥이'라고 지칭했다.[577] 헌법 소송을 진행하려면 변호사팀을 꾸리는 것 외에도 적절한 원고와 피고를 선택하는 것이 중요하다. 이런 소송에서 승리해도 금전적 배상은 없고, 소송 과정은 길며, 적합한 원고를 찾기도 쉽지 않다. 애비게일 피셔는 오스틴 분교에 입학을 거절당한 후 입학 정책이 불공평하다고 느꼈다. 블럼은 주변에서 원고 후보를 발견한 셈인데, 완벽한 원고는 아니지만 피셔가 이 소송의 원고가 되기를 원했다. 피셔는 대학 당국이 신입생을 뽑을 때 취한 평등권 조치가 인종차별이라고 비난했다. "우리 학급에서 나보다 성적이 낮고 수업 외 활동도 적게 한 학생은 합격했다. 우리의 유일한 차이점은 피부색이다. 나는 어릴 때부터 인종차별은 잘못이라고 배웠다. 고등교육기관에서 이런 행위를 한다는 것을 이해할 수 없다."[578]

피셔는 인종 요소를 배제할 경우 대학이 자신을 입학시킬 것이 당연하다고 여겼다. 그러나 법정에서 학교 측 변호사는 피셔의 주장을 반박하며 그녀의 불합격 사유는 백인이기 때문이 아니라 시험 성적과 다른 지표의 종합 평가가 기준을 통과하지 못한 것이라고 지적했다. 학교 측은 신입생 입학 서류를 증거로 제출했는데, 그해 피셔보다 성적이 좋은 아프리카계와 라틴계 학생 168명이 불합격했다. 피셔보다 시험 성적이 좋지 않은데도 합격한 신입생 중 42명은 백인이고 5명만 아프리카계와 라틴계였다. 증거만 보아도 오스틴 분교의 입학 정책과 실제 시행 방식 모두 인종적 차별 행위가 없었다. 피셔는 패소했다.[579]

소송은 긴 과정이다. 텍사스대학교 오스틴 분교에 입학하지 못한 피셔는 이웃한 주인 루이지애나 주립대학교에 입학했다. 해당 소송 건이 미국 연방대법원에 상고되었을 때는 피셔가 졸업을 앞둔 시기였다. 대학 졸업 후 피셔는 텍사스로 돌아와 오스틴의 한 금융 회사에서 애널리스트로 일했다. 동료들은 피셔가 이런 소송을 진행하고 있는 줄 몰랐다. 연방대법원에서 변론이 열리게 되면서 언론에서는 피셔가 하룻밤 사이에 유명인이 되었다고 보도했다. 동료들은 평소 조용하고 겸손하던 신입 직원이 소동을 일으키고 있는 대법원 소송의 원고라는 것을 알게 되었다. 2013년 6월, 대법원은 하급법원이 채택한 심리 기준이 부당하다고 판결하고, 재심을 위해 사건을 돌려보냈다. 피셔 사건은 하급법원에서 다시 2년 동안 심리를 진행했고, 결과적으로 연방대법원으로 다시 돌아갔다. 2016년 6월 23일, 연방대법원은 피셔에게 패소 판결을 내렸다.[580]

학교의 평등권 조치를 고소한 학생은 피셔 이전에도 있었다. 미국에서는 중대한 정책을 시행할 때 대부분 소송이 수반되는데, 평등권 조치 역시 예외가 아니었다. 일찍이 1970년에 마크 드 푸니스(Marco De Funis)라는 백인 학생이 워싱턴대학교의 로스쿨 입학 신청이 거절되자 학교를 법정에 세웠다. 학교는 그보다 성적이 낮은 소수인종 신입생을 합격시켰다. 주 법원은 학교에 드 푸니스를 합격시키라고 강요했다. 학교에서는 법원의 판결을 받아들이는 한편 항소 절차를 진행했다. 오랜 항소 과정은 마크 드 푸니스의 학업 기간과 거의 일치했다. 1974년 미국 연방대법원이 사건을 심리할 때 드 푸니스는 이미 마지막 학기였다. 학교 측 변호사는 대법원 심리에서 학교가 승소하더라도 드 푸니스의 졸업에는 영향을 주지 않는다고 밝혔다. 하지만 대법원은 승소도 패소도 판결하지 않고, 법석 혼란을 겪어온 원고가 곧 졸업할 것이고 학교도 그가 예정대로 졸업할 수 있도록 허용한다면 더 이상 사건을 심리할 필요가 없다고 밝혔다. 자유주의 대법관으로 잘 알려진 윌리엄 브레넌이 반대 의견을 써서 이 판결은 의도적으로 문제를 회피하고 있다고 비판했고, 동일한 문제가 다시 법원으로 돌아올 것이라고 예언했다.[581]

브레넌의 예언이 있고서 두 달도 채 되지 않아 평등권 조치에 대한 또 다른 소송이 막을 올렸다. 1974년 6월, 앨런 배키(Allan Bakke)라는 백인 학생이 캘리포니아대학교 데이비스 분교의 의과대학에서 두 차례 입학을 거절당했다. 그는 학교 측의 평등권 조치가 헌법과 민권법안을 위반했다고 고소했다. 이 의과대학은 1968년에 설립되었으며, 첫해에 50명의 신입생을 선발했는데 모두 백인이었다. 학교는 평등권 조치를 취하여 소수인종을 위한 신입생 정원을 8명 남겨두기로 결정했다. 배키가 입학 신청서를 내던 때에는 의과대학 규모가 두 배로 커졌기에 매년 신입생은 100명이었고 그중 16명을 소수인종 학생에게 배정했다. 배키는 기초 법원에서 승소했다. 그러나 학교 측은 항소했으며, 항소 기간 동안 그를 입학시키는 것을 거부했다. 2년이 지난 후 미국 연방대법원에 사건이 올라갔다. 1978년 6월이 되어서야 대법원은 학교 측이 소수인종 학생을 위해 자리를 예약한 행위가 위헌이라고 판결하고, 배키를 입학시키라고 명령했다.[582]

배키 사건은 광범위한 주목을 받았으며, 그는 언론에서 "가장 유명한 신입생"이라고 놀림을 받았다.[583] 1978년 9월 25일, 배키는 기자와 시위대에 둘러싸인 채 의과대학에 등록하여 정식으로 학생이 되었다. 처음 입학 신청을 한 때로부터 이미 5년이 지났고, 38세였으며, 변호사 비용으로 18만 달러를 빚진 뒤였다. 배키는 학교 측에 변호사 비용 보상을 요구했으나 거절당하자 다시 학교를 상대로 소송을 제기했고, 1년 후에 배상 소송에서 이겼다. 1982년에 배키는 의과대학을 졸업하고 마취과 의사가 되었다. 1996년 캘리포니아주는 주민투표를 통해 주립대학교 시스템의 평등권 조치를 폐지하고 신입생 선발 시 인종적 요소를 더는 고려하지 않기로 결정했다.[584]

미국 연방대법원은 배키 사건에서 학교가 인종을 신입생 선발의 한 요소로 고려할 수 있다고 여겼다. 다만 소수인종을 위한 입학 정원을 예약해두는 경직된 방식은 수정헌법 14조의 평등 보호 조항을 위반하므로 금지해야 한다고 판단했다. 이후 거의 반세기 동안 이것은 대법원의 일관된 주장이었다. 2003년 대법원은 '그루터 대 볼린저(Grutter v. Bollinger) 사건'에서 이 주장을 재확인했다.[585] 바바라 그루터(Barbara Grutter)는 백인 학생으로, 미시간

대학교 로스쿨에 입학 신청서를 냈으나 불합격하자 학교 측에 소송을 제기했다. 대법원은 판결에서 학교가 인종을 하나의 요소로 고려할 권리가 있음을 다시 한번 인정했지만, 소수인종에게 특별 정원을 배정하거나 가산점을 부여하는 것은 금지했다. 다시 말해 법원은 학교가 입학 시 소수 민족을 제한적으로 돌볼 수 있도록 허용하지만, 각 소수 민족 학생의 구체적인 상황을 종합적으로 평가해야 하며 인종만 고려해서는 안 된다. 이는 대법원이 피셔 사건을 판결한 근거 기준이기도 하다.

이상적인 원고와 피고

피셔는 8년간 이어진 소송에서 졌지만 절대 낙담하지 않았다. 그녀는 BBC 기자에게 이렇게 말했다. "솔직히 말해서 정말 실망스럽지만, 이것은 긴 전투이다. 이 사건이 평등권 조치를 종료하지 못했더라도 다른 사건은 그럴 수 있을 것이다."[586] 7년 후 피셔의 꿈이 실현되었다. 사실, 대법원이 피셔의 사건을 판결했을 때부터 블럼은 다음 소송을 위한 이상적인 원고와 피고를 찾기 위해 계획을 세우기 시작했다. 그는 피셔 사건의 교훈을 받아들여 새로운 소송 전략을 채택했다. 백인 학생의 이름으로 소송을 제기하지 않고 또 다른 소수인종인 아시아계를 원고로 내세우기로 한 것이다. 동시에 그는 하버드대학교 등 새로운 피고들을 겨냥한 웹사이트를 설립했다. 웹사이트 이름은 '하버드는 불공평하다'였다. 블럼은 웹사이트를 이용해 하버드에 입학을 거절당한 아시아계 학생들을 끌어들였고 그중에서 원고를 선택했다.[587]

중국에서 온 1세대 이민자 부모와 학생들이 바로 블럼에게 매료된 아시아계 집단이다. 2015년 설립된 지 얼마 되지 않은 '휴스턴 화교 연맹'이 블럼을 초청하여 강연을 열었다. 연맹의 책임자는 캘리포니아의 변호사 자격을 가진 중국 이민자였다. 그는 블럼을 소개하면서 먼저 조지 오웰의 『동물 농장』에 나오는 명언을 언급했다. “모든 동물은 평등하지만, 어떤 동물은 다른 동물보다 더 평등하다.” 그러고 나서 그는 본론으로 들어갔다. “모두가 알다시피, 미국 명문대 입학에서 아시아계는 다른 민족만큼 평등하지 않다.” 블럼은 핵심 주제를 곧바로 꺼냈다. 참석한 중국 이민자 부모에게 “나는 소송에 참여할 원고가 필요한데, 특히 아시아계 원고가 필요하다”고 말했다.[588]

블럼은 이상적인 원고를 찾기 위한 여정을 시작했다. 그는 중국 이민자들 사이에서 유행하는 위챗 그룹을 통해 하버드대학교를 상대로 소송을 제기할 거라는 소식을 빠르게 퍼뜨렸다. 위챗은 1세대 중국 이민자 부모들이 자녀의 학습, 시험 및 미국 명문대 입학 신청의 정보를 나누는 인기 있는 소셜미디어 플랫폼이다. 블럼이 원고를 모집하기 전부터 위챗에서는 미국 명문대가 흑인과 라틴계 학생을 배려하고 중국계 학생을 차별한다는 입학 정보가 널리 퍼져 있었다. 중국 정부의 엄격한 검열을 받는 소셜미디어 플랫폼이기 때문에 위챗에 퍼진 소식은 종종 미국의 소셜미디어 플랫폼이나 언론 보도와 적잖은 차이를 보인다. 하지만 위챗은 많은 1세대 중국 이민자 부모들의 유일한 정보 출처다. 블럼이 하버드대학교를 상대로 소송을 제기하려고 원고를 찾는다는 소식은 다양한 위챗 그룹을 통해 빠르게 확산되었다.[589]

블럼의 초기 계획은 하버드대학교, 노스캐롤라이나대학교, 위스콘신대학교 세 곳을 고소하는 것이었는데, 결국 하버드와 노스캐롤라이나대학만 고소했다. 이전의 평등권 조치 소송과 달리 블럼이 이번에 모집한 학생 원고는 자신의 신원을 비밀로 유지할 것을 요구했다. 따라서 두 사건 모두에서 블럼이 세운 ‘학생 공정 입학 쟁취 단체’가 원고를 대신하는 이름이 되었다. 미국 대법원에 상고된 후, 두 사건은 병합 심리되었다. 글쓰기의 편의를 위해

이 책에서는 두 사건을 '학생 공정입학 단체 대 하버드 사건'(이하 '하버드 사건'으로 약칭함)으로 부르겠다.

블럼은 이상적인 원고와 이상적인 피고를 찾아냈다. 이후 거의 10년에 이르는 긴 소송 동안 미국 연방대법원의 대법관 중 보수파와 진보파의 비율도 변화했다. 2021년 대법원이 하버드 사건의 항소를 수리한 시점은 인적 구성에서 블럼에게 이상적인 상황이었다. 대법원의 9명 대법관 중 6명이 평등권 조치에 동의하지 않는 보수파로 여겨졌다.

그러나 이 소송에 대해 미국 아시아계의 의견은 일치하지 않았다. 아시아계 단체들이 법원에 탄원서를 제출했는데, 일부는 원고를 지지하고 일부는 피고를 지지했다. 하버드대학교를 포함한 몇몇 유명 대학의 아시아계 학생 단체는 학교의 다양한 입학 정책을 공개적으로 지지하고, 평등권 조치를 폐지하는 데 반대했다. 또한 일부 아시아계 단체는 블럼이 피셔 사건에서 달성할 수 없었던 목표를 이루기 위해 아시아계 학생과 학부모를 이용하고 있다고 생각했다. 아시아계는 다른 민족과 마찬가지로 입학 및 취업에서 평등권 조치의 혜택을 받은 적이 있으며, 이 조치를 폐지하면 다른 소수인종과 경쟁할 때 전보다 많은 이익을 얻으리라는 보장이 없다.[590]

2022년 10월 31일, 대법원은 법정 변론을 열었다. 사람들이 방청 기회를 얻기 위해 문 앞에 길게 줄을 섰다. 상원에서 일하는 인턴 직원이 새벽 3시 30분에 와서 줄을 섰는데, 그보다 더 일찍 온 사람도 많았다. 매사추세츠 공과대학교의 한 학생은 첫날 저녁 8시 30분에 와서 줄을 섰다. 개정 전 대법원의 높은 계단 아래는 수백 명의 청원자로 가득 찼다. 그들은 대부분 젊은 학생들이며, 직접 제작한 슬로건을 들고서 학생 집단의 인종 다양성을 유지하기 위해 평등권 조치를 폐지하지 말아달라고 법원에 요구했

다.[591]

오전 10시, 법정 변론이 열렸다. 양측 변호사의 진술이 끝난 후 대법관들의 질의가 시작되었다. 질의 내용은 하버드의 입학 기준 등 여러 구체적인 사실과 관련이 있었으나 최종적으로는 두 가지 법률문제에 집중되었다. 첫째, 인종적 요소를 직접 고려하는 것 외에도 학생 집단의 다양화를 실현할 수 있는 더 나은 입학 방안이 있는가? 둘째, 현행 '인종 의식 입학 정책'이 무기한으로 시행되어야 하는가? 첫 번째 질문과 관련하여 몇몇 대법관이 인종 중립적인 입학 조치에 대해 질문했다. 예를 들어, 가난한 가정의 학생들에게 더 많은 장학금을 제공하고, 성적이 우수한 고등학생들이 대학에 지원할 수 있도록 자발적으로 돕는 것이다. 특히 부모가 대학에 다니지 않은 가정은 종종 외부의 적극적인 도움이 필요하며 그래야 대학에 갈 동기와 자원이 생긴다. 하버드 대학의 변호사는 이러한 조치를 하버드에서 모두 시행하고 있지만, 학생 집단의 다양화를 실현하는 효과에 있어서는 인종적 요인을 직접적으로 고려하는 것이 가장 효과가 좋다고 말했다.[592]

질문 방식과 제기된 문제를 보면, 보수파 대법관들은 인종을 입학의 한 요소로 고려하는 것 자체가 차별이며 헌법과 민권법을 위반한다고 생각하는 경향이 뚜렷하다. 학교 측 변호사는 하버드가 단지 인종만을 보는 것이 아니라 종합적인 평가 방식을 채택하고 있으며, 인종은 여러 요인 중 하나일 뿐이라고 변호했다. 그러나 닐 고서치(Neil Gorsuch) 대법관은 학교 측의 주장에 동의하지 않았다. 그는 하버드 법대를 졸업한 사람으로, 하버드의 오래된 문제를 들춰냈다. 그는 100년 전 하버드가 이러한 종합 평가 방식을 통해 유대인 학생들을 거부했다고 말했다. 고서치 대법관은 종합 평가란 단지 듣기 좋은 단어일 수 있다고 의심했다. 하버드 측 변호사는 유대인 학생을 배척한 것이 하버드 역사에서 수치스러운 한 페이지라고 답하면서 오늘날 하버드의 입학 기준은 당시의 방식과 비교할 수 없으며, 어떤 인종 학생도 배척하지 않았을 뿐 아니라 특히 아시아계 학생을 배척하지 않았다고 말했다. 사실 하버드에 입학하는 신입생 중 아시아계는 21퍼센트를 차지하며, 아시아계는 미국 인구의 6퍼센트에 불과하다.[593]

두 번째 질문과 관련해서는 2003년의 그루터 사건이 논쟁의 중심이 되었다. 그 사건에서 샌드라 오코너 대법관은 학교가 인종적 요소를 제한적으로 고려할 수 있도록 허용하면서 학생들을 인종별로 분류하는 것은 "위험을 내포하고 있다"고 주장하며 "인종 의식에 기반한 입학 정책에는 시간제한이 있어야 한다"고 보았다. 오코너 대법관은 그루터 사건의 판결문에서 "배키 사건 이후로 공립대학 입학에서 인종적 요소를 활용하여 학생들의 다양한 이익을 촉진하는 데 찬성한 지 25년이 되었다. 그러는 사이 성적이 우수한 소수인종 신입생은 계속 늘었고 (…) 우리는 앞으로 25년이 더 지나면 소수인종을 배려하여 다양성을 촉진하는 방식이 불필요해질 것이라고 기대한다."[594]

법정에서 에이미 배럿(Amy Barrett) 대법관은 오코너 대법관의 말을 인용하여 인종 의식에 기반한 입학 정책은 위험을 내포하고 있으며, 논리적인 종착점이 있어야 한다고 강조했다. 그녀는 물었다. "거의 50년이 흘렀다. 종착점은 어디인가? 언제가 끝인가?" 학교 측 변호사는 하버드가 인종 의식에 기반한 입학 정책을 계속 시행해야 한다고 응답했다. 그 이유는 학생 집단의 다양화 목표가 아직 실현되지 않았고, 여전히 갈 길이 멀기 때문이라는 것이었다. 배럿 대법관은 25년이 지나도 목표를 달성하지 못하면 어떻게 할 거냐고 반문했다. 로버츠 대법원장 또한 인종 의식에 기반한 입학 정책을 영원히 시행할 수는 없다고 주장하며, 오코너 대법관이 말한 25년을 단순한 기대가 아니라 '요구사항'

으로 간주했다. 다시 말해 현재의 인종 의식에 기반한 입학 정책에는 종료 기한이 있어야 한다. 게다가 로버츠 대법관은 그 기한이 이미 만료되었다고 생각하는 것이 분명했다.[595]

시대의 쟁점

2023년 6월 29일, 대법원은 하버드 사건을 판결하며 반세기 동안 시행된 '인종 의식에 기반한 입학 정책'이 공식적으로 종료되었음을 알렸다. 로버츠 대법원장은 판결문에서 "인종차별 철폐는 모든 인종차별을 철폐하는 것을 의미한다"며 "대학은 신입생을 선발할 때 인종 중립을 지켜야 한다"고 썼다. 하지만 이것은 대학이 학생을 선발할 때 학생의 인종적 요소를 전혀 고려하지 않겠다는 뜻은 아니다. 인종을 학생 개인의 경험에서 벗어나는 지표로 단독 사용할 수 없다는 것을 의미한다.[596]

판결문은 이해의 편차를 피하기 위해 이렇게 설명하고 있다. "본 판결을 대학 입학에서 신청인이 말하는 인종 요소가 학생의 인생에 어떤 영향을 미치는지 고려하지 못하도록 금지한다고 이해해서는 안 된다. 차별이든 격려든 혹은 다른 모든 것이든 인생 경험에 속한다. (…) 인종차별을 극복하는 것을 예로 들면, 한 학생이 그로부터 어떤 것을 얻고자 한다면 **그 학생 본인의** 용기와 결심에 긴밀히 연관되어야 한다."[597] 하버드 사건의 판결은 대학이 입학생을 선발할 때 인종적 요인이 학생에게 미치는 영향을 고려하는 것까지 금지하지 않으며, 인종적 요인을 학생 개인의 노력과 분리하는 것에 반대하고 있음을 알 수 있다. 다시 말해서 이 판결은 대학이 각 학생의 개인 경험을 통해 그들의 인종이 삶에 어떤 영향을 미쳤는지 확인해야 하며, 인종에 따라 단순하고 거칠게 합격 여부를 결정해서는 안 된다고 요구한다는 뜻이다. 일부 언론은 이 판결을 "평등권 조치를 종식시켰다"라고 해석했는데, 이는 분명히 판결의 의의를 단순화할 우려가 있다.

하버드 사건 판결 후 여론이 들끓었다. 각종 반대와 지지의 물결 속에서 원고의 목소리는 거의 들리지 않았다. 이전에 여러 건의 평등권 조치 소송에서는 사람들이 원고의 이름을 알고 있었다. 그들이 무엇을 경험했는지, 추구하는 목표가 무엇인지, 그들 인생의 기회와 희로애락이 알려졌다. 피셔, 그루터, 배키, 드 푸니스 등은 대법원의 판결 후에도 대중에게 그들의 목소리를 들려주었다. 그러나 하버드 사건에서 원고는 그림자처럼 뒤에 숨어 있었고, 법정 기록과 언론 보도에서 사람들이 읽은 것은 '학생 공정입학 단체'일 뿐이었다. 언론에서는 사람들이 에드워드 블럼만 볼 수 있었다. 사람들은 원고가 하버드에 합격하지 못한 아시아계 학생들이라는 것만 알고 있다. 그들은 소리도 얼굴도 없이 단지 집단적 이름일 뿐이다.

하버드 사건의 판결은 갑작스럽게 튀어나온 독립적인 상황이라기보다 오랜 사회 분쟁으로 형성된 시대적 전환점이라고 보아야 한다. 인종에 기반한 평등권 조치가 공정한지를 둘러싼 논쟁은 수십 년간 계속되는 중이다. 인종 분리가 폐지된 초기에는 소수인종이 여전히 역사에 드리워진 거대한 그림자 속에서 생활하고 있었다. 인종에 기반한 편견과 차별은 법이 달라져도 사라지지 않았다. 이런 와중에 학생 집단의 인종 다양화를 실현하기 위한 정책으로서 평등권 조치는 대체할 수 없이 중요한 역할을 했다는 것 또한 사실이다.

평등권 조치의 정신적 핵심은 사회적 공정성을 추구하고, 역사적으로 남겨진 문제들이 약자가 자기 운명을 바꾸는 데 넘을 수 없는 장벽이 되는 것을 막는 데 있다. 전통적인 취약계층은 입학과 취업 등에서 사회경제적 지반이 약하기 때문에, 같은 출발선에서 강력한 그룹과 경쟁하기 어렵다. 이대로 가면 사회는 사실상 영구적인 천민 계층을 형성하게 된다. 많은 국민이 태어나면서부터 천민이 될 수밖에 없는 암울한 미래를 피하려고 정부, 대학, 회사가 주도적으로 평등권 조치를 취하여 약자를 위로 끌어올려야 한다. 한때 미국 연방대법원은 불평등을 교정하는 방법을 설명할 때 약자를 끌어올린다는 원칙을 채택하고 '레벨링 업(leveling up)'이라는 말을 사용하기도 했다. "위로 수평을 맞추려는 이유는 취약계층의 사회적 지위가 낮고 강력한 집단 아래에 머물러 있기 때문이다."[598]

하지만 취약계층이 고정된 집단이 아니라 시대에 따라 변할 수 있다는 점이 문제다. 구시대의 약자는 이제 새로운 시대의 강자로 변했을지 모른다. 적어도 구시대만큼 약하지는 않을 것이다. 1960년대에 미국 남부의 인종 분리 정책은 법적으로 폐지되었지만 현실에서는 뿌리가 깊었다. 1962년이 되어서야 미시시피대학교가 흑인 학생을 입학시켰다. 그런데도 지역 주민이 흑인 입학을 반대하며 폭동을 일으켜 인명 피해가 발생했고, 연방정부가 군대를 파견해서 겨우 진정시킬 수 있었다. 1963년까지 앨라배마의 조지 윌리스 주지사는 직접 나서서 흑인 학생들의 앨라배마대학교 입학을 막으며 연방의 법 집행 기관과 대치했다. 그 시절 흑인들이 입학 및 채용에서 차별받았다는 것은 쉽게 짐작할 수 있는 일이다. 흑인은 의심할 여지 없이 미국 사회의 가장 취약한 계층이었다. 당시 취해진 평등권 조치의 주요 목표는 당연히 입학 및 채용에서 이 그룹을 끌어올리는 것이었다. 반세기가 지난 지금, 소득과 교육 수준으로 따지면 흑인은 여전히 미국 사회의 취약계층이지만 전체적인 사회경제적 지위는 예전 같지 않다. 동시에 미국 사회의 빈부 격차가 커지면서 교육 수준이 낮은 많은 백인 가정이 '아래로 균등하게' 되어 사회경제적 지반을 잃었다. 그들은 전통적인 취약계층이 아니기에 기존의 평등권 조치로 보상받을 수 있는 범위에 포함되지 않는다. 그 때문에 사회에서 잊히고 버려진 집단이 되었다. 이런 상황에서 평등권 조치가 시대에 발맞춰 변화해야 한다는 목소리가 높아지고 있다.[599]

이미 2013년에 공공정책학자 리처드 카렌버그(Richard Kahlenberg)가 미국의 대학 총장들이 다가오는 사회 변화를 무시하고 있다고 경고했다. 카렌버그는 인종에 기반한 평등권 조치를 폐지하겠다고 선언하여 미국 교육계에서 유명해진 인물이다. 그러나 그는 보수주의자가 아니라 진보주의자다. 그는 인종에 기반한 평등권 조치를 폐지하고 사회경제적 지위에 기반한 평등권 조치로 이를 대체하자고 주장했다. 간단히 말하자면 그는 대학이 입학생 선발 시 가난한 가정의 아이들, 특히 부모가 대학에 진학하지 못한 아이들을 돌보아야 한다고 홍보했다. 인종에 상관없이 말이다. 그는 이렇게 하는 것이 더 공정하고 헌법에 부합한다고 생각한다.[600] 대법원이 하버드 사건을 선고한 후, 카렌버그는 서면으로 성명을 내고 "이것은 모든 인종의 저소득 학생과 노동자 계층 가정 학생들의 승리"라고 밝혔다.[601]

더 큰 불평등

하버드 사건의 판결은 미국 사회 변화와 더불어 사회 각계에서 기존의 평등권 조치에 대해 반성한 결과다. 대법원의 대법관 중 보수파가 절대다수가 된 상황은 단지 이를 위한 사법적 기회를 제공했을 뿐이다. 많은 1세대 중국 이민 학부모들은 이 판결로 명문대들이 시험 성적에 따라 그들의 자녀를 입학시키기를 희망한다. 어쩌면 이런 희망은 허사가 될지 모른다. 판결문과 법정 논쟁에서 대법관들이 제기한 문제를 보면, 대법원은 여전히 대학이 학생 집단을 다원화하려는 것을 긍정적으로 평가한다. 단지 '인종 의식에 기반한 입학 정책'을 통해 다원화 목표를 달성하는 방식을 부정할 뿐이다.

『뉴욕타임스』는 몇몇 대학의 입학 사정관을 인터뷰했다. 그들은 대법원 판결에 따라 입학 정책을 조정할 것이라고 밝혔다. 일부 학교에서는 시험 성적과 학급 순위 등 표준화된 지표의 비중이 줄어들고, 추천서와 신청서를 통해 드러나는 개인의 소질이 더 강조될 것이라고 전망한다. 이 판결은 학교가 저소득 가정 출신 학생이나 초보자(한 가정에서 첫 번째 대학생)를 더 많이 입학시키는 경향을 낳을 것이다.[602] 이렇게 보면 이 판결은 표준화된 시험에 능숙한 중국 중산층 가정 학생들에게 좋은 소식이 아니다. 최근 어느 인터뷰에서 블럼은 대학이 더 많은 빈곤 가정 학생들을 입학시키는 것을 환영한다고 밝혔다. 아시아계 학생들은 그의 소송에서 이상적인 원고이지만, 그의 최종 목표는 그들을 위해 명문대에 정의를 요구하는 것이 아니었다.[603]

대학의 입학 정책은 가난한 가정, 농촌 가정, 부모가 대학에 진학하지 않은 가정으로 기울어질 것으로 예상된다. 모든 인종에 가난한 사람과 부자가 있다. 아이는 자신이 어떤 가정에서 태어날지, 부모가 누구인지, 집에 돈이 있는지, 좋은 학군에 살 수 있는지 스스로 결정할 수 없다. 현실적으로 대학 입학 시 인종을 하나의 요소로 고려할 경우 가장 혜택을 받는 것은 소수인종의 부자와 중상위 가정의 아이들이다. 인종을 막론하고 가난한 가정의 아이가 80점을 받으려면, 부유한 학군의 부자·중상위층 가정 자녀가 90점을 받을 때보다 훨씬 더 많이 노력해야 한다. 재능도 더 뛰어나야 한다. 그러므로 대학 입학 시 학생이 속한 가정의 사회경제적 요소를 고려하는 것이 피부색을 직접적으로 입학 사정 기준으로 사용하는 것보다 더 공정하다.

몇 년 전 100년의 역사를 가진 '국가경제연구소'가 71페이지에 달하는 연구 보고서를 발표했다. 하버드대학교의 백인 신입생 중

43퍼센트가 성적이 아니라 거액의 기부금, 하버드 동문인 부모, 큰돈을 들여 키운 체육 특기 등에 의존해 입학했다고 지적했다. 이 숫자와 비교하면 하버드가 인종 다양성을 고려해 입학시킨 아프리카계와 라틴계가 아닌 다른 소수인종의 학생 수는 아주 미미하다. 하버드의 상황만 놓고 보면, 아시아계 입학생 수를 제한하는 가장 큰 요인은 평등권 조치 덕분에 합격한 아프리카계나 라틴계가 아니라 돈과 연줄로 합격한 백인 학생이다. 같은 연구 보고서에 따르면, 하버드가 이런 우대 학생의 입학을 취소할 경우 신입생 중 비율이 가장 크게 감소하는 집단은 백인일 것이며, 다른 인종 학생의 비율은 적어도 변함이 없거나 증가할 것이 분명하다. 이것이야말로 하버드대학의 입학 기준에서 가장 불공평한 부분이다. 그러나 법은 종종 이러한 불공정에 대해 침묵한다.[604]

블럼은 침묵하고 싶지 않았다. 대법원 판결 당일, 그는 기자회견에서 하버드 등 명문 대학이 그간 유지해온 돈과 연줄 기반의 입학 정책을 비난하면서 그것이야말로 학생 집단의 다양성이 부족해진 주원인이라고 지적했다. 그는 학교 측이 이러한 불공정한 정책을 변호하기 위해 여러 가지 이유를 찾는 것을 비판하고 그런 정책을 폐지하라고 엄중히 요청했다. "진작에 그 혜택들을 취소했어야 합니다!" 블럼은 대법원의 판결이 이런 불공정 정책을 시행하는 여러 대학에 기존의 견해를 바꾸게끔 강제하는 효과가 있으리라고 기대한다.[605] 카렌버그는 서면으로 발표한 성명에서 블럼과 같은 내용을 호소했다. 부자와 동문을 챙기는 불공정한 행위를 취소하고 저소득 가정의 우수한 학생들에게 더 많은 입학 기회를 남겨주어야 한다는 것이다. 그의 성명은 의미심장했다. "만약 그렇게 된다면, 보수파 대법원의 판결은 하버드가 이미 시행했어야 할 일련의 진보적인 정책을 채택하도록 강제한 셈이다. 정말 기묘하다."[606]

평등권 조치의 원래 의도는 평등과 공평성의 추구다. 하버드 사건은 처음부터 끝까지 인종 평등권보다 더 광범위한 사회, 정치, 경제적 요구가 무엇인지 보여주었다. 비록 소송이 시작된 직접적인 원인은 하버드가 입학생을 선발할 때 아프리카계 수험생을 배려한다는 것이었지만, 원고가 제출한 증거를 보면 하버드 입학 정책의 가장 큰 불공정함은 인종 정체성 문제가 아니라 부자 2세와 본교 동문 2세에게 대량으로 혜택을 주었다는 점이다. 이렇게 우대받은 학생은 하버드에 입학 신청서를 낸 수험생 수의 5퍼센트에 불과하지만 합격한 신입생으로 따지면 30퍼센트 이상을 차지한다. 수험생의 부모가 하버드에 거액의 기부금을 냈다면 합격 가능성이 일반 수험생보다 7배 높고, 부모가 하버드 동문이라면 합격할 가능성이 일반 수험생보다 6배 높다. 게다가 이런 우대 정책을 통해 입학한 신입생 중 70퍼센트가 백인으로, 전체 백인 신입생의 43퍼센트를 차지한다. 이 정책 때문에 소수인종 수험생의 입학 기회가 대폭 감소했다. 그뿐 아니다. 백인 중산층이나 빈곤층 가정 자녀들의 입학 기회까지 축소되었다.[607]

대법원 변론일, 원고 측 변호인은 개정 발언에서 대법원이 20년 전부터 대학에 인종 중립적인 공정한 입학 정책을 요구했으나 하버드는 이를 들은 체 만체했다. 2014년 소송이 제기되자 가난한 가정의 수험생을 돌보는 듯한 자세를 취하기 시작했지만, 구체적인 조치는 미온적이고 상징적인 의미가 실제적인 의미보다 크다고 말했다. "하버드 학생의 82퍼센트가 부유한 가정의 자녀이며, 부유한 학생과 가난한 학생의 비율은 23대 1이다. 다양화는 불가능하다." 하버드 측 변호사는 기부금을 받는 것은 학교의 정당한 이익에 부합한다고 변명했다. 보수파로 여겨지는 고서치 대법관이 법정에서 반문했다. "헌법이 모든 사람을 평등하게 보호하는 이익보다 하버드가 미술관을 지으려고 기부금을 받는 이

익이 더 큰가?" 하버드 측 변호사는 이 질문에 우물쭈물하며 횡설수설 대답했다.[608]

변호사가 헌법이 보장하는 평등 보호의 맥락에서 돈과 연줄에 따라 우대하는 하버드의 정책을 변호하는 것은 확실히 달성하기 어려운 임무다. 고서치 대법관은 단독으로 쓴 판결의 찬성 의견에서 "기부자, 동문 및 교직원의 자녀를 우대하는 정책은 부모의 부를 자랑할 수 없고 동문회 천막에 들어갈 형편도 되지 않는 수험생들에게는 전혀 도움이 되지 않는다"고 날카롭게 썼다. 비록 겉으로는 이러한 혜택 정책이 인종 중립적인 것처럼 보이지만, 가장 혜택을 받는 것은 의심의 여지 없이 백인이고 부자인 수험생이다.[609]

언론과 사회적 여론이 비판하는 대상은 부유층과 동문 2세에서 한 걸음 더 나아가 관료 2세까지 확대됐다. 당시 아들 부시 대통령이 성적은 평범했지만 부모 덕분에 예일대에 합격했던 옛이야기를 끄집어냈다. 케네디 대통령이 당시 가족 관계를 통해 하버드에 입학했는지에 대해서도 의문을 제기했다. 호사가들이 케네디의 입학 신청서까지 들춰냈다. 그는 하버드에 지원한 큰 이유 중 하나로 "아버지와 같은 대학에 다니고 싶다"라고 썼다.[610]

2022년 '퓨 리서치 센터'의 조사에 따르면, 75퍼센트의 미국 국민이 명문대의 부유층 2세 및 동문 2세 우대 정책을 지지하지 않으며, 74퍼센트의 미국 국민이 소수인종 우대 정책을 지지하지 않는 것으로 나타났다.[611] 두 가지 입학 정책을 폐지하라는 주장은 미국 사회에서 광범위한 여론 기반을 가지고 있는 셈이다. 연방대법원은 하버드 사건에서 후자만을 폐지하고 전자는 건드리지 않았다. 만약 하버드 사건 판결이 단지 법적으로 인종에 기반한 평등권 조치를 종료하는 데 그쳤다면 그 사회적 의미는 제한적일 것이다. 이 판결의 더 깊은 의미는 대학 입학 시스템에 존재하는 더 큰 불공정에 대해 대중의 광범위한 관심과 변화를 향한 열정을 불러일으켰다는 데 있다.

미국 연방대법원은 법률문제에서 소방대와 같은 기능을 한다. 대법원 판결이 내려지면 분쟁이 점차 진정된다. 하지만 사회, 경제, 민심 등 여러 방면의 해결하기 어려운 문제에 있어서 대법원 판결은 종종 불에 기름을 붓는 결과를 낳기도 한다. 이 두 가지 현상은 대법원 판결의 역사를 관통하며 언제나 존재했다. 평등권 조치에 대한 판결은 분명히 후자에 속한다. 총알은 여전히 날아다니고 있으며, 점점 더 많은 총구가 인종차별에서 사회적 지위로 인한 불평등과 불공정을 향해 움직이고 있다. 인종문제를 두고 서로 총격을 가하던 보수파와 자유파는 일시적으로 공동의 목표물을 찾아냈다. 하버드 사건의 배후 조종자인 블럼은 보수파로 여겨지지만, 이 소송에서 이론적 두뇌 중 하나인 카렌버그는 진보적인 색채가 짙은 자유파다. 이들은 판결 전후로 하버드의 기부금 입학과 동문 2세 우대 정책을 거듭 비판했다. 대부분의 사회문제에서 진보와 보수가 첨예하게 대립하지만, 이 우대 정책을 폐지하자는 데는 모처럼 공감대가 형성됐다.[612]

현실과 먼 곳의 풍경

미국 사회의 불공정은 시대마다 서로 다른 사회문제에서 집중적으로 드러났다. 각 사회 집단에 정도의 차이가 있을지언정 다양한 영향을 미쳐왔다. 하버드 사건의 판결은 대학 입학에서 단순히 인종만을 고려하는 방식을 폐지했고, 이는 평등권 조치가 모든 인종의 사회경제적 취약계층에게 혜택을 줄 것으로 기대된다. 하지만 입학 기준에서 소수인종을 고려하는 정책은 폐지되었어도 기부 입학과 동문 관계 등 연줄에 의존하는 입학의 문제를 해결하는 것은 여전히 현실이라기보다 이상향에 가깝다. 현행법률상 학교가 금전 혹은 관계에 따라 입학 여부를 결정하는 것은 시험 성적에 의거하지 않은 다른 모든 합격생이 그렇듯 학생의 인종과 직접적으로 연결되지 않는 한 불법이 아니기 때문이다. 지금까지 매사추세츠공대(MIT)와 존스홉킨스대 등 소수의 사립대만 기부 입학과 본교 동문 2세를 우대하는 혜택을 없앴다. 주립대에서 이런 우대 정책을 시행하지 못하도록 금지하는 법안이 통과된 곳은 미국 전역에서 콜로라도주 한 곳뿐이다.[613]

연방정부가 명문대 입학에서의 불공정한 상황을 변화시킬 의지와 결심이 있다면, 현재의 법률적 틀 내에서 활용할 수 있는 당근과 채찍은 충분하다. 사립대든 주립대든 매년 연방정부로부터 막대한 지원금을 받는다. 지원금 혜택을 받는 학교 중 이른바 명문대의 비중이 가장 크다. 하버드를 예로 들면, 2022년에 받은 과학 연구 자금은 총 9억 7,600만 달러에 달하는데 그중 66퍼센트가 연방정부에서 나왔다.[614] 미국 법에 따르면, 연방정부는 1960년대에 그랬던 것처럼 연방 자금을 사용하는 학교에 사회경제적 취약계층인 학생을 위한 평등권 조치를 취하도록 요구하는 조건을 설정할 수 있다. 1960년대에 연방정부가 요구한 조건은 소수인종을 차별해서는 안 된다는 것이었다. 대법원에서 하버드 사건의 판결이 나왔으니 연방정부는 각 대학에 빈곤 가정의 수험생을 차별해서는 안 된다고 요구할 충분한 이유가 있다.

이 소송의 숨겨진 원고인 '아시아계 학생'은 빠르게 잊혔다. 미국의 크고 작은 언론, 민간단체 및 국회의원들은 하버드 등 명문대학의 기부금 입학과 동문 우대 정책에 집중적인 비난을 퍼부었다. 판결 후 사흘째 되는 날, 몇몇 아프리카계 및 라틴계 민간단체가 대법원 판결문 중 "인종차별 철폐는 모든 인종차별을 폐지하는 것을 의미한다"는 표현을 인용하여 연방 교육부를 상대로 소송을 제기했다. 이들은 하버드의 기부금 입학과 동문 우대 정책이 소수인종에 대한 차별을 야기하고 민권법을 위반했다고 주장하며 교육부 인권사무국에 관련 조사를 요구했다.[615] 이런 상황을 보면 대법원의 하버드 사건 판결은 취약계층의 평등권 조치를 끝냈다기보다 오히려 새로운 공정성을 추구하는 민권운동 물결을 일으켰다고 보아야 한다. 보수 성향이 짙은 『월스트리트 저널』 역시 이런 현상을 관찰했다. "지난주 대법원이 인종에 기반한 평등권 조치를 금지한 후, 대학 입학을 둘러싸고 다음 단계의 민권 전쟁이 에너지를 축적하고 있다."[616]

1세대 중국 이민자 부모들이 모국의 경험을 미국으로 가져와서 공부와 진학을 통해 다음 세대의 운명을 바꾸기를 기대하는 것은 당연하다. 하지만 평등권 조치는 대학 입학에 국한되지 않고 직장에서 채용과 승진에도 적용된다. 대학은 인생의 시작 단계에 불과하다. 결국 학생들은 졸업 후 사회에 진출해야 한다. 미국의 직장 사회에서 아시아계의 발전을 방해하는 요인은 대학 입학의 평등권 조치가 돌보아준다고 여겨지는 아프리카계와 라틴계가 아니라 백인 사회의 뿌리 깊은 연고 관계다. 1세대 중국 이민자 학부모들은 명문 학교에 집착한다. 그러나 아이들을 시험을 잘 보는 '문제 풀이 전문가'로 키운다고 해도 지도력이부족하다면, 다음 세대의 발전과 사회적 지위 향상에는 크게 도움이 되지 않을 것이다.

6년 전, 다시 말해 대법원이 피셔 사건을 판결한 다음 해에 로버츠 대법관은 아들의 중학교 졸업식에서 연설했다. 그가 아이들에게 보내는 축복은 평범하지 않았다. "나는 여러분이 가끔 불공평한 대우를 겪기를 바랍니다. 그래야 공평과 정의의 가치를 알 수 있습니다. (…) 나는 여러분이 가끔 운이 없기를 바랍니다. 그래야 기회가 인생에서 맡은 역할을 인식할 수 있습니다. 여러분의 성공이 당연하지 않고, 다른 사람의 실패도 당연하지 않다는 것을 이해할 수 있기를 바랍니다. 인생에서 실패를 피할 수는 없습니다. 여러분이 졌을 때, 이긴 쪽이 여러분의 실패를 고소해하기를 바랍니다. 그래야 경쟁할 때 올바른 태도를 보이는 일이 소중하다는 것을 이해할 수 있습니다. 나는 여러분이 사람들에게 무시 받기를 바랍니다. 그래야 다른 사람의 말에 귀를 기울이는 일이 얼마나 중요한지 알게 될 것입니다. 나는 여러분이 적절한 고통을 겪으며 동정심을 배우기를 바랍니다. 사실 내가 원하든 원하지 않든 이런 일은 일어날 것입니다. 여러분이 그 일에서 도움을 받을 수 있는지는 자신의 불행에서 교훈을 얻는 능력에 달려 있습니다."[617]

평등과 공정을 추구하는 일은 당연하게도 법률과 떼려야 뗄 수 없는 관계다. 사회를 구성하는 각각의 인종과 민족, 계층의 끊임없는 노력이 필요하다. 하지만 법률의 영향력이 미치는 경계선은 분명히 존재하며, 시대마다 그 한계가 있다. 법원이 문제를 해결하려 해도 복잡한 현실 세계의 문제와 극도로 다양한 개인 상황에 대처하기에는 종종 힘에 부치고, 사회의 모든 사람에게 선택의 여지와 공백을 남기곤 한다. 로버츠 대법관이 판결문에서 "학생 본인의 용기와 결심"을 강조한 것은 개인의 불행 중에서도 자신을 발전시키는 능력을 말하고자 한 것이다. 하버드 사건은 대학의 입학 정책에서 인종에 기반한 평등권 조치를 종료했다. 그러나 헌법과 민권법이 보장하는 평등권의 공정성과 정의에 대한 원칙은 여전하다. 하버드 사건의 판결은 지난 반세기 동안의 인종 평등 운동에 종지부를 찍었으며, 많은 사람을 실망시키기도 했다. 그러나 동시에 많은 이들에게 미래의 사회적 시위와 개인의 노력에 기반한 평등에 대한 비전을 제시했다.

마치며

이런 문명이 거리와 상관없이 많은 사람에게 매력적으로 다가가는 핵심적인 이유는 행복을 추구한다는 관념에 있다. (…) 이것은 탄력적인 관념이라 모든 사람에게 적합하다. 이 관념은 어떤 특정한 사회와 어떤 각성된 정신을 의미한다. (…) 이 관념의 함의는 이토록 풍부하다. 개인, 책임, 선택, 현명한 생활, 직업 정신, 완벽함과 성취 추구까지. 이것은 온 세상을 망라하는 관념이다. 이 관념을 고착화된 하나의 체제로 축소할 수 없다. 이 관념은 맹종과 광신을 유발하지 않는다. 그럼에도 우리는 이 관념이 존재한다는 사실을 알고 있으며, 이 관념이 존재하는 한 경직된 체제는 결국 사라질 것이다.

— 나이폴

의심할 여지 없이 자유란 신체의 구속에서 벗어나는 것뿐 아니라 개인의 계약 체결, 구직 및 생계 활동, 지식 획득, 결혼 및 가족 구성, 자녀 양육, 자신의 양심에 따라 하느님을 숭배하는 등의 권익을 의미한다. 일반법은 항상 자유인이 질서 있게 행복을 추구할 권리가 필수적이라는 점을 인정해왔다.

— '마이어 대 네브래스카 사건' 연방대법원 판결문

행복 추구는 자유, 평등과 마찬가지로 계몽 시대의 핵심 이념이다. 그런데 거의 반세기 동안 일부 기독교 근본주의자가 타락한 종교 패러다임을 이용해 미국의 지난 역사를 허구로 만들고자 시도했다. 그들은 과거의 미국을 황금시대로 상정하며 오늘날의 미국을 자유파, 소수인종, 이민자들에 의해 부패한 시대로 묘사한다. 이처럼 신학과 비슷해진 역사관은 미국 법률과 사법계가 만들어온 역사적 사실에 부합하지 않는다. 미국은 계몽운동의 산물이다.[618]

상식 이성

계몽운동을 말할 때 사람들은 자연스럽게 임마누엘 칸트(Immanuel Kant)의 유명한 격언 'Sapereaude', 즉 '자신의 이성을 과감히 사용하라'를 연상한다. 1794년 토머스 페인(Thomas Paine)은 심지어 자신이 쓴 자연 신학 저서를 『이성의 시대』라고 명명했는데, 이는 아마도 영어 세계에서 '이성의 시대'라는 단어가 쓰이게 된 시초일 것이다. 하지만 페인은 '이성의 시대'라고 언급하면서 주로 상식과 이성으로 그의 자연 신학적 이론을 설명했을 뿐, 후대에 '이성의 시대'라는 말을 사용하여 계몽운동을 지칭한 것과는 직접적인 관련이 없다고 말했다.[619] 사실상 1910년 미국 철학사가 존 히븐(John Hibben)이 『계몽운동의 철학』을 펴낸 뒤에야 영어권에서 칸트와 페인이 살았던 그 시대를 '계몽운동'이라는 용어로 지칭했다.[620] 서양 학계에서 18세기 계몽운동에 대한 역사적 개념은 제2차 세계대전 이후에 서서히 형성되었다. 대표적인 저서는 독일계 미국인 역사학자 피터 게이(Peter Gay)가 각각 1966년과 1969년에 출판한 두 권의 『계몽운동 해석』이다.[621]

20세기 후반에 서구 학계에서 계몽운동을 해석하는 일은 대체로 철학자가 주도했다. 프랑크푸르트학파, 자유주의, 포스트모더니즘 등의 철학 사조가 잇따라 등장하여 계몽운동을 비판했으며, 한때 계몽 이성을 비판하는 것이 학계와 대중문화계에서 유행하기도 했다. 철학자에 비하면 같은 시기의 역사학자들은 거의 눈에 띄지 않는다. 그런데 이런 상황이 지난 20년 동안 역전되었다. 계몽운동에 대한 철학적 비판이 점차 퇴조한 반면, 계몽운동의 역사적 면모를 복원하는 역사학 연구가 큰 성과를 거두었다. 그중 사학자 조너선 이스라엘(Jonathan Israel)의 계몽운동 3부작과 댄 에델슈타인(Dan Edelstein)의 계몽 계보학 저서는 계몽운동 연구의 현대 고전이 되었다.[622]

20세기 후반 철학자들이 계몽운동을 비판한 것과 달리 현대 사학자들은 대부분 계몽운동을 옹호할 뿐 아니라 미국 혁명의 급진성과 보수성 등의 문제에 관해서도 20세기의 철학자들과 다른 인식을 보여준다. 예를 들어 리치 로버트슨(Ritchie Robertson)은 그의 저서 『계몽운동: 행복 추구 1680~1790년』에서 계몽운동의 감성적인 측면, 즉 일상적 세계에서 행복을 추구하는 면모를 강조했다. 그는 행복 추구가 미국 독립혁명의 이상이 되었고 「독립선언문」에도 반영되어 행복 추구권이 생명권, 자유권과 나란히 인간의 타고난 권리로서 명확히 인식되고 있음을 보여준다고 설명했다.[623]

20세기 후반, 각 유파의 철학자들은 현대성, 유럽 중심론, 오리엔탈리즘 등의 개념을 즐겨 사용했다. 로버트슨 등 사학자들은 이러한 개념이 무거운 역사적 부담과 당연하다고 생각되는 가설을 포함하고 있다고 지적했다. 만약 깊이 파고들어 따지게 된다면 사학자들은 유명한 철학자들과 사상 논쟁을 벌일 수밖에 없고, 이는 계몽운동 본래의 역사적 모습을 드러내는 데 도움이 되지 않을 것이라고 보았다. 20세기의 반계몽주의 철학자는 지금의 문제로 역사를 사변하는 데 뛰어나고, 사료에 관한 연구는 부족하다. 종종 자신이 계몽운동에 관해 사상적으로 재구성한 내용을 역사상의 계몽운동 자체로 여기거나 후대와 오늘날에 이르러서야 나온 이념을 18세기 계몽 사상가들에게 억지로 적용하려 했다. 예를 들어, 20세기에 등장한 다양한 사조는 거의 200년 동안 서구 사회에서 발생한 문제를 모두 '현대성'이라는 바구니에 담았다. 현대 세계의 거의 모든 문제가 현대성 문제로 귀결되었고, 모든 현대성 문제는 계몽운동으로 귀결되었다. 제국주의, 식민주의, 파시즘, 나치즘, 유토피아주의, 공산주의, 자본주의의 죄악은 그 근원을 18세기 '이성의 시대'로 거슬러 올라가야 한다는 것이다.[624]

'계몽 이성'과 '현대성'에 대한 이런 인식은 적어도 두 가지 면에서 역사와 일치하지 않는다. 우선 18세기의 주류 계몽 사상가들이 사용한 '이성'이라는 단어는 의미가 넓었다. 일상 언어에서의 '상식'이나 '이치' 등에 더 가까운 의미였다. 대체로 계몽 사상가들이 말하는 이성은 일종의 '상식 이성'이라고 할 수 있다. 이들은 교회의 권위를 맹종하지 않기 위해 상식 이성을 사용했다. 교회는 더 이상 신의 계시를 명분으로, 협박과 고문을 수단으로 하여 그들이 옳음을 증명할 수 없으며 상식과 이치로써 사람들을 설득해야 한다고 주장한 것이다. 볼테르부터 페인까지 모두 그런 의미에서 '이성'이라는 단어를 사용했다. 칸트가 계몽이란 이성을 사용할 용기가 있는 것이라 말하기는 했지만, 이성을 사용하는 것은 계몽의 사명 중 하나일 뿐이며 인간이 미성숙한 상태에서 벗어나 정신의 성숙 상태로 들어가기 위한 필요조건이지 충분조건이 아니라고 했다. 게다가 "이성을 사용할 용기가 있는"이라는 말에서 '용기'는 그 자체로 인간의 의지와 도덕적 신념과 관련이 있는 것이지 순수한 이성 활동이 아니다.

둘째로 '이성'은 의심할 여지 없이 계몽운동의 핵심 단어지만, 유일한 단어가 아니라는 사실이다. 18세기 각국의 계몽 사상가들은 종종 인문, 행복, 경외, 희망 등을 이성과 함께 거론했다. 또한 이성을 활용하여 인지적 무지를 제거하고 권위에 맹목적으로 따르지 않을 것을 강조함과 동시에 감성과 동정심이 인간 본성과 사회적 생활에서 차지하는 위치를 강조했다. 계몽운동의 시대는 이성의 시대이자 감성의 시대다. 예를 들어 애덤 스미스(Adam Smith)는 『국부론』을 쓰기 전에 『도덕감정론』을 써서 인간이라는 복잡한 사회적 동물을 분석하고 사람들이 동정심이나 도덕적 감각 등의 유대로써 사회를 이룬다고 보았다. 이런 전제 아래 개인이 각자의 이익을 추구하므로 인간이 이익만을 따지는 경제적 동물이 아니라는 점을 설명했다. 애덤 스미스가 『도덕감정론』을 펴낸 것은 『국부론』 보다 17년 앞선 1759년이었다. 그는 평생 『도덕감정론』을 계속 수정했다. 죽기 1년 전까지도 이 저서를 수정하여 그가 세상을 떠난 해에 제6판이 나왔다.[625] 애덤 스미스가 계속 수정한 내용은 주로 인간의 동정심, 공감 능력, 시민 도덕성, 도덕적 책임 등의 논술을 확충하는 것이었다. 애덤 스미스가 동시대에 활동한 데이비드 흄에게 "이성은 격정의 종복"이라고 말한 것은 널리 알려진 사실이다.[626]

반계몽주의

프랑크푸르트학파인 막스 호르크하이머(Max Horkheimer)와 테오도어 아도르노(Theodor Adorno)는 20세기에 나타난 사회 및 정치 문제를 "이성을 계몽"한 탓으로 돌렸다. 1947년에 출판된 『계몽변증법』에서 이들은 계몽이 극복할 수 없는 자기 파괴적 논리를 가지고 있으며, 이성을 절대 권위로 삼아 과학과 논리를 통해 자연을 통제하려고 시도하여 결국 파시즘과 나치즘 같은 전체주의, 자본주의 생산 방식과 현대 산업 사회의 여러 문제를 초래했다고 주장한다.[627] 같은 프랑크푸르트학파인 위르겐 하버마스(Jürgen Habermas)는 일찍이 이들의 계몽에 대한 일반화가 지나치게 단순화되었다고 비판한 바 있다. 폴란드 사학자 레젝 콜라코프스키(Leszek Kolakowski)는 호르크하이머와 아도르노가 자신들의 계몽 개념을 만들 때 그들이 좋아하지 않는 것들인 "실증주의, 논리, 연역 및 경험의 과학, 자본주의, 배금주의, 대중문화, 자유주의, 파시즘"을 전부 담았다고 평가했다. 한마디로 다 계몽운동 탓이란 소리다. 그러나 계몽운동과 계몽 이성이 파시스트 전체주의의 원인이라면, 파시스트 전체주의와 전혀 다른 개인 자유주의는 또 어떻게 초래했다는 말인가? 호르크하이머와 아도르노는 이에 대해 자세히 설명하지 못했다.[628]

『계몽변증법』은 1972년에 영어로 번역되었다.[629] 1920년대 후반 영어권 반계몽주의에서 가장 영향력 있는 인물은 자유주의 철학자 이사야 벌린(Isiah Berlin)이었다. 로버트슨은 "호르크하이머와 아도르노가 그린 계몽적 이미지와 벌린이 영어 세계로 운반해온 계몽적 이미지 사이에는 놀라운 유사점이 존재한다"고 보았다.[630] 그는 벌린이 주장한 계몽운동에 대한 이해, 더 정확히 말하자면 계몽운동에 대한 오해를 1930년대에 발표된 벌린의 초기 저작으로 거슬러 올라가 살펴본다. 당시 벌린은 출판사의 원고 청탁을 받아 카를 마르크스의 전기를 썼다. 집필 과정에서 벌린은 주로 러시아의 마르크스주의 이론가 게오르기 플레하노프(Georgi Plekhanov)의 명작 『일원론 사관의 발전을 논하다』를 참고했다. 플레하노프는 마르크스가 프랑스 계몽주의 사상에 영향을 받아 유물사관을 발전시켰다고 생각한다. 비록 벌린이 플레하노프의 견해를 전면적으로 수용하지는 않았지만, 마르크스주의와 계몽운동의 관계를 바라보는 견해는 그 책의 영향을 크게 받았다. 벌린은 자신이 쓴 『카를 마르크스』에서 계몽운동이 요구하는 것은 이성을 활용하여 빈곤과 전제주의 및 신권으로부터 인간을 해방시키고, 아름다운 사회적 유토피아를 구축하는 것이라고 했다. 벌린은 프랑스 계몽운동을 개괄하면서 볼테르, 디드로, 루소 등 가장 중요한 계몽 사상가들은 제쳐두고 오히려 돌바크(d'Holbach), 엘베시우스(Helvétius) 등 그다지 유명하지 않은 철학자의 견해를 부각시켰는데, 이는 플레하노프와 같은 연구 방향이었다.[631]

벌린은 계몽운동을 '유토피아'라는 선입견으로 바라보았고, 이런 생각이 그의 학문적 생애를 관통하고 있다. 1956년 그는 자신이 편찬한 『계몽 시대: 18세기 철학자 집성』의 서문에서 그의 초기 견해를 재확인했으며 계몽운동을 이성의 유토피아라고 묘사했다. 이 책에서 프랑스 철학자는 볼테르의 『철학 편지』 중 한 단락을 인용한 것을 포함해 7쪽에 지나지 않는데, 영국 철학자는 235쪽이나 차지했으며 로크, 흄, 버클리 등의 저술을 비교적 완전하게 소개한다. 주목할 점은 벌린이 선택적으로 실은 이 자료들이 서론에서 그가 내린 결론을 지지하지 않는다는 사실이다. 볼테르든 로크, 흄, 버클리든 어느 계몽 사상가도 그가 비판한 이성의 유토피아나 사회적 유토피아를 구축해 인류 사회의 문제를 단번에 영원히 해결하자고 요구한 사람이 없기 때문이다.[632]

벌린의 정치적 성향과 학문적 관심사는 호르크하이머나 아도르노와 다르다. 그러나 계몽운동에 대해서는 놀랍게 유사한 편견을 가지고 있다. 제2차 세계대전 이후, 벌린은 자신의 사회적 명성과 학문적 명망을 빌려 '반계몽(Counter-Enlightenment)'을 문화계와 사상계의 유행 용어로 만들었다. 또한 이원 대립의 방식을 사용하여 '계몽'과 '반계몽'을 18세기 사상가들에게서 상호 양립할 수 없는 두 가지 요구였다는 식으로 묘사했다. 계몽은 이성 지상주의, 보편적 문명, 인류 진보, 유토피아 등을 의미하고 반계몽은 감정 추구, 문화적 독특성, 원시적 창의력, 자연으로의 회귀 등을 의미한다는 것이다. 프랑스와 영국의 계몽철학자 진영에 맞서기 위해 벌린은 잠바티스타 비코(Giambattista Vico), 요한 하만(Johann Hamann), 요한 헤르더(Johann Herder) 등 반계몽 사상가 진영을 내세웠다.[633]

벌린이 계몽운동을 '계몽'과 '반계몽'의 대립하는 두 진영으로 나눈 데는 역사적 근거가 충분한가? 앞서 언급한 사학자 게이와 이스라엘은 나라마다 계몽운동의 다양성이 존재하지만 대체로 공통된 요구 조건을 가진 지식 및 문화 운동이라고 본다. 로버트슨은 이들의 견해에 동의하며, 벌린이 비코, 하만, 헤르더를 묘사할 때 오해와 과장이 심하며 역사적 근거가 부족하다고 지적했다. 벌린이 도출한 결론과 달리 그가 추천한 '반계몽' 진영의 인물들이 요구한 것도 계몽운동의 근본적인 요구와 동일하다. 바로 행복 추구가 그것이다. 벌린이 '반계몽'이라고 평가한 사상가 역시 계몽운동의 일부였고, 계몽운동에서 독립적인 '반계몽주의자'가 아니었다. 행복 추구는 이성과 감성에 각각 중점을 둘 수 있다. 다만 계몽주의자는 이전의 어느 시대와도 다른 공통된 지향점을 가진다. "행복을 추구할 때, 우리는 인간의 행복이 무엇인지 미리 규정할 수 없다."[634] 다시 말해서 계몽이란 이성적으로 설계된 규칙에 따라 사람을 기계처럼 훈련하여 영원히 변치 않는 유토피아 사회를 건설하려 하지 않는다. 오히려 계몽은 다른 사람에 의해 설계된 행복을 추구하기보다 각자 자신의 이성과 감성을 활용하여 행복이 무엇인지 끊임없이 탐구하는 것을 의미한다.

벌린의 '반계몽' 이념이 어디서 유래했는지 분석한 로버트슨은 독일 사학자인 프리드리히 마이네케(Friedrich Meinecke)의 영향을 지적한다. 마이네케는 영국과 프랑스의 계몽운동은 추상적이고 보편적이며 영원한 이성적 권위를 숭상하고 절대적인 이치를 추구한다고 보았다. 반면 독일 계몽운동은 감성과 인간 본성의 풍부한 다양성을 강조한다고 여겼다. 벌린은 마이네케의 저서 『역사주의의 기원』 영문판 서문을 썼는데, 그때 마이네케의 이분법을 그대로 답습하고, 이를 계몽과 반계몽의 대립으로 대중화했다. 이는 벌린이 사실상 19세기 전후 독일 학계의 영국과 프랑스 계몽운동에 대한 '적대감'을 20세기 후반의 영어권 세계로 고스란히 옮겼음을 의미한다.[635]

벌린이 계몽운동을 인간을 무지와 미신에서 해방시키고, 세속 세계에서 행복을 추구하는 것이라고 바라본 견해는 분명히 틀리지 않았다. 영어권에서 오랫동안 무시되어온 비코, 하만, 헤르더 등의 사상가들이 감성적 계몽운동에 기여한 점을 높이 평가했고, 이런 점에서 로버트슨 등 후대의 학자들이 계몽운동을 좀 더 풍부하게 이해할 수 있도록 도왔다. 철학자로서 벌린은 이분법을 훌륭하게 활용했다. 그는 동일한 대상을 2개로 나눈 뒤 서로 비교하는 과정에서 각자의 특성을 설명하는 방식으로 관련된 개념을 명확하게 정리해주었다. 예를 들면, 벌린은 자유를 '소극적 자유'와 '적극적 자유'로 나누어 학계에 소개했고, 이는 대중에게도 널리 받아들여졌다. 그러나 벌린이 동일한 방법으로 계몽운동을 계몽과 반계몽으로 구분해 분석하는 것은 사실상 억지에 불과하다. 이분법은 관점을 명확히 설명하는 데 도움이 되지만, 복잡한 문제를 단순화하고 본래는 상호 보완적이었던 역사적 현상을 인위적으로 대립시켜 이해하게 한다. 또한 벌린은 계몽운동이 숭상하는 '행복 추구'를 사회적 유토피아를 구축하려는 정치적 요구와 동일시했는데, 이는 분명히 경솔한 방식이었다.

삶의 의의는 지금 이 세상에서 지혜롭고 도덕적이며 감성적인 생활로서의 행복을 추구하는 데 있다. 정부의 목적은 국민이 평등하게 행복을 추구할 권리를 누릴 수 있도록 자유를 보호하는 것이다. 이것이 바로 계몽운동의 이념이다. 모든 사람의 행복을 약속하는 유토피아주의 이론은 정치와 종교의 아편에 불과하다. 통일된 행복 기준에 맞춰 모든 인간에게 복종을 강제하는 제도적인 유토피아를 건설하는 것은 계몽운동이 바라는 것과 반대되는 정치적 억압일 뿐이다. 그런데 벌린은 이 세 가지를 충분히 변별하지 않았다.

계몽과 혁명

나이폴은 행복을 추구하는 것을 '관념의 아름다움'이라고 불렀다. 그는 행복 추구를 현대 문명에서 가장 보편적인 가치이자 종교, 인종 및 문화의 경계를 넘나드는 것이라고 여겼다. '행복 추구'란 "사람들이 흔히 사용하는 표현이라 당연하다고 느끼고 쉽게 오해할 수 있다." 하지만 그것은 현대 문명의 핵심 가치이기도 하다. "이런 문명이 거리와 상관없이 많은 사람에게 매력적으로 다가가는 핵심적인 이유는 행복을 추구한다는 관념에 있다. (…) 이것은 탄력적인 관념이라 모든 사람에게 적합하다. 이 관념은 어떤 특정한 사회와 어떤 각성한 정신을 의미한다. (…) 이 관념의 함의는 이토록 풍부하다. 개인, 책임, 선택, 현명한 생활, 직업 정신, 완벽함과 성취 추구까지. 이것은 온 세상을 망라하는 관념이다. 이 관념을 고착화된 하나의 체제로 축소할 수 없다. 이 관념은 맹종과 광신을 유발하지 않는다. 그런데도 우리는 이 관념이 존재한다는 사실을 알고 있으며, 이 관념이 존재하는 한 경직된 체제는 결국 사라질 것이다."[636]

전통 사회에서는 제도와 풍습이 인간을 등급화했다. 행복을 추구하는 것도 신분의 고하와 귀천, 관계의 멀고 가까움에 따라 분배하는 특권이었다. 그래서 위에서부터 아래로 내려올수록 행복 추구의 권리가 점점 깎여나갔다. 그러다가 18세기 후반에 이르러 행복 추구는 평등과 자유를 추구하는 계몽운동과 함께 혁명적 시대의 이상(理想)이 되었다. 미국 독립혁명에서는 1776년의 「독립선언문」이 행복 추구를 모든 사람의 타고난 권리로 삼았고, 프랑스 혁명에서는 1793년에 제정된 헌법이 "공공의 행복"을 사회의 목표로 삼았다.

하지만 모든 관념과 정치 사건 간에는 매우 복잡한 관계가 존재한다. 미국 독립혁명과 프랑스 혁명은 단순히 혁명가들이 계몽적 이상을 혁명이라는 행동으로 옮긴 결과가 아니다. 관념이 직접적으로 정치 행동으로 변하는 경우는 드물며, 정치적 사건을 해석할 때는 구체적인 사회 환경과 역사 사실에 주목해야 한다. 말하자면 정치적 사건을 정치적 사건답게 해석해야 하며, 단순히 정치적 이념에 따라 해석해서는 안 된다는 뜻이다. 최근 200년 동안 사상가들은 정치적 사건 속에서 관념의 역할과 작용을 과장하는 경향을 보였다. 특히 계몽운동과 프랑스 혁명의 관계를 설명할 때, "프랑스 혁명에서 관념의 중요성은 과장되었을 수 있다." 정치 사건의 발생과 변화는 종종 그 사건만의 정치적 논리를 가진다. "어떤 사상과 이론이 어느 혁명가들을 어떻게 자극했든지, 프랑스 혁명은 정치적 사건이며 그 자체의 동기가 있다. 계몽운동이 사람들에게 자유에 대한 갈망을 불어넣지 않았더라도 끔

찍할 정도로 불공평한 구 왕조 체제에 저항했을 것이다. 그 시기의 역사를 돌아보면 일련의 사건들이 가속화되면서 사람들은 점점 더 양립할 수 없는 적군과 아군으로 분열되는 듯하다."[637]

프랑스 혁명이 자코뱅당의 공포 통치로 나아가자 사상가들은 미국 독립혁명을 찬양하고 프랑스 혁명을 비판하는 흐름을 보였다. 에드먼드 버크(Edmund Burke)가 프랑스 혁명의 급진주의를 성토하면서 반대로 미국 혁명의 보수주의는 크게 추앙했는데, 이런 흐름이 200년 넘게 이어졌다. 데이비드 흄은 자신이 "원칙적으로 미국인"이라고 말하면서 미국 혁명의 이념에 동의했다. 프리드리히 실러(Friedrich Schiller)는 미국 혁명이 내세운 "생명, 자유 및 행복 추구"의 권리를 높이 평가하면서 심지어 미국으로 이민 가는 것까지 고려했다. 그는 미국인이 정치적으로 비교적 성숙하여 질서 있게 혁명의 이상을 실현할 수 있다고 생각했다. 프랑스인처럼 혁명을 졸속으로 진행하여 공포 통치로 끝나는 것과는 다르리라고 말이다.[638] 이와 유사한 견해는 오늘날에도 학계 안팎에서 여전히 성행하고 있다.

이렇듯 오래전부터 이어진 프랑스 혁명에 대한 비판적 견해에 대해 역사가들은 이렇게 질문할 것이다. 프랑스가 온건한 계몽 이념을 받아들였다면 영국의 입헌 군주제나 미국의 민주 공화제의 길을 걸었을 가능성이 있을까? 로버트슨과 이스라엘도 같은 내용을 질문한 적 있다. 두 사람의 결론은 대체로 일치한다. 프랑스 혁명을 급진적인 계몽 이념을 가진 혁명가들이 자신의 테러적 이념을 테러적 행위로 바꾼 것으로 보아서는 안 된다. 자코뱅당의 공포 정치는 입헌 군주제와 민주 공화정이 실패한 후에 나타난 결과다. 그러므로 당시 프랑스의 사회 상황과 각 정치 세력의 구체적인 행동에 따라 공포 정치라는 결과가 나온 것이지 그들의 계몽주의 이념이 온건한지 급진적인지 상관없다. 로버트슨은 급진적인 계몽 이념이라는 관점만으로 프랑스 혁명의 폭력성과 피비린내 나는 과정을 설득력 있게 설명할 수 없다고 말하며, 당시 프랑스를 둘러싼 일련의 사회문제와 정치 사건의 세부 사항에 주목해야 한다고 강조했다.[639] 역사학자의 입장에서 악마는 역사적 세부 사항에 있고, 신 역시 역사적 세부 사항에 있다.

미국 혁명이든 프랑스 혁명이든 다양한 사상, 정치, 경제 및 사회적 요인이 역사의 무대에서 우연과 결합해 만들어낸 결과다. 계몽 이념은 혁명을 일으킨 요인 중 하나일 뿐이다. 누군가 보수주의를 선택한다고 해서 혁명이 일어나지 않는 것도 아니며, 누군가 혁명을 원한다고 해서 혁명이 폭발하는 것도 아니다.

사상과 정치적 사건 사이에는 학자들이 아직 명확히 이해하지 못한 여러 단계와 요인이 있다. 버크는 영국의 보수주의 전통을 극단적으로 추종하고 영국 모델의 입헌 군주제를 절대화하는 경향이 있다. 하지만 역사는 영국적 전통과 정치 모델이 대부분 국가에서 현실적으로 부합하지 않는다는 것을 보여준다. 예를 들어 북아메리카에 있는 영국의 식민지 신민들조차도 영국의 입헌 군주제를 유지하고 싶어 하지 않았다. 그들은 혁명과 반란을 일으켜서라도 영국 왕실의 통치에서 벗어나고자 했으며, 미국은 독립한 후에 결국 영국의 입헌 군주 모델을 따르지 않았다. 혁명 이후의 프랑스는 영국의 입헌 군주제와 미국의 민주 공화정을 전부 시도했지만 다 실패로 끝났다.

보수주의와 진보주의

20세기에 일어난 몇 건의 인류적 재앙을 두고 많은 학자가 급진주의를 탓했다. 학계 안팎으로 많은 이들이 보수주의로 기울었다. 하지만 보수주의는 전통 가운데 우수한 것을 유지할 뿐 아니라 올바르지 못한 것조차 유지한다. 무엇이 좋은지 나쁜지는 역사의 무대에서 경쟁을 벌이며, 어느 시대에 어느 쪽이 우세할지는 구체적인 전통 관습, 인구 집단, 사회 상황, 경제 여건, 시대 정신 등의 요소에 따라 달라진다. 이런 다양한 요소가 동시에 작용하는 역사적 기회와 인연 또한 무시할 수 없다.

버크가 미국 독립혁명에 관한 생각을 발표했을 때 미국은 막 독립한 상태였다. 200여 년이 지난 지금 그의 평가를 돌아보면 경솔하고 근시안적인 느낌이 든다. 미국 독립혁명은 1776년에 독립 선언을 완료한 것이 아니다. 심지어 1787년에 헌법 제정을 완료한 것도 아니다. 헌법을 처음 제정할 때의 타협으로 인한 후유증은 이후 미국 역사에서 계속 축적되었으며 갈등 역시 끊임없이 격화했다. 예를 들어 노예제의 경우 헌법이 처음 제정되고 나서 반세기 동안 북부 각 주는 제도 개선을 통해 피를 흘리지 않고도 노예제를 차근차근 폐지했다. 그러나 이렇듯 온건한 개선방식은 1850년대에 막다른 골목에 다다랐다. 남부의 여러 주가 평화적인 방식으로 노예제를 폐지하는 것을 거부했을 뿐 아니라 노예제를 미국 영토에 새로 편입된 주로 확대하길 바랐다. 링컨이 1861년 대통령에 취임하기 전에 이미 7개의 노예제 시행 주가 연방 탈퇴를 선언했다. 헌법 제정 시기의 타협과 제정 이후 반세기 넘는 기간 동안 이어진 타협으로 미국은 연방이 분열될 위험에 처했다. 링컨 대통령은 취임 후 남북 분단을 피하려고 계속 타협을 시도했지만, 모든 노력이 실패했다. 버크가 숭상했던 온건함, 보수주의, 타협은 결국 대규모 내전을 피하지 못했다. 60만 명이 넘는 민간인과 한 사람의 대통령이 목숨을 잃어야 했으며, 그 후 유증은 지금까지 미국 사회에 영향을 미치고 있다.

버크에 비해 현대인은 미국 독립혁명을 역사적 과정으로 살펴보며 좀 더 깊이 검토할 수 있다. 사학자 에릭 포너(Eric Foner)는 미국의 남북전쟁과 전후 재건을 제2의 건국이라 불렀다. 정치적 요구와 전후에 만들어진 법률을 보면, 남북전쟁은 분명히 미국 독립혁명의 연장선이다. 남북전쟁이 끝난 후 미국 헌법에는 13조, 14조, 15조가 추가되었다. 법적으로 평등, 자유, 행복 추구라는 계몽 이념을 모든 시민에게 확대하여 보장한 것이다.

그러므로 미국 독립혁명은 좀 더 넓은 역사적 시야에서 볼 때 프랑스 혁명에 비해 온건하고 보수적이며 타협적이지 않다. 이 혁명이 이루어지는 동안 발생한 폭력과 피 흘림, 인명 손실 역시 프랑스 혁명보다 적다고 할 수 없다. 게다가 로버트슨이 지적했듯 미국을 건국한 사람들이 노예제 등의 문제에서 타협을 선택한 것은 그들이 보수주의자였거나 영국의 온건한 전통에 영향을 받아서가 아니라 당시 식민지였던 상황에서 어쩔 수 없이 이루어진 것이었다. "타협 없이 헌법 제정에서 합의에 도달할 수 없었다." 하지만 그런 특색 있는 제도가 미국 역사에 초래한 사악한 결과는 이미 모두 알고 있다.[640]

버크는 1797년에 세상을 떠났다. 그해 미국의 두 번째 대통령이 취임했다. 미국은 아직 완전히 형태를 갖추지 못한 국가였고, 헌법에 남은 타협의 후유증 역시 아직은 전부 전개되지 않은 상태였다. 물론 버크는 미국 혁명과 프랑스 혁명에 대한 깊은 통찰력을 가지고 있으며, 그 후로 200여 년 동안 많은 사상가에게 영감을 주었다. 동시에 버크와 그의 사상은 18세기 영국 역사의 일부이며, 특정한 역사적 시공간이 낙인찍혀 있는 것도 사실이다. 페인은 『인간의 권리』에서 버크를 비판한 적이 있다. "버크는 죽은 사람의 권위를 살아 있는 사람의 권리와 자유보다 우선시한다."[641]

계몽운동과 혁명, 보수주의와 급진주의 등의 문제를 논의할 때 우리는 버크의 사상적 통찰력에 도움을 받는 것과 동시에 동시대 사람들이 그에게 쏟아낸 비판을 살펴야 하며, 그의 날카로운 지성과 더불어 편견까지 두 가지 측면에서 검증해야 한다. 역사적 전통과 사상가의 권위를 존중하면서도 역사의 죄수가 되거나 권위를 맹종하지 않는 것이 미국 독립혁명과 프랑스 혁명을 고양시킨 계몽 정신이다.

법률과 공정성

역사학자 제프리 콜린스(Jeffrey Collins)는 후대 사람들이 계몽운동에서 오랫동안 간과했던 측면이 "느낄 용기가 있다는 점"이라고 지적한 바 있다.[642] 인류 역사에 200년 넘게 영향을 미친 그 운동을 한 단어나 한 문장으로 요약하는 것은 쉽지 않다. 널리 오해받는 표현인 "이성을 사용할 용기가 있다"와 마찬가지로 "느낄 용기가 있다"고 하는 오해받기 쉬운 말보다는 "행복을 추구할 용기가 있다"는 표현이 더 적절할 것 같다. 이는 계몽운동의 일관된 주제이기도 하잖은가. 우리가 찬성하든 반대하든, 좋아하든 싫어하든, 계몽운동은 인류의 관념과 생활 방식에 큰 변화를 가져왔다. 사람들은 더 이상 신이나 조상이 자신의 운명을 지배하도록 내버려두지 않고, 스스로 어떤 사람이 되어 어떤 삶을 살아야 할지 결정한다. 생활 방식의 거대한 변화는 미국 혁명의 이상, 특히 모든 사람이 "행복을 추구"할 권리를 가진다는 정치적 약속에 충분히 반영되어 있다.

"계몽운동은 관념의 이야기가 아니라 관념과 사회 현실이 상호작용하는 이야기다."[643] 독립과 건국 이후 200여 년 미국 역사도 마찬가지다. 행복 추구의 이상은 법률 제정, 행정 명령, 법원 판결에서 구체화되어야 현실적으로 실행 가능성을 가질 수 있다. 각 계층의 공감대가 형성되어야만 국민 전체의 생활 방식으로 자리잡을 수 있다. 이것은 다양한 경로와 다양한 층위로 이루어지는 긴 발전의 과정이다.

나는 법률사학자 로렌스 프리드먼의 말에 동의한다. 법은 독립적인 영역이 아니라 비록 왜곡된 거울일지라도 사회의 거울이다.[644] 추상적인 법리와 원칙은 구체적인 입법 행위로 반영되어야 현실적 의미가 있으며, 법률 조항과 성문화되지 않은 관습법은 법원 판결에 반영되어야만 생명력이 있다. 또한 법률 조문과 관습법에 대한 법원의 해석은 끊임없이 변화한다. 모든 사건의 사실은 이전의 다른 사건과 같을 수 없으며, 관련된 사실이 유사하더라도 당사자의 상황과 사회 환경이 다르다. 이런 요소가 법원의 성문법과 관습법 해석에 영향을 미친다. 프리드먼은 그의 저서 『미국 법률사』를 "법의 사회사"라고 지칭하면서 "어떤 의미에서는 사회가 법의 거울일 수 있다", "형식과 기능이 변하는 것이지, 기능과 형식이 변하는 것이 아니다"라고 말했다. 그래서 역사를 되돌아보는 것은 단순히 과거를 그리워하는 것이나 "화석을 찾는 것"이 아니라 "시간이라는 기나긴 강줄기에서 오랜 시간 동안 진행된 사회 발전을 연구하는 것이다."[645]

법은 사회적 토양뿐만 아니라 분립한 권력의 나머지 두 주체인 입법과 행정에 의존해 존재한다. 중국어권 학계에서 자주 인용되는 존 롤스(John Rawls)는 이렇게 말했다. "헌법 해석은 대법원이 정하는 것이 아니다. 그보다는 다른 권력 주체에 기대어 헌법에 따라 행동하는 사람들이 최종적으로 대법원이 헌법이 무엇인지 해석하고 정의하도록 허가해주는 것이라고 보는 게 맞을 것이다. 대법원이 헌법을 어떻게 이해하는지는 헌법 수정안에 따라 바뀌거나 광범위하고 지속적인 정치 다수파의 이해에 따라 달라져왔다."[646] 하지만 역사를 살펴보면 의회와 행정부에서 마땅히 해야 할 일을 이행하지 않는 부작위(不作爲) 상황이 자주 나타난다. 또한 기본적인 법률의 불공정함을 무시하다 보면 법원이 피해자가 호소할 수 있는 유일한 체제 내의 통로가 된다. 법원의 문이 닫히고 판사도 불공정을 외면하거나 움직이려 하지 않는 입법부나 행정부에 공을 넘기려 한다면, 사회 정의를 실현할 수 있는 체제 내의 통로는 완전히 막히는 셈이다.

동시에 법원은 정부 권력을 구성하는 주체 중 하나이자 권한을 행사할 수 있는 헌법적 틀을 가지고 있으므로 법원 스스로 '플라톤식 보호자' 역할을 하는 것을 조심해야 한다.[647] 사법 심사권 행사와 다른 권력 주체에 대한 월권과 간섭 사이에는 명확한 경계선이 없어서 연방대법원의 대법관들 사이에서도 종종 격렬한 논쟁이 발생한다. 얼 워런이 대법원장으로 있을 때는 대법원이 사회 정의와 공정성 문제에 지나치게 집중한 나머지 국회가 해야 할 입법 기능까지 떠맡았다고 비판하는 사람이 많았다. 회의 때 펠릭스 프랭크퍼터 대법관이 이렇게 소리친 적도 있었다. "빌어먹을, 당신은 판사요! 당신의 정의감이나 개인적 선호에 따라 판결할 수 없단 말입니다." 그러자 워런 대법원장은 "내가 아직 정의감을 잃지 않은 것을 하느님께 감사드린다"고 화답했다.[648] 법정 변론 때는 워런 대법원장이 양측 변호사의 진술과 변론을 들은 후 자주 "좋습니다"라고 말한 다음 곧바로 "그렇게 하면 공평합니까?"라고 묻곤 했다.[649]

공정과 정의를 추구하는 것은 서구 법률의 오랜 전통이다. 아리스토텔레스는 일찍이 법의 정의와 공정의 정의를 구분했다. 법률 조문과 관례에 따라 판결하는 결과는 때때로 불공평하며 공정 원칙을 위반한다. 아리스토텔레스에 따르면, 이런 상황이 발생했을 때 공정의 정의로 법의 정의를 교정하거나 보완할 필요가 있다.[650] 공정과 정의를 구현하기 위해 영국에서는 형평법원(Court of Chancery)이 설립되었는데, 주요 기능 중 하나는 일반법원의 잘못을 교정하는 것이었다. 형평법원의 위상은 일반법원보다 높았다. 미국은 영국의 사법 전통과 법원 제도를 계승했다. 비록 최근 각 주가 형평법원을 일반법원 시스템에 포함하고 있지만, 형평법원의 절차와 공정 원칙은 미국의 사법적 실천에 남아 있다. 연방법원 시스템도 비슷한 과정을 거쳤다. 일부 논자들은 1938년에 제정된 '미국 연방 민사 절차 규칙'을 '형평법이 일반법을 이겼다'고 보기도 한다.[651] 연방대법원도 일부 판결에서 명백히 공정성을 고려한다. 어떤 대법관은 법원을 단지 '법을 해석하는 곳'으로 여기는 반면, 어떤 대법관은 법원을 '정의를 수호하는 곳'이라 여긴다. 후자에 속하는 대법관은 "한마디로 말해서 공정성으로 법률 체제의 공백을 메워야 한다"고 말했다.[652]

이론에서든 실천에서든 법의 정의와 공정의 정의는 영미법의 오랜 전통이다. 여러 명의 대법관에게서 두 가지 다른 전통이 각각 나타난다. 프랭크퍼터 대법관은 법의 정의 전통을 지키고자 했다. 아리스토텔레스가 말한 '곧은 자'의 기준을 엄격히 준수하고, 법률 조항과 판례에 따라 법을 해석해 판결한다. 워런 대법관은 형식 면에서는 법의 정의를 따르는 것이 중요하지만 그것만으로는 충분하지 않다고 여겼다. 판사는 공정의 정의를 발전시켜야 하며, 판결 결과가 소송 당사자에게 공정한지 따져야 한다. 아리스토텔레스가 말한 '굽은 자' 전통인데, 곧은 자만 가지고는 신전을 지을 수 없다.[653] 공정의 정의를 따르는 전통은 미국 사법계에서 많은 보수 인사들의 비판을 받는다. 보수주의자는 이를 '사법 능동주의'라고 부른다.[654] 예를 들어, 법원이 위헌 소지가 있는 법률을 뒤집어 소송 당사자의 공정성을 주재하는 것은 종종 과도한 권한으로 인해 권력 분립 원칙을 어겼거나 사법 심사 권한을 남용했다는 비난을 받게 된다. 프랭크퍼터 대법관이 사법 자율을 강조하는 것은 이러한 상황을 피하기 위한 것이다.

사법 자율 이론은 권력이 분립하여 균형을 이루는 제도 아래 3개의 권력 주체가 각각 자신의 권한을 행사하고 각자의 역할을 다한다고 가정한다. 하지만 현실 세계에서 의회는 다수 여론에 의해 제약받으며, 종종 그 직무를 다하지 못하고 사회의 취약계층과 소수인종이 겪는 불공정을 외면한다. 가끔 의회는 사회적 양심에 충격을 주는 일부 불공정한 현상을 제거할 의지도 능력도 없는 것처럼 보인다. 역사적으로 소수인종의 평등권과 여성의 선거권을 쟁취하는 과정에서 의회의 직무 태만과 법원의 회피 상황을 경험한 바 있다. 사법과 입법이 공을 상대방에게 떠넘기는 동안 국민의 헌법 권리는 거대한 법적 틈새로 떨어지곤 했다. 많은 판사가 체제의 결함을 인지하며, 이런 허점을 판결로써 보완하려 한다. 이는 법원을 법률 해석의 장으로 삼을 뿐만 아니라 정의를 수호하는 장으로 만든다. 의회의 입법권을 대신하는 것이 아니라 정의롭지 못한 법에 침해당한 당사자들이 공정한 결과를 얻도록 돕는 것이다.[655]

이런 공정의 정의라는 사법 전통으로 인해 취약계층과 소수인종은 그들이 평등권을 쟁취하는 데 가장 좋은 동맹이 민의로 선출된 의회가 아니라 법원이라는 것을 알아차렸다. 법의 정의든 공정의 정의든 독립적이고 전문적인 법원 시스템에 의해 실현되어야 한다. 동시에 법조인이 아니라 민간인, 특히 사회에서 무시되거나 심지어 잊힌 '평범한 사람'의 적극적인 참여와 수호가 필수적이다. 대법원은 평범한 사람이 법원을 통해 권리와 자유를 쟁취하는 과정이 질서정연하게 행복을 추구하는 과정이라고 보았다.[656] 헌법이 보장하는 자유인의 권리를 법률(de jure)에서 현실(de facto)로 바꾸는 것이 법원의 책무이며, 법질서 속에서 행복을 추구하는 데 필수적인 평등권을 쟁취하는 것이 현대 문명인의 생활 방식이다.

부록: 미국 연방법원의 사법 심사권

만약 입법권, 행정권, 사법권이 하나로 모이면 그 대상이 개인이든 소수파든 다수파든 세습이든 임명이든 선출이든 상관없이 폭정으로 이어질 것이 분명하다.
— 제임스 매디슨

헌법은 일반법으로 바꿀 수 없는 최고법이거나 일반법과 마찬가지로 입법자가 마음대로 바꿀 수 있는 법일 수 있다. 전자가 진실이라면 헌법을 위반한 법안은 법이 아니다. 후자가 진실이라면 국민의 이름으로 헌법을 종이에 적어서 본질적으로 무한할 권력을 제한하려는 시도가 터무니없는 짓이 된다.
— '마버리 대 매디슨 사건' 판결문

사법 심사권

2020년 9월, 대선이 두 달도 채 남지 않은 시점에서 미국 연방대법원 대법관 루스 긴즈버그(Ruth Ginsburg)가 사망하면서 대통령의 대법관 지명 및 임명에 대한 논란이 대선 중 여론 초점 중 하나가 되었다. 이 문제가 선거 상황에 미치는 영향을 둘러싸고 다양한 논평과 추측이 나오고 있다. 대법원 판사의 지명, 임명에 관심이 쏠리는 것은 대법원의 사법 심사권(judicial review) 때문이다. 사법 심사권이란 무엇인가? 간단히 말하자면 연방법원은 헌법을 해석하고 대통령, 의회, 각 주 정부 및 각 주 의회의 정책이나 법률이 헌법에 위배되는지 여부를 판단할 권한이 있다.

미국 헌법에 따르면 연방대법원은 사법권을 가지고 있으며, 미국 정부의 세 가지 권력 부문 중 하나다. 이런 미국의 제도를 '삼권분립'으로 요약하는데, 여기서 말하는 '권(權)'은 정부가 국가를 통치하는 권한을 의미하며, 정부 부서의 구체적인 기능에만 국한되지 않는다. 몽테스키외는 현대 법학에서 '분권' 이론의 창시자이다. 그는 국가 권력을 입법, 행정, 사법의 세 가지로 나누었다. 그의 논술에 따르면 '삼권분립'의 목적은 시민의 자유를 보장하기 위한 것이다. "만약 사법과 입법, 행정이 분리되지 않는다면 자유는 없다고 할 수 있다."[657] 이 말은 현대 헌정 제도에서 삼권

분립에 관한 가장 중요한 잠언이 되었다. 몽테스키외가 이 이론을 만들 때는 영국 입헌 군주제에서 깊은 영감을 받았지만, 이 학설이 이론적으로 완성되고 구체적으로 실천된 것은 미국 독립 이후의 정치적 구조 속에서 이루어졌다.

제임스 매디슨(James Madison)과 앨릭잰더 해밀턴(Alexander Hamilton)은 미국이 헌법을 제정하고 정치 제도를 수립하는 데 중추적인 역할을 한 인물이다. 몽테스키외는 그들이 가장 즐겨 인용하는 저자 중의 하나였다. 특히 삼권분립을 설명하는 말을 반복적으로 인용했다. 매디슨은 몽테스키외의 말을 빌려와서 권력 집중이 필연적으로 '폭정'을 초래할 것이라고 경고하기도 했다. "만약 입법권, 행정권, 사법권이 하나로 모이면 그 대상이 개인이든 소수파든 다수파든 세습이든 임명이든 선출이든 상관없이 폭정으로 이어질 것이 분명하다."[658]

하지만 삼권분립은 미국 체제의 한 면일 뿐이다. 더 중요한 일면이 바로 행정, 입법, 사법의 권력이 서로 견제하는 것이다. 분권과 견제, 균형이야말로 미국 정치 제도의 핵심이자 영혼이다. 분권과 균형은 전권을 지닌 정부가 시민의 자유와 권리를 손상시키는 것을 방지할 뿐만 아니라 정부 권력이 과도하게 분산되어 국가에 대한 통치 능력을 상실하는 것도 방지한다. 하지만 삼권분립은 국가 권력의 세 부문 사이에서 권력을 균등하게 분배한다는 것을 의미하지 않는다. 입법·행정·사법의 권력은 불균형하며, 입법과 행정의 권한이 사법의 권한보다 훨씬 크다. 해밀턴이 세 가지 권력을 비교한 적이 있다. "입법 기관은 재정을 장악하고 법률을 만든다. 행정부는 관리를 임명하고 무력을 장악한다. 법원은 군권도 재정권도 없고 판결권만 있을 뿐이며, 판결이 집행될 수 있을지는 전적으로 행정부에 의존한다." 따라서 그는 다음과 같이 요약했다 "법원은 분립된 세 권력 중 가장 약한 편에 속하며, 입법 및 행정과 어깨를 나란히 하기 어렵다."[659]

해밀턴이 이처럼 권력 불균형을 분석한 주요 목적은 입법, 행정, 사법의 세 가지 권력 중 어느 것이 국민의 자유를 해칠 가능성이 가장 큰지를 밝히기 위함이다. 입법 기관과 행정 부서는 큰 권력을 쥐고 있어서 이를 남용할 가능성이 가장 크고, 법원은 권력이 약하기 때문에 단독으로 국민의 자유를 위협하기 어렵다. 따라서 삼권분립 체제하에서 자유에 대한 위협은 법원이 단독으로 행사하기 힘들다. 법원이 국민의 자유를 위협하려면 반드시 입법 기관이나 행정 부서와 결탁해야 한다. 마찬가지로 법원은 실권이 없으므로 입법이나 행정과 결탁하게 되면 반드시 상대의 그늘로 들어갈 수밖에 없으므로 결과적으로 입법과 행정의 앞잡이가 될 뿐이다. 그렇게 되면 분권의 명분만 있을 뿐 실체는 없는 셈이 된다. 따라서 법원이 입법이나 행정에 의존해 권력을 행사하는 것을 방지해야 국민의 자유를 보장할 수 있다. 이와 관련해 해밀턴은 몇 가지 보장 조치를 제안한 적이 있다. 예를 들어 법관의 수입이 감소하지 않도록 보장하는 법을 제정하고, 판사 직무는 임기의 제한을 받지 않게 했으며, 법원에 입법 기관이 통과시킨 법률 및 행정 명령에 대한 사법 심사 권한을 주었다. 그중 사법 심사 권한을 통해 군권과 재정권이 없는 법원이 입법 기관과 행정부를 견제할 수 있는 능력을 갖추게 되었다.[660]

사법 심사권은 입법 기관이 통과시킨 법률과 행정부에서 내린 명령에 대해 헌법에 위배되는지 여부를 심사하고 선고할 권한을 말한다. 미국은 '헌법 아래의 국가'이며 헌법은 국가의 근본이다. 따라서 어떤 법률이나 행정 명령도 헌법을 위반하면 효력을 잃는다. 사법 심사권이라는 중요한 권한은 헌법에는 언급되지 않고, 해밀턴의 논술에서 드러난다. 해밀턴은 법원의 심사권을 논증하면서 헌법이 입법 권한에 가하는 제한, 즉 입법 기관이 국민의 자유를 박탈하는 법을 통과시켜서는 안 된다는 점을 매우 강조했다. 다시 말해서 국민의 자유를 박탈하는 모든 법률은 위헌이므로 무효다. 문제의 핵심은 누가 법률의 위헌 여부를 결정하느냐에 있다. 해밀턴은 법원이 사법 심사 권한을 가지고 헌법에 의거하여 특정 법률이 위헌인지 여부를 심사, 판결해야 한다고 생각한다.[661]

연방정부의 모든 권력은 헌법에서 나온다. 헌법은 정부, 의회 및 법원 각각의 권한과 기능 범위를 규정하고 제한한다. 예를 들어, 헌법 1조는 국회의 입법 권한을 규정하고, 2조는 행정 당국의 권한을 규정하고, 3조는 법원의 사법 권한을 규정하고 있다. 그중 3조 1항은 국가의 사법 권한이 연방대법원 및 의회가 설립한 하급 연방법원에 속한다고 규정하고 있으며, 2항은 연방대법원 및 각급 연방법원이 헌법 문제에 대해 사법 관할권을 가지고 있다고 규정하고 있다. 하지만 미국 헌법은 법원에 입법 기관이 통과시킨 법률과 행정부의 명령을 사법적으로 검토할 권한을 명확히 부여하지 않았다. 사법 심사권은 연방대법원이 헌법 조항의 해석을 통해 확립한 것이다. 구체적으로는 존 마셜 대법관이 '마버리 대 매디슨(Marbury v. Madison) 사건'의 판결에서 확립시켰다.[662] 법원의 사법 심사 권한은 해밀턴의 논술에서 비롯되었다고 할 수 있으며, 헌법에 기반하여 대법원의 헌법 해석에 의해 확립되었다.

한밤의 법관

마버리 대 매디슨 사건은 대통령과 의회가 인계 기간 내에 벌인 두 차례의 정치 싸움에서 비롯되었다. 1801년 2월, 제퍼슨은 연방당의 현직 대통령인 애덤스를 이기고 대통령 선거에서 승리했다. 동시에 공화당이 의회 선거에서 크게 승리하여 연방당으로부터 의회의 통제권을 빼앗았다. 새로운 의회가 열리기 전, 구 의회에서 다수를 차지하고 있던 연방당은 새로운 '사법 법안'을 통과시켰다. 퇴임을 앞둔 애덤스 대통령이 법안에 서명하여 법률로 제정되었다. 이 사법 법안은 1789년에 제정된 '사법법'에 중대한 수정을 가한 것으로, 연방 지방법원 및 항소법원을 확충하고 각 급 법원에 판사 수십 명을 증원하는 내용을 포함했다. 미국 헌법 2조 2항에 따르면, 연방법원 판사는 대통령이 임명한다. 애덤스 대통령은 퇴임하기 전에 수십 명의 연방 당원을 연방법원의 각 급 판사로 임명했는데, 이들은 역사적으로 "한밤의 판사"라고 불렸다.

급작스럽게 임명된 판사 중에 연방 당원인 윌리엄 마버리(William Marbury)가 있었다. 사법법에 따르면 대통령이 판사 후보를 지명하면 상원의 인준을 거쳐 대통령이 임명장을 발부하고, 국무부 장관이 임명장을 대상자에게 전달한다. 임명 대상자는 이 서류를 가지고 해당 법원에 부임한다. 애덤스 대통령이 퇴임하기 전, 대부분의 '한밤의 판사' 임명장이 본인에게 전달되었다. 그런데 마버리와 다른 몇몇 사람들은 새 대통령이 취임하기 전에 임명장을 받지 못했다. 임명장 전달 임무는 새 정부로 넘어갔다. 신임 제퍼슨 대통령은 이전 정부에서 아직 전달하지 않은 임명장 발송을 중단하라고 지시했다. 이로써 임명장을 받지 못한 임명자들이 법원에 부임할 수 없게 되었다. 마버리를 비롯해 임명장을 받지 못한 판사들은 제퍼슨 대통령의 새로운 정부에 행정 책임을 이행하고 신속하게 임명장을 발송할 것을 요구했다. 이 요청이 거부되자 마버리 등은 제퍼슨 대통령이 새로 임명한 매디슨 국무 장관을 법정에 세웠다. 법원을 통해 새 정부에 행정적 책임을 강제하고 애덤스 전 대통령 재임 시 발급한 임명장을 발송할 것을 요구한 것이다.

사건과 관련된 주요 사실에는 큰 쟁점이 없었고, 문제는 법률적인 측면에 집중되었다. 구체적으로 세 가지 법률이 관련되어 있다. 첫째, 원고가 임명장을 받을 권리가 있는가? 둘째, 원고가 임명장을 받을 권리가 있고 이 권리가 침해되었다면 법률이 이를 구제해주어야 하는가? 셋째, 법률이 피해를 구제할 수 있다면 법원에 강제 명령을 신청하는 방식이어야 하는가?

첫 번째 문제에 대해 법원은 마버리가 임명장을 받을 권리가 있다고 인정했다. 주된 이유는 마버리를 임명하는 절차가 완전히 합법적이라는 것이었다. 대통령은 헌법에 따라 판사를 지명하고, 상원은 투표를 통해 임명을 승인하며, 이후 대통령이 임명장을 발부하여 정식으로 임명한다. 게다가 임명장은 임명의 증거로서 임명 자체와 불가분의 관계에 있으며, 대통령이 임명장에 서명한 순간 공식적으로 효력을 발생하게 되므로 임명장을 받지 못했다고 해서 무효가 되는 것은 아니다. 대통령이 임명장을 발부하면 대상자는 임명받은 상태가 된다. 국무장관이 위임장을 전달하는 절차는 법률에 규정된 행정 책임 중 하나다. 국무장관이 자신의 행정 업무를 거부하고, 임명된 사람에게 즉시 임명장을 주지 않는다면 직무 유기이며, 이는 마버리 등의 합법적인 권리를 침해하는 것이다.[663]

두 번째 문제에 관해 판단하기 전에 대법원은 먼저 미국의 법치에 대해 거시적으로 논술했다. "시민 자유의 본질은 누구나 이를 침해당했을 때 법적으로 보호받을 권리가 있다는 것이다. 정부의 가장 중요한 책무 중의 하나는 바로 이러한 보호를 제공하는 것이다. (…) 미국 정부는 법치 정부로 인정받고 있다. 시민의 고유한 합법적 권리가 침해될 때, 법이 이를 구제하지 못한다면 미국 정부는 법치 정부라는 명성을 누릴 자격이 없다."[664]

그렇다면 법원이 모든 상황에서 행정 당국의 조치가 시민의 권리를 위반하는지 그 여부를 심리할 권리를 가지는가? 대법원의 대답은 부정적이다. 이는 헌법상 공권력의 분배에 관한 것이다. 헌법은 대통령에게 특정한 정치적 권한을 부여하며, 대통령은 이러한 권한을 행사할 때 국가에 직접 책임을 지고 자신의 양심에 호소할 뿐이기 때문에 법원에는 간섭할 권리가 없다. 예를 들어 국무장관의 임명은 헌법이 대통령에게 부여한 권한이다. 국무장관은 법에 따라 대통령의 정치적 직무를 수행한다. 법원은 대통령의 국무장관 임명에 간섭할 권리가 없으며, 국무장관이 대통령이 부여한 정치적 직무를 수행하는 데도 간섭할 권리가 없다.

그러나 대통령이 부여한 직무를 수행하는 것은 정부 관료의 행정 책임 중 일부일 뿐 전부가 아니다. 대통령이 부여한 정치적 직무 외에도, 법은 정부 관료들이 반드시 수행해야 할 행정 책임을 부여한다. 특히 시민의 권리가 정부 관료에게 법률이 부여한 행정 책임에 의존하여 성립될 때, 정부 관료들은 더 이상 대통령의 의지를 집행하는 사람이 아닌 법률의 집행자가 되어야 한다. 정부 관료는 반드시 법률의 제약을 받아야 하고, 자신의 의지에 따라 시민의 고유한 권리를 함부로 보호하거나 침해해서는 안 된다. 다시 말해 행정부의 관리가 직무를 수행할 때 정치는 정치로, 법은 법으로 해야 한다는 것이다. 순수한 정치적 사무 범위에 속한 직무에는 법원이 간섭할 수 없다. 그러나 법률 범위에 속한 직무에 대해서는 법원이 정부 관리의 행위가 불법인지 합법인지 검토할 권리가 있다.

따라서 시민의 합법적 권리가 행정 당국에 의해 침해되었을 때, 법률에 호소하여 보상받을 수 있는지는 먼저 행정 당국의 조치가 정치적 결정과 행위에 해당하는지에 따라 다르다. 대통령이 어떤 나라와 외교관계를 단절하기로 하고 국무장관이 대통령의 뜻을 충실히 수행한다면 이는 정치적 의사 결정이자 정치적 행위다. 법원은 대통령의 결정과 국무장관의 행동에 대해 사법 심사를 할 권리가 없다. 행정 당국의 정치적 결정과 정치적 행위에 대한 검토가 필요하다면, 그것들은 법원의 사법 심사가 아닌 의회의 견제와 같은 정치적 심사가 필요하다. 이것이 분권제 정치 제도 아래 권력 분립이다.

분권에도 한계가 있고, 견제와 균형에도 한계가 있다. 이 한계는 입법, 행정, 사법 세 부문 각각의 권력 경계선이며 헌법은 이 경계선을 정하는 최종적인 기준이다. 행정 당국과 입법 기관이 각자의 권한 한도 내에서 행정권과 입법권을 행사해야 하듯 법원도 자신의 권한 한도 내에서 사법권을 행사해야 한다. 마셜 대법관은 법원이 행정부의 행위에 대해 사법권을 행사하는 기준을 다음과 같이 정의했다. "만약 법률이 행정부에 구체적인 책임을 부여하고 개인의 권리가 행정부가 그 책임을 행사하는 데 의존한다면 개인의 권리가 침해되었을 때 피해자는 국가의 법률에 호소하여 구제받을 권리가 있다." 따라서 법원에는 행정 당국의 정치 행위에 간섭할 권한이 없으나 다른 한편으로는 행정 당국의 불법 여부를 검토할 권한을 지닌다. 미국의 법치에서 이 사실은 동일하게 명확하다.[665]

이 원칙을 마버리 대 매디슨 사건에 적용해 대법원은 애덤스 대통령이 재임 중에 마버리 판사를 지명하고 상원의 승인을 받은 후 그를 판사로 임명하는 것은 헌법에 의해 대통령에게 부여된 정치적 권한이며, 그의 행위는 정치적 행위에 해당한다고 인정했다. 게다가 헌법상 대통령은 법관을 임명할 권리만 가질 뿐 법관을 해임할 권한이 없다. 마버리가 애덤스 대통령에 의해 임명되면 제퍼슨 대통령은 이 임명 절차를 중단하거나 마버리를 해임하지 못한다. 따라서 마버리가 임명장에 대해 가지고 있는 권리는 새로 취임한 대통령의 의지와 새 정부의 행위로 종료되지 않는다. 이 권리는 법률의 보호를 받으며 법원이 사법 심사를 할 수 있는 영역에 속한다. 국무장관으로서 매디슨은 법률이 부여한 임명장 전달이라는 행정적 의무를 거부해 마버리의 합법적 권리를 침해했으며, 법률은 마버리에게 이를 구제해주어야 한다.

다음 문제는 법이 마버리의 권리 침해를 어떤 방식으로 구제하느냐다. 마버리가 대법원에 행정부를 강제하는 '명령'을 신청하면 될까? 이 문제가 마버리 사건에 관련된 세 가지 문제 중 핵심이다. 제퍼슨 정부가 마버리의 권리를 침해했더라도 법원이 제공할 수 있는 구제책은 법률에 규정된 권한 이내의 방식만 가능하다. 다시 말해 대법원은 이 사건에서 법률이 그들에게 강제 명령을 내릴 권한을 부여했는지를 판단해야 한다. 강제 명령이란 매디슨 국무장관에게 행정 책임을 다하도록 강제하는 것을 말한다. 대법원에 강제 명령을 내릴 권한이 있다면 마버리가 침해받은 권리는 이 사건 판결을 통해 구제될 수 있다. 그러나 대법원이 강제 명령을 권한을 갖지 못한 것으로 판단되면 마버리는 이 사건 판결로는 피해 구제를 받을 수 없다.

헌법을 위반한 법은 법이 아니다

영국 일반법의 전통에 따르면, 강제 명령은 국왕이 운영하는 법원이 내리는 것으로 왕권 치하의 모든 개인, 조직, 하급법원이 그 기능에 부합하는 구체적인 직무를 수행하도록 강제한다. 법원이 강제 명령을 내렸다는 것은 종종 피고인 개인, 조직, 하급법원이 그 직무를 수행하지 않는 태만 행위를 했다는 것을 의미한다. 일반법의 강제 명령은 정부의 공정하고 효과적인 운영을 보장하는 중요한 법적 메커니즘이다.

마버리 대 매디슨 사건에서 마셜 대법관은 고전을 인용하여 강제 명령의 기능이 한편으로는 개인의 권리를 보호하고 다른 한편으로는 정부의 공정한 정책 시행을 보장하는 데 있음을 설명했다. 법이 개인에게 어떠한 권리를 부여했을 때, 정부는 이 권리를 보장하기 위한 직무를 수행할 책임과 의무가 있다. 정부가 관련 직무를 수행하지 않거나, 태만한 탓에 개인의 권리가 침해되거나, 다른 효과적인 경로로 피해를 구제받지 못할 경우 법원은 정부 및 행정 관료가 그 직무를 수행하도록 강제함으로써 공정성을 이뤄야 한다. 직무를 다하지 않는 정부에는 공평도 정의도 없으며, 시민의 개인 이익이 자주 침해당하면 사회가 안정될 수 없다. 강제 명령은 정부의 직무 태만에 대한 일종의 구제 및 보상 방식이다. 그러나 대법원은 강제 명령이 유일한 구제 또는 보상 경로가 아닌 최후의 구제 또는 보상 경로여야 한다고 판단했다. 다른 구제 방법이 없을 때만 피해자는 법원에 강제 명령을 내려달라고 호소할 수 있다.

마버리의 사건은 강제 명령의 조건에 완벽히 부합한다. 마버리 쪽의 주장이 상식적으로나 이치의 영역에서나 다 옳은 것처럼 보인다. 하지만 그가 이 사건에서 법적 정의를 얻을 수 있을까 하는 문제는 오로지 이치에 맞는다는 사실에만 기댈 수 없다. 중요한 것은 법원이 정당한 절차에 따라 정의를 수호할 권한을 가지는지의 여부다. 상식적으로 생각하면 법원이 원고가 옳다고 인정했으니 당연히 원고 승소로 판결해야 한다. 하지만 법원은 왕이 아니라 권력에 한계가 있다. 법원이 지닌 한계가 바로 법률이다.

법률과 상식적이고 당연한 이치란 결코 동일한 것이 아니다. 이 사건에서는 마버리가 법원의 강제 명령을 요구할 권리가 있다고 법률과 상식 모두 인정했다. 마버리의 권리는 정부의 부작위로 인해 침해되었고, 그는 법으로 보호받을 권리가 있다. 그는 정부가 법에 따라 행정 책임을 이행하도록 강제 명령을 내려달라고 법원에 요청했다. 그런데 문제는 여기서 끝나지 않았다. 대법원이 강제 명령을 내리기 전에 이 사건에 대한 관할권이 대법원에 있는지를 두고 다투는 '사법 관할권' 문제가 존재했다. 이 문제에 있어서 상식적이고 당연한 이치가 막다른 골몰에 이르렀다. 법과 이치가 갈라선 것이다.

법원이 어떤 사건을 심리하는 데 필요한 전제 조건이 바로 사건에 대한 사법 관할권이다. 미국의 권력 분립과 균형 체제에서 국가 권력의 각 부문의 권한은 헌법 그리고 의회가 헌법에 의거해 통과시킨 관련 법률로 제한된다. 입법, 행정, 사법 어느 쪽이든 예외가 없다. 미국 헌법과 사법법은 연방법원의 관할권, 특히 연방대법원의 관할권에 대해 명확한 규정과 제한을 둔다. 그래서 연방법원의 사법 관할권은 제한된 관할권이라고 불린다. 법원의 관할권은 다시 1심 관할권과 항소심 관할권으로 나뉜다. 절차에 따라 원고는 먼저 1심 관할권을 가진 법원에 소송을 제기해야 하며, 1심 법원이 심리한 후 패소자가 불복하면 항소심 관할권을 가진 법원에 항소할 수 있다.

헌법은 의회에 입법권을 부여했다. 의회가 입법권을 행사할 때는 반드시 헌법에 부합해야 한다. 헌법은 연방대법원이 대사, 공사, 영사, 주(州)를 소송 당사자로 하는 사건에 대해서만 1심 관할권을 가지며, 다른 사건에 대해서는 1심 관할권을 갖지 않는다고 명확히 규정하고 있다. 다만 새로 구성된 의회가 열리기 전에 통과시킨 사법법은 강제 명령을 요청하는 사건의 1심 관할권을 대법원에 부여했다. 마버리 사건에서 대법원은 새 사법법이 헌법을 위반한다고 판단했다.

그렇다면 법원에서 이미 의회를 통과한 법률을 헌법에 위배된다고 인정할 경우, 법원은 이러한 법률이 무효라고 판결할 권리가 있는가? 마셜 대법관은 이에 대해 고전적으로 논술했다. "헌법을 위반하는 법안이 국가의 법률이 될 수 있는가? 이 문제는 미합중국에 있어서 의의가 깊다. (…) 미국은 국민이 정부에 대하여 이런 기본 원칙을 설정할 권리가 있고 이를 통해 국민 자신의 복지를 실현하는 것을 기반으로 세워진 국가다. 국민이 이런 고유한 권리를 행사하는 데는 막대한 노력이 필요하기에 기존의 원칙을 번복하고 새로 세우려 해서는 안 된다. 따라서 국민이 정부에 대하여 설정한 기본 원칙은 최고의 권위와 영구불변하는 효력을 지닌다. 민중은 고유한 최고 의지에 따라 국가를 구성하고, 국가의 각 부문에 상응하는 권력을 분배한다. 국민의 의지는 여기서 그칠 수도 있고, 각 부문의 권력이 넘을 수 없는 경계를 좀 더 상세히 설정할 수도 있다. 미합중국의 정치 체제는 후자에 속한다. 입법부의 권한에도 제한이 있다. 이 경계선은 헌법에 명시되어 있으며, 착각하거나 망각하는 것이 용납되지 않는다. 헌법이 이들 권력을 규제하고자 설정한 한계선을 그 권력이 함부로 넘어간다면 권력을 규제하려 한 노력과 이 노력을 헌법에 담은 목적이 전부 허사가 된다. 헌법에 설정된 한계선이 권력을 제한하지 못한다면, 헌법이 금지하는 행위와 헌법이 허용하는 행위가 동일한 효력을 가진다면, 무한한 권력을 가진 정부와 유한한 권력을 가진 정부의 차이점은 아예 찾아볼 수 없을 것이다. 헌법은 헌법을 위반한 입법 행위를 제약한다. 일반법을 이용해 헌법을 변경하는 입법 행위도 제약한다. 이는 명백하여 의심할 여지가 없다. 이 결론과 다른 결론 사이에 세 번째 선택지는 존재하지 않는다. 헌법은 일반법으로 바꿀 수 없는 최고법이거나 일반법과 마찬가지로 입법자가 마음대로 바꿀 수 있는 법일 수 있다. 전자가 진실이라면 헌법을 위반한 법안은 법이 아니다. 후자가 진실이라면 국민의 이름으로 헌법을 종이에 적어서 본질적으로 무한할 권력을 제한하려는 시도가 터무니없는 짓이 된다."[666]

헌법을 제정한 이들의 의도는 헌법을 국가의 최고법으로 삼고 다른 모든 법률이 헌법 아래서 헌법의 검증을 받는 체제였음이 분명하다. 즉 헌법에 위배되는 법률은 무효다. 미국 헌법은 법원이 헌법 문제를 다루는 모든 사건에 대해 사법 관할권을 가진다고 규정한다. 하지만 입법 기관이 제정한 법률 조문을 법원에서 검토하라는 조항은 없다. 법원이 법률을 사법 심사하는 것은 헌법에서 명시한 사법 원칙이며 헌법 시행에 필수적인 절차다. 마셜 대법관이 '미국 사회의 기본 원칙'이라고 불렀던 그것이다. 그렇다면 분권하여 균형을 이루는 제한된 권력 부문 중에서 어느 하나에 법률이 합헌인지 위헌인지 결정한 권한을 가질 수 있을까? 헌법에는 명문화된 규정이 없으므로 법원은 법리(法理)에 호소할 수밖에 없다.

이 문제에 대해 마셜 대법관은 해밀턴의 분권 이론에 영향을 받았다. 입법부는 법률을 제정하고, 행정부는 법률을 집행하며, 사법부는 법률에 따라 사건을 심리한다. 법원에서 구체적인 사건에 법률을 적용할 때는 법률을 해석해야 하므로 법을 해석하는 것은 사법부의 권한에 속한다. 두 법률이 서로 충돌하여 조정할 수 없는 경우, 법원은 법률 해석을 통해 판결해야 한다. "만약 두 법률이 서로 충돌한다면, 법원은 각자의 유효성을 결정해야 한다. 어떤 법률이 헌법에 위배되는데 헌법과 헌법에 위배되는 이 법률이 모두 하나의 사건에 적용될 경우를 가정해보자. 법원은 헌법을 무시하고 그 위헌적인 법률에 따라 판결하거나 헌법에 따라 그 위헌적인 법률을 무시해야 한다. 법원은 두 개의 상충하는 법 중에서 하나를 선택해야 한다. 이것이 사법 권력의 실체다."[667]

이에 따라 대법원은 새로운 사법법이 대법원에 강제 명령 사건을 심리할 수 있는 1심 관할권을 부여한 것은 헌법 3조 2항을 위반하였으므로 위헌이며 무효라고 판결했다. 다시 말해 대법원은 마버리의 강제 명령 요청에 대한 1심 관할권이 없기 때문에 1심 관할권을 가진 하급법원에서 소송을 진행해야 한다.

법관, 대통령, 정당

사법 심사권은 권력 견제의 중요한 메커니즘이다. 앞서 언급한 것처럼 해밀턴은 국가 권력의 세 부문 중에서 국민의 자유를 위협할 가능성이 가장 큰 것은 행정과 입법 두 부문이라고 분석했다. 입법과 행정이 실권을 많이 쥐었기 때문이다. 미국 헌법이 설계한 행정과 입법 간의 견제 체계로 이들 두 부문의 권력 남용을 어느 정도는 방지하고 교정할 수 있다. 예를 들면 대통령에게는 의회를 통과한 법안을 거부할 권한이 있고, 상원과 하원에서 3분의 2의 찬성표를 얻으면 대통령의 거부권을 거부할 수 있다. 그러나 헌법이 설계한 행정과 입법 간의 견제 메커니즘이 권력 남용을 근절할 수 있는 것은 아니다. 역사적으로나 현실의 정치에서 행정과 입법이 같은 정당에 의해 통제될 때는 종종 권력 남용 현상이 발생한다. 이럴 때 법원이 가진 사법 심사권으로 행정과 입법의 위헌적 행위를 바로잡을 수 있다.

구체적으로 말하면, 의회와 행정부가 권력을 남용할 때 법원의 사법 심사권이 피해 구제와 예방의 이중 역할을 한다. 우선 법원의 사법 심사권으로 인해 국민의 자유를 침해하는 법령이 입법 기관과 행정 부서에서 통과되었더라도 법원의 위헌 판결로 폐지될 수 있다. 이것이 사법 심사권의 피해 구제 역할이다. 또한 입법부와 행정부는 어떤 법령이 국민의 자유를 침해한다는 이유로 위헌 판결을 받을 가능성이 있을 때 이런 법령을 제정하는 행위를 자제할 것이다. 이것이 사법 심사권의 예방 역할이다.

1869년까지 미국 연방대법원의 대법관 수는 여러 차례 변화를 겪었다. 하지만 1869년부터 지금까지는 9명의 대법관으로 구성되어 있으며, 대법관 표결로 다수결에 의해 판결한다. 헌법에 따르면 연방대법원의 대법관은 대통령이 지명하고, 상원이 승인한 후 대통령이 임명한다. 일단 임명되면 자의로 사임하거나 의회에서 탄핵되지 않는 한 종신직이다. 1805년 연방대법원의 사무엘 체이스(Samuel Chase) 대법관이 하원에서 탄핵되었으나 상원에서는 탄핵이 부결되었다. 미국 역사상 하원에서 통과된 유일한 대법관 탄핵안이다.

미국 연방대법원 대법관이 사임하는 경우는 대부분 개인적인 이유로 은퇴하는 것이다. 대법원의 첫 여성 대법관인 샌드라 오코너는 1981년 레이건 대통령이 임명하여 취임했다. 2005년에 오코너는 76세로 은퇴했다. 당시 공화당이 상원의 다수당이었는데, 아들 부시 대통령이 새뮤얼 알리토(Samuel Alito)를 후임으로 지명해 대법관에 임명되었다. 2018년에는 앤서니 케네디(Anthony Kennedy)가 은퇴를 발표했고, 트럼프 대통령이 브렛 캐버노(Brett Kavanaugh)를 후임으로 임명했다. 대법관 중 절반 가까운 수가 퇴지하지 않고 평생 일하는 편이다. 레이건 대통령이 1986년에 임명한 안토닌 스칼리아는 2016년 2월 재임 중에 세상을 떠났으며, 향년 80세였다. 클린턴 대통령이 1993년에 임명한 루스 긴즈버그는 2020년의 대선 직전에 세상을 떠났으며, 향년 87세였다.

사법 심사권의 중요성과 대통령이 대법관의 지명 및 임명권을 쥐고 있다는 사실 때문에 대선 후보는 특정한 정치 성향에 맞는 대법관 임명 공약을 선거 전략으로 활용한다. 일반적으로 민주당 후보는 진보 성향 판사를, 공화당 후보는 보수 성향 판사를 임명하겠다고 약속한다. 복음주의자인 유권자들에게 지지를 얻고 보수파 표를 통합하려고 공화당 후보가 자주 사용하는 전략은 보수적인 판사를 임명해 낙태와 동성 결혼을 허용한 판례를 뒤집겠다고 공약하는 것이다. 이런 전략은 대통령 선거 때마다 되풀이

됐다. 최근 수십 년 동안 이런 선거 전략이 상당히 효과적이었다. 복음주의 유권자들이 트럼프처럼 도덕적 신조를 어긴 대통령 후보에게 표를 던진 이유는 그가 보수적인 판사를 임명할 것이라는 기대감 때문이었다.

법원에 사법 심사권이 있다고 해도, 사법부는 여전히 삼권 중에서 가장 권력이 약한 부문이다. 법원 판결이 국민의 삶에 미치는 영향은 행정부의 명령이나 의회가 통과시킨 법안처럼 직접적이지 않다. 법원 판결의 역할과 효과는 대부분 간접적이고 장기적이다. 국가의 향방과 국민의 일상생활에 직접적인 영향을 미치는 대통령과 의회의 힘이 법원보다 훨씬 크다. 또한 역사적으로 대법원은 대통령 및 의회와의 힘겨루기에서 대체로 밀리는 쪽이었다. 예를 들면 루스벨트 주니어가 취임한 후 상원과 하원 모두 민주당의 손에 있었다. 이 시기에 뉴딜 정책을 추진하는 법률이 여러 건 통과되었으나 대법원 판결에 의해 자주 뒤집혔다. 루스벨트는 대법원 판사 수를 늘리는 법원 재구성(Court-Packing) 제안을 내놓았다. 현직 대법관이 70세가 되면 대통령이 새로운 대법관을 임명할 수 있게 하는 내용이었다. 이렇게 되면 대법관을 6명 늘릴 수 있었다. 대법원의 사법 권위가 진정으로 위협받는 상황이 되자 보수파 대법관들은 더 이상 보수적이지 않게 되었고, 뉴딜 정책의 법률 중 일부를 지지했다.

긴즈버그 대법관이 세상을 떠난 후, 당시 트럼프 대통령과 공화당이 장악한 상원에서는 대선 이전에 후임 대법원 판사의 지명과 승인 절차를 마치고 임명할 계획이라고 밝혔다. 그러자 민주당 측에서는 바이든 후보가 대선에서 승리하고 민주당이 상원을 '탈환'하면 루스벨트가 했던 것처럼 '법원 재구성' 제도를 도입해 대법관 수를 늘리겠다고 나왔다. 대법관 수를 늘리는 것은 정치적으로 양날의 검이다. 루스벨트 대통령의 법원 재구성 계획은 유권자들에게 인기가 없었다. 당시 민주당은 상원에서 절대다수를 차지한 정당이었지만, 민주당 의원 중에서도 많은 이가 법원 재구성 계획에 반대했다. 대통령과 의회에 어떤 일을 할 권한이 있다고 해서 실제 그 권한을 사용하는 것이 반드시 현명한 행동이라는 법은 없다. 루스벨트는 법원 재구성 계획을 강행하지 않았고 대법관들도 적절히 양보하여 양측 모두 손해를 보는 정면 대결을 피한 셈이 되었다.

트럼프 대통령의 대법관 지명과 상원의 인사청문회 및 승인 투표는 각기 헌법에 명시된 권한 내의 일이다. 상원의 공화당 당수인 미치 맥코널(Mitch McConnell)과 여러 공화당 상원의원들은 2016년에 오바마 대통령이 대선이 치러지는 해에 대법관을 지명하고 임명하는 데 반대했다. 그러나 2020년에는 트럼프 대통령이 똑같은 행동을 했을 때 지지했다. 논리적으로는 모순되어 보이지만 미국 정당 정치에서는 흔한 일이다. 정당의 이익과 자신의 정치적 앞날은 과거에 스스로 했던 말이나 상식보다 중요하다. 대동령 선거가 치러지기 한 달 전, 트럼프 대통령은 에이미 배럿(Amy Barrett)을 긴즈버그의 후임 대법관으로 지명했다. 선거 일주일 전에 상원에서 지명을 승인해 배럿이 공식적으로 임명되었다.

연방 판사는 헌법에 따라 대통령이 임명한다. 그러므로 역대 대통령은 자신의 정치 이념에 부합하는 판사를 임명해왔지만, 연방법원은 미국의 정부 부문 중 가장 당파적인 색채가 적다. 연방법원 판사직은 대부분 종신제이며, 행정부와 입법부가 교체되는 데 영향을 받지 않기 때문에 여론에 영합하지 않고 헌법에 대해서 직접 책임을 진다. 민의도 정치적 풍향도 정당의 요구도 계속해서 변하지만 헌법은 변하지 않는다.

하지만 헌법은 살아 있는 텍스트다. 그 생명력은 법원의 해석과 사건 판결 안에 존재한다. 법원은 진공 상태로 운영되는 것이 아니며 다른 권력 부문이 그렇듯 시대의 산물이다. 법관 역시 미리 정해진 절차에 따라 작동하는 법률 기계가 아니다. 그들이 헌법을 해석할 때는 시대와 사회의 양심과 인식에 어느 정도 영향을 받을 수밖에 없기에 시대의 목소리에 부응하여 낡은 헌법 조문에 새로운 생명을 불어넣기도 한다. 예를 들면 과거 미국의 연방대법원은 인종 분리와 인종 간 결혼 금지가 합헌이라고 판결한 바 있지만 20세기 후반에 이르러서 위헌으로 판단을 바꾸었다.[668] 같은 헌법이라도 해석과 판결이 다르다. 시간이 흐르면서 대법원의 헌법 해석도 시대에 따라 변화하고 있다.

주석

1 Margaret Mitchell, *Gone with the Wind*(New York: Pocket Books, 2008), 1183.

2 Walter Johnson, *Soul by Soul: Life Inside the Antebellum Slave Market*(Cambridge: Harvard University Press, 1999).

3 Ibid, 12.

4 Ibid, 139.

5 Walter Johnson, "The Slave Trader, the White Slave, and the Politics of Racial Determination in the 1850s", *The Journal of American History*, Vol. 87, No. 1(June, 2000), 13.

6 *Dred Scott v. Sandford*, 60 U.S. 393(1857).

7 Ibid.

8 John Niven, John C. Calhoun and the Price of Union: A Biography(Baton Rouge: Louisiana State University Press, 1988), 1.

9 Ariela Gross, *What Blood Won't Tell: A History of Race on Trial in America*(Cambridge: Harvard University Press, 2008), 1.

10 Solomon Northup, *Twelve Years a Slave: Narrative of Solomon Northup, a Citizen of New York*(Bedford: Applewood Books, 1859).

11 Ariela Gross, *What Blood Won't Tell: A History of Race on Trial in America*(Cambridge: Harvard University Press, 2008), 1–3.

12 Walter Johnson, *Soul by Soul: Life Inside the Antebellum Slave Market*, 12–13, 16–17.

13 Nicholas Reimann, "Arkansas Sen. Tom Cotton Says Slavery Was A 'Necessary Evil', Cites Founding Father", *Forbes*, July 26, 2020, https://www.forbes.com/sites/nicholasreimann/2020/07/26/arkansas-sen-tom-cotton-says-slavery-was-a-necessary-evil-cites-founding-fathers/?sh=678ce7456de7.

14 Russell Kirk, *The Conservative Mind: From Burke to Eliot*(Washington D.C.: Regnery Publishing, 2019), 168–180.

15 John Calhoun, *Speeches of Mr. Calhoun on the Bill for the Admission of Michigan*(Washington: Duff Green, 1837), 6.

16 Walter Johnson, *Soul by Soul: Life Inside the Antebellum Slave Market*, 111–112.

17 Ibid.

18 Ibid, 218.

19 Ibid, 113.

20 Eric Foner, *The Fiery Trial: Abraham Lincoln and American Slavery*(New York: W. W. Norton, 2010), 150–151.

21 Ariela Gross, *What Blood Won't Tell: A History of Race on Trial in America*(Cambridge: Harvard University Press, 2008), 1–2

22 *Morrison v. White*, 16 La. Ann. 100, 102(1861).

23 Ariela Gross, *What Blood Won't Tell: A History of Race on Trial in America*(Cambridge: Harvard University Press, 2008), 2.

24 Richard Wolf, "The 21 Most Famous Supreme Court Decisions", *USA Today*, May 7, 2019, https://www.usatoday.com/story/news/politics/2015/06/26/supreme-court-cases-history/29185891/.

25 Steve Luxenberg, Separate*: The Story of Plessy v. Ferguson, and American Journey from Slavery to Segregation*(W. W. Norton, 2019),

xxii.

26 Ibid.

27 *Plessy v. Ferguson*, 163 U.S. 537, 551(1896).

28 Ibid, 551–552.

29 Steve Luxenberg, Separate*: The Story of Plessy v. Ferguson, and American Journey from Slavery to Segregation*(W. W. Norton, 2019), 30.

30 *Plessy v. Ferguson*, 559.

31 Ibid, 557.

32 Melvin Urofsky, *Dissent and the Supreme Court: Its Role in the Court's History and the Nation's Constitutional Dialogue*(New York: Pantheon Books, 2015), 120.

33 *Brown v. Board of Education of Topeka*, 347 U.S. 483(1954).

34 Ibid, 550.

35 *United States v. Wong Kim Ark*, 169 U.S. 649(1898).

36 Steve Luxenberg, Separate*: The Story of Plessy v. Ferguson, and America's Journey from Slavery to Segregation*(W. W. Norton, 2019), xvii.

37 Ibid, 499.

38 Ibid, 493.

39 Ibid, 505.

40 Ibid, 385–386.

41 William Faulkner, *Requiem for a Nun*(New York: Vintage Books, 1994), 73.

42 *Meyer v. Nebraska*, 262 U.S. 390, 399(1923).

43 James C. Cobb, *The Most Southern Place on Earth: The Mississippi Delta and the Roots of Regional Identity*(New York: Oxford University Press, 1994), 153.

44 V. S. Naipaul, *A Turn in the South*(New York: Vintage Books, 1989), 170.

45 Ibid., 155.

46 James C. Cobb, *The Most Southern Place on Earth: The Mississippi Delta and the Roots of Regional Identity*, 3–6.

47 Jay C. Kang, "Why a 19th-Century Plan to Replace Black Labor with Chinese Labor Failed", *The New York Times*, August 26, 2021, https://www.nytimes.com/2021/08/26/opinion/Mississippi-chinese-labor.html. Charles R. Wilson, "Italians in Mississippi", *Mississippi History Now*, August 2004, https://www.mshistorynow.mdah.ms.gov/issue/italians-in-mississippi.

48 Adrienne Berard, *Water Tossing Boulders: How a Family of Chinese Immigrants Led the First Fight to Desegregate Schools in The Jim Crow South*(Boston: Beacon Press, 2016), 27–28, 48.

49 Ibid, 4.

50 *Mississippi Constitution of 1890*, Article 8, Section 207.

51 *The Immigration Act of 1924*, United States House of Representatives, April 12, 1924, https://history.house.gov/Historical-Highlights/1901-1950/The-Immigration-Act-of-1924/.

52 Adrienne Berard, *Water Tossing Boulders: How a Family of Chinese Immigrants Led the First Fight to Desegregate Schools in The Jim Crow South*(Boston: Beacon Press, 2016), 63–69.

53 Ibid, 72–73.

54 Alan M. Kraut, *Goldberger's War: The Life and Work of a Public Health Crusader*(New York: Hill and Wang, 2004), 124–136.

55 Ibid.

56 Adrienne Berard, *Water Tossing Boulders: How a Family of Chinese Immigrants Led the First Fight to Desegregate Schools in The Jim Crow South*(Boston: Beacon Press, 2016), 81–83.

57 Ibid, 92.

58 Ibid, 93.

59 Ibid, 93–94.

60 Ibid, 94–95.

61 Ibid, 96.

62 Ibid, 97.

63 Ibid, 98

64 Ibid, 99.

65 "Petition for Writ of Mandamus", *U.S. Supreme Court Transcript of Record with Supporting Pleadings, Gale MOML, The Making of Modern Law: U.S. Supreme Court Records and Briefs, 1832–1978*, Print Edition, 3–4.

66 "Defendant's Demurrer to Petition for Mandamus", Ibid, 6.

67 "Circuit Court's Order Overruling Demurrer and Allowing Appeal", Ibid, 7.

68 Adrienne Berard, *Water Tossing Boulders: How a Family of Chinese Immigrants Led the First Fight to Desegregate Schools in The Jim Crow South*(Boston: Beacon Press, 2016), 99.

69 Ibid, 100.

70 Ibid.

71 *Moreau v. Grandich*, 114 Miss. 560(1917).

72 Moreau v. Grandich, 114 Miss. 560, 574, 75 So. 434(Miss. 1917).

73 Adrienne Berard, *Water Tossing Boulders: How a Family of Chinese Immigrants Led the First Fight to Desegregate Schools in The Jim Crow South*(Boston: Beacon Press, 2016), 102.

74 Ibid, 104.

75 Ibid, 105.

76 Ibid.

77 *State v. Treadaway*, 126 La. 300, 322, 52 So. 500(La. 1910); Rice v. Gong Lum, 139 Miss. 760, 785, 104 So. 105(Miss. 1925).

78 *Rice v. Gong Lum*, 139 Miss. 760, 787(Miss. 1925).

79 Ibid, 788.

80 Adrienne Berard, *Water Tossing Boulders: How a Family of Chinese Immigrants Led the First Fight to Desegregate Schools in The Jim Crow South*(Boston: Beacon Press, 2016), 116.

81 Ibid, 117.

82 Ibid, 118–119.

83 Ibid, 119, 129.

84 Ibid, 119–122.

85 Ibid, 122.

86 Ibid, 127, 139.

87 *Brown vs Mississippi*, 297 U.S. 278(1936).

88 Adrienne Berard, *Water Tossing Boulders: How a Family of Chinese Immigrants Led the First Fight to Desegregate Schools in The Jim Crow South*(Boston: Beacon Press, 2016), 147–148.

89 Gunnar Myrdal, *An American Dilemma: The Negro Problem and Modern Democracy*(New York: Harpers & Brothers, 1944), vi.

90 Ibid, xviii.

91 Ibid, 45.

92 Ibid.

93 Ibid, 452–462.

94 Ibid, 452–458.

95 Ibid, 11.

96 Ibid, 458–462.

97 Ibid, 998.

98 Ibid, 462–473.

99 Ibid, xix, xlvii, 3–6.

100 Ibid, xix.

101 Ibid, 6.

102 Ibid, lix.

103 David W. Southern, "An American Dilemma after Fifty Years: Putting the Myrdal Study and Black–White Relations in Perspective", *The History Teacher*, Vol. 28, No. 2(February 1995), 227–228.

104 Samuel P. Huntington, *Who Are We? The Challenges to America's National Identity*(New York: Simon & Schuster, 2005), 37, 46, 66–67, 86, 146, 339.

105 Gunnar Myrdal, *An American Dilemma: The Negro Problem and Modern Democracy*(New York: Harper & Brothers, 1944.), 1023.

106 Ibid.

107 Ibid, 1024.

108 Ibid, 1021.

109 "Gunnar Myrdal, Analyst of Race Crisis, Dies", *The New York Times*, May 18, 1987, https://www.nytimes.com/1987/05/18/obituaries/gunnar-myrdal-analyst-of-race-crisis-dies.html.

110 Ibid.

111 Gunnar Myrdal, *An American Dilemma: The Negro Problem and Modern Democracy*(New York: Harper & Brothers, 1944.), 4.

112 "Gunnar Myrdal, Analyst of Race Crisis, Dies", *The New York Times*, May 18, 1987, https://www.nytimes.com/1987/05/18/obituaries/gunnar-myrdal-analyst-of-race-crisis-dies.html.

113 *Brown v. Board of Education of Topeka*, 347 U.S. 483(1954), 494–495.

114 John Hope Franklin, *The Color Line: Legacy for the Twenty-First Century*(Columbia: University of Missouri Press, 1993), 5. James Patterson, *Brown v. Board of Education: A Civil Rights Milestone and Its Troubled Legacy*, xxix.

115 Victor S. Navasky, "In Cold Print: American Dilemmas", *The New York Times*, May 18, 1975, https://www.nytimes.com/1975/05/18/archives/in-cold-print-american-dilemmas.html.

116 Michael Harrington, "Myrdal: A Man of Genius Who Understood America", *Los Angeles Times*, May 31, 1987, https://www.latimes.com/archives/la-xpm-1987-05-31-op-9523-story.html.

117 James Henry Hammond, *Selections from the Letters and Speeches of the Hon. James H. Hammond*(New York: John F. Throw & Co., 1866), 124.

118 Michael Hiltzik, "They Tried to Call FDR and the New Deal 'Socialist' Too. Here's How He Responded", *Los Angeles Times*, February 13, 2019, https://www.latimes. com/business/hiltzik/la-fi-hiltzik-socialism-20190213-story.html.

119 Harry Truman, "Rear Platform and Other Informal Remarks in New York", October 10, 1952, Harry S. Truman Presidential Library & Museum, https://www.trumanlibrary.gov/library/public-papers/289/rear-platform-and-other-informal-remarks-new-york.

120 Heather Cox Richardson, *How the South Won the Civil War*(Oxford: Oxford University Press, 2020), Kindle Locations, 89–90.

121 Ibid, 2713.

122 Ibid, 2827.

123 Ronald Reagan, "Inaugural

Address", January 20, 1981, Ronald Reagan Presidential Foundation and Institute, https://www.reaganfoundation.org/media/128614/inaguration.pdf.

124 Harry Truman, "Rear Platform and Other Informal Remarks in New York", October 10, 1952, Harry S. Truman Presidential Library & Museum, https://www.trumanlibrary.gov/library/public-papers/289/rear-platform-and-other-informal-remarks-new-york.

125 James Patterson, *Brown v. Board of Education: A Civil Rights Milestone and Its Troubled Legacy*(Boston: Beacon Press, 2016), 1.

126 *Hernandez v. Texas*, 347 U.S. 475, 480(1954).

127 A Class Apart, American Experience, Program Transcript, https://www-tc.pbs.org/wgbh/americanexperience/media/pdf/transcript/A_class_Apart_transcript.pdf.

128 Raul A. Reyes, "Remembering Gus Garcia, Mexican-American Civil Rights Pioneer", NBC News, July 27, 2017, https://www.nbcnews.com/news/latino/remembering-gus-garcia-mexican-american-civil-rights-pioneer-n786391

129 James Patterson, Brown v. Board of Education: A Civil Rights Milestone and Its Troubled Legacy(New York: Oxford University Press, 2001), xvi.

130 Juan Williams, "One Man vs. Racial Injustice: U. S. Supreme Court Justice Thurgood Marshall has spent a lifetime fighting the white Establishment to secure equal rights for black people", *Los Angeles Times*, January 14, 1990, https://www.latimes.com/archives/la-xpm-1990-01-14-vw-402-story.html.

131 Molly Rath, "Desegregation Begins", *Baltimore Magazine*, Vol. 100, No. 7(July 2007), 86.

132 Pearson, et al v. Murray, 169 Md. 478(1936), http://law.howard.edu/brownat50/brownCases/PreBrownCases/PearsonvMurrayMd1936.htm.

133 Ibid.

134 McCABE v. Atchison, Topeka & Santa Fe Railway Company, 235 U.S. 151, 161(1914).

135 Pearson, et al v. Murray, 169 Md. 478(1936).

136 Juan Williams, "One Man vs. Racial Injustice: U. S. Supreme Court Justice Thurgood Marshall Has Spent a Lifetime Fighting the White Establishment to Secure Equal Rights for Black People", *Los Angeles Times*, January 14, 1990, https://www.latimes.com/archives/la-xpm-1990-01-14-vw-402-story.html.

137 Ibid.

138 James Patterson, Brown v. Board of Education: A Civil Rights Milestone and Its Troubled Legacy, 1.

139 "The Race Question", The United Nations Educational, Scientific and Cultural Organization(UNESCO), https://unesdoc.unesco.org/ark:/48223/pf0000128291.

140 Brown v. Board of Education of Topeka, 347 U.S. 483, 494(1954).

141 Ruth Bader Ginsburg, "Brown v. Board of Education in International Context", Speech at Columbia University of Law, October 21, 2004, https://www.supremecourt.gov/publicinfo/speeches/viewspeech/sp_10-25-04.

142 Albert P. Blaustein and Roy M. Mersky, *The First One Hundred Justices: Statistical Studies on the Supreme Court of the United States*(Hamden: Archon Books), 1978.

143 James Patterson, Brown v. Board of Education: A Civil Rights Milestone and Its Troubled Legacy, 54–55.

144 Ibid, 55–56.

145 Earl Warren, *The Memoirs of Earl Warren*(New York: Doubleday & Company, 1977), 287.

146 Ed Gray, *Chief Justice: A Biography of Earl Warren*(New York: Simon & Schuster, 1997), 283–284. James Patterson, Brown v. Board of Education: A Civil Rights Milestone and Its Troubled Legacy, 65.

147 Brown v. Board of Education, 347 U.S. 483, 292–293(1954). 20. Ibid. 495.

148 Ibid. 495.

149 James Patterson, Brown v. Board of Education: A Civil Rights Milestone and Its Troubled Legacy, 69.

150 The State of Florida ex rel. Hawkins v. Board of Control, 93 So. 2d 354, 361(Fla. 1957).

151 Harvey Wilkinson, From Brown to Bakke: The Supreme Court and School Integration: 1954–1978(New York, 1979), 6.

152 Juan Williams, "One Man vs. Racial Injustice: U. S. Supreme Court Justice Thurgood Marshall has spent a lifetime fighting the white Establishment to secure equal rights for black people", *Los Angeles Times*, January 14, 1990, https://www.latimes.com/archives/la-xpm-1990-01-14-vw-402-story.html.

153 Charlie Savage, "Kagan's Link to Marshall Cuts 2 Ways", *The New York Times*, May 12, 2010, https://www.nytimes.com/2010/05/13/us/politics/13marshall.html.

154 Thurgood Marshall, "The Bicentennial Speech", May 6, 1987, http://thurgoodmarshall.com/the-bicentennial-speech/.

155 James Patterson, Brown v. Board of Education: A Civil Rights Milestone and Its Troubled Legacy, 81.

156 Earl Warren, *The Memoirs of Earl Warren*, 291.

157 Ibid, 292.

158 James Patterson, Brown v. Board of Education: A Civil Rights Milestone and Its Troubled Legacy, 81.

159 James Patterson, Brown v. Board of Education: A Civil Rights Milestone and Its Troubled Legacy, 82.

160 Ibid, 111.

161 Hannah Arendt, "Reflections on Little Rock", *Dissent*(Winter 1959), 45–56.

162 Ibid, 46–47.

163 Ibid, 51.

164 Ibid.

165 Ibid, 50.

166 Ibid, 53.

167 Hannah Arendt, "Reflections on Little Rock", *Dissent*, 46.

168 Hannah Arendt, "Reflections on Little Rock", *Dissent*, 49–50.

169 Herbert Sass, "Mixed School and Mixed Blood", *Atlantic Monthly*(November 1956), 49.

170 Philip Dray, *At the Hands of Persons Unknown: The Lynching of Black America*(New York: The

Modern Library, 2003), 125. Diane Miller Sommerville, "The Rape Myth in the Old South Reconsidered", *The Journal of Southern History*, Vol.61, No. 3(August 1995), 481–518.

171 Leon F. Litwack, *Trouble in Mind: Black Southerners in the Age of Jim Crow*(NewYork: Vintage Books, 1999), 221.

172 Gilliam Brockell, "The Senate's First Woman Was Also Its Last Enslaver", *TheWashington Post*, January 10, 2022, https://www.washingtonpost.com/history/2022/01/10/rebecca-felton-last-enslaver/. Also see "Felton, Rebecca Latimer1835–1930", United States House of Representatives, https://history.house.gov/People/Listing/F/FELTON,-Rebecca-Latimer-(F000069)/.

173 *Pace v. State*, 69 Ala. 231, 232(1881).

174 *Pace v. Alabama*, 106 U.S. 583, 585(1883).

175 Sheryll Cashin, *Loving: Interracial Intimacy in America and the Threat to White Supremacy*(Boston: Beacon Press, 2017), 44, 93.

176 Peter Wallenstein, *Race, Sex, and the Freedom to Marry: Loving v. Virginia*(Lawrence: The University Press of Kansas, 2014), 77.

177 Phyl Newbeck, *Virginia Hasn't Always Been for Lovers: Interracial Marriage Bansand the Case of Richard and Mildred Loving*, Kindle Location 237.

178 Ibid, 754–757.

179 *Racial Integrity Act of 1924, An Act to Preserve Racial Integrity*, http://www2.vcdh.virginia.edu/lewisandclark/students/projects/monacans/Contemporary_Monacans/racial.html.

180 Phyl Newbeck, *Virginia Hasn't Always Been for Lovers: Interracial Marriage Bansand the Case of Richard and Mildred Loving*, 757–758.

181 Ibid, 758–763.

182 Ibid, 767.

183 Sheryll Cashin, *Loving: Interracial Intimacy in America and the Threat to White Supremacy*, 108.

184 Ibid, 109.

185 Phyl Newbeck, *Virginia Hasn't Always Been for Lovers: Interracial Marriage Bansand the Case of Richard and Mildred Loving*, 201.

186 Ibid, 239–242.

187 Peter Wallenstein, *Race, Sex, and the Freedom to Marry: Loving v. Virginia*(Lawrence: The University Press of Kansas, 2014), 62–67.

188 Ibid, 83.

189 Ibid, 84.

190 Phyl Newbeck, *Virginia Hasn't Always Been for Lovers: Interracial Marriage Bansand the Case of Richard and Mildred Loving*, 268.

191 Ibid, 1803.

192 Ibid, 1818–1819.

193 Ibid.

194 Phyl Newbeck, *Virginia Hasn't Always Been for Lovers: Interracial Marriage Bans and the Case of Richard and Mildred Loving*, 1830–1842.

195 Ibid, 1853–1879.

196 Ibid, 1151–1182.

197 Ibid, 1894–1895.

198 *Loving v. Virginia*, 388 U.S. 1, 3(1967).

199 Phyl Newbeck, *Virginia Hasn't Always Been for Lovers: Interracial Marriage Bans and the Case of Richard and Mildred Loving*, 1924–1955.

200 Ibid, 2078–2281.

201 Sheryll Cashin, *Loving: Interracial Intimacy in America and the Threat to White Supremacy*, 115.

202 Phyl Newbeck, *Virginia Hasn't Always Been for Lovers: Interracial Marriage Bans and the Case of Richard and Mildred Loving*, 2306–2321.

203 Ibid, 2454–2455

204 *Obergefell v. Hodges*, 576 U.S. 644(2015).

205 Peter Wallenstein, *Race, Sex, and the Freedom to Marry: Loving v. Virginia*(Lawrence: The University Press of Kansas, 2014), 129.

206 Phyl Newbeck, *Virginia Hasn't Always Been for Lovers: Interracial Marriage Bans and the Case of Richard and Mildred Loving*, 2347–2437.

207 Ibid, 2367–2442.

208 *Marbury v. Madison*, 5 U.S. 137(1803).

209 Albert I. Gordon, *Intermarriage: Interfaith, Interracial, Interethnic*(Boston: Beacon Press, 1964).

210 Phyl Newbeck, *Virginia Hasn't Always Been for Lovers: Interracial Marriage Bans and the Case of Richard and Mildred Loving*, 2401.

211 "The Couple That Rocked Courts", *Ebony*, September 1967, 78–86.

212 *Loving v. Virginia*, 388 U.S. 1, 12(1967).

213 "The Couple That Rocked Courts", *Ebony*, September 1967, 78.

214 DeNeen L. Brown, "He Helped Make Legal History in Loving v. Virginia. At 80, He's Still Fighting for Justice", *The Washington Post*, December 10, 2016, https://www.washingtonost.com/local/he-helped-make-legal-history-in-loving-v-virginia-at-80-hes-still-practicing-law/2016/12/10/e796f8a4-b726-11e6-b8df-600bd9d38a02_story.html.

215 Jocelyn Y. Stewart, "She Won Battle to Legalize Interracial Marriage", *Los Angeles Times*, May 7, 2008, https://www.latimes.com/archives/la-xpm-2008-may-07-me-loving7-story.html.

216 Dionne Walker, "The AP Interviewed Mildred Loving, Who Never Wanted Fame", *Associated Press*, June 11, 2017, https://apnews.com/article/north-america-us-news-ap-top-news-courts-supreme-courts-a408f20638ef4f35bed71f5a73fadfbe.

217 Laurel Wamsley, "Bernard Cohen, Lawyer Who Argued Loving v. Virginia Case, Dies At 86", National Public Radio, October 16, 2020, https://www.npr.org/2020/10/16/924747746/bernard-cohen-lawyer-who-argued-loving-v-virginia-case-dies-at-86.

218 Duncan Campbell, "Alabama Votes on Removing its Ban on Mixed Marriage", *The Guardian*, November 2, 2000, https://www.theguardian.com/world/2000/nov/03/uselections2000.usa7.

219 Dave Singleton, "The Wrong Side of History: My Uncle's Supreme Court Stand Against Interracial Marriage", *Salon*, June 10, 2017, https://www.salon.com/2017/06/10/the-wrong-side-of-history-my-uncles-stand-against-interracial-marriage-was-a-skeleton-in-my-familys-closet/.

220 "Robert McIlwaine, Figure in Court Fights over Race, Dies at

90", *Richmond Times-Dispatch*, February 25, 2015, https://richmond.com/obituaries/featured/robert-mcilwaine-figure-in-court-fights-over-race-dies-at-90/article_2ddb9490-8ce4-5d0d-802a-f7ec3b53d6f6.html.

221 Ibid.

222 Dave Singleton, "The Wrong Side of History: My Uncle's Supreme Court Stand Against Interracial Marriage", *Salon*, June 10, 2017, https://www.salon.com/2017/06/10/the-wrong-side-of-history-my-uncles-stand-against-interracial-marriage-was-a-skeleton-in-my-familys-closet/.

223 Ibid.

224 *Obergefell v. Hodges*, 576 U.S. 644(2015).

225 Dave Singleton, "The Wrong Side of History: My Uncle's Supreme Court Stand Against Interracial Marriage", *Salon*, June 10, 2017, https://www.salon.keleton-in-my-familys-closet/.

226 Ibid.

227 Ibid.

228 Ibid.

229 "Is Education a Fundamental Right?", *The New Yorker*, September 3, 2018, https://www.newyorker.com/magazine/2018/09/10/is-education-a-fundamental-right.

230 Catherine Winter, "A Supreme Court Case 35 Years Ago Yields a Supply of Emboldened DACA Students Today", *APM Reports*, August 21, 2017, https://www.apmreports.org/story/2017/08/21/plyler-doe-daca-students.

231 Ibid.

232 "Is Education a Fundamental Right?", *The New Yorker*, September 3, 2018, https://www.newyorker.com/magazine/2018/09/10/is-education-a-fundamental-right.

233 Ibid.

234 "A Lesson in Equal Protection", *Texas Observer*, July 13, 2007, https://www.texasobserver.org/2548-a-lesson-in-equal-protection-the-texas-cases-that-opened-the-schoolhouse-door-to-undocumented-immigrant-children/.

235 Catherine Winter, "A Supreme Court Case 35 Years Ago Yields a Supply of Emboldened DACA Students Today", *APM Reports*, August 21, 2017, https://www.apmreports.org/story/2017/08/21/plyler-doe-daca-students.

236 Ibid.

237 *Doe vs Plyler*, 458 F. Supp. 569, 577(1978).

238 Ibid.

239 "Is Education a Fundamental Right?", *The New Yorker*, September 3, 2018, https://www.newyorker.com/magazine/2018/09/10/is-education-a-fundamental-right.

240 Ibid.

241 *Doe vs Plyler*, 458 F. Supp. 569, 582(1978). Weber v. Aetna, 406 U.S. 164, 175(1972).

242 Ibid. *St. Ann v Palisi*, 495 F.2d 423(1974).

243 *Doe vs Plyler*, 458 F. Supp. 569, 582(1978).

244 Ibid, 589.

245 "A Lesson in Equal Protection", *Texas Observer*, July 13, 2007, https://www.texasobserver.org/2548-a-lesson-in-equal-protection-the-texas-cases-that-opened-the-schoolhouse-door-to-

undocumented-immigrant-children/.

246 "Is Education a Fundamental Right?", *The New Yorker*, September 3, 2018, https://www.newyorker.com/magazine/2018/09/10/is-education-a-fundamental-right.

247 "A Lesson in Equal Protection", *Texas Observer*, July 13, 2007, https://www.texasobserver.org/2548-a-lesson-in-equal-protection-the-texas-cases-that-opened-the-schoolhouse-door-to-undocumented-immigrant-children/.

248 Ibid.

249 Ibid.

250 Ibid.

251 *Weber v. Aetna*, 406 U.S. 164(1972).

252 Ibid, 175-176.

253 "A Lesson in Equal Protection", *Texas Observer*, July 13, 2007, https://www.texasobserver.org/2548-a-lesson-in-equal-protection-the-texas-cases-that-opened-the-schoolhouse-door-to-undocumented-immigrant-children/.

254 "Teaching Alien Children Is a Duty", *The New York Times*, June 16, 1982, https://www.nytimes.com/1982/06/16/opinion/teaching-alien-children-is-a-duty.html.

255 *U.S. Constitution*, Amend. 14, Sec. 1.

256 *Plyler v. Doe*, 457 U.S. 202, 210(1982).

257 Ibid. *Yick Wo v. Hopkins*, 118 U.S. 356(1886). *Wong Wing v. United States*, 163 U.S. 228(1896). *United States v. Wong Kim Ark*, 169 U.S. 649(1898)

258 *Yick Wo v. Hopkins*, 118 U.S. 356, 369(1886).

259 *Wong Wing v. United States*, 163 U.S. 228, 242(1896).

260 *United States v. Wong Kim Ark*, 169 U.S. 649, 687(1898)

261 *Plyler v. Doe*, 457 U.S. 202, 213(1982).

262 Ibid, 214.

263 Victor Li, "The 14th: A Civil War-Era Amendment Has Become a Mini Constitution for Modern Times", *ABA Journal*, May 1, 2017, https://www.abajournal.com/magazine/article/14th_amendment_constitution_important_today. "John Bingham:One of America's Forgotten 'Second Founders'", *Constitution Daily*, July 9, 2018,https://constitutioncenter.org/blog/happy-birthday-john-bingham-one-of-americas-forgotten-second-founders.

264 Eric Foner, *The Second Founding, How the Civil War and Reconstruction Remade the Constitution*(New York: W.W. Norton & Company, 2019), 76.

265 *Plyler vs Doe*, 457 U.S. 202, 214(1982). Eric Foner, *The Second Founding, How the Civil War and Reconstruction Remade the Constitution*(New York: W.W. Norton & Company, 2019), 76.

266 *Plyler vs Doe*, 457 U.S. 202, 214-215(1982).

267 Ibid, 215.

268 *Bush v. Gore*, 531 U.S. 98(2020).

269 William Cummings, Joey Garrison and Jim Sergent, "By the Numbers: President Donald Trump's Failed Efforts to Overturn the Election", *USA Today*, January 6, 2021, https://www.usatoday.com/in-depth/news/politics/elections/2021/01/06/trumps-failed-efforts-overturn-election-numbers/4130307001/. William Cummings, Joey Garrison and Jim Sergent, "By the Numbers:

President Donald Trump's Failed Efforts to Overturn the Election", *USA Today*, January 6, 2021, https://www.usatoday.com/in-depth/news/politics/elections/2021/01/06/trumps-failed-efforts-overturn-election-numbers/4130307001/.

270 *Plessy v. Ferguson*, 163 U.S. 537(1896). Brown v. Board of Education of Topeka, 347 U.S. 483(1954).

271 *Minor v. Happersett*, 88 U.S. 162(1873).

272 *F. S. Royster Guano Co. v. Virginia*, 253 U.S. 412, 415(1920).

273 *Tigner v. Texas*, 310 U.S. 141, 147(1940).

274 *Lochner v. New York*, 198 U.S. 45,(1905). *U.S. v. Carolene Products Co.*, 304 U.S. 144(1938). *Korématsu v. U.S.*, 323 U.S. 214(1944).

275 *Plyler vs Doe*, 219.

276 *San Antonio Independent School District v. Rodriguez*, 411 U.S. 1, 37-38(1973).

277 *Plyler vs Doe*, 223-224.

278 Ibid. 220.

279 Ibid, 221. *Meyer vs. Nebraska*, 262 U.S. 390, 400(1923).

280 Wisconsin vs Yoder, 406 U.S. 205, 221(1972).

281 *Plyler vs Doe*, 221.

282 Ibid, 222.

283 Ibid, 227-229.

284 Ibid, 230-231.

285 Ibid, 231. *Shapiro v. Thompson*, 394 U.S. 618, 661(1969).

286 Ibid, 231-232. *San Antonio Independent School District v. Rodriguez*, 411 U.S. 1, 61(1973).

287 *San Antonio Independent School District v. Rodriguez*, 33-34.

288 Ibid, 33. *Plyler vs Doe*, 232.

289 *San Antonio Independent School District v. Rodriguez*, 35. *Plyler vs Doe*, 233. *Harper v. Virginia Board of Elections*, 383 U.S. 663, 665(1966).

290 Plyler v. Doe, 233.

291 Ibid, 235.

292 Ibid, 234.

293 Ibid, 236.

294 Ibid, 237-238.

295 Ibid, 238-239.

296 Ibid, 240.

297 Ibid, 242.

298 Ibid, 242-254.

299 Ibid, 244.

300 Ibid, 245.

301 Ibid. 411 U.S. 1.(1973). *San Antonio Independent School District v. Rodriguez*, 411 U.S. 1(1973).

302 *Plyler v. Doe*, 246.

303 *San Antonio Independent School District v. Rodriguez*, 411 U.S. 1, 30(1973).

304 Ibid, 247.

305 Ibid, 251.

306 Ibid, 252.

307 Ibid, 243.

308 Ibid, 252-253.

309 Ibid, 254.

310 Mark H. Lopez, Jefferey S. Passel, D'Vera Cohn, "Key Facts about the Changing U.S. Unauthorized Immigrant Population", *Pew Research Center*, April 13, 2021, https://www.pewresearch.org/fact-tank/2021/04/13/key-facts-about-the-changing-u-s-unauthorized-immigrant-population/.

311 *Doe v. Plyler*, 458 F. Supp. 569, 592(1978).

312 Paul Feldman, "Texas Case Looms Over Prop. 187's Legal Future", *Los Angeles Times*, October 23, 1994, https://www.latimes.com/

archives/la-xpm-1994-10-23-mn-53869-story.html.

313 Marshall Fitz, Philip Wolgin, and Ann Garcia, "Triumphs and Challenges on the 30th Anniversary of Plyler v. Doe", Center for American Progress, June 2012, https://cdn.americanprogress.org/wp-content/uploads/issues/2012/06/pdf/plyler.pdf.

314 *Doe v. Plyler*, 458 F. Supp. 569, 592(1978).

315 Aristotle, *Nicomachean Ethics*, translated by J.E.C. Welldon(New York: Macmillan and Co., 1902), 171.

316 Eric G. Zahnd, "The Application of Universal Laws to Particular Cases: A Defense of Equity in Aristotelianism and Anglo-American Law", *Law and Contemporary Problems*, Vol. 59, No. 1(Winter 1996), 269.

317 Anton-Hermann Chroust, "Aristotle's Conception of Equity(Epieikeia)", *Notre Dame Law Review*, Vol. 18, No. 2(1942), 126.

318 John H. Langbein, Renee L. Lerner, Bruce P. Smith, *History of the Common Law: The Development of Anglo-American Legal Institutions*(New York: Aspen Publishers, 2009), 269.

319 William Blackstone, *Commentaries on the Laws of England*(Oxford: The Clarendon Press, 1766), 62.

320 "A Supreme Court Case 35 Years Ago Yields a Supply of Emboldened DACA Students Today", *APM Report*, August 21, 2017, https://www.apmreports.org/story/2017/08/21/plyler-doe-daca-students.

321 Mary Ann Zehr, "Case Touched Many Parts of Community", *Education Week*, June 4, 2007, https://www.edweek.org/leadership/case-touched-many-parts-of-community/2007/06.

322 "Federal Judge's Rulings Shaped Modern Texas", *Los Angeles Times*, October 16, 2021, https://www.latimes.com/archives/la-xpm-2009-oct-16-me-william-justice16-story.html.

323 Carlos Lozada, "Samuel Huntington, a prophet for the Trump era", *Washington Post*, July 18, 2017, https://www.washingtonpost.com/news/book-party/wp/2017/07/18/samuel-huntington-a-prophet-for-the-trump-era/.

324 John Maynard Keynes, *The General Theory of Employment, Interest and Money*(London: Macmillan & Co., 1936), 383.

325 Gunnar Myrdal, *An American Dilemma: The Negro Problem and Modern Democracy*(New York: Harper & Brothers Publishers, 1944), 3.

326 Rogers Smith, "Beyond Tocqueville, Myrdal, and Hartz: The Multiple Traditions in America", *American Political Science Review*, Vol. 87, No. 3(September 1993), 549-566.

327 H. J. Eckenrode, *Jefferson Davis: President of the South*(New York: The Macmillan Company, 1923), 5.

328 "The Legacy of Sam Huntington", Harvard Kennedy School's Institute of Politics, November 30, 2010, https://www.youtube.com/watch?v=3M-vwHWCT1g.

329 Samuel Huntington, "The Clash of Civilization?", *Foreign Affairs*, Vol. 72, No. 3(Summer 1993), 22.

330 "The Legacy of Sam Huntington", Harvard Kennedy School's Institute of Politics, November 30,

2010, https://www.youtube.com/watch?v=3M-vwHWCT1g.

331 "Late Samuel P. Huntington", In Conversation, March 26, 2015, https://www.youtube.com/watch?v=J-tgVEz5xMU.

332 Bernard Lewis, "The Roots of Muslim Rage," *The Atlantic Monthly*, Vol. 266(September 1990), 60, in Samuel Huntington, "The Clash of Civilization?", *Foreign Affairs*, Vol. 72, No. 3(Summer 1993), 32; also in Samuel Huntington, *The Clash of Civilizations and the Remaking of World Order*(New York: Simon & Schuster,1996), 213.

333 Samuel Huntington, *Who Are We? The Challenges to America's National Identity*(New York: Simon & Schuster, 2004), 256.

334 Samuel Huntington, "The Hispanic Challenge", *Foreign Policy*(March and April, 2004), 32.

335 Ibid, 31-32.

336 Gunnar Myrdal, *An American Dilemma: The Negro Problem and Modern Democracy*(New York: Harper & Brothers Publishers, 1944), 8-17.

337 Samuel Huntington, "The Hispanic Challenge", *Foreign Policy*(March and April, 2004), 32.

338 Robert Levine, "Assimilation, Past and Present", *The Public Interest*(Spring 2005), 93.

339 Samuel Huntington, *Who Are We? The Challenges to America's National Identity*(New York: Simon & Schuster, 2004), xvii.

340 Robert Levine, "Assimilation, Past and Present", *The Public Interest*(Spring 2005), 93.

341 Francis Walker, "Restriction of Immigration", *The Atlantic*, June 1896, https://www.theatlantic.com/magazine/archive/1896/06/restriction-of-immigration/306011/.

342 "Amusing Anecdotes on Justice Brandeis and His Early Responses to Anti-Semitism", Louis D. Brandeis Law Society, September 1, 2016, https://www.brandeislawsociety.org/news-article/amusing-anecdotes-on-justice-brandeis-and-his-early-responses-to-anti-semitism/.

343 Adam Serwer, "'Anglo-Saxon' Is What You Say When 'Whites Only' Is Too Inclusive", *The Atlantic*, April 20, 2021, https://www.theatlantic.com/ideas/archive/2021/04/anglo-saxon-what-you-say-when-whites-only-too-inclusive/618646/.

344 Frederick G. Detweiler, "The Anglo-Saxon Myth in the United States", *American Sociological Review*, Vol. 3, No. 2(April 1938), 183-189.

345 Ibid, 184.

346 Ibid.

347 Lora D. Burnett, "In the U.S, praise for Anglo-Saxon heritage has always been about white supremacy", *The Washington Post*, April 26, 2021, https://www.washingtonpost.com/outlook/2021/04/26/us-praise-anglo-saxon-heritage-has-always-been-about-white-supremacy/.

348 Frank Hankins, *The Racial Basis of Civilization: A Critique of the Nordic Doctrine*(New York: Alfred A. Knopf, Inc., 1926), 163-164.

349 Ibid, 164.

350 John Burgess, *Political Science and Comparative Constitutional Law*(Boston: Ginn& Company, 1893).

351 Frank Hankins, *The Racial Basis*

of Civilization: A Critique of the Nordic Doctrine(New York: Alfred A. Knopf, Inc., 1926), 174.

352 Frederick G. Detweiler, "The Anglo-Saxon Myth in the United States", *American Sociological Review*, Vol. 3, No. 2(April 1938), 188.

353 H. J. Eckenrode, *Jefferson Davis: President of the South*(New York: The Macmillan Company, 1923)12.

354 James Adams, *America's Tragedy*(New York: Charles Scribner's Sons, 1934), 154.

355 Gunnar Myrdal, *An American Dilemma: The Negro Problem and Modern Democracy*(New York: Harper & Brothers Publishers, 1944), 1189.

356 *Meyer v. State of Nebraska*, 262 U.S. 390, 400(1923).

357 Ibid.

358 Kevin McCarthy, Twitter, April 16, 2021, https://twitter.com/GOPLeader/status/1383158647266611203.

359 Gunnar Myrdal, *An American Dilemma: The Negro Problem and Modern Democracy*(New York: Harper & Brothers Publishers, 1944), 3-4.

360 Francis Fukuyama, "Samuel Huntington's Legacy", *Foreign Policy*, January 6, 2011, https://foreignpolicy.com/2011/01/06/samuel-huntingtons-legacy/.

361 Essie Mae Washington-Williams and William Stadiem, *Dear Senator: A Memoir by the Daughter of Strom Thurmond*(New York: Harper Collins, 2005).

362 Ibid, 31.

363 Ibid, 33.

364 Ibid, 38.

365 Ibid, 36.

366 "Opinions About Negro Infantry Platoons in White Companies of 7 Divisions", July 3, 1945, Harry S. Truman Library Museum, https://www.trumanlibrary.gov/library/research-files/opinions-about-negro-infantry-platoons-white-companies-7-divisions.

367 "Executive Order 9981", July 26, 1948, Harry S. Truman Library Museum, https://www.trumanlibrary.gov/library/executive-orders/9981/executive-order-9981.

368 Jeffrey Gettleman, "Thurmond Family Struggles with Difficult Truth", *The New York Times*, December 20, 2003.

369 Essie Mae Washington-Williams and William Stadiem, *Dear Senator: A Memoir by the Daughter of Strom Thurmond*(New York: Harper Collins, 2005), 121.

370 George Fitzhugh, *Sociology for the South: Failure of Free Society*(Richmond: A Morris, 1854).

371 Essie Mae Washington-Williams and William Stadiem, *Dear Senator: A Memoir by the Daughter of Strom Thurmond*(New York: Harper Collins, 2005), 119.

372 Ibid, 120-121.

373 William Faulkner, "Letter to a Northern Editor", *Life*, March 5, 1956, 51-52.

374 The Associate Press, "Thurmond Eulogized at Funeral", *The New York Times*, July 2, 2003, https://www.nytimes.com/2003/07/02/us/thurmond-eulogized-at-funeral.html.

375 Joseph R. Biden, "Eulogy for James Strom Thurmond", delivered July 1, 2003, First Baptist Church of Columbia,

Columbia, SC, https://www.americanrhetoric.com/speeches/joebidenstromthurmondeulogy.htm.

376 Michael Lind, "Good Old Boys", *The Washington Post*, September 11, 2005, https://www.washingtonpost.com/archive/entertainment/books/2005/09/11/good-old-boys/33bfd6c1-da5f-4c0e-be6b-f17151c5e740/.

377 Essie Mae Washington-Williams and William Stadiem, *Dear Senator: A Memoir by the Daughter of Strom Thurmond*(New York: Harper Collins, 2005), 160.

378 Joseph R. Biden, "Eulogy for James Strom Thurmond", delivered July 1, 2003, First Baptist Church of Columbia, Columbia, SC, https://www.americanrhetoric.com/speeches/joebidenstromthurmondeulogy.htm.

379 Jinitzail Hernandez, "A Talk with Jaime Harrison: Lindsey Graham, Strom Thurmond and Round Heads", *Roll Call*, February, 19, 2020, https://rollcall.com/2020/02/19/a-talk-with-jaime-harrison-lindsey-graham-strom-thurmond-and-round-heads/.

380 "The Inaugural Address of Governor George C. Wallace", January 14, 1963, https://digital.archives.alabama.gov/digital/collection/voices/id/2952.

381 Ta-Nehisi Coates, "On Race-Hustling", *The Atlantic*, October 3, 2012, https://www.theatlantic.com/politics/archive/2012/10/on-race-hustling/263210/.

382 Colman McCarthy, "George Wallace-From the Heart", *The Washington Post*, March 17, 1995, https://www.washingtonpost.com/wp-srv/politics/daily/sept98/wallace031795.htm.

383 Rick Bragg, "30 Years Later, Wallace Apologizes to Marchers", *The Baltimore Sun*, March 10, 1995, https://www.baltimoresun.com/news/bs-xpm-1995-03-11-1995070104-story.html.

384 Karen Tumulty, "A Thurmond of the Next Generation Seeks a New Legacy in South Carolina", *The Washington Post*, June 29, 2015, https://www.washingtonpost.com/politics/a-thurmond-of-the-next-generation-seeks-a-new-legacy-in-south-carolina/2015/06/29/febb70a4-1e62-11e5-aeb9-a411a84c9d55_story.html.

385 William Faulkner, "Letter to a Northern Editor", *Life*, March 5, 1956, 51.

386 Eric Foner, *The Second Founding: How the Civil War and Reconstruction Remade the Constitution*(New York: W. W. Norton & Company, 2019), xix-xxvii.

387 Joseph R. Biden, "Eulogy for James Strom Thurmond", delivered July 1, 2003, First Baptist Church of Columbia, Columbia, SC, https://www.americanrhetoric.com/speeches/joebidenstromthurmondeulogy.htm.

388 Ruth Igielnik, Scott Keeter, and Hannah Hartig, "Behind Biden's 2020 Victory: An Examination of the 2020 Electorate, Based on Validated Voters", Pew Research Center, June 30, 2021, https://www.pewresearch.org/politics/2021/06/30/behind-bidens-2020-victory/.

389 Ruth Igielnik, "Men and Women in

the U.S. Continue to Differ in Voter Turnout Rate, Party Identification", Pew Research Center, August 18, 2020, https://www.pewresearch.org/fact-tank/2020/08/18/men-and-women-in-the-u-s-continue-to-differ-in-voter-turnout-rate-party-identification/.

390 George Dondero, "Why Lincoln Wore a Beard", *Journal of the Illinois State Historical Society* 24, no. 2(July 1931): 323.

391 Alexis de Tocqueville, *Democracy in America*, Vol. II, translated by Henry Reeves(Cambridge: Sever and Francis, 1863), 245.

392 Ibid, 259.

393 Ann D. Gordon, *The Trial of Susan B. Anthony*(Federal Judicial Center, 2005), 26, https://www.fjc.gov/sites/default/files/trials/susanbanthony.pdf#page=13.

394 Susan B. Anthony, *An Account of the Proceedings on the Trial of Susan B. Anthony*(Rochester: Daily Democrat and Chronicle Book Print, 1874), 81–82.

395 Thomas J. McSweeney, "Magna Carta and The Right to Trial by Jury", *Magna Carta: Muse and Mentor*, edited by Randy J. Holland, forward by Chief Justice John G. Roberts(Thomson West, 2014), 146.

396 Susan B. Anthony, *An Account of the Proceedings on the Trial of Susan B. Anthony*(Rochester: Daily Democrat and Chronicle Book Print, 1874), 82–83.

397 Ann D. Gordon, *The Trial of Susan B. Anthony*, 7.

398 *Minor v. Happersett*, 88 U.S. 162, 174(1875)

399 "Ten Suffragists Arrested While Picketing at the White House", The Library of Congress, August 28, 1927, https://www.americaslibrary.gov/jb/jazz/jb_jazz_sufarrst_3.html.

400 *AKA Jane Roe*, *Directed by Nick Sweeney*(Century City: FX Network, 2020).

401 *Roe v. Wade*, 410 U.S. 113(1973).

402 Joshua Prager, *The Family Roe: An American Story*(New York: W & W Norton, 2021), 67.

403 Ibid, 77–79.

404 Sarah Weddington, *A Question of Choice*(New York: The Feminist Press, 2013), 28.

405 Joshua Prager, *The Family Roe: An American Story*(New York: W & W Norton, 2021), 70.

406 Ibid, 71.

407 Ibid, 77.

408 Ibid, 79–80.

409 Ibid, 81.

410 Sarah Weddington, *A Question of Choice*(New York: The Feminist Press, 2013), 18.

411 Joshua Prager, *The Family Roe: An American Story*(New York: W & W Norton, 2021), 85.

412 Sarah Weddington, *A Question of Choice*(New York: The Feminist Press, 2013), 68.

413 Ibid, 72.

414 *Griswold v. Connecticut*, 381 U.S. 479(1965).

415 Sarah Weddington, *A Question of Choice*(New York: The Feminist Press, 2013), 75.

416 Joshua Prager, *The Family Roe: An American Story*(New York: W & W Norton, 2021), 120.

417 Ibid, 93.

418 Sarah Weddington, *A Question of Choice*(New York: The Feminist

Press, 2013), 166.

419 Ibid, 90.

420 Ibid, 111-113.

421 Ibid, 122.

422 Joshua Prager, "Sarah Weddington's Unexpected Path to Roe", *The Atlantic*, January 7, 2022, https://www.theatlantic.com/ideas/archive/2022/01/sarah-weddington-obituary-roe-v-wade/621160/.

423 Joshua Prager, *The Family Roe: An American Story*(New York: W & W Norton, 2021), 91.

424 Ibid, 92.

425 Ibid, 99.

426 *Roe v. Wade*, 410 U.S. 113, 162-166(1973).

427 Joshua Prager, *The Family Roe: An American Story*(New York: W & W Norton, 2021), 115.

428 Ibid, 118-119.

429 *Roe v. Wade*, directed by Gregory Hoblit(New York: NBC Productions, 1989).

430 Joshua Prager, *The Family Roe: An American Story*(New York: W & W Norton, 2021), 120, 126.

431 Ibid, 194-198.

432 Ibid, 219.

433 Ibid, 399.

434 "The 'Roe Baby' Reveals Identity as Half-Sister Speaks to CBS News About Their Mother's Legacy", CBS News, September 9, 2021, https://www.cbsnews.com/news/jane-roe-daughter-speaks-norma-mccorvey-legacy/.

435 Ibid.

436 *AKA Jane Roe*, Directed by Nick Sweeney(Century City: FX Network, 2020).

437 Ibid.

438 "Daughter of 'Jane Roe', the Woman Behind the Landmark Abortion Case, Comes to Terms with Her Identity", ABC News, October 4, 2021, https://abcnews.go.com/US/daughter-jane-roe-woman-landmark-abortion-case-terms/story?id=80329351.

439 *AKA Jane Roe*, directed by Nick Sweeney(Century City: FX Network, 2020).

440 Ibid.

441 Ibid.

442 Ibid.

443 Ibid.

444 Pamela Colloff, "Supreme Moment", *Texas Monthly*, February 2003, https://www.texasmonthly.com/articles/supreme-moment/.

445 *AKA Jane Roe*, directed by Nick Sweeney(Century City: FX Network, 2020).

446 Ryan Smith, "Respects Paid to Sarah Weddington, Roe v. Wade Lawyer: 'A Texas Giant'", *Newsweek*, December 27, 2021, https://www.newsweek.com/sarah-weddington-death-roe-v-wade-lawyer-texas-tributes-1663251.

447 Joshua Prager, "Exclusive: Roe v. Wade's Secret Heroine Tells Her Story", *Vanity Fair*, January 19, 2017, https://www.vanityfair.com/news/2017/01/roe-v-wades-secret-heroine-tells-her-story.

448 BeLynn Hollers, "Dallas Lawyer Linda Coffee Launched Landmark Roe v. Wade Talks About Filing the Case", *Dallas Morning News*, December 16, 2021, https://www.dallasnews.com/news/politics/2021/12/16/dallas-lawyer-linda-coffee-launched-landmark-roe-vs-wade-abortion-rights-

case-with-a-15-filing-fee/.

449 *Dobbs v. Jackson Women's Health Organization*, 142 S. Ct. 2228(2022).

450 Abraham Lincoln, "First Inaugural Address, March 4, 1961", Library of Congress, https://www.loc.gov/resource/mal.0773800/?sp=1&st=text.

451 Abraham Lincoln, "Second Inaugural Address, March 4, 1965", Library of Congress, https://tile.loc.gov/storage-services/service/mss/mal/436/4361300/4361300.pdf.

452 Gunnar Myrdal, *An American Dilemma: The Negro Problem and Modern Democracy*, 4.

453 N'dea Yancey-Bragg, "Darnella Frazier, the Teenager Who Recorded George Floyd's Death on Video, Says It Changed Her Life", *USA Today*, March 30, 2021, https://www.usatoday.com/story/news/nation/2021/03/30/darnella-frazier-video-teen-filmed-george-floyds-death-testifies/7057512002/.

454 Sara Sidner, "Inside Cup Foods, Where It Seems George Floyd Never Left", CNN, April 10, 2021, https://www.cnn.com/2021/04/10/us/minneapolis-george-floyd-cup-foods-sidner/index.html.

455 Ibid.

456 Manny Fernandez and Audra Burch, "George Floyd, From 'I Want to Touch the World' to 'I Can't Breathe'", *The New York Times*, April 20, 2021, https://www.nytimes.com/artice/george-floyd-who-is.html.

457 Minyvonne Burke, "Owner of Minneapolis Grocery Store Says He Told Employees 'Call the Police on the Police' as She Witnessed George Floyd Death", NBC News, May 28, 2021, https://www.nbcnews.com/news/us-news/owner-minneapolis-grocery-store-says-he-told-employee-call-police-n1216461.

458 Nicolas Bogel-Burroughs, "An Outspoken Off-duty Firefighter Testified: There Was a Man Being Killed", *The New York Times*, March 30, 2021, https://www.nytimes.com/2021/03/30/us/genevieve-hansen-testimoy.html.

459 Nicolas Bogel-Burroughs, "Prosecutor Say Derek Chauvin Knelt on George Floyd for 9 Minutes 29 Seconds, Longer than Initially Reported", *The New York Times*, March 30, 2021, https://www.nytimes.com/2021/03/30/us/derek-chauvin-george-floyd-kneel-9-minutes-29-seconds.html.

460 Philip Bump, "How the First Statement from Minneapolis Police Made George Floyd's Murder Seem Like George Floyd's Fault", *The Washington Post*, April 20, 2021, https://www.washingtonpost.com/politics/2021/04/20/how-first-statement-minneapolis-police-made-george-floyds-murder-seem-like-george-floyds-fault/.

461 Larry Buchanan, Quoctrung Bui and Jugal Patel, "Black Lives Matter May Be the Largest Movement in U.S. History", *The New York Times*, July 3, 2020, https://www.nytimes.com/interactive/2020/07/03/us/george-floyd-protests-crowd-size.html.

462 Tim Arango, "Why William Barr Rejected a Plea Deal in the George Floyd Killing", *The New York Times*, February 10, 2021, https://www.nytimes.com/2021/02/10/us/george-

floyd-death.html.

463 "What We Know About The Jurors In The Chauvin Trial", National Public Radio, April 20, 2021, https://www.npr.org/sections/trial-over-killing-of-george-floyd/2021/04/20/989149400/what-we-know-about-the-jurors-in-the-chauvin-trial.

464 N'dea Yancey-Bragg, "The Judge in the Derek Chauvin Case is Orchestrating One of the Nation's Most Widely Watched Murder Trials", *USA Today*, April 20, 2021, https://www.usatoday.com/restricted/?return=https%3A%2F%2Fwww.usatoday.com%2Fin-depth%2Fnews%2Fnation%2F2021%2F04%2F12%2Fderek-chauvin-trial-judge-peter-cahill%2F6889410002%2F.

465 Ibid.

466 Jim Salter, "Explainer: Legion of Chauvin Prosecutors, Each with Own Role", *The Associated Press*, April 4, 2021, https://apnews.com/article/derek-chauvin-trial-steve-schleicher-e1a14774fe5d88666232187c1413d5b8.

467 "Full Video: Prosecution Presents Closing Arguments in Derek Chauvin Trial", WCCO-CBS Minnesota, April 19, 2021, https://minnesota.cbslocal.com/video/5503129-full-video-prosecution-presents-closing-arguments-in-derek-chauvin-trial/.

468 "Full Video: Prosecution Presents Rebuttal in Closing Arguments in Derek Chauvin Trial", WCCO-CBS Minnesota, April 19, 2021, https://minnesota.cbslocal.com/video/5504148-full-video-prosecution-presents-rebuttal-in-closing-arguments-in-derek-chauvin-trial/.

469 "Full Video: Defense Presents Closing Arguments in Derek Chauvin Trial (Part 1)", WCCO-CBS Minnesota, April 19, 2021, https://minnesota.cbslocal.com/video/5503824-full-video-defense-presents-closing-arguments-in-derek-chauvin-trial-part-1/.

"Full Video: Defense Presents Closing Arguments in Derek Chauvin Trial (Part 2)", https://minnesota.cbslocal.com/video/5503998-full-video-defense-presents-closing-arguments-in-derek-chauvin-trial-part-2/.

470 Paul Walsh, Abby Simmons and Hannah Sayle, "Who Were the Witnesses in the Derek Chauvin Trial?", *The Star Tribune*, April 15, 2021, https://www.startribune.com/who-are-the-witnesses-in-the-derek-chauvin-trial-for-the-killing-of-george-floyd-in-minneapolis/600042794/.

471 "George Floyd: What Witnesses Have Said in the Chauvin Trial", BBC, April 18, 2021, https://www.bbc.com/news/world-us-canada-56581401.

472 Kim Bellware, "'It's Been Nights I Stayed Up Apologizing' to George Floyd, Says Teen Who Documented His Death for the World", *The Washington Post*, March 30, 2021, https://www.washingtonpost.com/nation/2021/03/30/darnella-frazier-george-floyd-chauvin-trial/.

473 Celine Castronuovo, "9-Year-Old Witness Says Medics Asked Chauvin to Get Off of Floyd", *The Hill*, March 30, 2021, https://thehill.com/homenews/state-watch/545601-9-

year-old-witness-says-medics-asked-chauvin-to-get-off-of-floyd.

474 Paulina Villegas, "Witness Who Confronted Chauvin Sobs While Watching Floyd Video: 'I Feel Helpless'", *The Washington Post*, March 31, 2021, https://www.washingtonpost.com/nation/2021/03/31/charles-mcmillian-chauvin-trial/.

475 "Store Clerk Who Testified at Derek Chauvin Trial Still Feels 'Guilt' at His Death", ABC News, March 31, https://abcnews.go.com/GMA/News/video/store-clerk-testified-derek-chauvin-trial-feels-guilt-76831575.

476 N'dea Yancey-Bragg, Tami Abdollah, Grace Hauck, Kevin McCoy, and Eric Ferkenhoff, "Dereck Chauvin Trial Closing Statements: Prosecutors Tell Jurors to 'Believe Their Eyes'; Defense Emphasizes 'Totality of the Circumstances'", *USA Today*, April 19, 2021, https://www.usatoday.com/story/news/nation/2021/04/19/derek-chauvin-trial-live-george-floyd-jury-closing-arguments/7123640002/. Also see WCCO-CBS Minnesota, "Prosecutor Jerry Blackwell delivers his rebuttal during closing arguments in the trial of Chauvin Monday morning and afternoon", April 19, 2021, https://www.youtube.com/watch?v=HKl_sa4NUbA.

477 Glenn Kirschner, "Chauvin Trial, Day 3: How the Police Victimized Not Only George Floyd but The Witness as Well", YouTube, March 31, 2021, https://www.youtube.com/watch?v=te6uCJDm6uE.

478 Sara Sidner, "Inside Cup Foods, Where It Seems George Floyd Never Left", CNN, April 10, 2021, https://www.cnn.com/2021/04/10/us/minneapolis-george-floyd-cup-foods-sidner/index.html.

479 Aaron Morrison, "Silence, Then Cheers: Relief Washes Over George Floyd Square", *The Associated Press*, April 21, 2021, https://apnews.com/article/minneapolis-george-floyd-trials-death-of-george-floyd-f16d2e5c3aa63b96021be08c8248dc31.

480 Ibid.

481 Gabrielle Canon, "'I Cried So Hard': the Teen Who Filmed Floyd's Killing, and Changed America", *The Guardian*, April 20, 2021, https://www.theguardian.com/us-news/2021/apr/20/darnella-frazier-george-floyd-derek-chauvin-trial-guilty-verdict.

482 "Derek Chauvin Is Sentenced to 22 ½ Years for George Floyd's Murder", National Public Radio, June 25, 2021, https://www.npr.org/sections/trial-over-killing-of-george-floyd/2021/06/25/1009524284/derek-chauvin-sentencing-george-floyd-murder.

483 David Hume, *A Treatise of Human Nature*, edited with an Analytical Index, by L. A. Selby-Bigge(Oxford: Clarendon Press. 1985), 415.

484 Rachel Sandler, "What We Know About Kyle Rittenhouse, The 17-Year-Old Charged In The Kenosha Shootings", *Forbes*, August 27, 2020, https://www.forbes.com/sites/rachelsandler/2020/08/26/what-we-know-about-kyle-rittenhouse-the-17-year-old-charged-in-the-kenosha-shootings/?sh=5f30c2c64ce2.

485 Adam Janos, Thomas MacMillan and Mark Morales, "Slain NYPD Officers Rafael Ramos and Wenjian Liu Remembered", *The Wall Street Journal,* December 21, 2014, https://www.wsj.com/articles/slain-nypd-officers-wenjian-liu-and-rafael-ramos-were-partners-1419139850.

486 Peter Holley, "Two New York City police officers are shot and killed in a brazen ambush in Brooklyn", *The Washington Post*, December 20, 2014, https://www.washingtonpost.com/national/two-new-york-city-police-officers-are-shot-and-killed-in-a-brazen-ambush-in-brooklyn/2014/12/20/2a73f7ae-8898-11e4-9534-f79a23c40e6c_story.html.

487 Edward Moreno, "Kenosha Shooting Suspect Attended Trump Rally in January: Report", *The Hill*, August 26, 2020, https://thehill.com/homenews/news/513858-kenosha-shooting-suspect-attended-trump-rally-in-january-report.

488 David Li, "Kyle Rittenhouse Says He Used Coronavirus Stimulus Check to Buy AR-15 Used in Fatal Shooting", NBC News, November 19, 2020, https://www.nbcnews.com/news/us-news/kyle-rittenhouse-says-he-used-coronavirus-stimulus-check-buy-ar-n1248290.

489 Ashley Luthern, "'I'm Going to Jail for the Rest of My Life': What Kyle Rittenhouse Told the Friend Who Supplied Rifle Used in the Kenosha Protest Shooting", *Milwaukee Journal Sentinel*, November 20, 2020, https://www.jsonline.com/story/news/local/wisconsin/2020/11/20/kenosha-protest-shooting-what-dominick-black-told-police-kyle-rittenhouse/6354482002/.

490 Bruce Vielmetti, "Friend Who Bought Rifle Kyle Rittenhouse Used in Kenosha Shooting Charged", *USA Today*, November 10, 2020, https://www.usatoday.com/story/news/nation/2020/11/10/kyle-rittenhouse-friend-charged-bought-him-gun-kenosha-shooting/6231407002/.

491 Teo Armus, Mark Berman and Griff Witte, "Before a Fatal Shooting, Teenage Kenosha Suspect Idolized the Police", *The Washington Post*, August 27, 2020, https://www.washingtonpost.com/nation/2020/08/27/kyle-rittenhouse-kenosha-shooting-protests/.

492 Alexis de Tocqueville, *Democracy in America*, Vol. I, translated by Henry Reeves(Cambridge: Sever and Francis, 1835), 131.

493 Dan Hinkel, "Kyle Rittenhouse Freed from Kenosha Jail after Attorneys Post $2 Million Bail despite Pleas from Families of Men He Shot", *Chicago Tribune*, November 20, 2020, https://www.chicagotribune.com/news/breaking/ct-kyle-rittenhouse-posts-bail-kenosha-shootings-20201120-oa4air35bbdsvpkaixerhyidjm-story.html.

494 Bruce Vielmetti, "After Rittenhouse Posted $2 Million Bail, Some High-Profile Donors Have Shifted Attention and Funds to Other Issues", *Milwaukee Journal Sentinel*, December 1, 2020, https://www.jsonline.com/story/news/crime/2020/12/01/donors-rittenhouse-legal-defense-shifted-attention-funds-elsewhere/6468471002/.

495 Ewan Palmer, "Why Kyle

Rittenhouse's Attorney Is Leaving Criminal Case as Arraignment Set For Kenosha Shooter", *Newsweek*, December 4, 2020, https://www.newsweek.com/kyle-rittenhouse-attorney-trial-murder-funding-1552338.

496 Bruce Vielmetti, "Kyle Rittenhouse Has Fired Controversial Civil Lawyer John Pierce", *Milwaukee Journal Sentinel*, February 5, 2021, https://www.jsonline.com/story/news/local/wisconsin/2021/02/05/kyle-rittenhouse-parts-ways-controversial-civil-lawyer/4397054001/.

497 Julie Bosman, "Jurors for Kyle Rittenhouse Trial Are Swiftly Selected", *The New York Times*, November 1, 2021, https://www.nytimes.com/2021/11/01/us/kyle-rittenhouse-trial-jury.html.

498 "Kyle Rittenhouse Breaks Down on the Stand while Testifying about Kenosha Shootings", Court TV, *USA Today*, November 10, 2021, https://www.usatoday.com/videos/news/nation/2021/11/10/kyle-rittenhouse-cries-while-testifying-kenosha-shooting/6370908001/.

499 Josiah Bates, "Kyle Rittenhouse Found Not Guilty of All Charges", *Time*, November 19, 2021, https://time.com/6117401/kyle-rittenhouse-verdict-not-guilty/.

500 Julie Bosman, "Friend Who Bought Kyle Rittenhouse's Gun Gets Reduced Charges", *The New York Times*, January 10, 2022, https://www.nytimes.com/2022/01/10/us/kyle-rittenhouse-dominick-black-gun.html.

501 Charles Creitz, "Kyle Rittenhouse Interviewed by Tucker Carlson, Recounts Kenosha Riots, Reacts to Media Portray of Trial", Fox News, November 22, 2021, https://www.foxnews.com/media/kyle-rittenhouse-tucker-carlson-exclusive-kenosha-riots-media-portrayal-trial.

502 Bruce Vielmetti, "Kyle Rittenhouse's former lawyer wants the $2 million raised for teen's bail", *Milwaukee Journal Sentinel*, September 22, 2021, https://www.jsonline.com/story/news/crime/2021/09/22/kyle-rittenhouses-former-lawyers-john-pierce-lin-wood-both-want-his-2-million-bail-money/5804000001/.

503 Jason Lemon, "Kyle Rittenhouse Lawyer Says 'Idiot' Lin Wood Tried to 'Whore This Kid Out for Money'", *Newsweek*, November 20, 2021, https://www.newsweek.com/kyle-rittenhouse-lawyer-says-idiot-lin-wood-tried-whore-this-kid-out-money-1651610.

504 Daniel Villarreal, "'I Am Not': Trump Lawyer Lin Wood Threatens to Sue Rittenhouse Lawyer for Calling Him 'Idiot'", *Newsweek*, November 20, 2021, https://www.newsweek.com/i-am-not-trump-lawyer-lin-wood-threatens-sue-rittenhouse-lawyer-calling-him-idiot-1651658.

505 "Mark Richards: Kyle Rittenhouse Wasn't A Militia Member", CNN, November 22, 2021, https://transcripts.cnn.com/show/CPT/date/2021-11-22/segment/01.

506 Garance Franke-Ruta, "Justice Kagan and Justice Scalia Are Hunting Buddies- Really", *The*

Atlantic, June 30, 2013, https://www.theatlantic.com/politics/archive/2013/06/justice-kagan-and-justice-scalia-are-hunting-buddies-really/277401/.

507 Adam Winkler, *Gunfight: The Battle Over the Right to Bear Arms in America*(New York: W. W. Norton & Company, 2011), 2.

508 Ibid, 95–96.

509 Ibid, 95.

510 Glenn Harlan Reynolds, "A Critical Guide to the Second Amendment", *Tennessee Law Review*(Spring 1995), 461.

511 Adam Winkler, *Gunfight: The Battle Over the Right to Bear Arms in America*(New York: W. W. Norton & Company, 2011), 96.

512 Ibid, 105.

513 Don B. Kates Jr., "Handgun Prohibition and the Original Meaning of the Second Amendment", *Michigan Law Review*, Vol. 82, Issue 2(1983), 204–273.

514 Sanford Levinson, "The Embarrassing Second Amendment", *The Yale Law Journal*, vol. 99, No. 3(1989), 637–659.

515 *District of Columbia v. Heller*, 128 S. Ct. 2783(2008).

516 Ibid, 2788–2803.

517 Ibid, 2816.

518 Edward Coke, *Prohibitions del Roy*(1607) 12 Co, Rep. 63.

519 *District of Columbia v. Heller*, 2822–2870.

520 Adam Winkler, *Gunfight: The Battle Over the Right to Bear Arms in America*(New York: W. W. Norton & Company, 2011), 161.

521 James T. Adams, "Our Lawless Heritage", *The Atlantic*, December 1928, https://www.theatlantic.com/magazine/archive/1928/12/our-lawless-heritage/649227/.

522 Adam Winkler, *Gunfight: The Battle Over the Right to Bear Arms in America*(New York: W. W. Norton & Company, 2011), 162.

523 Ibid, 164.

524 Ibid, 117.

525 Adam Winkler, *Gunfight: The Battle Over the Right to Bear Arms in America*(New York: W. W. Norton & Company, 2011), 2.

526 Richard Posner, "In Defense of Looseness", *The New Republic*, August 26, 2008, https://newrepublic.com/article/62124/defense-looseness.

527 Ibid.

528 Jeffrey M. Jones, "Public Believes Americans Have Right to Own Guns", Gallup, March 27, 2008, https://news.gallup.com/poll/105721/public-believes-americans-right-own-guns.aspx.

529 Katherine Schaeffer, "Key Facts about Americans and Guns", Pew Research Center, September 21, 2021, https://www.pewresearch.org/short-reads/2021/09/13/key-facts-about-amercans-and-guns/.

530 Lawrence M. Friedman, *A History of American Law*(New York: Simon & Schuster, 2005), 1.

531 John Cox, Steven Rich, Allyson Chiu, John Muyskens and Monica Ulmanu, "More than 292,000 Students Have Experienced Gun Violence at School since Columbine", *The Washington Post*, January 24, 2022, https://www.washingtonpost.com/graphics/2018/local/school-shootings-database/.

532 Jack Healy, "Behind the Charges Faced by the Parents of the Michigan Shooting Suspect", *The New York Times*, December 3, 2021, https://www.nytimes.com/2021/12/03/us/crumbley-parents-charged-michigan-shooting.html.

533 "Key Moments Surrounding Michigan High School Shooting", *The Associated Press*, December 4, 2021, https://apnews.com/article/crime-shootings-education-michigan-school-shootings-a734bfa163d0e761b1eac3031ba0569a.

534 Jennifer Crumbley, "Letter to Mr. Trump", Blog at WordPress.com, November 11, 2016, https://archive.vn/rRL9y.

535 Ibid.

536 "Key Moments Surrounding Michigan High School Shooting", *The Associated Press*, December 4, 2021, https://apnews.com/article/crime-shootings-education-michigan-school-shootings-a734bfa163d0e761b1eac3031ba0569a.

537 Jennifer Chambers, "Teachers Alarmed by Oxford High Suspect's Drawings Ahead of Shooting, Warned School Leaders", *The Detroit News*, December 3, 2021, https://www.detroitnews.com/story/news/local/oakland-county/2021/12/03/oxford-school-shooting-ethan-crumbley-drawings-teacher-warning/8854446002/.

538 "Key Moments Surrounding Michigan High School Shooting", The Associated Press, December 4, 2021, https://apnews.com/article/crime-shootings-education-michigan-school-shootings-a734bfa163d0e761b1eac3031ba0569a.

539 Ibid.

540 Ibid.

541 Ibid.

542 Gina Kaufman, Elisha Anderson, Christine MacDonald and Emma Stein, "Parents of Oxford School Shooting Suspect Charged with Involuntary Manslaughter", *Detroit Free Press*, December 3, 2021, https://www.freep.com/story/news/local/michigan/oakland/2021/12/03/oxford-school-shooting-suspect-parents-james-jennifer-crumbley-charges/8849959002/.

543 Sophie Kasakove and Susan Eastman, "Dramatic Day Reveals Details about the Parents of a School Shooting Suspect", *The New York Times*, December 5, 2021,https://www.nytimes.com/2021/12/05/us/michigan-shooting-parents.html.

544 Katherine Fung, "Who Is Shannon Smith? Larry Nassar's Attorney Reps Alleged Oxford Shooter's Parents", *Newsweek*, December 3, 2021, https://www.newsweek.com/who-shannon-smith-larry-nassars-attorney-reps-alleged-oxford-shooters-parents-1655983.

545 Sophie Kasakove and Susan Eastman, "Dramatic Day Reveals Details about the Parents of a School Shooting Suspect", *The New York Times*, December 5, 2021,https://www.nytimes.com/2021/12/05/us/michigan-shooting-parents.html.

546 Ibid.

547 "James and Jennifer Crumbley Appear in Court Tuesday", NBC 25 News, December 14, 2021, https://nbc25news.com/news/local/michigan-suspects-dad-mouths-i-love-you-to-wife-in-

court-12-14-2021.

548 Phoebe W. Howard, "Grandmother of Oxford School Shooting Victim Madisyn Baldwin Pleads for Help on GoFundMe", Detroit Free Press, December 1, 2021, https://www.freep.com/story/news/local/michigan/detroit/2021/12/01/oxford-high-school-shooting-madisyn-baldwin-gofundme/8823125002/.

549 Harriet Sokmensuer, "A Football Player, Bowler, Freshman and an Artist: Remembering the Oxford School Shooting Victims One Year Later", *People*, November 30, 2022, https://people.com/crime/michigan-school-shooting-remembering-victims/.

550 Ibid.

551 Ibid.

552 Aaron Karp, "Estimating Global Civilian Held Firearms Numbers", Small Arms Survey, June 2018, https://www.smallarmssurvey.org/sites/default/files/resources/SAS-BP-Civilian-Firearms-Numbers.pdf.

553 Katherine Schaeffer, "Key Facts about Americans and Guns", Pew Research Center, September 13, 2021, https://www.pewresearch.org/fact-tank/2021/09/13/key-facts-about-americans-and-guns/.

554 Melissa Chan, "Parents of School Shooters Rarely Are Held Responsible. This Case is Different", *Time*, December 8, 2021, https://time.com/6126647/crumbley-parents-charges/.

555 Theresa Waldrop, "Days after School Shooting, Rep. Thomas Massie Posts Family Photo with Guns, Asks Santa for Ammo for Christmas", CNN, December 5, 2021, https://www.cnn.com/2021/12/05/us/thomas-massie-kentucky-representative-guns-family-photo/index.html.

556 Paulina Villegas, "GOP Congressman's Gun-toting Family Christmas Photo Sparks Outrage Days after School Shooting", *The Washington Post*, December 5, 2021,https://www.washingtonpost.com/nation/2021/12/05/christmas-photo-guns/.

557 Michael Moore, "A Mother's Love for Son, Gun and Country", December 6, 2021, https://www.michaelmoore.com/p/a-mothers-love-for-son-gun-and-country?utm_source=url.

558 Eduardo Medina, "'No One Should Be Afraid to Go to School'. Michigan Governor Says", *The New York Times*, November 30, 2021, https://www.nytimes.com/2021/11/30/us/governor-whitmer-michigan-school-shooting.html.

559 Leonard Pitts, Jr., "If Sandy Hook Didn't Change Gun Laws, Nothing Will", *The Baltimore Sun*, September 3, 2015, https://www.baltimoresun.com/opinion/op-ed/bs-ed-pitts-20150903-story.html.

560 Timothy Bella, "Why Is It Rare for Parents of School Shooting Suspects to Face Charges? It's 'Really Hard', Experts Say", *The Washington Post*, December 4, 2021, https://www.washingtonpost.com/nation/2021/12/04/oxford-shooting-crumbley-parents-charges-explainer/.

561 Elizabeth Williamson, "Alex Jones Loses by Default in Remaining Sandy Hook Defamation Suits",

The New York Times, November 15, 2021, https://www.nytimes.com/2021/11/15/us/politics/alex-jones-sandy-hook.html. Corky Siemaszko, "Professor Who Suggsted Sandy Hook Massacre Was Hoax Sues Florida Atlantic University", NBC News, December 5, 2017, https://www.nbcnews.com/news/us-news/professor-who-suggested-sandy-hook-massacre-was-hoax-sues-florida-n826646.

562 Ross Ramsey, "Analysis: After a Mass Shooting, a Texas Governor's Call to Arms", *The Texas Tribune*, May 30, 2018, https://www.texastribune.org/2018/05/30/analysis-after-santa-fe-school-shooting-texas-governors-call-arms/.

563 Heidi Perez-Moreno, "New Texas Law Allowing People to Carry Handguns without Permits Stirs Mix of Fear, Concern among Law Enforcement", *The Texas Tribune*, August 16, 2021, https://www.texastribune.org/2021/08/16/texas-permitless-carry-gun-law/.

564 Evan Kindley, "William Faulkner's Southern Guilt", *The New Republic,* August 18, 2020, https://newrepublic.com/article/158710/william-faulkner-civil-war-biography-review-southern-white-guilt.

565 William Blackstone, *Commentaries on the Laws of England*(Oxford: The ClarendonPress, 1766), 40-41.

566 *Green v. Biddle*, 21 U.S. 1, 63(1823).

567 *Meyer v. Nebraska*, 262 U.S. 390, 399(1923).

568 *Loving v. Virginia*, 388 U.S. 1, 12(1967).

569 Emily Cochrane and Zolan Kanno-Youngs, "Biden Signs Gun Bill Into Law, Ending Years of Stalemate", *The New York Times*, June 25, 2022, https://www.nytimes.com/2022/06/25/us/politics/gun-control-bill-biden.html.

570 V. S. Naipaul, "Our Universal Civilization", *The New York Times*, November 5, 1990, https://archive.nytimes.com/www.nytimes.com/books/98/06/07/specials/naipaul-universal.html.

571 Carli N. Conklin, *The Pursuit of Happiness in the Founding Era: An Intellectual History*(Columbia: University of Missouri Press, 2020), 133.

572 *Students for Fair Admissions v. President and Fellows of Harvard College, Inc.*, The U.S. Supreme Court, Decided June 29, 2023, https://www.supremecourt.gov/opinions/22pdf/20-1199_hgdj.pdf.

573 Lawrence Hurley, "Supreme Court Strikes Down College Affirmative Action Programs", NBC News, June 29, 2023, https://www.nbcnews.com/politics/supreme-court/supreme-court-strikes-affirmative-action-programs-harvard-unc-rcna66770. Andrew Chung and John Kruzel, "US Supreme Court Rejects Affirmative Action in University Admissions", Reuters, June 29, 2023, https://www.reuters.com/legal/us-supreme-court-strikes-down-university-race-conscious-admissions-policies-2023-06-29/. Jeannie S. Gersen, "The Supreme Court Overturns Fifty Years of Precedent on Affirmative Action", *The New Yorker*, June 29, 2023, https://www.newyorker.com/news/

daily-comment/the-supreme-court-overturns-fifty-years-of-precedent-on-affirmative-action.

574 "Remarks by President Biden on the Supreme Court's Decision on Affirmative Action", The White House, June 29, 2023, https://www.whitehouse.gov/briefing-room/speeches-remarks/2023/06/29/remarks-by-president-biden-on-the-supreme-courts-decision-on-affirmative-action/.

575 "A profile of ex-student who's challenging university's affirmative action policy", CNN, June 24, 2013, https://www.cnn.com/2012/10/10/us/affirmative-action-profile/index.html.

576 "Affirmative Action", *Encyclopaedia Britannica*, https://www.britannica.com/topic/ affirmative-action. "Affirmative Action", *Stanford Encyclopedia of Philosophy*, https://plato.stanford.edu/entries/affirmative-action/.

577 Freddie Sayers, "Edward Blum: My battle against affirmative action", UnHerd, May 29, 2023, https://unherd.com/2023/05/edward-blum-my-battle-against-affirmative-action/. Nicole Hannah-Jones, "What Abigail Fisher's Affirmative Action Case Was Really About", *ProPublica*, June 23, 2016, https://www.propublica.org/article/a-olorblind-constitution-what-abigail-fishers-affirmative-action-case-is-r.

578 Michael Martin and Nikole Hannah-Jones, "SCOTUS And Affirmative Action: Who Is Abigail Fisher?", NPR, June 17, 2013, https://www.npr.org/templates/story/story.php?storyId=192703172.

579 *Abigail Fisher v. University of Texas at Austin*, 645 F.Supp.2d 587(2009).

580 *Abigail Fisher v. University of Texas at Austin*, 136 S.Ct.2198(2016).

581 *DeFunis v. Odegaard*, 416 U.S. 312, 350(1974).

582 *Regents of The University of California v. Bakke*, 438 U.S. 265(1978).

583 Rick Kushman, "Bakke is trying to fit in but his presence is felt", *The Spectrum*, Page 2, October 9, 1978.

584 "Proposition 209, Prohibition Against Discrimination or Preferential Treatment by State and Other Public Entities", Legislative Analysist's Office, November 1996, https://lao.ca.gov/ballot/1996/prop209_11_1996.html.

585 *Grutter v. Bollinger*, 539 U.S. 306(2003).

586 Giles Edwards, "Abigail Fisher: Affirmative action plaintiff 'proud' of academic record", BBC, July 29, 2016, https://www.bbc.com/news/world-us-canada-36928990.

587 Joan Biskupic, "A litigious activist's latest cause: ending affirmative action at Harvard", Reuters, June 8, 2015, https://www.reuters.com/investigates/special-report/usa-harvard-discrimination/.

588 Sandya Dirks, "Affirmative action divided Asian Americans and other people of color. Here's how", NPR, July 2, 2023, https://www.npr.org/2023/07/02/1183981097/affirmative-action-asian-americans-poc.

589 Hua Hsu, "The Rise and Fall of Affirmative Action: With a lawsuit against Harvard, Asian-American activists have formed an

alliance with a white conservative to change higher education", *The New Yorker*, October 8, 2018, https://www.newyorker.com/magazine/2018/10/15/the-rise-and-fall-of-affirmative-action.

590 Sandhya Dirks, "Affirmative action divided Asian Americans and other people of color. Here is how", NPR, July 2, 2023, https://www.npr.org/2023/07/02/1183981097/affirmative-action-asian-americans-poc.

591 Rahem Hamid, Vivi Lu and Nia Orakwue, "Supreme Court Hears Oral Arguments in Harvard, UNC Affirmative Action Cases", *The Harvard Crimson*, October 31, 2022, https://www.thecrimson.com/article/2022/10/31/scotus-sffa-oral-arguments/.

592 *Students for Fair Admissions v. President and Fellows of Harvard College*, Oral Argument, The Supreme Court of the United States, October 31, 2022, https://www.supremecourt.gov/oral_arguments/argument_transcripts/2022/20-1199_o7kq.pdf.

593 Ibid.

594 *Grutter v. Bollinger*, 539 U.S. 306, 343(2003).

595 *Students for Fair Admissions v. President and Fellows of Harvard College*, Oral Argument, The Supreme Court of the United States, October 31, 2022, https://www.supremecourtgov/oral_arguments/argument_transcripts/2022/20-1199_o7kq.pdf.

596 *Students for Fair Admissions v. President and Fellows of Harvard College*, Slip Opinion, The Supreme Court of the United States, June 29, 2023, https://www.supremecourt.gov/opinions/22pdf/20-1199_hgdj.pdf.

597 Ibid.

598 *Heckler v. Matthews*, 465 U.S. 728, 740(1984). Comptroller of Treasury of Md. v. Wynne, 135 S.Ct. 1787, 1806(2015).

599 Richard Kahlenberg, "Affirmative action should be based on class, not race", *The Economist*, September 4, 2018, https://www.economist.com/open-future/2018/09/04/affirmative-action-should-be-based-on-class-not-race.

600 Richard Kahlenberg, "We Need Civil Rights for the Poor", *The New York Times*, December 13, 2013, https://www.nytimes.com/roomfordebate/2013/06/26/is-the-civil-rights-era-over/we-need-civil-rights-for-the-poor. Richard Kahlenberg, "The Affirmative Action That Colleges Really Need", The Atlantic, October 26, 2022.

601 Geoff Bennett, Ali Schmitz, Saher Khan, "Writer predicts more socioeconomically diverse colleges after end of affirmative action", PBS, June 29, 2023, https://www.pbs.org/newshour/show/writer-predicts-more-socioeconomically-diverse-colleges-after-end-of-affirmative-action.

602 Anemona Hartocollis, "With Supreme Court Decision, College Admissions Could Become More Subjective", July 7, 2023, https://www.nytimes.com/2023/06/29/us/ affirmative-action-college-admissions-future.html.

603 Douglas Belkin, "Activist Behind

Supreme Court Affirmative Action Cases Is Now Suing Law Firms", *The Wall Street Journal*, August 22, 2023, https://www.wsj.com/us-news/edward-blum-lawsuits-affirmativeaction-law-firms-b8871ab1.

604 Peter Arcidiacono, Josh Kinsler and Tyler Ransom, *Legacy and Athlete Preferences at Harvard*, September 2019, https://www.nber.org/system/files/working_papers/w26316/w26316.pdf.

605 "Students for Fair Admissions on Supreme Court Affirmative Action Decision", C-SPAN, June 29, 2023, https://www.c-span.org/video/?529062-1/students-fair-admissions-supreme-court-affirmative-action-decision.

606 Michelle N. Amponsah and Emma H. Haidar, "Students for Fair Admissions, Allies Celebrate End of Affirmative Action", *Crimson*, June 30, 2023, https://www.thecrimson.com/article/2023/6/30/sffa-decision-reaction/.

607 Peter Arcidiacono, Josh Kinsler and Tyler Ransom, *Legacy and Athlete Preferences at Harvard*, September 2019, https://www.nber.org/system/files/working_papers/w26316/w26316.pdf.

608 *Students for Fair Admissions v. President and Fellows of Harvard College*, Oral Argument, The Supreme Court of the United States, October 31, 2022, https://www.supremecourt.gov/oral_arguments/argument_transcripts/2022/20-1199_o7kq.pdf.

609 *Students for Fair Admissions v. President and Fellows of Harvard College*, Slip Opinion, The Supreme Court of the United States, June 29, 2023, https://www.supremecourt.gov/opinions/22pdf/20-1199_hgdj.pdf.

610 Sophia Ankel, "People are dunking on JFK's half-assed Harvard admission essay in the wake of the Supreme Court axing affirmative action", *Business Insider*, June 30, 2023, https://www.businessinsider.com/jfk-lazy-harvard-essay-resurfaces-after-scotus-admissions-ruling-2023-6.

611 Vianney Gomez, "As courts weigh affirmative action, grades and test scores seen as top factors in college admissions", Pew Research Center, April 26, 2022, https://www.pewresearch.org/short-reads/2022/04/26/u-s-public-continues-to-view-grades-test-scores-as-top-factors-in-college-admissions/.

612 Frederick Hess and Richard Kalenberg, "Why It's Time for Legacy College Admissions to Go", *Time*, May 8, 2023, https://time.com/6276372/legacy-college-admissions-democrat-republican/.

613 Christopher Rim, "Some Universities Are Retiring Legacy Admissions But The Ivy League Won't Join Them Without A Fight", *Forbes*, July 25, 2023, https://www.forbes.com/sites/christopherrim/2023/07/25/some-universities-are-retiring-legacy-admissions-but-the-ivy-league-wont-join-them-without-a-fight/?sh=53d3b78b5a26.

614 *Harvard University Financial Report Fiscal Year 2022*, p.10, https://

finance.harvard.edu/files/fad/files/fy22_harvard_financial_report.pdf.

615 Collin Binkley, "Activists spurred by affirmative action ruling challenge legacy admissions at Harvard", The Associated Press, July 3, 2023, https://apnews.com/article/legacy-admissions-affirmative-action-colleges-4a4e1191274e91e695e0631ff5156875.

616 Jennifer Calfas and Douglas Belkin, "Harvard's Legacy Admissions Challenged After Affirmative Action Ruling", *Wall Street Journal*, July 3, 2023, https://www.wsj.com/articles/harvards-legacy-admissions-challenged-after-affirmative-action-ruling-c5aff91b.

617 Katie Reilly, "I Wish You Bad Luck. 'Read Supreme Court Justice John Roberts' Unconventional Speech to His Son's Graduating Class", *Time*, July 5, 2017, https://time.com/4845150/chief-justice-john-roberts-commencement-speech-transcript/.

618 Jonathan I. Israel, *Democratic Enlightenment*(Oxford: Oxford University Press, 2011), 443-478.

619 Thomas Paine, *Age of Reason: An Investigation of True and Fabulous Theology*(New York: Liberal and Scientific Publishing House, 1877).

620 John G. Hibben, *The Philosophy of the Enlightenment*(New York: Charles Scribner's Sons, 1910).

621 Peter Gay, *The Enlightenment: An Interpretation*, Volume I, The Rise of Modern Paganism(New York: Alfred A. Knopf, 1966). Peter Gay, *The Enlightenment: An Interpretation*, Volume II, The Science of Freedom(New York: Alfred A. Knopf, 1969).

622 Jonathan Israel, *Radical Enlightenment: Philosophy and the Making of Modernity 1650-1750*(Oxford: Oxford University Press, 2001). Jonathan Israel, *Enlightenment Contested: Philosophy, Modernity, and the Emancipation of Man 1670-1752*(Oxford: Oxford University Press, 2006). Jonathan Israel, *Democratic Enlightenment: Philosophy, Revolution, and Human Rights 1750-1790*(Oxford: Oxford University Press, 2011). Dan Edelstein, *The Enlightenment: A Genealogy*(Chicago: The University of Chicago Press, 2010).

623 Ritchie Robertson, *The Enlightenment: The Pursuit of Happiness 1680-1790*(New York: HarperCollins, 2021), 706.

624 Ibid, 769-780.

625 Adam Smith, *An Inquiry into the Nature and Causes of the Wealth of Nations*, Volume I & II. First Edition(London: W. Strahan, 1776). Adam Smith, *The Theory of Moral Sentiments*, Volume I & II, Sixth Edition(London: A. Strahan, 1790).

626 David Hume, *A Treatise of Human Nature*, edited, with an Analytical Index, by L.A. Selby-Bigge(Oxford: Clarendon Press. 1985), 415.

627 Max Horkheimer und Theodor W. Adorno, *Dialektik der Aufklärung*(Amsterdam: Querido Verlag N.V., 1947).

628 Ritchie Robertson, *The Enlightenment: The Pursuit of Happiness 1680-1790*, 775.

629 Max Horkheimer and Theodor Adorno, *Dialectic of Enlightenment*, Translated by John Cumming(New

York: Continuum Pub. Co., 1972).
630 Ritchie Robertson, *The Enlightenment: The Pursuit of Happiness 1680–1790*, 776.
631 Ibid, 776–777. Isaiah Berlin, *Karl Marx: His Life and Environment*(Oxford: Oxford University Press, 1939).
632 Ritchie Robertson, *The Enlightenment: The Pursuit of Happiness 1680–1790*, 777. Isaiah Berlin, *The Age of Enlightenment: The Eighteenth Century Philosophers*(Oxford: Oxford University Press, 1956), 16.
633 Ritchie Robertson, *The Enlightenment: The Pursuit of Happiness 1680–1790*, 777–778.
634 Ibid, 779.
635 Ibid, 778. Friedrich Meinecke, *Historism: The Rise of a New Historical Outlook*, Translated by J. E. Anderson(London: Herder & Herder, 1972).
636 V. S. Naipaul, "Our Universal Civilization", *The New York Times*, November 5, 1990, https://archive.nytimes.com/www.nytimes.com/books/98/06/07/specials/naipaul-universal.html.
637 Ritchie Robertson, *The Enlightenment: The Pursuit of Happiness 1680–1790*, 730–731.
638 Ibid, 717.
639 Ibid, 720–722.
640 Ibid, 717.
641 Ibid, 740.
642 Jeffrey Collins, "The Enlightenment Review: Daring to Feel", *The Wall Street Journal*, March 12, 2021. https://www.wsj.com/articles/the-enlightenment-review-daring-to-feel-11615561782.
643 Jonathan I. Israel, *Democratic Enlightenment*, 4.
644 Lawrence M. Friedman, *A History of American Law*(New York: Simon & Schuster, 2005), 1.
645 Ibid, 1–3.
646 John Rawls, *Political Liberalism*(New York: Columbia University Press, 1993), 237–238.
647 *Griswold v. Connecticut*, 381 U.S. 479, 526–527(1965). Powell v. Texas, 392 U.S. 514, 547 (1968). Plyler v. Doe, 457 U.S. 202, 242 (1982). Holder v. Hall, 512 U.S. 874, 913 (1994).
648 Ed Gray, *Chief Justice: A Biography of Earl Gray*(New York: Simon & Schuster, 1997), 356.
649 Ibid, 558.
650 Aristotle, *Nicomachean Ethics*, translated by J.E.C. Welldon(New York: Macmillan and Co., 1902), 171.
651 John H. Langbein, Renee L. Lerner, Bruce P. Smith, *History of the Common Law: The Development of Anglo-American Legal Institutions*(New York: Aspen Publishers, 2009), 269.
652 Michael A. Lawrence, "Justice-as-Fairness as Judicial Guiding Principle: Remembering John Rawls and the Warren Court", *Brooklyn Law Review*, Vol. 81,No. 2(2016), 694.
653 Aristotle, *Nicomachean Ethics,* 172.
654 Keenan Kmiec, "The Origin and Current Meanings of 'Judicial Activism'", *California Law Review*, Vol. 92, No. 5(October 2004), 1441–1477.
655 Bernard Schwartz, *A History of the Supreme Cour*(Oxford: Oxford University Press, 1993), 275–285.
656 *Meyer v. State of Nebraska*, 262 U.S. 390, 400(1923).
657 Charles de Secondat, Baron de Montesquieu, *The Spirit of Laws*, trans. by Thomas Nugent(New York:

Colonial Press, 1899), 151.

658 *The Federalist Papers*, No. 47.

659 *The Federalist Papers*, No. 78.

660 Ibid.

661 Ibid.

662 *Marbury v. Madison*, 5 U.S. 137(1803).

663 5 U.S. 137, 155–162.

664 5 U.S. 137, 163.

665 5 U.S. 137, 166.

666 5 U.S. 137, 176, 177.

667 5 U.S. 137, 178.

668 *Plessy v. Ferguson*, 163 U.S. 537(1896); *Brown v. Board of Education of Topeka*, 347 U.S. 483(1854).

찾아보기

† 용어 및 그 외